华南师范大学哲学社会科学优秀学术著作出版基金资助出版

光明社科文库
GUANGMING DAILY PRESS:
A SOCIAL SCIENCE SERIES

·教育与语言书系·

网络化学习哲学

左 璜 | 著

光明日报出版社

图书在版编目（CIP）数据

网络化学习哲学 / 左璜著. --北京：光明日报出版社，2022.7
ISBN 978-7-5194-6531-5

Ⅰ.①网… Ⅱ.①左… Ⅲ.①网络教学—研究 Ⅳ.①G434

中国版本图书馆 CIP 数据核字（2022）第 057939 号

网络化学习哲学
WANGLUOHUA XUEXI ZHEXUE

著　　者：左　璜	
责任编辑：杨　茹	责任校对：郭嘉欣
封面设计：中联华文	责任印制：曹　净

出版发行：光明日报出版社
地　　址：北京市西城区永安路 106 号，100050
电　　话：010-63169890（咨询），010-63131930（邮购）
传　　真：010-63131930
网　　址：http://book.gmw.cn
E - mail：gmrbcbs@gmw.cn
法律顾问：北京市兰台律师事务所龚柳方律师
印　　刷：三河市华东印刷有限公司
装　　订：三河市华东印刷有限公司
本书如有破损、缺页、装订错误，请与本社联系调换，电话：010-63131930
开　　本：170mm×240mm
字　　数：413 千字　　　　　　　　印　张：23
版　　次：2022 年 7 月第 1 版　　　印　次：2022 年 7 月第 1 次印刷
书　　号：ISBN 978-7-5194-6531-5
定　　价：99.00 元

版权所有　　翻印必究

前　言

当教育理论工作者们正满足和热衷于大声疾呼教育要人性化时，我们的教育却已悄然间被卷入了一场史无前例的技术革命之中，生成了以网络化学习为实存的社会性世界（social world，也称网络社会 network society）。孕育于知识时代的"识知文化"与技术相遇在网络社会中，它们共同指向于一种全新的教育形态——"网络化学习"。可惜，当前的大多数网络化学习研究却沉醉在控制与效率的追求之中，迷失于技术决定论或社会建构论的单向度游戏之中。网络化学习这一概念目前主要停留在狭隘认识论范畴内，然而，这样的概念所形成的网络化学习观念与它自身进一步发展的内在要求显然有所差距，需要从哲学的高度来予以反思与推进。所幸，涌动的文化暗流推助网络化学习研究开启了文化转向，进而亲缘哲学，发展起网络化学习哲学研究。紧跟这一前沿主题并坚守辩证法原则，本书选取了新兴科学文化哲学中的行动者网络理论作为研究视角，对网络化学习及其文化展开了分析、批判与建构三位一体的网络式研究。

本书试图在行动者网络理论的视域下，重新描绘和勾勒出一幅网络化学习的文化图景，力争表达出向往和追求知识民主化的价值诉求，并尝试开拓出一个新的研究领域——"网络化学习的行动者网络理论研究"（Actor-Network Theory of Networked Learning）。在行动者网络理论的启示下，基于本体论、认识论与方法论相统一的辩证原则，本书围绕着"网络化学习如何存在？""网络化学习何以能创造知识？""网络化学习怎样创造知识？"这三个核心问题，展开了具体的研究。

具体而言，本书首先在梳理网络化学习研究产生及发展的过程中，发掘出"网络化学习与技术""网络化学习与知识"以及"网络化学习与研究"的三大关系，并梳理出"工具理性与人类中心主义""知识霸权与认识不对称""实证主义与普遍性知识追求"等主要问题，进而把握住网络化学习研究文化转向这一研究动态，并顺势深入网络化学习哲学研究领域，敏锐地捕捉到行动者网络理论（Actor-Network Theory，ANT）这一科学文化哲学的前沿理论，将其发展为分析、批判与建构网络化学习的方法论体系。

紧接着，基于行动者网络理论的事物为本哲学思想，本书回归到本体论层面来探讨"网络化学习的本质是什么"这一核心问题。首先，本书从历史和逻辑的两个维度对已有本体层面上的网络化学习进行抽象层面的分析与批判，拓展了"网络化学习"的内涵，它包含了技术层面、社会层面以及哲学层面的三大基本含义；然后，针对网络化学习中的本体论核心问题：学习与技术的关系，本书反思并批判了已有的技术哲学观。在此基础上，根据行动者网络理论的"网络本体论""实作论"等思想，本书深入剖析了网络化学习与技术以及技术物之间的关系，提出了"作为中介的网络化学习技术"这一观点，以此回应"工具理性与人类中心主义"的问题；最后，本书深入具体的网络化学习实践领域，提出并阐明了"后人类学习"何以可能以及如何可能的问题，在此基础上为网络化学习的发展提出建议，倡导"教师角色重构"以及"课程创新"，这是"网络化学习"在微观层面的存在形态。正是在这个意义上，本书主张网络化学习的本质就是网络化学习的生命存在。

在揭示网络化学习作为网络社会学习生命存在的本质后，本书切入认识论领域，首先梳理并反思了已有网络化学习的知识观与认识论取向，进而阐明行动者网络理论的"政治认识论"以及"新知识观"，并以此出发建构了网络化学习的认识论基础与知识观。基于行动者网络理论的新知识观，本书重构了"网络化学习"的概念，提出"网络化学习时空论"；紧接着，本书深入具体的网络化学习实践领域，基于政治认识论，回应了网络化学习中认识论的基本问题："学习"与"知识"的关系，详细阐释了"学习作为知识创造"的隐喻，进而在认识论同等效力原理的基础上，提出并确立了师生的知识主体地位。

随后，深入网络化学习的方法论层面进行探析，本书首先梳理了已有网络化学习研究的方法论，并指出其存在的困境。继而通过阐明行动者网络理论在方法论层面的价值与意义，为网络化学习方法论的创新提供了新思路。在作为方法的行动者网络理论启发下，本书从研究基础、基本概念、研究问题与研究方法等方面阐明了网络化学习变革的可能性。紧接着，深入网络化学习的实践中，本书基于行动研究以及国外新兴的网络化行动研究方法，并针对网络化学习中"学习"与"研究"分离的方法论问题，提出并建构起一种新的方法，即融"学习"与"研究"为一体的"网络化学习行动研究"。

最后，本书在分析、批判与建构的基础上，以"走向知识民主化"收笔，这不仅是对既有行文的一种提升性总结，更是一个有待继续拓展的新领域。全书基于行动者网络理论深入探察网络化学习文化，不断深化与拓展、反思与整合，始终体现着"知识民主化"这一价值诉求的终极关怀。

作为"网络化学习哲学"新探，本书尚存在诸多不足，恳切希望读者诸君批评指正。

于网络社会，教育活动获得重生，教育话语开始重组，教育关系被重构，教育权力被重置……此时此刻，真正的教育人性化要求的是全面关照网络社会中人们的学习生命存在及其优化。从生命的基点——"人性"出发，顺应知识走向民主化的必然诉求，探寻融网络化学习存在、认识及其根本方法论为一体的网络化学习行动研究是本书的最核心目标，继而推动天人合一的教育价值观重构，是本书的最终主旨。

目 录
CONTENTS

导论 知识·学习·网络 ……………………………………………………… 1

第一节 知识时代际遇网络社会：聚焦网络化学习 ………………… 1
 一、知识时代与识知文化的孕育 …………………………………… 1
 二、网络社会与网络化学习的崛起 ………………………………… 4

第二节 网络化学习研究的新路向 …………………………………… 8
 一、网络化学习研究的文化转向 …………………………………… 8
 二、网络化学习哲学研究的兴起 …………………………………… 25

第三节 拉图尔行动者网络理论的哲学意义 ………………………… 37
 一、本体论重构：行动者的出场 …………………………………… 38
 二、认识论发展：转译之网络 ……………………………………… 44
 三、方法论创新：走向行动者网络 ………………………………… 50
 四、辩证法原则：本体论、认识论与方法论相统一 …………… 53

第四节 研究基本思路与意义 ………………………………………… 55
 一、研究思路与内容 ………………………………………………… 55
 二、研究目的与意义 ………………………………………………… 59

第一章 俄狄浦斯厄运：从网络化学习到网络化学习生命存在 ……… 63

第一节 网络化学习作为本体的批判与超越 ………………………… 64
 一、网络化学习的历史嬗变与当代重构 …………………………… 64
 二、网络化学习的词源考辨与再概念化 …………………………… 85

第二节 潘多拉的希望：网络化学习与"技术" ……………………… 97
 一、网络化学习中技术的本质追问 ………………………………… 98
 二、解放非人类：让"技术人造物"表达 ………………………… 114

第三节 面向"后人类"的网络化学习 ……………………………… 125

一、网络化学习本体："后人类"的诞生 ………………………… 126
　　二、"后人类"学习何以可能 ……………………………………… 134
　　三、走向"后人类"的网络化学习 ………………………………… 143

第二章　新美诺悖论：从网络化学习到网络化识知 ……………… **149**
　第一节　网络化学习的知识论困境及反思 ………………………… 150
　　一、网络化学习的知识观透视 ……………………………………… 151
　　二、网络化学习的认识论反思 ……………………………………… 166
　第二节　柏拉图洞穴喻：网络化学习与"知识" …………………… 177
　　一、行动者网络理论的知识论 ……………………………………… 177
　　二、移动的"知识"：网络化学习的另一种想象 ………………… 193
　第三节　解放知识主体的网络化学习 ……………………………… 198
　　一、解放知识主体的网络化学习何以可能 ………………………… 199
　　二、走向行动者的网络化学习知识主体 …………………………… 216

第三章　戈尔迪之结：从网络化学习到网络化学习行动研究 …… **242**
　第一节　网络化学习的方法论困境与生机 ………………………… 243
　　一、网络化学习方法论的系统扫描 ………………………………… 243
　　二、网络化学习方法论困境的深层反思 …………………………… 258
　第二节　巴斯德的实验室：网络化学习与"行动" ………………… 270
　　一、作为方法的行动者网络理论 …………………………………… 270
　　二、网络化学习在"行动" ………………………………………… 287
　第三节　新兴网络化学习方法的建构 ……………………………… 294
　　一、从行动研究到网络化行动研究 ………………………………… 295
　　二、从网络化行动研究到网络化学习行动研究 …………………… 310

结语　走向知识民主化的网络化学习 ……………………………… **323**
　一、当代知识民主化诉求 …………………………………………… 323
　二、网络化学习中的知识民主化愿景 ……………………………… 324

参考文献 ………………………………………………………………… **327**

后　　记 ………………………………………………………………… **357**

导论

知识·学习·网络

> 一无所知的人一无所爱。一无所能的人一无所解。一无所解的人一无所用。但是，有所知的人有所爱、有所见、有所解。
>
> ——帕拉塞尔苏斯（Paracelsus）

第一节　知识时代际遇网络社会：聚焦网络化学习

当"知识"作为社会中轴运转起来时，识知文化（Epistemic Cultures）便开始孕育，并迅速凸显为时代的根本特质。它内在地要求超越"知识"自我，拓展理性之维，进而把"学习"推至了历史舞台的中心。时逢网络社会的崛起，新的时空观已经诞生，建构在传统时空观基础上的一切都将重新洗牌，致使传统的"学习"遭遇种种挑战。知识、学习与网络相互促进、彼此交融，共同指向于一种全新的教育形态——"网络化学习"。

一、知识时代与识知文化的孕育

工业经济的黄金时代已淡逝，地主、企业家也已风光不再，取而代之的是知识资本的蓬勃发展与知识生产者对社会的主宰[1]。无论是贝尔（Bell, D.）所预测的"后工业社会"抑或德鲁克（Drucker, P.）所描绘的"后资本主义社会"，它们都共同指向于"知识社会"。已有对"知识社会"的关注

---

[1] ［美］丹尼尔·贝尔. 后工业社会的来临——对社会预测的一项探索［M］. 高铦, 王宏周, 魏章玲, 译. 北京: 新华出版社, 1997: 2.

主要集中在经济的变化与社会组织的变革问题上。① 然而，所谓的"知识社会"，不可被简单地理解为拥有更多知识和技术、经济更为发达的社会。事实上，"它还是这样一个社会：其间四处渗透着知识场景（knowledge settings），整个社会的安排、过程与原则都以服务知识为目的并以清晰的表达而展开"②。从文化的视角予以审视，弥漫着知识场景的文化是一种全新的文化，澳大利亚社会学家诺尔·切蒂纳（Knorr-Cetina, K.）将其称为识知文化（epistemic cultures）。在这个意义上，"识知文化"可以说就是知识社会的结构性特征（structural feature）。

当然，"识知文化"这一概念的诞生，不仅仅是知识时代的产物，还是学术发展的必然结果，它产生于对"知识"所展开的文化研究。知识的文化研究主要沿着两条路向在发展：其一是兴起于19世纪中叶的以孔德（Comte, A.）、涂尔干（Durkheim, E.）、马克斯·韦伯（Weber, M.）、谢勒（Scheler, M.）为代表的知识社会学研究。从孔德的决定论到涂尔干的符合论再到韦伯的亲和论，他们都无一例外地把知识和社会联系在一起来重新考察"知识"的本质，其研究的重点是关注知识的取得和传播问题。当发展至20世纪中叶，以列维斯-特劳斯（Lévi-Strauss, C.）、库恩（Kuhn, T.）以及福柯（Foucault, M.）等为代表，再次掀起了知识社会学研究的第二波高潮。不管是列维斯-特劳斯的结构主义，还是库恩的范式，又或是福柯的话语实践，此时的思想家们更加关注的是知识的"解释""生产"和"制造"问题，并开始注重微观的社会学、小群体的日常知识生活、领域或认识论部落的网络等。③ 换言之，"识知文化"逐渐进入了知识社会学研究的视域之中；其二则是沿着以默顿（Merton, R. K.）为开端而兴起的科学社会学研究而展开。默顿主要通过其代表作《十七世纪英格兰的科学、技术与社会》来探讨一般文化对西方科学形成所产生的影响。随着科学哲学的不断发展，科学的

---

① 除了丹尼尔·贝尔、德鲁克等人从经济的角度来关注"知识社会"外，还有拉希（Lash, S.）和厄里（Urry, J.）的经济学研究，具体可参阅其著作《符号经济与空间经济》（Economies of Signs and Space），著名的社会学家卡斯特（Castells, M.）对经济与社会组织结构的研究，具体可参阅其代表作《网络社会的崛起》（The Rise of the Network Society），等等。

② KNORR-CETINA K. Culture in Global Knowledge Societies: Knowledge Cultures and Epistemic Cultures [M] // JACOBS M D, HANRAHAN N W. The Blackwell companion to the sociology of culture. Malden, MA: Blackwell Pub., 2005: 5.

③ [英]彼得·伯克. 知识社会史：从古登堡到狄德罗 [M]. 贾士蘅，译. 台北：麦田出版社, 2003: 36-37.

文化本质开始显明化。从库恩的范式对科学家群体的关注到法伊尔阿本德（Feyerabend，P. K.）大胆宣称："人类学实地调查不仅适合于人类学家，而且也适合于他所考察的社会的成员。"① 再到贝尔纳（Bernal，J. D.）的《科学的社会功能》，科学知识的文化特性进一步得到彰显。正如巴恩斯（Barnes，S. B.）所指出的，"我们不要试图构想一种简单的对科学活动'本质'的阐述，但可以采取一种更为循序渐进的、以社会学和史学的材料为基础的探讨方式。在这种研究基础上，我们可以承认，科学是文化的一部分。"② 当前，以布鲁尔（Bloor，D.）为代表的爱丁堡学派，以柯林斯（Collins，H.）为代表的巴斯学派以及以拉图尔（Latour，B.）为代表的巴黎学派，都是深入科学知识内部的生产过程进行观察，展开对"识知"的新一轮文化研究。在上述理论研究发展的推动下，"识知文化"在知识社会的土壤中得以孕育、生长与成熟。它究竟是一种怎样的文化？它如何超越"知识"自我？它又如何促进知识社会的发展呢？

首先，在观念层面上，"识知文化"这一概念所表达的是一种愿望，它旨在深入知识的内部去把握创造知识的本质过程。基于此，"识知文化"具体指的是在某一专业领域，因需要、亲密关系或历史巧合而捆绑在一起的那一套实践、安排与原理，以说明我们是如何识知我们所知的。简言之，"识知文化"就是创造和辩护知识的文化。③ 这大概也就是诺尔·切蒂纳选择"识知（epistemic）"而放弃"知识（knowledge）"这个术语的原因所在了。也正是在这个意义上，知识时代里，传统的"知识"概念开始退居幕后成为"识知文化"的背景与支持者，因为我们不再关注"知识"本身是怎样建构的，更重视的是知识形成的机制是如何建构起来的。如果说学习是获取知识、传播知识与创造知识的主要途径，那么，在这个"识知文化"主导的时代，学习更应关注传递、传播与创造知识的内在机制与过程。

其次，对"文化"的不同理解也会带来不同的"识知文化"的内涵。当人们把文化看作人类实践活动时，"识知文化"就从观念、精神和非物质世界

---

① [美]保罗·法伊尔阿本德. 反对方法：无政府主义知识论纲要 [M]. 周昌忠译. 上海：上海译文出版社，2007：241
② [英]巴里·巴恩斯. 科学知识与社会学理论 [M]. 鲁旭东译. 北京：东方出版社，2001：67.
③ KNORR-CETINA K. Culture in Global Knowledge Societies：Knowledge Cultures and Epistemic Cultures [M] // JACOBS M D, HANRAHAN N W. The Blackwell companion to the sociology of culture. Malden, MA：Blackwell Pub., 2005：65.

中脱离了出来①，并将驱使我们把目光从符号表征投向实物操作，从抽象思维走向具体实作。必须指出的是，实践性的"识知文化"并非要求彻底抛弃文本与符号，而是去考察嵌入了符号的作用过程。也就是说，它虽然将"文化"的层次降低至了物质的世界，但却并未脱离符号的世界。如果人们将文化视为一种生活世界联结（a nexus of lifeworld），在生活世界这样一个更为广阔的时空中，"识知文化"的内部环境在与外部世界的互动中变得更为丰富与复杂起来，这样一种"识知文化"环境容纳了存在物与生命的形式。② 更重要的是，这种"识知文化"是由代理者（agency）及其属性所构成的，而不是相反。因此，在这里，所谓的主体、客体以及其他同源词都不是事先预设的，而是需要在"识知文化"场域中重新追踪、展开与形成。基于此，在"学习"这样一种特殊的"识知文化"田野中，曾经所固有的"教师""学生""课程""教材"，包括"学习"本身等，这一切概念都需要被重新检视。那么，当"学习"遭遇网络技术时，它又会发生什么样的变革呢？

二、网络社会与网络化学习的崛起

人类发明的技术，一直在反戈与挑战人类。技术总是"迎合"人类通往可能性世界的理想而四处渗透，从而无处不在与无所不能，出乎意料地悄然改变着人、自然与社会的关系格局。新旧世纪交替过程中，信息通信技术（Information Communication Technology，ICT）的飞速发展与应用，猛然间将人类带入了一个实然与超然交织的双重生活世界。"我们已然进入文化仅指涉文化的新阶段，已经超越自然，到了自然人工再生成为文化形式的地步。"③ 换句话说："我们的物种所达致的知识与社会组织水平已容许我们生活在一个根本上是社会性的世界（Social World）之中。"④ 于是，纯粹的个人和纯粹的自然及其交互所成的熟悉世界，一回首便隐蜕为历史似的背景。借助数字化媒介，信息网络技术创生出虚拟的日常生活世界，将活生生的现实人与物转化

---

① SMITH P. Cultural Theory: An Introduction [M]. Oxford: Blackwell, 2001: 4.
② KNORR-CETINA K. Culture in global knowledge societies: knowledge cultures and epistemic cultures [J]. Interdisciplinary science reviews, 2007, 32 (4): 364.
③ CASTELLS M. The rise of the network society [M]. 2nd ed. Oxford; Malden, MA: Blackwell Publishers, 2000: 508.
④ CASTELLS M. The rise of the network society [M]. 2nd ed. Oxford; Malden, MA: Blackwell Publishers, 2000: 508.

为"数字符号"与网络节点,打破了传统的时空观,网络空间(Cyberspace)演变为公域与私域并存、有序与无序共在的复杂性世界。过去的人与自然之间的关系钟摆常常往来于"人依赖自然"与"人主宰自然"之间,但信息通信技术的革命性介入突破了这一窠臼,创生了新的自主性文化,使得人与自然的关系演变为人与文化的关系,进而使分离对立的"个人世界"与"自然世界"走向整合,从而创生了"社会性世界",即当今的"网络社会"。

"网络社会"的指涉大致可以归纳为两大类:作为一种新社会结构形态的"网络社会"(Network society)和基于互联网架构的电脑网络空间(Cyberspace)的"网络社会"(Cybersociety)。这就意味着,广义上的"网络社会"泛指信息化社会的社会结构形态,而狭义上的"网络社会"则仅指涉基于互联网架构的虚拟社会。事实上,在卡斯特(Castell, M.)看来,虚拟社群在持续互动形成的关系网络中存在"互惠"和"支持",并可以发展成为"实质的"群体关系。① 这样,"网络社会"实际上就包含了日常现实空间中的社会形态和基于互联网架构所形成的虚拟空间中的社会形态,它们是信息化社会中的不同层面的"现实"。② 现实空间的网络与虚拟空间的网络不断交互,从而生成时间与空间双维交织的真正的"网络社会"。

毋庸置疑,这是一个数字喧嚣的时代,更是网络叱咤风云的时代。无怪乎卡斯特会大胆地宣称:网络社会已然崛起。处于这一社会变革时期的教育世界,也自然逃不过这场技术革命的形塑。技术已然改变了人们阅读、写作与计算的方式,也改变着学习与交流的方式,这将从根本上变革传统的教育模式。过去,"大众传媒和教育基本上是采用单向流动模型(由层级强加的结构)设计的。……报社发行报纸,我们阅读。教师教,我们学习。电台播送消息,我们聆听。"③ 借助信息通信技术(ICT),人类历史上第一次突破了线性学习,实现了网络化学习(Networked Learning),一种全新的教育形态随之诞生。

首先,网络化学习从根本上影响着教育的目标。生活在"虚拟"与"现实"双重世界中的人,其"网络化生存"有赖于人的全面发展,这样的全面发展是包括了网络能力在内的全面发展。因此,信息素养、媒介素养、沟通

---

① [美]曼纽尔·卡斯特. 网络社会的崛起[M]. 夏铸九,王志弘等译. 北京:社会科学文献出版社, 2001:444-445.
② 郑中玉,何明升. "网络社会"的概念辨析[J]. 社会学研究, 2004(1):19.
③ [加] G. 西蒙斯. 网络时代的知识和学习——走向联通[M]. 詹青龙,译. 上海:华东师范大学出版社, 2009:28.

与合作能力、创新能力等发展成为教育培养的新目标。2008年,在国际经济合作与发展组织(Organization for Economic Cooperation and Development, OECD)的研究报告中就提出,知识型社会中教育培养的目标应包括学会学习的能力与创新能力等。① 其次,网络化学习改变了知识的特性。在网络时代,知识迅速形成又迅速传播,快速产生又迅即消逝,在混沌而又杂乱的网络中,它生成、发展与消失。加拿大著名学者西蒙斯(Siemens, G.)对比了层级化知识观与网络化知识观,总结概括出了网络时代知识的八大特点:网络化知识是"动态的""平等的""连通的""由参与者和过程来界定的""去中心化的",具有"适应性"和"动态形成的结构",且是"培育的""自然发生的"。② 因此,静态的、确定性的知识观已经开始让位于动态的、适应性的知识观。而新知识观的诞生必然带来新的课程内容以及新的课程与教学理念。再次,网络化学习变革了学习方式。新媒体与网络技术的出现首先打破了传统的粉笔、黑板、纸质课本的教学模式,形成了键盘鼠标、交互白板、电子书籍等新兴网络化学习模式。教学活动空间从"教室"拓展到"虚拟学习社区",学习时间从线性的"课堂45分钟"延伸到异步的"无时无刻",加上现代化教育技术的不断创新,目前已经催生出了许多新的学习方式,如在线学习(Online Learning)、混合学习(Blended Learning)、泛在学习(Ubiquitous Learning)以及移动学习(Mobile Learning)等。这一切都昭示,网络化学习的时代已经来临!

　　从文化哲学的视野关照,教育的实质就是人与文化的整合,而教育史作为教育活动的历史存在,它则以不同的方式表征着人与文化的整合存在。展开悠久而深厚的教育历史卷轴,一条从"生活化学习(Learning by living)(或称经验化学习)"走向"学校化教育(Schooling)"的发展路向清晰地呈现。无疑地,作为文化发展的产物,学校化教育超越生活化学习的历史性功绩是不可磨灭的,它曾培养过无数适合工业时代的人才,同时也通过教育的功能影响着人类文化的创造与社会的发展。但正如托夫勒(Toffler, A.)所言:"聚集大量学生(原料)在一所学校(工厂),再由老师(工人)对其进行教诲——实在是工业天才的精心创作。"③ 更令人担忧的是,随着价值制

---

① OECD. Innovating to Learn, Learning to Innovate [R]. Paris: OECD, 2008: 3.
② [加] G. 西蒙斯. 网络时代的知识和学习——走向联通 [M]. 詹青龙, 译. 上海: 华东师范大学出版社, 2009: 76.
③ [美] 托夫勒. 未来的冲击 [M]. 蔡伸章, 译. 北京: 中信出版社, 2006: 223.

度化后，恐怕"不仅是教育，而且社会现实本身也已经学校化了"①。虽说有人会认为伊利奇（Illich，I.）的看法有些言过其实了，可我们又不得不承认："在20世纪，学校是在广大范围内精心设置的机构，并且是通过社会公众和专业人员的努力而扶植起来的。它的计划，它的组织，它的教育过程，它的支撑理论，及其与之相关的机构如青年组织的联系，以及它对于社会、文化和政治生活的影响，所有这些合在一起，构成一个巨大而重要的有关当代人类社会成长和发展的物质整体。"② 由此我们也就能理解像伊利奇这样的学者们所做出的努力："探索能够增加每个人的机遇的各种教育网络（educational webs），这种机遇使人生的每一阶段都成为学习、共享及互助的阶段。"③ 的确，学校化教育所引发的制度化教育导致正规教育"十分死板"和"十分狭隘"，④ 也催促了学科规训、学校等级制度乃至教育集权体制的产生，这一切都证明旧有的整合方式存在诸多问题，迫使现代教育需要做出新的回应，这是教育文化自身发展的必然诉求。

如果说学校化教育是前工业主义和工业主义发展的时代产物，那么信息主义（后工业主义）发展的必然结果会是什么呢？新时代的文化与人整合存在的方式又将是什么呢？在哈拉西姆（Harasim，L.）等人看来，"计算与通信技术的聚合与成熟，已然催生出一种新型教育形态，实现着教育范式的转型，即形成一个新模式，并建构起能促进在崭新学习环境中获得成功的愿望与操作规则"⑤。

综上所述，知识时代的来临孕育起了识知文化，这种新兴文化催促着"学习"文化必须进行自我革新，一方面它需要更深层次地关注知识创造与辩护的过程，另一方面它必须解构传统认识论话语体系下的种种概念，重新开启新的文化之路。与此同时，网络技术发展所催生的网络社会之崛起，为学习文化的发展提供了可能实现的条件。知识、网络与学习的交融共同指向于新兴"网络化学习"的研究与发展。

---

① ［奥地利］伊万·伊利奇. 非学校化社会［M］. 吴康宁，译. 台北：桂冠图书股份有限公司，1994：6.
② ［澳］W. F. 康内尔. 二十世纪世界教育史［M］. 孟湘砥，胡若愚，主译，固定之，张方庭，校. 长沙：湖南教育出版社，1991：7.
③ ［奥地利］伊万·伊利奇. 非学校化社会［M］. 吴康宁，译. 台北：桂冠图书股份有限公司，1994：2.
④ 陈桂生. "制度化教育"评议［J］. 上海教育科研，2000（2）：10.
⑤ HARASIM L, HILTZ S, TELES, L, TUROFF, M. Learning Networks：A Field Guide to Teaching and Learning Online［M］. Cambridge, MA：MIT Press, 1995：271.

第二节　网络化学习研究的新路向

回顾已有文献不难发现网络化学习研究从兴起至今，已走过"萌芽期""发展期"与"繁荣期"。这一发展历程蕴涵着走向整体主义的哲学发展趋向，其关注点转而投向了日常生活世界及生存于其间的主体——人。可以说，当前的网络化学习研究正面临着文化的转向。在文化转向这一潮流中，传统网络化学习研究中主体的失语、情感的失意与价值的失落，催促了网络化学习哲学研究的出场。网络化学习研究需要哲学关照，哲学的自身嬗变也理应走进网络化学习研究，已有的网络化学习哲学审思为网络化学习哲学研究提供了可能。目前网络化学习哲学研究初步建构起了以人性为逻辑起点的学理范畴，确立起了哲学一般与哲学具体的研究方法，形成了反思性、抽象性、批判性与超越性的致思特点，始终追求多重功能与多元价值。

一、网络化学习研究的文化转向[①]

在当代，无论是特克（Turkle，S.）眼中的"虚拟化身"，抑或米契尔（Mitchell，W. J.）所命名的"位元城市"，还是魏特罕（Wertheim，M.）发现的"空间地图"，一个不争的事实就是，一个以网络化为基本特质的新文化时期已经来临。置身其间，我们的教育开始全面变革，孕育并催生出了"网络化学习"。当前，"网络化学习指的是借助信息通信技术（Information Communication Technology，ICT）来促进学习者之间、学习者与指导者之间、学习共同体与学习资源之间互动的所有活动。它包括'E-learning''web-based learning''online learning'……其核心特质就是借助信息通信技术实现了人与人之间的互动，而这种互动又必然带有一定的教育承诺与学习信念"[②]。伴随着网络化学习的发展与繁荣，网络化学习研究正在勃勃兴起。展开其短暂而精彩的历史卷轴，一条从"技术决定论"到"社会建构论"，继而走向

[①] 本部分的论述已经发表在《电化教育研究》2012年第1期，文章为《网络化学习研究的文化转向》。
[②] GOODYEAR P, BANKS S, HODGSON V. Research on Networked Learning: An Overview [M] // GOODYEAR P. Advances in research on networked learning. Boston: Kluwer Academic Publishers, 2004: 1-9.

"共同进化论"的技术哲学发展路向清晰呈现。同时，技术与学习的关系也从"技术作为学习工具"发展为"技术改变学习方式"，再演绎为"技术与学习融合创生为学习环境"。深入剖析这一发展历程便可发现，无论是网络化学习研究的主题、方法还是价值取向，均蕴含着走向整体主义的哲学发展趋向，它将更加强调经验的意义，主张回到日常实践的生活世界并关注作为文化主体的人。正是在这个意义上，对网络化学习展开文化学研究，进行哲学与文化的沉思，是当代网络化学习研究的一个最重要的发展走向。

（一）网络化学习研究的发展与困境

与日渐丰富的网络化学习相伴相生，网络化学习研究走过了萌芽初期，当前正处在蓬勃发展期。不可否认，它在推动网络化学习前进的同时，也在不断地充实与完善自身。即便如此，当前它也正面临着各种质疑与挑战，无论其研究主题、研究方法还是价值观取向，都需要对时代的要求做出新的回应。

1. 网络化学习研究的萌芽期

追溯网络化学习的起源，大致可以找到两大源流。其一是来自20世纪60年代中期于美国开启的计算机程序教学运动，后来则发展为计算机辅助教学/学习（Computer-assisted Instruction/Learning，CAI/CAL），而另一重要源头则是已有长达200多年历史的远程教育（Distance Education/ Learning）。

计算机辅助教学最早出现在美国。在1964—1965年学年度中，美国斯坦福实验室展开了小学数学的训练实践程序教学实验，由此便拉开了计算机辅助教学活跃于教育舞台上的序幕。[①] 之后，随着计算机技术的迅速发展与普及，计算机辅助教学也很快就被许多国家的人们所接受和运用。一时间，整合视听技术与程序设计的计算机辅助教学以新颖、快速、方便等特色吸引着广大教育工作者，但它所需要花费的代价也不能小觑。于是，人们开始对此展开系列研究。这时期最主要的研究主题和内容就是对计算机辅助教学与传统教师教学的有效性进行对比与分析。[②] 库里克（Kulik, J. A.）等人曾专门

[①] JERMAN M. Promising Developments in Computer-Assisted Instruction [J]. Journal of the American Society for Information Science, 1970, 21 (4): 285-292.

[②] MIHALCA L, MICLEA M. Current Trends in Educational Technology Research [J]. Cognition, Brain, Behavior, 2007, 11 (1): 117.

就计算机辅助教学对不同教育层次学生的学习成绩的影响效果进行了元分析。[1][2][3] 这一研究结果发现，计算机辅助教学在小学、中学以及大学的教学中所产生的影响是有所差异的：小学生的学习成绩提高约 0.47 个标准差，中学生是 0.40 个标准差，从统计学的意义上来说，计算机辅助教学产生的是中度效应，而相比较而言，对大学生所产生的效应就较小了，只有 0.25 个标准差。这些数据综合显示，计算机辅助教学确实有助于提高学生的学习成绩，这样的效果的确进一步促进了计算机辅助教学的繁荣。

与此同时，过去的远程教育也同样在计算机技术的支持下蓬勃发展。回顾其发展历程，国内外已有学者根据技术介质与传播机制的不同而将其划分为三个不同的时期。基于已有分析，在综合各种观点的基础上，远程教育的发展史大致可以归纳如下（参见表 1.1）。

表 1.1 三代远程教育的对比

分期	年代	远程教育	信息技术和传播机制	学习模式
第一代	19 世纪中叶到 20 世纪中叶	函授教育	传统印刷技术、邮政运输技术、早期视听技术；传播机制主要是邮政系统	个别化教学
第二代	20 世纪中叶到 80 年代末	多种媒体教学的远程教育	单向传输为主的电子信息通信技术；传播机制是长途通信系统	个别或集体教学
第三代	20 世纪 90 年代起	开放灵活的远程学习	双向交互的电子信息通信技术；传播机制主要是长途通信系统（通常）结合计算机网络	个别化的（电子邮件）或集体的（计算机会议）

从上表我们能清晰地看到，以传播为基础的远程教育在极大程度上会受到通信技术发展的影响。事实上，远程教育也一直肩负着满足大众学习需要的使命，只是由于此前技术水平与教育资源的限制而裹步不前。所幸，20 世

---

[1] KULIK J A. Effectiveness of computer-based education in elementary schools [J]. Computers in Human Behavior, 1985, 1 (1): 59-74.

[2] KULIK J A. Effects of computer-assisted education in secondary school students [J]. Journal of Educational Psychology, 1983, 75 (1): 16-26.

[3] KULIK C, KULIK J A. Effectiveness of Computer-Based Instruction: An Updated Analysis [J]. Computers in Human Behavior, 1991, 7 (1-2): 75-94.

纪90年代初期迅速发展起来的信息通信技术为远程教育的新发展开启了新航道。1988年，亨利远程教育公司（Henley Distance Learning Limited，HDLL）首度承诺开发基于计算机通信技术的远程教育课程。① 更让人欣喜的是，计算机技术与通信技术的结合也促成了计算机辅助教学和远程教育的联姻，进而催生出第一代网络化学习。

这一时期的网络化学习研究主要是围绕计算机辅助教学以及远程教育两大主题而展开，具体来说，又主要分为教育教学与技术设计、软件开发两大内容。在教育教学领域内，受此前斯金纳的程序设计教学影响，人们逐渐把注意力集中在教学设计理论的探索和开发上。比较有代表性的研究者有加涅（Gagné，R. M.），他曾经提出了教学策略的描述性理论，这一理论包括九大事件：①吸引注意；②让学习者明确目标；③激发对以前学习的回顾；④呈现刺激性材料；⑤提供学习指导；⑥引发学习；⑦提供反馈；⑧评价结果；⑨促进保留和迁移。② 此后，教学设计理论继续发展，到了弗雷明（Fleming，M. L.）这儿，关注的焦点已从如何帮助教师开展教学转向关心学生自我学习的认知过程，为了能更好地设计促进学生学习的信息，弗雷明总结并提炼出了学习者的四维模型。在弗雷明看来，学习者主动从环境中寻找刺激，将其序列化，同时采用一定的策略将这些刺激和序列进行处理，最后又从环境中为这一系列过程寻找意义。③ 与此同时，为了能更好地促进计算机对教学、远程教育的促进作用，大量的学习软件，尤其是交互学习的软件在此期间也得以大量地研制与开发，显然，这一时期的网络化学习研究中，对于技术的认识与解读都停留在工具层面。

以上所描述的主要是国外的研究状况，考察国内的相关研究可以发现，在我国引进互联网技术初期及其以前，关于网络化学习的研究也主要是集中于计算机辅助教学、远程教育及相应的教学设计理论方面。一开始主要是介绍和引进国外先进的技术与理论，如杨惠中对国外计算机辅助教学所做的综述《计算机辅助教学概述》，掀起了我国计算机辅助教学研究的首次浪潮。很快，我国迅速地在应用层面对计算机辅助教学展开研究。"从1984年开始，

---

① BIRCHALL D W. Third Generation Distance Learning [J]. Journal of European Industrial Training, 1990, 14 (7): 17-20.
② MIHALCA L, MICLEA M. Current Trends in Educational Technology Research [J]. Cognition, Brain, Behavior, 2007, 11 (1): 117.
③ MIHALCA L, MICLEA M. Current Trends in Educational Technology Research [J]. Cognition, Brain, Behavior, 2007, 11 (1): 119.

就相继召开全国性 CAI 软件交流会议，内容涉及各种学科，如英语课的计算机辅助教学，能方便地利用人机对话进行讲授→提问→判断→评分，用以自学英语，效果很好……中国人工智能学会计算机辅助教育学会已于 1987 年 4 月宣告成立，各省、市也纷纷建立分会组织，CAI 软件的研制和学术交流更加广泛地开展起来。"① 显然，这一时期的网络化学习研究强调技术的应用价值，工具成了网络化学习技术的基本隐喻。

审视萌芽时期的网络化学习研究，技术决定论的价值取向明晰可见。如斯彭德（Spender, D.）所指出的，当今大学的压力是技术主导的。正如蒸汽机与电学改变我们组织社会的方式一样，当前我们被卷入了数字的革命之中。② 这是一种典型的硬技术决定论思想，与之相对的，还存在"软技术决定论"思想。贝茨（Bates, A.W.）就是软技术决定论的代表之一，他在谈及技术对组织与管理的影响时曾说道："如果大学要想成功地将技术应用于教与学的话，那当前的实践还需要做更多的调整。事实上，技术的有效使用是建立在教与学观念的创新基础上的。"③ 可见，软技术决定论虽并未直接强调技术主宰一切，但却间接地承认其他活动包括观念的改变都应服从于技术。然而，不管是哪一种思想，其背后的深层价值观都是技术决定论。在这样一种价值观主导下的网络化学习，技术本质上简单化为一种学习工具。总而言之，这一时期的网络化学习研究十分强调技术的应用价值，重视如何开发更有利于学习的技术工具，关注如何传递和传播文化知识与课程内容。

2. 网络化学习研究的发展期

很快地，技术作为学习工具的局限性与弊端开始凸现，其认知主义学习理论基础也受到建构主义的挑战。恰逢此时，因特网的横空出世使得知识、信息的网络化特性与学习的社会性特质得以凸显，社会文化在技术发展与学习中的作用得到了前所未有的重视。正是在这样一种背景下，网络化学习的研究进入了一个新的发展阶段。在中文语境下，"网络化学习"这一术语指称了包括 E-learning、Networked learning、Web-based learning 等在内的新一代学

---

① 潘莉，林孟光. 谈谈计算机辅助教学［J］. 现代远距离教育，1988（6）：42.
② SPENDER D. The role of a university in a dot. com society: what is it? ［C］// MCCONNELL M, HODGSON V, FOSTER, J, ET AL. Proceedings of the second International Conference of Networked Learning: Innovative Approaches to Lifelong Learning and Higher Education Through the Internet. Lancaster: Lancaster University, 2000.
③ BATES A W. Managing Technological Change: Strategies for Colleges and University Leaders ［M］. San Francisco: Jossey-Bass Publishers, 1999: xiii.

习方式。关于网络化学习（E-learning）的研究①，涉及学习、学习技术、组织机构、文化背景等各个方面，到目前为止，可谓是硕果累累。其中，透过安德鲁斯（Andrews, R.）和海斯恩思维特（Haythornthwaite, C.）所编纂的《圣吉网络化学习研究指南》（*The SAGE Handbook of E-learning Handbook*），柯诺尔和奥利弗所主编的、由著名的诺特雷吉（Routledge）出版社出版发行的《网络化学习研究的当代视角：主题、方法和实践影响》"*Contemporary perspectives in E-learning Research: themes, methods and impact on practice*"这两本书，同时结合一些相关的研究文献，大致可以将已有的网络化学习研究总结概括为三条基本主线和四大研究领域。

实质上，网络化学习（E-learning）这一术语本身就暗含着三条基本发展主线。尽管如今对该术语中的"E"有着丰富多彩的阐释，但最初的时候，或者说从过去的 CAI/CAL 发展而来的"E"，所表征的就是技术的含义。正因如此，也才有学者主张干脆把"E-learning"更名为"Technology-enhanced Learning"。② 不管术语如何，有一点是不可否认的，即技术在网络化学习中的作用和地位是不容忽视的。这是第一条线。与此同时，术语中的另一部分"Learning"则表征着更为核心和本质的成分。于是，（E-learning）更强调的是后者"学习"。关于"Learning"的含义，存在着两种典型的理解。在狭义上，其专门指代的是教育活动中学生所从事的旨在促进自我发展的专门活动，即传统意义上的"学习"概念，它从属于"教育"范畴。广义上，学习则与教育同义。本研究中，"学习"这一术语是在广义的层面上来使用的。第三条主线，则是"技术"与"学习"之间的交互作用。

顺着这三条基本主线，网络化学习研究自然展开和形成了四大研究问题域。首先，为了保证学习顺利而高效地开展，学习系统内部的诸要素均需要展开研究，于是形成了第一大研究领域。在这一领域内，从系统的角度来考察，主要包括了人与内容及其互动等三大要素的问题。

前者包括学习系统内的各类利益相关者——教师、学生、图书管理员、技术助理、领导等人员的角色、各类主体对网络化学习的期望和经验与观念、各类主体应具备的相关能力及其培训、各类主体彼此之间的关系等。其中，较为

---

① 因为这一时期的网络化学习在西方语境下主要是以 E-learning 的概念来指称，因而这部分内容采用 E-learning 来指称网络化学习，下文不再一一标出。
② ANDREWS R, HAYTHORNTHWAITE C. Introduction to E-learning Research [M] // ANDREWS R, HAYTHORNTHWAITE C. The SAGE Handbook of E-learning Research. London: SAGE Publications Ltd., 2007: 2.

13

突出的主题有：教师的角色研究，如德拉阿特（De Laat，M.）等人采用多元方法对网络化学习社区中教师的角色所展开的研究；① 学生学习期望与经验的研究，如古德伊尔等人所专门展开的研究——高等教育中的网络化学习：学生的期望与经验；② 学生应具有的相关能力研究，如阿德瑞安（Adrian，K.）针对英国开放大学的学生进行研究后发现，学生只有在操作（operational）和智能（intellectual）两个方面都做好准备，方能产生高效的网络化学习；③ 关于网络化学习技能的研究，如今已另开辟出专门的研究领域来了，如媒介素养（Media Literacy）、信息素养（Information Literacy）等问题。

  学习中关于内容的研究主题，实质上就是课程问题研究，其主要涵括的主题有课程设计研究以及课程评价研究，如勒维（Levy，P.）专门就学生对同步和异步网络学习的观念和经验展开研究，提出了有效设计和促进网络化学习课程的理论框架，主要包括四个方面：任务设计、社会—技术的设计、信息设计以及指导策略；④ 巴普蒂斯塔（Baptista，N. J. M.）等人则专门提出和实践了建构主义教学系统设计模式来进行远程教育课程设计；⑤ 等等。事实上，不仅在线虚拟的课程设计及其研究日渐兴盛，而且虚拟与真实面对面结合的混合学习（Blended-Learning）课程也逐渐受到青睐。此外，网络化学习课程研究中最为关键，也最为核心的研究问题，即课程评价问题，亦愈来愈凸显，并发展形成了专门的网络化学习评价研究域。这一领域的研究主题主要涉及评价的标准讨论、评价的方式和方法研究以及评价的结果研究这三个主要方面。其中，评价的标准则关涉网络化学习的目标问题，这也是网络

---

① DE LAAT M, LALLY V, LIPPONEN L, ET AL. Online Teaching in Networked Learning Communities: A Multi-Method Approach to Studying the Role of the Teacher [J]. Instructional Science: An International Journal of the Learning Sciences, 2007, 35 (3): 257-286.

② GOODYEAR P, JONES C, ASENSIO M, ET AL. Networked Learning in Higher Education: Students' Expectations and Experiences [J]. Higher Education: The International Journal of Higher Education and Educational Planning, 2005, 50 (3): 473-508.

③ KIRKWOOD A. Getting Networked Learning in Context: Are On-Line Students' Technical and Information Literacy Skills Adequate and Appropriate? [J]. Learning, Media & Technology, 2006, 31 (2): 117-131.

④ LEVY P. "Learning a Different Form of Communication": Experiences of Networked Learning and Reflections on practice [J]. Studies in Continuing Education, 2006, 28 (3): 259-277.

⑤ NUNES J M B, MCPHERSON M, RICO M. Constructivist Instructional Design and Development of a Networked Learning Skills (NICLS) Module for Continuing Professional Education Distance Learning [C] // Proceedings of 13th ED-MEDIA 2001 World Conference on Educational Multimedia, Hypermedia & Telecommunications. Finland: Tampere: 2001.

化学习研究中永恒的主题。台湾地区著名的网络化学习研究专家陈德怀在分析新加坡和香港的教育目标之后提出,网络化学习的目标应定位于5Q,即从原来的智商(IQ)培养拓展到情商(Emotional Intelligence Quotient, EQ)、创意商数(Creativity Quotient, CQ)、逆境商数(Adversity Quotient, AQ)和社交商数(Sociality Quotient, SQ)(参见图1.1)。

```
    逆境商数                              社交商数
Adversity Quotient                  Sociality Quotient
            ┌─────────────────────┐
            │╲                   ╱│
            │ ╲                 ╱ │
            │  ╲    IQ智商    ╱  │
            │   ╲           ╱    │
            │    ╲         ╱     │
            │     ╳       ╳      │
            │    ╱         ╲     │
            │   ╱           ╲    │
            │  ╱             ╲   │
            │ ╱               ╲  │
            │╱                 ╲ │
            └─────────────────────┘
    情商                              创意商数
Emotional Intelligence Quotient    Creativity Quotient
```

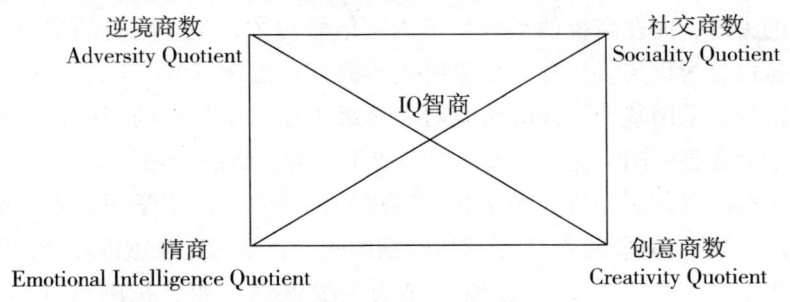

图 1.1　拓展的学习目标①

而评价的方式方法研究则包括两个方面的内容,第一是关于网络化学习对学生学习结果的影响研究,如泽尼欧斯(Zenios, M.)等人专门提出的运用项目逻辑评价方法(the use of "project logic" evaluation method)聚焦于评价网络化学习的效果②;另一个大的方面则是关注通过网络技术来改造和创新原有的评价方法与技术,如有学者专门开发和探索了网络化档案袋评价体系,该评价体系将教学方法整合入评价体系中,如通过写报告和口头演讲来表达观点,通过不断地对话与同伴共同探究,通过同伴评价和自我评价来评估批判性思维,透过实践性作业来测试知识建构能力,等等。这一评价体系糅合了网络技术、最新评价理念和教育目标,具有可借鉴性。③ 最新的网络化学习评价则开始尝试开发能力评价和跟踪学生网上学习的专门化工具。④

---

① CHAN T W, ET AL. Four spaces of network learning models [J]. Computers & Education, 2001, 37 (2): 141-161.
② ZENIOS M, GOODYEAR P, JONES C. Researching the Impact of the Networked Information Environment on Learning and Teaching [J]. Computers & Education, 2004, 43 (1-2): 205-213.
③ LIU E Z F, CHENG S S. Students' Overall Learning Satisfaction about Networked Cooperative Learning with Portfolio Assessment System [C] // Proceedings of the 6th WSEAS International Conference on E-ACTIVITIES. Spain: Tenerife, 2007. 146-154.
④ PETROPOULOU O, ET AL. Building a Tool to Help Teachers Analyse Learners' Interactions in a Networked Learning Environment [J]. Educational Media International, 2010, 47 (3): 231-246.

至于人与内容互动的主题，则主要体现为学习条件、教学模式、教学策略以及互动模式等方面的研究。关于学习条件的研究，除了上述学习者自身的条件和技术准备条件外，还关涉学习方式等方面的软条件，如托马斯（Thomas, R.）等人针对网络学习环境下不同类型的学习条件展开研究，结果发现在培训的远程网络课程学习中，自主学习和个人学习技能的培养是高效学习的关键，而在高校的研究生校内网络学习中，基于问题的学习与协作学习则显得更为重要。① 关于教学模式的研究，温迪（Wendy, D.）在最新的研究报告中采用基于设计的研究对七年级生命科学教育的网络化学习进行研究，学生在整个网络化学习过程中形成了较为一致的学习模式，主要包括：数字化实践的责任感培养、数字化读写能力的培养、组织学习内容、协作和社会化以及综合和创新。② 由于这段时期的网络化学习比较重视互动，因此关于网络化学习中的交互研究逐渐凸显为主要课题。如德拉阿特（De Laat, M.）等人专门采用社会网络分析法对网络化学习中的互动模型做过调查，将八个人在网络化学习之前、之中和之后的互动模型分别做了具体的分析，并用网络图清晰地描绘出来了（参见图1.2）。

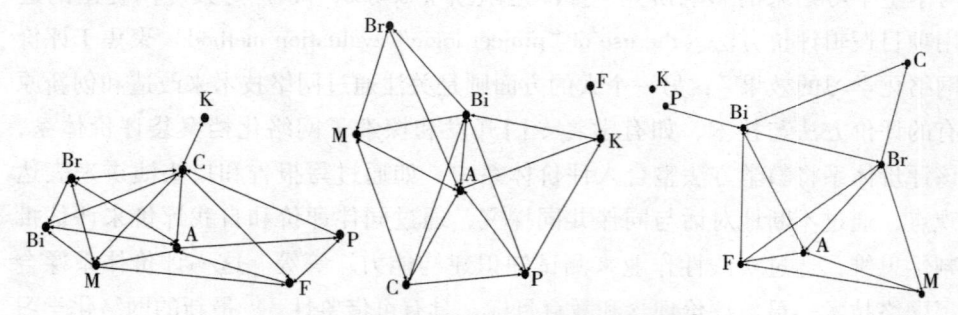

图1.2 学习过程前、中、后的互动模型③

---

① THOMAS R, SUPORN K, PCTCH P. Conditions for Productive Learning in Networked Learning Environments: A Case Study from the VO@ NET Project [J]. Studies in Continuing Education, 2006, 28 (2): 151-170.
② WENDY D. A Networked Learning Model for Construction of Personal Learning Environments in Seventh Grade Life Science [Z]. Paper presented at the Annual Meeting of the American Educational Research Association (Denver, CO, Apr 30-May 4, 2010): 22.
③ DE LAAT M, LALLY V, LIPPONEN L, ET AL. Online Teaching in Networked Learning Communities: A Multi-Method Approach to Studying the Role of the Teacher [J]. Instructional Science: An International Journal of the Learning Sciences, 2007, 35 (3): 257-286.

<<< 导论 知识·学习·网络

第二大研究领域主要是学习技术的开发与研究。沿着计算机辅助教学的逻辑发展，因特网技术，尤其是虚拟仿真技术的发展，为网络化学习带来了许多新的契机。按照技术运用场所的不同，大致可以分为校内网络化学习技术、远程网络化学习技术以及市场网络化学习技术。目前，虚拟学习环境技术由于 3D 技术的繁荣，已逐渐占据了网络化学习技术的中心地带。教育虚拟环境（Educational Virtual Environment，EVE）或者虚拟学习环境（Virtual Learning Environment，VLE），指的是基于某种教育教学模式，整合或应用一种或多种教育目标，为用户提供他们在真实的物理世界无法体验的经验，从而促进产生具体的学习结果的这样一种虚拟环境。① 从 1990 年布瑞克恩（Bricken，W.）在《关于在虚拟世界中学习的技术报告》中首次提出虚拟学习环境以来，关于虚拟学习环境的设计、发展与评估的研究课题已经为数不少了。② 米克罗普洛斯（Mikropoulos，T. A.）回顾了 10 年来的虚拟学习环境研究文献，发现已有的虚拟学习环境理论基础主要包括初级经验、自然语义学、空间大小、传感、具象化、自动以及临场等。在不同的学科教学中使用状况是不一样的，自然科学的学科教学多用于抽象概念教学，而人文科学的学科教学则主要用于增加背景知识。虚拟世界的主要技术特征包括多感官交互通道、直觉交互以及浸入性。③ 除此之外，移动通信技术的出现也为新一代高效课堂设计奠定了基础，已有研究者尝试探索借助网络化移动学习工具来创建高能的课堂。④ 当然，还有各种新媒体技术，如视频录像等都在被不断探索用于创新和提高网络化学习。

第三大研究主题超越了仅有的教育教学视角和技术设计视角，而跨入了组织、机构、政策和文化的研究。在这个层面上，人们探讨最多的莫过于网络化学习共同体（Networked Learning Community）的建构与发展问题。福科斯（Fox，A.）等人以网络自传的形式将网络化学习共同体从诞生到成熟的过程

---

① MIKROPOULOS T A, NATSIS A. Educational virtual environments: A ten-year review of empirical research (1999-2009) [J]. Computers & Education, 2011, 56 (3): 769-780.
② BRICKEN W. Learning in virtual [EB/OL]. http://files.eric.ed.qw/fulltext/ED359950.pdf. 2021-05-31.
③ MIKROPOULOS T A, NATSIS A. Educational virtual environments: A ten-year review of empirical research (1999-2009) [J]. Computers & Education, 2011, 56 (3): 769-780.
④ CRAWFORD V M. Creating a Powerful Learning Environment with Networked Mobile Learning Devices [J]. The Magazine for Managers of Change in Education, 2007, 47 (3): 47-50.

进行了详细的描述,为我们描绘出了在组织这个层面上网络化学习展开的过程。① 而厄尔(Earl, L.)等人则专门探讨了网络化学习共同体中领导能力的特征。② 在政策层面,瓦尔维(Varvel, V. E.)等人专门针对美国的政策做了研究,他们的研究结果显示,①教育机构的政策会影响到网络化学习课程的设计与传递;②外部的法规与政策也会调节网络化学习被组织和教学的方式。③ 至于网络化学习,尤其是跨国性质的网络化学习则一定会面临着文化冲突的问题,也有学者就此专门展开了研究。④

最后,网络化学习研究自身追求发展所不可或缺的一个研究领域,即基础理论研究。主要针对网络化学习的理论基础,包括哲学基础、技术哲学基础、社会学基础、教育学基础、学习科学基础等展开更为深层的本质性探讨。在这个层面上,目前国外已有的研究关注学习科学基础以及教育学、社会学基础的研究较多,鲜有涉及技术哲学的研究。其次是关注网络化学习研究的方法论研究,在这个层面已有较多的实证性研究在做探讨和分析,如前所述,已有许多人在关注使用社会网络分析法(Social Network Analysis, SNA)来分析网络化学习中的关系结构,而也有人针对社会网络分析法只重视结构而忽略过程的局限提出了解开关系结(Untying Relational Ties)的新方式。⑤ 第三个层面的研究则主要集中在网络化学习自身的理论模式的探讨与研究上,它包括各种各样的网络化学习模式的形成与发展,如网络化协作学习模式(Networked Collaborative Learning)的开发与应用等。

综上所述,这一时期网络化学习研究在国外发展成熟,沿着三条主要发展路向:教育的、技术的以及教育和技术交互的。透视这一时期的各种研究可以发现,技术决定论取向已经被社会建构论所冲淡。于是,网络化学习技

---

① FOX A, HADDOCK J, SMITH T. A Network Biography: Reflecting on a Journal from Birth to Maturity of a Networked Learning Community [J]. Curriculum Journal, 2007, 18 (3): 287-306.

② EARL L, KATZ S. Leadership in Networked Learning Communities: Defining the Terrain [J]. School Leadership & Management, 2007, 27 (3): 239-258.

③ VARVEL V E, MONTAGUE R-A, ESTABROOK L S. Policy and E-learning [M] // ANDREWS R, HAYTHORNTHWAITE C. The SAGE Handbook of E-learning Research. London: SAGE Publications Ltd., 2007: 269.

④ RIFE M C. Cross-Cultural Collisions in Cyberspace: Case Studies of International Legal Issues for Educators Working in Globally Networked Learning Environments [J]. E-learning and Digital Media, 2010, 7 (2): 147-159.

⑤ ENRIQUEZ J G. Translating Networked Learning: Un-Tying Relational Ties [J]. *Journal of Computer Assisted Learning*, 2008, 24 (2): 116-127.

术也不再仅仅是工具了，它所聚合的巨量信息和开发的平台转变为了学习资源。然而，随着网络技术的迅速普及和发展，包括当下的普适技术等，网络技术与学习逐步走向融合，以至于技术不断演变为新一代的学习环境。

虽然说我国在技术发展和研究水平上还有些不如西方国家，但是自网络化学习兴起后，我国的研究工作者也察觉到这一重要课题，分别从各个视角、各个层面对网络化学习展开了深入的研究。如，何克抗教授在分析已有的各种关于E-learning的定义基础上，提出了自己的综合性的看法，所谓"E-learning"的完整内涵就是：利用现代信息技术手段，通过信息技术与学科课程的有效整合来实现一种理想的学习环境和全新的、能充分体现学生主体作用的学习方式，从而彻底改革传统的教学结构和教育本质，达到培养大批具有21世纪能力素质的人才（创新人才）的目的。[1] 基于这样一种理解，我国许多学者曾努力探讨过如何将信息技术与课程实行整合的问题。如黄甫全教授从当代文化哲学的视角阐明，信息技术与课程整合实质上就是一种基于信息技术的课程研制理论和实践，并提出和建构了信息技术与课程整合的四条基本原理："知识的整合""经验的整合""价值的整合"和"课程研制的整合"。[2] 宋国学曾专门撰文分析探讨了e-学习的理论内涵与实践价值，他提出了用e-学习这一术语来整合已有的各种各样混杂使用的术语。[3] 除了在基本理论层面做探讨外，更多的是在各个学龄段、各级各类学校、各科学习中努力探讨网络化学习的实践效应，这类文献举不胜举。总的来说，我国的网络化学习研究在不断地引进西方发达国家的先进理论和技术的同时，也很注重开展本土化的实践和理论研究。

很显然，第二代网络化学习研究较之初期极大地丰富了研究主题，其技术决定论取向也开始被社会建构论所冲淡。社会建构论认为"技术与其他社会现象或组织机构没有什么本质区别，也不过是社会的终极产物"，即"技术就是社会和文化的产物"[4]。人们逐渐意识到技术的使用者，即学习者本身所具有的文化需求和文化观念的重要性。于是，技术就不再仅仅被视为工具了，

---

[1] 何克抗.E-learning与高校教学的深化改革（上）[J].中国电化教育，2002（2）：8-12.

[2] 黄甫全.试论信息技术与课程整合的实质及其基本原理[J].教育研究，2002（10）：36-41.

[3] 宋国学.e-学习的理论内涵及实践价值[J].比较教育研究，2005，26（5）：13-17.

[4] GOODYEAR P. Psychological Foundations for Networked Learning [M] // STEEPLES C, JONES C. Networked Learning: Perspectives and Issues. London: Springer Verlag, 2002: 56-57.

而逐渐融入学习并改变学习方式。网络化学习也不再是变换知识传递与传播方式的游戏，而是促进学生主动参与知识建构的重要途径之一。基于建构主义，各种网络化学习技术与平台转向支持学习者在网络化学习中主动参与，师生共同建构知识，同时，也优化了各种技术。

3. 已有网络化学习研究遭遇的困境

从哲学的视角审视，已有的网络化学习研究在本体论、认识论和方法论等方面均遭遇了一定的困境。

首先，在本体论方面，网络化学习研究所遭遇的最大困境就是如何协调"学习"与"技术"之间的关系。事实上，不管是技术决定论还是社会建构论，它们都视技术为价值无涉的，因而技术或学习技术就简化为帮助人们达成目标的工具、手段或途径，社会或人类是可以任意改造或操作技术的。姆利特瓦（Mlitwa, N. B. W.）犀利地指出，这样一种网络化学习技术观忽视了技术与认知过程的互动，也遗忘了技术与社会的对话。[①] 这是一种单向度的游戏。曾有人指出，"在教育技术领域中存在的唯工具论、盲目乱用、人与技术的关系不和谐等现象，是西方工业文明本身的弊端，是'工具理性'或'技术理性'过分扩张的结果。"[②] 即使是主张社会建构论，它依然是在更深层次演绎了二元对立的思维，因为在这样的研究中，"非人类物"是缺席的。正因为如此，技术总是徘徊于学习与文化之外，甚至与学习、文化对立起来。如何沟通与整合二者，成为新一代技术哲学的难题。

其次，在认识论方面，网络化学习研究所遭遇的问题主要是围绕着"学习"与"知识"的关系而展开的。已有网络技术的冲击改变了过去知识的线性传递方式，更重要的是深度变革了人的思维形式。知识本质观也随之发生变化，从静态走向动态，从确定走向不确定。然而，相比之下，"学习"的本质观背后依然存在着知识霸权与认识论不对称的现象，仍旧坚持知识静态观。这样的差异将"学习"与"知识"的矛盾与冲突推至了高潮。在"识知文化"的促动下，新兴的网络化学习还必须对"创造知识和辩护知识"问题予以新的回应。于是，传统的"学习"观有待进一步反思与审视。

再次，在方法论层面，网络化学习研究方法论长期在二元对立思维模式的影响下，形成了量化与质性、事实与价值、还原论与整体论之争。这样的

[①] MLITWA N B W. Technology for teaching and learning in higher education contexts: Activity theory and actor network theory analytical perspectives [J]. International Journal of Education and Development using information and Communication Technology, 2007, 3 (4): 54-70.

[②] 张曙光. 生存哲学——走向本真的存在 [M]. 昆明：云南人民出版社，2001: 14.

方法论思想已经根深蒂固，根植在传统认识文化的土壤中。它进一步导致研究问题的简化，因果逻辑主导着一切研究，研究的基本模式就是忽略问题发生的情境，收集客观的、精确的数据来进行分析，从而验证理论假设，于是，普遍性知识的追求成为方法论的核心价值目标。显然，这样的方法论在面对越来越复杂的网络化学习现象时已充分暴露了自己的局限性。与此同时，由于一直被不对称认识论主宰，已有的网络化学习研究中"学习"与"研究"的关系被割裂，以至于理论与实践之间的关系愈加尴尬，二者之间的鸿沟不减反增。

至于研究主题，如前所述，存在于技术与学习交互地带的大量课题还有待进一步关注与探索，尤其是网络化学习中的人（教育者、学生、管理者）、结构（学习组织、教育者组织、机构、政策）、技术（学习管理系统）、环境（背景）、学习过程、各种学习结果等各要素间彼此交互、共同融合过程中所生发出的种种问题，为我们展开了一幅关系复杂而又涌动着生命活力的研究图景。尤其值得重视的课题是解放被技术化的新一代数字人。是否及如何通过网络化学习研究来实现这一目标，将成为未来网络化学习研究的重大课题。简言之，新的研究主题促进着研究方法与观念的革新。

（二）网络化学习研究文化转向的内涵与意蕴

面对已有网络化学习研究的困境，新一代网络化学习研究开始反思已有的技术价值观，不断探寻新的技术与学习文化融合的生长点，努力超越传统的研究方法论，打破学科的界限，走向整体主义的综合性研究。同时，工具式或方法化的网络化学习本质观被网络化学习文化本质观所逐渐取代，亟待我们从哲学与文化的层面进行沉思。

1. 网络化学习研究文化转向的内涵

随着技术哲学的经验转向，技术价值观在历经技术决定论到社会建构论的转变后，开始走向共同进化论（Co-evolution）。正如沃尔帝（Volti, R.）所指出的："一个理智的人不会否认技术是创造我们生活世界的一种重要力量，但是我们也应注意到技术不能脱离它所处的社会而独立运行。"[①] 因此，我们相信技术与社会是共同发展的，单一的建构主义或纯粹的客观主义都是难以圆满解释技术的发展的。事实上，技术与社会是相互塑造的。技术塑造了社会和文化，反过来，社会文化也要求与之相适应的技术，规范着技术可

---

① VOLTI R. Society and technological change [M]. New York: Worth Publishers, 2006: 272.

能的发展方向、方式和途径。基于共同进化论，网络化学习文化与技术逐步走向融合。此时此刻，技术不再仅是学习的工具或方式，还是学习的环境与条件，甚至还负载着价值，有待具体描述、分析、批判、解构与重构；学习文化也绝非建构技术的主宰者，而是与技术和谐相生，甚至还受技术影响，也需要深入解释、理解、反思、发展与创新。从这一价值观出发，网络化学习研究开始从规范性转变为描述性，从简单的说明发展为现象学解释，从实证走向批判，并最终迈向整体主义，技术、学习与人均融于统一的经验世界之中。

新一代网络化学习研究同样沿着此前的两条主要路线而继续向前发展。在教育教学领域，越来越多的研究关注整体的网络化学习环境研究，在史密斯（Smith, A. E.）等人看来，网络化学习环境实质上是一种崭新的课程范式，它借助所有的参与成分，允许持续的互动与知识交互，进而获取信息。① 而此时，学习共同体（Learning Community）、研究共同体（Community of Inquiry）以及计算机支持下的协作学习（Computer Supported Collaborative Learning, CSCL）这些主题也逐渐占据了网络化学习研究的中心。德拉阿特（De laat, M.）等人在对网络化学习研究的回顾中，选择提出了五大主题，即协作学习、教师角色、师生关系、群组调节与教育方向、网络化学习共同体的参与。② 跨入新的研究阶段后，网络化学习不仅是局限于个人的自我学习上，更多的是关注集体的学习与发展。换句话说，网络化学习的主体也已经从单个的主体走向了类主体。从最初的E-learning到如今的Networked Learning，网络化作为社会结构的本质、学习的本质正逐渐得以凸显，网络化学习将最终成为生活在网络社会（Network Society）中的人们的学习生命存在与不断优化的文化存在形态。

与此同时，教育技术或网络化学习技术的发展也正在朝着新的智能化阶段迈进。巴纳尔斯（Barners-Lee）在2000年扩展标记语言（Extensible Markup Language, XML）会议上首次提出"语义网（Web）"这一概念，而安德森（Anderson, T.）等人则将其进行具体化，"教育语义网"的研究如今

---

① SMITH A E, REYNOLDS L J. Reaching the techno-stressed: using networked learning environments to break barriers [C] // NIXON C. 14th Annual Computers in Libraries Proceedings. Medford, N. J.: Information Today, 1999.

② DE LAAT M, LALLY V, SIMONS R-J, ET AL. A selective analysis of empirical findings in networked learning research in higher education: Questing for coherence [J]. Educational Research Review, 2006, 1 (2): 99-111.

已凸显为未来网络化学习技术的重要发展趋势。他们指出,"教育语义网"主要有三个功能,第一是可以有效地储存和获取信息,第二是可以让人工自动化代理来增强人们的学习与信息获取、加工的能力,第三则是以各种各样的穿越时空的形式来支持、延伸和拓展人类的交流能力。① 可以说,"教育语义网"研究的启动给网络化学习技术的智能化带来了希望,同时,也进一步强化了新一代网络化学习研究的文化转向。

2. 网络化学习研究文化转向的意蕴

网络化学习研究实现了发展期的社会建构论转向后,又开始了一个重要的转向即"文化转向"。"文化转向"是建立在技术哲学的经验转向以及"信息哲学的文化转向"② 基础之上的。技术哲学的经验转向提倡技术的哲学反思必须建立在对现代技术的复杂性与丰富性的适当的经验描述上,这同样适用于网络化学习技术的研究。与此同时,信息哲学开始意识到信息本身就是文化,它包含着以信息为导向的价值观、媒介及相关实践,从而将"人际关系"确立为信息文化哲学的逻辑起点。基于此,网络化学习研究开启了文化的向度。具体而言,文化转向包含以下三重意蕴。

(1) 网络化学习本质观转变

受传统技术哲学观的影响,已有网络化学习常常被理解为一种工具、一种方式、一种环境,显然,这样的本质观始终都未能摆脱实体论的桎梏。新一代网络化学习研究将努力突破二元对立思维模式沟通技术与学习,从而使得网络化学习发展为一种新的学习文化,成为网络社会的人们基本的存在形态之一。如此一来,唯有深入网络化学习的种种关系之中方能真正理解其本质。基于这样一种本质观的转变,未来的研究课题将转向关注网络化学习文化中的各种关系:网络化学习与政治、意识形态、权力之间,网络化学习与身体、视觉、审美之间,网络化学习与性别、阶级、组织之间,网络化学习与话语、身份认同、种族之间,等等诸多关系。譬如,福克斯(Fox, S.)在专门针对影响高等教育的网络化学习共同体展开批判时指出,英语化的网络化学习可能带来的是一种英语母语国家的文化霸权。③ 与之相对应,考察网络

---

① ANDERSON T, WHITELOCK D. The Educational Semantic Web: Visioning and Practicing the Future of Education [J]. Journal of Interactive Media in Education, 2004 (1): 1-15.

② BRIGGLE A, MITCHAM C. From the Philosophy of Information to the Philosophy of Information Culture [J]. The information Society, 2009, 25 (3): 169-174.

③ FOX S. An actor-network critique of community in higher education: implications on networked learning [J]. Studies in Higher Education, 2005, 30 (1): 95-110.

化学习文化本质应以关系为基本单位去分析技术、学习主体和价值观等，思考的中心不是单一的某一方面或个人而是关系，优先确保关系的安全和利益，优先考虑关系的最优可能性以求科学地发展。

（2）网络化学习研究方法创新

网络化学习本质观的转变自然也会带来研究方法的创新。库罗斯与布罗格登（Couros, A. & Brogden, L. M.）曾精辟地指出，网络化学习的研究目前常常位于参与式研究与协商式研究之间的空隙地带。[①] 慢慢地，这样一种传统的研究文化逐渐暴露其局限，从而指向新兴研究方法的诉求。事实上，已有网络化学习研究结果证明，单一学科或视角的研究对网络化学习的解释力是十分有限的，且传统知识观的瓦解以及文化知识观的确立，使得网络化学习研究开始重视参与、行动，也强调协商、仲裁，进而发展极具包容性的整体主义方法论——网络化学习行动研究。它以人为本，以网络为本质，关心主体体验网络化学习文化与空间的经验，通过建构与循环对话来追求与行动者相关联的、适应情境的知识。重视反思性日志、借助媒介技术、注重对话、强调包容是网络化学习行动研究的主要特征。当前，这一新兴研究方法正在蓬勃发展，有待进一步的具体化与实践探索。

（3）网络化学习研究的价值观转向

从技术哲学的视角审视，跟随当代文化思潮的发展，传统的技术工具价值观在历经社会建构论转向后，走向了技术与学习的共同进化论。基于关系本体论，共同进化论超越了技术决定论与社会建构论，因而网络技术与学习的际遇将成为新一代网络化学习研究的逻辑起点。基于共同进化论，技术及技术人造物将走出工具、方法的阴影，成为网络化学习的重要"行动者"之一。换言之，在网络化学习中，技术及技术人造物应被视为与人类同等重要，至少在本体论意义上应该享有平等的地位。与此同时，网络化学习在技术及技术文化的影响下，将努力发展为网络社会中实现人与文化整合的根本方式。若从方法论的视角考察，文化转向后的网络化学习研究将具有多元的价值取向：在垂直意义上，聚焦行动本身必然追求行动质量，而同时它又直接关怀着人的网络化生存，对各种生存与幸福欲求的满足则使得它的价值不再仅仅停留在行动质量上，还会关注知识的发现与理论的提升以满足精神文明的需要；在水平意义上，网络化学习研究将聚焦点之石径直投击于生活在网络社

---

① BROGDEN L M, COUROS A. Toward a Philosophy of Technology and Education [J]. Delta Kappa Gamma Bulletin, 2007, 73 (2): 37-42.

会中的人，价值之波由此荡漾开去，各级各层的个体，包括技术人员、行动参与者、理论研究工作者、管理者等都将受惠而获得发展。因此，价值多元化将成为网络化学习研究价值观转向的基本特征之一。

回望网络化学习研究短暂的历史便可发现，无论是研究主题、研究方法还是价值取向，均蕴含着走向整体主义的哲学发展趋势，同时更为关注作为文化主体的人。人、技术与学习相互交织、相互影响，推动着网络化学习文化不断地形成、发展与繁荣，而以网络化学习文化为反思点的网络化学习研究也从过去的单一主题研究发展为跨学科的综合性研究，从传统的量与质的研究走向以文化认识论为基础的网络化学习行动研究，其背后深层的技术价值观则向着"共同进化论"而迈进，一场文化转向运动开始启动。可以展望，未来的网络化学习研究将努力回到日常实践的生活世界中，回归人的意义本体，终将实现文化的转向。

二、网络化学习哲学研究的兴起

当网络化学习研究还沉醉在控制与效率的追求中时，文化的暗流已开始涌动，网络化学习研究的文化转向呼唤着哲学对网络化学习予以关照，而哲学在遭遇网络化境遇时也开始了自我变革，二者的际会推动着网络化学习哲学研究的生成与发展。作为对网络化学习研究文化转向的回应，网络化学习哲学研究始终保持着对文化的责任与热忱，继而形成了一定的学理范畴与研究主题，确立起适切的研究方法与致思方式，在丰富自身理论发展的同时更注重对网络化学习实践的指导与引领，可谓内外兼修。对网络化学习哲学的缘起、可能性条件以及研究体系进行梳理和建构，有利于进一步促进和实现网络化学习研究的文化转向，满足网络化学习研究深化发展的需要。

（一）网络化学习哲学研究的缘起

从 20 世纪 70 年代起，未来协会（Institute for the Future，IFTF）就开始针对网络化学习的相关问题展开研究，也包括对网络化学习研究方法论的探讨，其典型的代表作有瓦利（Vallee，J.）等人出版的《通过计算机的群组交流：论坛系统的设计与使用》"*Group Communication Through Computers: Design and Use of the FORUM System*" 以及《通过计算机的群组交流：社会效果研究》"Group Communication Through Computers: A Study of Social Effects",① 由此揭开了网络化学习研究的序幕。随后的几十年里,在技术的带动下,网络化学习研究蓬勃发展。然而,也就是因为受技术及其工具理性的主宰,已有的网络化学习研究因重视效率而忽视学习主体,道德情感在认知加工中沉沦,而生命价值则让位于技术程序。

1. 网络化学习研究中主体性的失语

尽管当前网络化学习研究开展得红红火火,但只要稍做考察便可发现,研究的主体只有那极少数的专门研究人员、专家或大学研究者。显然,真正置身于网络化学习世界中绝大多数的主体却往往被边缘化。踯躅于边缘的这些网络化学习者、教育者处于被互动、被网络化、被研究的境遇之中。更令人担忧的是,长此以往,"人们会渐渐爱上压迫,崇拜那些使他们丧失思考能力的工业技术"②。更可怕的是,人们会慢慢习惯于受支配,而臣服于那些使之放逐自己学习本性的从事技术设计与研究的人。柏拉图曾说过,奴隶之所以为奴隶,乃是他的行为并不代表自己的思想而是代表别人的思想。③ 具有讽刺意味的是,在文明高度发达的今天,一种新型的"奴隶"又诞生了,他们将记忆"外包"给机器,把深度思维让渡给技术以及从事技术设计与研究的专家学者。这样的"奴隶"谈何主体性呢?主体性既涵指人作为活动主体的自觉性、自主性与自为性,实质又是一种"人类让自我成为客体的能力"④。在此意义上,当今网络化学习研究的主流话语体系中几乎很难有主体性的一席之地,呈露出来的是追求效益的价值取向、强调控制与设计的研究体系、学习者的主体身份被遮蔽,等等。

主体性的失语,究其根源主要有二:第一,技术至上的研究价值观。这样的价值观认为技术主导着教育教学的变革,只要开发出有利于学习的技术工具并有效利用,学习质量自然会提高,学习的一切问题也会迎刃而解。泰特(Tait, A.)曾尖锐地指出,在美国,传统的网络化学习研究十分重视技

---

① STEEPLES C, JONES C. Networked Learning: Perspectives and Issues [M]. London: Springer Verlag, 2002.1.
② [美]尼尔·波兹曼. 娱乐至死·童年的消逝 [M]. 章艳,吴燕莛,译. 桂林:广西师范大学出版社, 2009.3.
③ 华东师范大学教育系,杭州大学教育系. 现代西方资产阶级教育思想流派论著选 [M]. 北京:人民教育出版社, 1980:25.
④ [英]贝尔特. 二十世纪的社会理论 [M]. 瞿铁鹏,译. 上海:上海译文出版社, 2005.7.

术。事实上，可以说网络化学习的发展是技术导引而非学习者或教育牵引所致。① 鉴于对学习技术本质的认可，网络化学习及其研究被当作科学性和艺术性兼具的人类设计活动，由此，基于设计的研究（Design-based Research）开始兴起。霎时间，设计（design）之风迅速席卷整个网络化学习研究领地而成为一种时尚，甚至连学习者的身份、经验也成为设计的产品。第二，实证研究范式主导。以量化与质性为表征的实证研究范式长期占领着网络化学习研究的主阵地，但"这样的实证研究视角往往会错过'发现的机遇'，忽视研究者的互动作用与主体性"②。萨蒙（Salmon，G.）的这一批评，直截了当地指出了实证研究范式与主体性失语之间的联系。与此同时，安德鲁斯（Andrews，R.）等人也严正地指出："传统的教育研究方法恐怕不足以完成网络化学习研究的任务。"③ 这一切都指向于网络化学习研究范式的转换，主体意识亟待唤醒。

作为一种特殊的文化活动，正在开展网络化学习的师生们理所当然是文化的主体，是"自然性实践活动"和"自觉性认识活动"的双重主体。④ 承认师生的文化主体地位，一方面意味着网络化学习应具备交互性、发展性与开放性，从而激发主体自主建构新的知识意义和经验，另一方面又蕴含着师生应从被研究的客体位置上解放出来，实现真正的研究主体角色转换的这样一种可能性。当前，技术大有凌驾于学习之上的趋势，作为一种文化的技术已在不经意间开始重构人的主体意识，而真正的文化主体则抽身隐退于技术世界之后。因此，努力将主体性话语纳入网络化学习研究系统中已成为当前网络化学习研究的重要课题之一。

2. 网络化学习研究中情感的失意

虽然近年来随着学习的社会性不断凸显，社会学、人类学等人文学科开始走入网络化学习研究的视野中，然而心理学的研究依然占据着主流。已有

---

① MCISAAC M S. Speaking Personally——with Alan Tait [J]. American Journal of Distance Education，1994，8（3）：79.
② SALMON G. Approaches to Researching Teaching and Learning Online [M] // STEEPLES C，JONES C.（Eds.）. Networked Learning：Perspectives and Issues. London：Springer-Verlag，2002：197.
③ ANDREWS R，HAYTHORNTHWAITE C. Introduction to E-learning Research [M] // ANDREWS R，HAYTHORNTHWAITE C. The SAGE Handbook of E-learning Research. London：SAGE Publications Ltd；2007：33.
④ 黄甫全. 师生主体、知识价值与整体方法——文化教学认识论纲 [J]. 教育发展研究，2010，30（22）：33.

的网络化学习研究中常常将学习简单归结为认知的信息加工过程，似乎所有的网络化学习者在研究者看来都是没有伦理、欲望、激情、喜怒哀乐，只有认知、技能与思维的不食人间烟火的"机器人"。大多数网络化学习研究都是根据这一不言而喻的假定而展开的，因此，网络学习的信息加工模型、共享认知（shared cognition）、协作学习的认知机制（cognitive mechanism）等理论层出不穷，一片欣欣向荣的景象。殊不知，在认知独断得意的同时却是道德情感的失意。

网络化学习从属于学习文化，它是人类发展到当代，在技术变革的推动下所产生的一种特殊学习活动形态。因而从一开始，它同其他学习活动一道被交付于教育心理学，希冀心理学的研究能发现学习的本质与规律，从而把学习变成一套技术操作程序或心智技能规则，任何学习者只要遵循了这样的程序或规则，学习效率自然提高，学习目的便可实现。基于心理学的视角，研究者"努力去探索和说明在对话与理解之间、协作与有效地解决问题之间的联系"①。因此，即使人类学的考察发现，网络化学习其实是一种实践共同体的合法边缘性参与，但它依然逃脱不了认知心理学的微观追踪。古德伊尔（Goodyear, P.）总结回顾了已有心理学研究对网络化学习情景性、社会性的回应，主要包括三大成果：迪伦堡（Dillenbourg, P.）等人针对网络化协作学习提出了认知机制、认知互动与认知情境理论；柯林斯（Collins, A.）等人提出了认知能力（epistemic fluency）、认知游戏（epistemic games）、认知任务（epistemic tasks）、认知形式（epistemic forms）等相关理论；最后就是古德伊尔等人所提出来的实用知识（working knowledge）的共同建构（co-construction）理论。② 由此看来，自笛卡儿（Descartes, B.）将理性与情感分离后，二元对立的思维模式根深蒂固，以至于在网络化学习研究兴盛的今天，认知依然独占鳌头。

其实，舍勒（Scheler, M.）的"情感先验论"早就发现了情感是启动认知的源泉，弗洛伊德（Freud, S.）的生死驱动力"保持"连同阿德勒（Adler, A.）的"自卑"（inferiority）感深刻地揭示了学习活动中认知与情感

---

① GOODYEAR P, BANKS S, HODGSON V, MCCONNELL D. Research on networked learning: An overview [M] // GOODYER P. ET AL. Advances in Research on Networked Learning. Norwell: Kluwer Academic Publishers, 2004: 2.

② GOODYEAR P. Psychological Foundations for Networked Learning [M] // STEEPLES C, JONES C. Networked Learning: Perspectives and Issues. London: Springer Verlag, 2002: 56-57.

必然联系的本质。因此，在认知心理科学主导下的网络化学习研究，很有必要保持一份对情感的尊重与珍惜。

3. 网络化学习研究中价值的失落

这里所说的网络化学习研究中价值的失落，实指人文价值与人的精神价值在科学、技术、理性与功利主义的压制下被迫缺席。"技术"的出场一方面成功地帮助人类实现了生命的优化，然而，文化的悖谬又将其带入人性异化的境遇之中。当"技术"继续扩张时，当所有的学习问题都寄托于"学习技术"时，学习开始异化，学习者的个性也被扭曲。当信息借助网络技术无缝传播时，知识爆炸式增长时，学习遭遇挑战，学习者自身生命价值受到挤压。派纳（Pinar, W. F.）曾深刻指出："信息不等于知识。如果没有伦理与智力判断，信息时代即是无知的时代，因为伦理与智力判断不能被编成计算机程序。"① 不仅如此，在实用主义思潮泛滥的今天，网络化学习研究逐渐被功利主义导引，只谈有效性，不谈伦理；只求有用，蔑视审美；只认科学，排斥人文。于是，学习本身的意义问题被悬置，学习的生命价值问题被放逐。

这一切都归咎于技术至上所引发的物质主义价值观的泛滥。从霍布斯（Hobbes, T.）的"社会契约"到爱尔维修（Helvetius, A.）的"共同福利"，功利主义随着科学技术的繁荣而开始泛滥。这样一种价值观导引下的网络化学习研究，在宏观层面将目光投向考察整个学校、地区的教育现状或问题，着力于改善整体的教育教学水平。2002 年，考夫兰（Coghlan, D.）等人对欧盟基金会开展的一个名为"CO-IMPROVE"的项目进行了全面检视，这一项目旨在通过管理者和研究者共同的协作式行动学习来促进和改善教育实践，并提高教学成绩。② 微观层面，关于各种形式的网络化学习组织、不同程度的网络化学习时量等可控变量对学生学习有效性的影响研究随处可见。由此观之，与功利主义的价值导向直接相连的科学实证研究遮蔽了人文价值，致使求真、求善、求美的人文精神在网络化学习研究中的极度失落。

显然，未来的网络化学习研究中呼唤人的精神价值的回归。如何得以回归呢？一方面，在融合科学与人文的路向上努力创新网络化学习研究范式，从而让人文价值得以澄明；另一方面，在追求审美的过程中实现人的精神价

---

① PINAR W. F. The Synoptic Text Today and Other Essays: Curriculum Development after the Reconceptuali- zation [M]. New York: Peter Lang, 2006: 110.
② COGHLAN D, COUGHLAN P, BRENNAN L. Organizing for Research and Action: Implementing Action Researcher Networks [J]. Systemic Practice and Action Research, 2004, 17 (1): 37-49.

值目标。因为"在审美中，片断的人恢复为完整的人，人性得到了一个大幅度的提升……在审美中，人实现了自己的最高生命，但这实现本身也正是对最高生命的创造，它规定着生命，又发现着生命；确证着生命，也完善着生命；享受着生命，更丰富着生命"[1]。

（二）网络化学习哲学研究何以可能

已有网络化学习研究所遭遇的困境亟待唤醒学习者的主体意识，要求尊重情感并期待着人文精神价值的沐浴，于是，它转而求助于文化的研究，开启了网络化学习研究的文化转向。这一转向呼唤着哲学的关照，而作为时代精神的哲学也亲缘着网络化学习，二者的际遇推动了网络化学习哲学研究的生成与发展。

1. 网络化学习呼唤哲学

借助信息通信技术（ICT），人类历史上第一次突破了线性教育模式，学习的网络化特质得以凸显。"位元城市"的出现拓展了学习的空间，形成了虚拟的、现实的以及虚实相间的三维空间；"虚拟化身"的诞生延长了学习的时间，形成了同步的、异步的以及面对面的多维时间，交织于多维时空中的学习逐渐显露其"网络"的根本特性。而"网络所呈现的这种多维度、全方位的面向、现实和特征，决定了我们必须从不同学科的视角出发，来分析和把握网络的各种具体面向和特征，从而能够在这样一种研究分化与专门化的基础上完成对网络的整合性形象、功能、意义和趋势的说明与理解"[2]。特别是已有学科视角对网络化学习的窥探都只是整体的一角，多元学科的解读可能会导致网络化学习整体性本质的支离破碎，亟须作为系统世界观的哲学予以整合，获得全面的理解。

如前所述，已有的网络化学习因技术的统摄和驾驭而导致了学习的"工具化"、人性的功利化等异化现象的出现，进而致使网络化学习研究中主体性的失语、情感的失意与价值的失落。设计与传统科学研究方法论话语体系中主体意识的觉醒，需要哲学予以促动。因为"哲学对于强化人的主体地位，提高人作为主体的自觉性，加强人与世界关系中对人有利的主体性效应，具有不可估量的作用"[3]。此外，作为最宏观的信念和理想，哲学本身对人们的

---

[1] 岳友熙. 追寻诗意的栖居——现代性与审美教育 [M]. 北京：人民出版社，2009：152-237.
[2] 冯鹏志. 伸延的世界：网络化及其限制 [M]. 北京：北京出版社，1999：28.
[3] 欧阳康. 哲学研究方法论 [M]. 武汉：武汉大学出版社，1998：40.

思想和行为起着导向与规范作用。因此，长期沉迷于技术实用性效益中的网络化学习更需要哲学对已有价值观进行批判、反思与超越。一言以蔽之，在技术理性霸权的今天，网络化学习迫切需要哲学的关照，从而在批判中不断改进和发展。正如祝智庭所指出的："网络化学习能创造丰富的教育契机，而选择与设计网络化学习模式则需要哲学关照。"①

深入网络化学习研究领域，已有研究所产生的理论与实践成果都十分丰富。例如，围绕学习系统内部的诸要素展开研究，其具体关涉到人、内容及其二者互动等三大主题的研究，包括课程设计、课程评价、学习条件、教学模式、教学策略以及互动模式等方面的研究。又如，学习技术的开发与研究包括校内网络化学习技术、远程网络化学习技术以及市场网络化学习技术、虚拟学习环境创设与开发，等等。此外，还在超越已有教育教学研究视角与技术设计的视角基础上，涉足组织、机构、政策、制度与文化的研究。这些丰富的理论与实践亟待全面而深入地进行概括与体系化，并展开批判性的反思，以期在更高的理论层面与价值规范方面，对目前以及将来的网络化学习及其研究提供正确的指导与价值引领，而这也正是作为最高层次方法论的哲学所能为的。

2. 哲学亲缘网络化学习

作为时代精神，作为智慧之学，作为文明的活的灵魂，哲学总是指认与表现、促进与推动着社会的变革，与此同时，它也在改变着自身，因而"全球网络化时代的哲学"以及"网络哲学"开始登场。面对着人类实践的网络化转向、网络化空间的生存境遇，哲学开始了在更深层次上反思自己的本性、主题与致思方式，实现着自身变革。而变革中的哲学将更为全面地关照网络化时代的人类存在方式，也更为深入地关注着网络化空间中人类的社会实践活动。网络化学习作为网络时代社会变革的文化产物，自然也会受到哲学的青睐。

网络哲学如同一般哲学对学习展开研究一样，也对网络化学习进行研究。一方面，作为一种整体的研究视角，网络哲学需要探察"网络化学习"在网络化生活这个大坐标系中的位置，关心"网络化学习"与"网络化生活实践""学校学习"的关系，关涉网络化学习方式及其规律的研究，等等。另一

---

① ZHU Z. T. Some Philosophical Considerations of Networked Learning [C] // 李克东，何克抗. 计算机教育应用与教育革新：97 全球华人计算机教育应用大会论文集. 北京：北京师范大学出版社，1997：335.

方面，作为对思想的反思，作为一种高级思维形式，网络哲学将帮助学习主体自觉反省网络化学习过程，自我澄明学习思维与存在的关系，进而实现学习主体的自我解放；同时，它将有利于超越已有的科学技术的工具理性，寻找失落的人文价值，进而走向学习生活的文化建构；还有助于明确学习的社会性，理解学习过程中情感的在场，进而敞开学习智慧的审美情怀。

3. 网络化学习哲学研究现状

综观已有的网络化学习研究，国内外研究现状差异较大，水平不一，但一致的是国内外均有学者开始关注从哲学的视角对网络化学习予以审视与考察。在国外，受实证研究范式主流话语体系的影响，纯粹而直接地对网络化学习本质或学习存在进行形而上学的追问，对网络化学习研究方法论予以深度反思的哲学研究较为缺乏，但也不乏间接的网络化学习哲学审思。已有文献显示，国外对网络化学习的哲学研究主要沿着两条路向进行：第一，将网络化学习泛化至整个网络化社会生活中进行哲学反思。从托夫勒的《未来的冲击》到尼葛洛庞帝（Negroponte, N.）的《数字化生存》，从卡斯特的《网络社会的崛起》到海姆（Heim, M.）的《从界面到网络空间：虚拟实在的形而上学》，各自从不同的视角出发对网络化时代中学习的变革予以解释，并为网络化学习勾勒出未来的蓝图。此外，因"信息"凸显为网络化时代的核心特质，故近年来兴起了信息哲学，现又转向以人际交往为逻辑起点的信息文化哲学[①]，信息文化哲学也开始将网络化学习纳入了自己的研究对象域。第二，深入网络化学习内部，对具体的网络化学习活动进行哲学反思。如有学者从学习的本质入手，对已有网络远程教育进行批判，进而指出其不能取代真实环境下的学习。[②]

在我国，受传统教育研究范式的影响，关于网络化学习在哲学层面的直接研究已有初步尝试，目前主要集中在两个方面。第一，关于本体论的探讨。有研究根据媒介演变的历史将人类教育发展历程重新划分为"前网络文化阶段"与"网络文化阶段"，并在此基础上考察了网络教育的要素和基本要素以及基本要素之间的关系，创新性地探究了网络教育的本质和网络教育与前网络教育的关系所在。[③] 也有研究从网络化时代的教育理念、教育内容、教育手

---

① BRIGGLE A, MITCHAM C. From the Philosophy of Information to the Philosophy of Information Culture [J]. The Information Society, 2009, 25 (3): 169-174.

② GRAHAM G. E-learning: a philosophical enquiry [J]. Education+Training, 2004, 46 (6/7): 308-314.

③ 马治国. 网络教育本质论 [D]. 长春：东北师范大学，2003：iii.

段和方法、教育形式、教育目的、教育制度和教育价值等方面提出了网络化时代所必须做出的相应调整。① 第二，关于方法论的探讨。已有研究专门从复杂性理论的视角对网络化学习展开了分析，提出了网络化学习研究的复杂性范式。② 上述研究既证明了网络化学习的哲学研究的可能性，更昭示了网络化学习的研究走向更深、更高层面研究的必然性。

（三）网络化学习哲学研究的发展

网络化学习哲学研究的繁荣与发展有赖于其开辟的丰富研究主题以及其特有的学习范畴，更倚靠于其研究方法与思维方式的不断创新，并最终依托于这两个方面，实现网络化学习哲学研究的多重功能。

1. 网络化学习哲学研究的学理范畴与研究主题

系统考察中外已有的相关探讨，从其产生的历史与现实的背景出发，大致可以从以下三个方面来理解网络化学习哲学研究的本质特点：第一，网络化学习哲学研究指的是以哲学的方式来探讨网络化学习存在、网络化学习交往、网络化学习思维以及网络化学习价值的一种文化活动，也可以被看作是从世界观、历史观的高度对网络化学习活动本质及其发展规律的概括和把握。显然，这是站在网络化学习研究之外，以哲学所独有的高度抽象性思维和思辨式研究方法对网络化学习活动展开形而上层面的探讨。第二，网络化学习哲学研究实质就是网络化学习研究的最高层次理论，是在网络化学习心理、网络化学习文化、网络化学习理论等基础上的对网络化学习最深层本质与规律的认识。在这个意义上，网络化学习哲学研究可以被称之为网络化学习的元理论，这是深入网络化学习研究内部而进行的阐释。第三，网络化学习哲学研究涵指面向网络化学习中人的存在，从人的学习本性出发，以实现真、善、美的文化价值为旨归而展开的一切审视和批判、追求与建构。作为人类文化存在的一种特殊形式，网络化学习完全有可能也有必要从文化哲学的视角出发来进行考察与建构。概言之，网络化学习哲学研究既是一种文化活动及其所产生的知识理论体系，更是一种能激励与引导网络化学习发展的信念、理想与价值体系。

根据上述认识，我们认为，网络化学习哲学研究基本的学理范畴应体现

---

① 宋喆. 网络化时代的教育 [D]. 天津：南开大学，2009：i.
② 覃泽宇. 网络化学习的复杂性及其研究的复杂范式 [D]. 桂林：广西师范大学，2010：16-28.

为整体、综合与形而上，将"实然性"命题上升至人生观、世界观与价值观的层面来进行反思，进而提出"应然性"的命题。其基本框架体现从学习主体出发走向学习自由，对学习及其文化展开全面的价值判断和意义的研究（参见图1.3）。

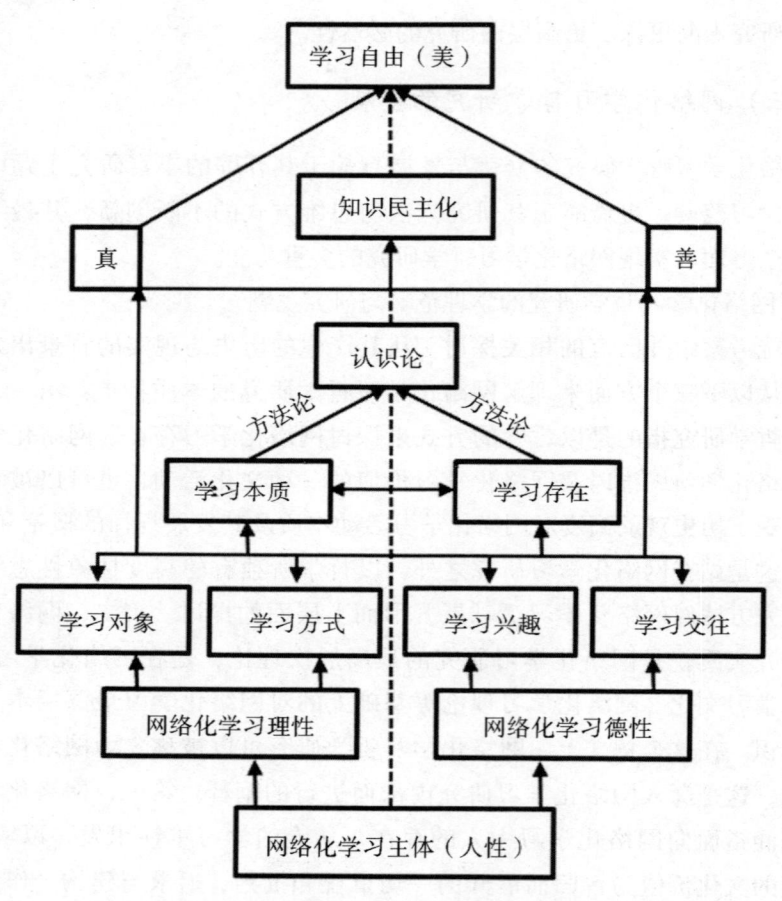

图1.3 网络化学习哲学研究的学理范畴与研究框架示意图

以网络化学习主体的人性作为网络化学习哲学研究的逻辑起点，乃因为学习是人与生俱来的天性，是人类的一项特殊文化活动。在网络化学习背景下，普遍人类学习需要的满足是最基本的，但这并不意味着学习者均自觉为学习主体。因而解蔽因技术而迷失的学习主体，实现学习主体的全面解放是网络化学习哲学研究的旨归之一。学习理性与学习德行是学习者（主体）所具有的两大根本属性，前者依托一定的学习方式来继承文化，后者则凭靠学习兴趣与交往来生成文化。在具体的网络化学习活动中，二者得以融合产生更深层次哲学沉思的对象，为网络化学习的存在论、本质论、方法论与认识论的研究提供了理论前提。学习理性指向文化价值的"真"，而学习德性则倾情于文化价值的"善"，前者以知识为基础，后者强调学习主体间的交往，它们都诉诸"知识民主化"。通过知识民主化的过程，逐步走向学习自由境界，即实现学习理性与德性的和谐共存进而达致学习生命的美。

2. 网络化学习哲学研究的研究方法与致思方式

网络化学习哲学研究的含义不同，所采用的研究方法也因之而有所变化。一般说来，如果将网络化学习哲学研究视为哲学在网络化学习研究中的运用，那么，它就至少包含着两个层面的方法论。第一，哲学的一般理论及其思维方式作为方法，涵括网络化学习本体论研究、网络化学习认识论研究以及网络化学习价值论研究。本体论研究从发生学和存在论意义上提出和探索网络化学习的终极存在、终极规律，探寻网络化学习的本质与本原，对现实的网络化学习活动做出根本性的说明；认识论研究从知识论和方法论角度寻求对网络化学习的终极认识、终极解释，探寻网络化学习认识的可能性以及获得知识的条件与根据；价值论研究则主要从生命价值和存在意义出发来寻求网络化学习存在的终极意义、终极价值，追求学习的真、善、美的统一。第二，某一具体的哲学理论及其思维方式作为研究视角。例如，马克思主义哲学、科学文化哲学等。若将网络化学习哲学视为网络化学习研究元理论，它的研究方法与研究哲学的方法一致，主要包括历史研究法、逻辑研究法、辩证研究法、整体研究法等。当网络化学习哲学研究成为理论的自觉活动，成为人的学习生命价值的终极关怀与终极思考时，一切具体的方法又都融于哲学沉思之中。

在此意义上，网络化学习哲学研究形成了自己独有的致思方式。第一，反思性。如果说"哲学可以定义为对于事物的思维着的考察"[1]。那么，"哲学的认识方式只是一种反思——意指跟随在事实后面的反复思考"[2]。因此，网络化学习哲学研究实质也是一种反思，对现实的网络化学习实践与理论的深层次反思。第二，抽象性。虽说思维无感性则空，但思维绝不满足于现实的感性直观，而是将现实的网络化学习实践转换为哲学的意义世界，并借助于一定的概念和范畴体系来进行意义的分析与阐释。概念与范畴是高度抽象的，具有普适性与深广性。第三，批判性。事实上，无论是从哲学自身的本

---

[1] [德] 黑格尔. 小逻辑 [M]. 贺麟, 译. 北京：商务印书馆, 1980：38.
[2] [德] 黑格尔. 小逻辑 [M]. 贺麟, 译. 北京：商务印书馆, 1980：7.

性还是从哲学研究的价值诉求来说，批判意识与批判精神都是首要的，因为只有在不断对历史和指导实践的思想与观念现实进行深刻而彻底的批判，实践才能往更合理处发展。这是一个双重双向建构的过程，网络化学习哲学研究对实践展开批判，在引导实践发展的同时也推动着理论的进步，进行自我批判和自我超越，进而发展了自身。第四，超越性。作为精神的"领袖"，哲学本身就是一种自由的创造精神，而哲学所终极关怀的"人的生活世界之根本特征就在于，他总是生活在'理想'的世界，总是向着'可能性'行进"。① 因此，网络化学习哲学研究也应具有超越的思维，不应满足和沉醉于现状，更应勇于创造和开拓未来。

3. 网络化学习哲学研究的基本功能与价值追求

根据网络化学习哲学研究的多重含义，它对网络化学习实践与理论也产生着不同层面与程度的影响，具有了多重功能。其一，网络化学习哲学研究是以特定的学习哲学观与方法论来阐释网络化学习实践的本真，并根据网络化学习实践的价值指向来进行自我完善与自我修复。虽然说网络化学习哲学研究具有高度的抽象性，但其绝非完全脱离实践而自我存在的。可以说，无具体的网络化学习实践，哲学研究便如海市蜃楼、镜花水月。反之，无哲学研究的批判、反思与引领，网络化学习实践则有如无头苍蝇，无所适从。例如，对网络化学习技术价值观的审查，推动着网络化学习朝着融合技术与学习的目标前进，与此同时，技术哲学观也超越了已有的技术决定论和社会建构论而发展为技术与文化共同进化观。其二，作为元理论的网络化学习哲学研究指引着网络化学习研究的发展方向。这一功能又具体表现在对研究方法论以及研究结果的反思、批判与重构这两个方面。前者以已有网络化学习研究的方法论为对象，从知识论的角度对真理性条件进行反思与批判，从价值论的意义上探寻新的研究方法的可能性；后者则专注于理论的整合与提升，从而加深全面地对网络化学习实践的理解、阐释与说明。其三，作为网络化学习的价值性诉求时的网络化学习哲学研究主导和规范着网络化学习实践的发展方向，展示着网络化学习的"应然性"。已有的网络化学习实践因深陷于科学技术的繁华而难以自拔，哲学研究的重要功能之一就是对此展开批判，同时构想未来的理想模式，从而引领网络化学习与网络化学习研究。

网络化学习哲学研究不仅功能多样，还具有多元的价值诉求。从人出发，

---

① ［德］恩斯特·卡西尔. 人论［M］. 甘阳，译. 上海：上海译文出版社，1985：中译本序，4.

其作为学习主体的主体性的产生与形成、恢复与重建，是网络化学习哲学研究的基本线索；而学习主体的自由解放，则是网络化学习哲学研究的最终归宿。如前所述，作为学习主体，其具有两个基本的价值向度：学习理性与学习德性。前者向往"真"，后者则追求"善"，最后又都以"美"的终极价值为旨归，这些价值反映到网络化学习中就体现为，网络化学习必须以人为本，而人的主体性反映在当代则表征为"类主体"形态，即网络化学习共同体，也就是"建立在个人全面发展基础上的'自由个性'的联合体形态"①。同时，学习过程必须处处围绕着知识民主化来展开，努力实现知识传播与消费的民主化、知识生产的民主化以及知识自身的民主化。

网络化学习研究的发展需要哲学，当代哲学也必然关照网络化学习，二者的融合创生了网络化学习哲学研究。展望未来，网络化学习哲学研究在促进哲学实现自我变革的同时，也强化了网络化学习研究中主体意识的自我觉醒，更能在价值层面引导与规范网络化学习的发展，在更为整体的层面反思与综合已有研究成果，引领网络化学习研究继往开来。

已有文献综述表明，网络化学习哲学研究的兴起绝非偶然，而是网络化学习研究文化转向后的必然。学理的分析也启示，网络化学习哲学研究的深化发展需要吸收新的哲学理论体系与思想，这也为科学文化哲学在网络化学习研究中立足、存在与发展开启了正当之门。已有的科学文化哲学思想，从波普尔（Popper, K.）到库恩到法伊尔阿本德的科学史研究，从贝尔纳到巴恩斯的科学社会学研究，从默顿的科学社会学到布鲁尔的科学知识社会学（SSK），群星闪耀，异彩纷呈。其中，以法国哲学家拉图尔为代表的"巴黎学派"在科学知识社会学整体衰落之时，却异军突起，在后科学文化哲学研究中一枝独秀。而巴黎学派的主要哲学思想都倾注于拉图尔的"行动者网络理论（Actor-Network Theory, ANT）"之上，换句话说，行动者网络理论就是后科学文化哲学思想的典型代表。

第三节　拉图尔行动者网络理论的哲学意义

当前，关于拉图尔行动者网络理论的解读大多停留在科学知识社会学、科学人类学的层面，极少有人关注到其哲学意义。对此，当代形而上学哲学

---

① 马克思恩格斯全集（第46卷）（上）[M]. 北京：人民出版社，1979：104.

家哈曼（Harman, G.）深有感触。的确，拉图尔思想丰富，著作等身，在社会学、人类学、科学学研究（science studies）①，甚至艺术领域中都享有盛名，相比之下，其在哲学界的地位与声誉则大为逊色。哈曼认为导致这种局面出现的最根本原因是哲学界内的分析学派与大陆学派所达成的共识，乃自康德（Kant, I.）实现认识论的哥白尼式革命以来所形成的人类意识与外部世界之间的断裂。这一断裂致使哲学的出路最终诉诸语言，而忽略了事物之间的种种关系，关注感知觉，却遗忘了悄然滋生的病毒与臭氧层空洞。② 拉图尔已然察觉到了这一点，于是断然排斥这种人与物之间的单一关系，进而突破窠臼，勇敢地开辟出"第三条哲学研究之路"。③

一、本体论重构：行动者的出场

沐浴着欧洲大陆哲学而成长的拉图尔却十分不满已有的"现象学传统"。康德实现了从世界到通达世界条件的批判哲学转向，却遗留下了"人与世界的唯一相关性"这一后患。"拉图尔毅然拒斥这唯一的相关性，因为这种相关性将非人的事物遗弃给了自然科学去予以计算式监管。"④ 极力恢复形而上学的海德格尔（Heidegger, M.），其对本体（the ontological）与实体（the ontic）的区分，对此在（being）较存在（beings）而言所具有的优先性的强调，也让拉图尔深感不安。事实上，主客二元对立的思想是如此根深蒂固，以至于传统的科学哲学研究也未能逃脱它的束缚，具体表征为针对科学实体而产生的实体论与反实体论之争，针对知识产生的来源而出现的自然决定论与社会决定论之辩，针对社会建构而产生的绝对主义与相对主义的博弈，等等。无论是以逻辑实证主义为代表的理想语言分析哲学还是以维特根斯坦（Wittgenstein, L.）为代表的日常语言分析哲学，也不论是曼海姆（Mannheim, K.）的知识社会学抑或是默顿的科学社会学，甚至连以布鲁尔

---

① 有人将 science studies 翻译为"科学的人文社会学研究"，其目的是与自然科学家进行的科学研究相区别，主要是指人文社会学家对科学的元理论研究；在不失原意的基础上，为简洁并集成已有术语计，我们这里翻译为"科学学"。
② HARMAN G. The importance of bruno latour for philosophy [J]. Cultural Studies Review, 2007, 13 (1): 32.
③ HARMAN G. The importance of bruno latour for philosophy [J]. Cultural Studies Review, 2007, 13 (1): 32.
④ HARMAN G. The importance of bruno latour for philosophy [J]. Cultural Studies Review, 2007, 13 (1): 32.

为代表的早期科学知识社会学研究都无一例外地陷入了"单向度科学"的困境。在拉图尔看来,"这种单向度的游戏尽管非常有趣,但在二十年后我们却要寻求新的游戏方式了,尤其是在它做出了自然和社会之间有待解释的不可思议的联系之后"①。

  拉图尔所探寻的新的游戏方式集中体现为"捍卫一种一元论形而上学体系,其中的基元本体(the tiniest ontological pieces)就叫作行动者"②。"行动者(actor/agent/actant)"的概念是拉图尔接受了怀特海(Whitehead, A. N.)的"现实存在体(actual entity)"概念,继承与发展卡龙(Callon, M.)的"自然行动者"思想后提出的。在拉图尔看来,"不管是一场暴风雨、一只老鼠、一个湖泊、一头狮子还是一个小孩、一位工人、一种基因、一个奴隶,甚至潜意识,乃至一种病毒"③,宇宙中所有的事物在本体意义上都是享有平等地位的。所以拉图尔曾说:"我使用 actor、agent 或者 actant,并不对他们可能是谁和他们有什么特征做任何假定,他们可以是任何东西,个人的(如彼得)或集体的(如民众),比喻的(如拟人或拟兽)或非比喻的(如灾难)。"④ "行动者"概念的提出,可谓给重新联结已被传统哲学所生生割裂的自然与社会、主体与客体、事实与形式、知识与存在带来了福音,它以事物的彻底民主化取代了哲学中人类的专制。而对科学来说,也终于有了逃离自然实在论与社会实在论的厄运钟摆的机会了。那些畅想着"孤岛上的鲁滨孙,伊甸园中的亚当……"⑤ 的哲学家们也就需要反省,导致今日技术的异化、环境的危机、精神家园的失落、大多数人被压迫、人与世界关系的矛盾激化等问题,深层次地发端自把所有的"行动者"加以化约而还原为人类作用进而支配的对象的哲学根源。

  当进一步追问行动者的解释时,按照传统的因果决定论,往往会诉诸事

---

① LATOUR B. One More Turn after the Social Turn: Easing Science Studies into the Non-Modern World [M] // MCMULLIN E. The Social Dimensions of Science. Notre Dame: Notre Dame University Press, 1992: 277.
② DÍAZ, P. G. Object-oriented philosophy and the comprehension of scientific realities Essay Review [J]. Athenea Digital, 2011, 11 (1): 233.
③ LATOUR B. The Pasteurization of France [M]. London: Havard University Press, 1988: 192.
④ LATOUR B. The Pasteurization of France [M]. London: Havard University Press, 1988: 252.
⑤ LATOUR B. The Pasteurization of France [M]. London: Havard University Press, 1988: 193.

物的起源，而这样一种努力在拉图尔看来都是徒劳的，毕竟"所有关于起源与基础的研究都是肤浅的，因为它企图确定一些行动者会潜在地包含着其他行动者，然而这是不可能的"①。对此，拉图尔的事物为本哲学主张非还原论（irreduction）。所谓非还原论，指的是"就事物自身而言，没有一种事物是可还原或不可还原为其他任何事物的"②。这一理论背后所深蕴的是一种事物本质观的革新。说事物不可还原为其他事物，至少包蕴以下三方面的含义：第一，"我们不能先验地断言特定的行动者比其他行动者更真实，只能说某些行动者强过于另一些"③。因此，不管是人或具体的人，物或具体的物，也不管是原子还是夸克，他（它）们都只是参与了实在建构过程的行动者，没有等级优劣之分，也就无所谓谁还原为谁了。第二，不仅行动者是如此，其实"人类的各种活动中也不存在一种比另一种更客观、更卓越、更理论化或更哲学式，而是它们都在与世界的力量进行着同样的协商与抗争"④。故无论是外科医生还是母亲，生物学家还是农民，他们的对象领域都立足于同一本体基础，无高低贵贱之分。正是在这个意义上，哈曼称拉图尔的形而上学为彻底民主化的，而海德格尔问题也在此遭到拉图尔的断然反叛。第三，对拉图尔来说，"行动者不能被还原为当前人们对它的认识，因为根本上行动者是阻抗的。它们不会总是听人指挥，而是有一定的自主性"⑤。尽管行动者会抵抗各种还原，但只要做适宜的工作，仍然是可还原的。只不过这样的还原并不是将某一行动者还原为另一行动者，而是恰恰去跟随真实的行动者去追寻其抵抗的过程，因为任何行动者在抵抗的时候就已经包含了其假定的偶然事件与关系。借助非还原论，拉图尔为我们描绘出了一个万事万物包含在自身之内而并非完全能够还原为其他事物的新的世界，从而建构起了事物为本哲学。

倘若大家以为事物为本哲学仅仅停留在解放非人类，重新赋予"物"以本体论地位的层面上，那将是对拉图尔哲学思想的一种极大的误解。受思维

---

① LATOUR B. The Pasteurization of France [M]. London: Havard University Press, 1988: 188.
② LATOUR B. The Pasteurization of France [M]. London: Havard University Press, 1988: 158.
③ HARMAN G. The importance of bruno latour for philosophy [J]. Cultural Studies Review, 2007, 13 (1): 33.
④ HARMAN G. The importance of bruno latour for philosophy [J]. Cultural Studies Review, 2007, 13 (1): 33.
⑤ HARMAN G. Prince of Networks: Bruno Latour and Metaphysics [M]. Melbourne: Re-press, 2009: 158.

惯性的影响，人们常会不自觉地用"行动者"来解释各种现象。而实际上，"行动者"一方面是高度自治且不可还原为别的东西的主体，另一方面则只有在与其他"行动者"互动中方才获得自己的实存空间。① 正如拉图尔所说："到底存在有多少行动者呢？这只有在行动者们彼此较量时才有可能获知。"② 因此，拉图尔断定："事物（object）不是原因，而是一种结果。"③ 这里的"事物"指的就是"行动者"。在每一瞬间，"行动者"都危如累卵，因为如果任何一个"行动者"不能以某种方式即时显露出来，那么它就没有实在。可以说，"行动者"并非是盘旋在超凡脱俗的柏拉图空间的单一整体，而是凝结在构造着世界的抗争、协商、妥协以及温情、关爱等形成的整个网络之中。甚至可以说，一个行动者，没有网络什么都不是，而有了网络才是全部。④ 很显然，"行动者"在事物为本哲学中绝对不是那个静态的实存，更多的是一种动态的联结。动态意义上的"行动者"超越了常被人指控的"自然—社会混合本体论"，走向了内涵历史性与发展性的"关系本体论"。"关系本体论"取消了"行动者"作为行动力量源泉的可能性，而让其在行动中，在与其他"行动者"的联结中显现。这也意味着，"一种事物（或行动者），不管是通过诱惑、试验还是暴力，最终就是靠积累更多的联盟者和说服更多的行动者让其自由穿越从而变得更加实在"⑤。无怪乎拉图尔曾表明自己的思想是更加关系主义，因而更加实在论。

基于这样一种关系主义的认识，事物的真实存在则取决于先在的关系。例如，炭疽菌在巴斯德发现之前是否存在呢？拉图尔的回答是否定的。因此，这样一种关系主义存有无法规避的两种困境：一方面，关系主义理论容易滑向一种孤立瞬间理论，从而导致无限回溯到对具体实在进行定义的问题出现；另一方面，这一理论无法解释变革的问题，因为"拉图尔的存在体必须是在

---

① HARMAN G. The importance of bruno latour for philosophy [J]. Cultural Studies Review, 2007, 13 (1): 37.
② LATOUR B. The Pasteurization of France [M]. London: Havard University Press, 1988: 164.
③ LATOUR B. The Pasteurization of France [M]. London: Havard University Press, 1988: 227.
④ HARMAN G. The importance of bruno latour for philosophy [J]. Cultural Studies Review, 2007, 13 (1): 43.
⑤ HARMAN G. The importance of bruno latour for philosophy [J]. Cultural Studies Review, 2007, 13 (1): 44.

无穷无尽的死亡中，这些存在体即使是在自己性能发生微小变革时都难以幸存"①。正是由于认识到了这一问题，迈拉索克斯（Meillassoux，Q.）提出了相关主义理论（correlationism）。相关主义者（correlationists）强调："我们不能离开世界单独来考虑人类，也不能脱离人类来单独思考世界，首要的是二者之间的相关或密切关系。"② 实际上拉图尔本人也曾表示："无论我们能走多远，形式总是伴随着我们；恰如谈及鱼，必存在着满是鱼的池塘一般。"③在这个意义上，拉图尔的形而上学又可称为相关主义，它立足于一种拒斥世界自身先在于人类，或人类先在于世界的哲学立场。

如此一来，要解释拉图尔哲学中的存在体，有时需要关系主义理论，有时又必须从相关主义角度来阐释。这两种观念的混合将我们带入了一个崭新的实在世界。在这个世界里，在对实在展开研究之前，它是不存在的，即使在展开研究过程中，实在也绝不是一种单一的实体，而是凭借媒介去联系或附属于其他事物的联结网络。例如，巴斯德、他的实验室、细菌、政治和社会一道发挥作用以创作一种作为家畜疾病原因的新实在。在这个实在世界里，"即使所有各种存在体均由相同的'原初物质'——人类与非人类的行动者——所建构，但依然存在着实在的程度差异，差异取决于行动者具体网络或黑箱的稳健性，以及网络或黑箱履行先在本体论的结果"④。这样一种新的实在论又被称为实在论建构主义（realism-constructivist）。最后，"行动者"概念所革新的人物之间、主客之间的存在关系直接导出了宇宙世界观的重构。从深入批判现代制度开始，拉图尔一针见血地指出了现代制度崩溃的深层原因在于它所依赖的世界观乃简单的单维世界，这一世界的一极是自然，另一极就是主体社会。在这样的世界观指引下，现代人常常很容易将各种事或物纯化为自然定律或政治表征。于是，拉图尔借用了塞尔（Serres，M.）的"拟客体（quasi-objects）"概念用于表征这些杂合体（hybrid）及其栖居的空间，并在原有的单维世界基础上增添了一个新的维度——非现代维度，从而勾勒出了新的世界图景（参见图1.4）。

---

① HARMAN G. Prince of Networks：Bruno Latour and Metaphysics ［M］. Melbourne：Re-press，2009：104.
② HARMAN G. Prince of Networks：Bruno Latour and Metaphysics ［M］. Melbourne：Re-press，2009：122.
③ LATOUR B. The Pasteurization of France ［M］. London：Havard University Press，1988：161.
④ DÍAZ，P. G. Object-oriented philosophy and the comprehension of scientific realities Essay Review ［J］. Athenea Digital，2011，11（1）：231.

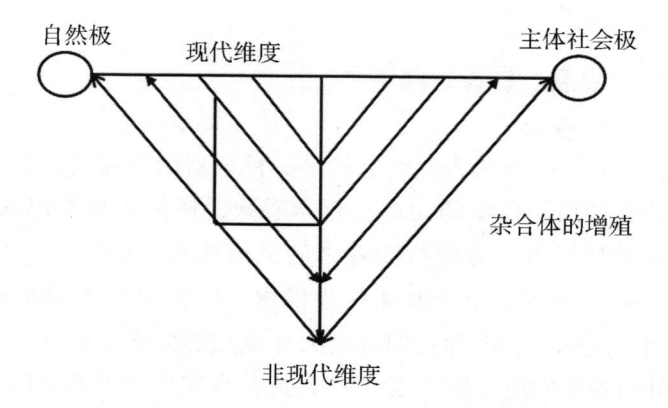

图 1.4　行动者网络理论的世界图景①

在拉图尔所重新勾画出的一幅人与自然、主体与客体和谐融洽的世界图景中，种族中心主义走向没落，一种新的现代性（a-modernity）观开始兴盛起来。拉图尔认为前现代和所谓的现代都是采用同样的方式来建构他们的实在。基于这样一种对称式的现代性原理，自然与文化之间、客观价值与主观价值之间、作为理性的与中立的价值领域的科学与作为主体利益领域的政治之间，无裂缝存在。② 于是，自然的现代与前现代表征是平等的，且必须通过协商而就如何处理达成一致。③

总而言之，"拉图尔的形而上学发展起了一种实在理论，它是在人类的与非人类的行动者意义上来理解把握实质的。实在的那些'原初物质'自身结合起来创造联结以建构一种新实在。行动者组合的方式，是用其自身利益的转译来加以阐释的"④。这一实在论变革是借助一系列概念的重构来得以完成的，并最终凝结为"行动者网络理论"。

---

① LATOUR B. We have never been modern [M]. New York：Harvester Wheatsheaf, 1993：51.

② DÍAZ, P. G. Object-oriented philosophy and the comprehension of scientific realities Essay Review [J]. Athenea Digital, 2011, 11 (1)：228.

③ LATOUR B. Le rappel de la modernité – approches anthropologiques [EB/OL]. http：//www.ethnographiques.org2014/latour.

④ DÍAZ, P. G. Object-oriented philosophy and the comprehension of scientific realities Essay Review [J]. Athenea Digital, 2011, 11 (1)：227.

二、认识论发展：转译之网络

明显地，拉图尔一直在努力捍卫的是一种全新的实在论，非还原性是这一实在论的核心特质。在事物为本的哲学看来，任何行动者都具有两面性，一方面具有自主性，另一方面行动者之间又是相互影响的。"如莱布尼茨（Leibniz, G. W.）所说，单子既无门也没窗，因为它们不会从自身逃逸出来。然而它们又是筛子，因为它们总是无止境地磋商着它们的边界，协商着谈判的双方并讨论它们应该做什么。"① 因此，在实质与关系之间、行动者与网络之间保持平衡就成了所有哲学的永恒主题。对此，拉图尔强调所有的行动者都置身于关系的博弈之中，"抵抗（resistance）"成为行动者彼此的真实存在。基于这样的认识，若继续试图在行动者的逻辑起点处或所谓的行动者内在的实质处去寻觅其存在的力量源泉的话，恐怕也只是一种徒劳而已。要知道，彻底的具体存在必定是将实质与关系融合在一起的。将历史质与关系质重新汲入本体论后，拉图尔的事物为本哲学主张，任何一个事物只在某一地点发生一次。这也就意味着，行动者之间或同一行动者的不同瞬间之间难以存在同一性、相等性，甚至进行完全对等的交流。再加上"一位观察者与另一位观察者要进行超光速地交流，那简直是不可能的，所以在行动者之间的最佳选择就是将一个行动者转译为另外一个"②。

这样的非还原说启发我们承认，宇宙中存在的任何事物都是自主与联结的统一体。从这一点出发，认识论才有可能从无限的因果锁链中挣脱出来，投身于这些统一体流动、作用和转译的行动中去。随之而来的便是真理观的革新，它不再是主体观念与客体对象的"符合论"，去努力建构事物的摹本，因为万事万物只存在于某时某地；它也不会是任何命题融入信念系统的"融贯论"，在拉图尔看来，"识知某种事物，简而言之，就意味着通过将其适宜地转换为可接近的形式从而测试其强弱"③。换句话说，真理就存在于连续的尝试与实践中。拉图尔还进一步主张真理本身是一种回溯性效果。"一个句子

---

① LATOUR B. The Pasteurization of France [M]. London: Havard University Press, 1988: 166.
② LATOUR B. The Pasteurization of France [M]. London: Havard University Press, 1988: 162.
③ HARMON G. The importance of bruno latour for philosophy [J]. Cultural Studies Review, 2007, 13 (1): 44.

并非因为它是真实的才黏合在一起,而是因为它黏合了我们才说它是'真实的'。"① 事实上,波普尔的可证伪性和德里达(Derrida, J.)的分形都只不过是拉图尔思想的注脚而已,先前的真理理论也退居幕后而成为新真理观的背景。在事物为本哲学的真理观看来,真理需诉诸细心地在各种情景中去追溯转译的每一个步骤。这也是行动者网络理论在认识论层面上的第一层含义。

　　针对真理与谬误的解释问题,事物为本哲学在批判强纲领(strong programme)的基础上提出了"广义对称性原则(symmetry generalized)"。尽管布鲁尔本人十分反对拉图尔将强纲领置于在主体—客体轴上的主体一端,并强调其强纲领是自然论和因果论事业的一部分,即倾向于将社会视为自然的一部分,将知识本身视为一种自然现象。② 但实际上,在拉图尔看来,当强纲领"对其自身的解释也进行严格考察的话,这一对称性原则本身也是不对称的"③。布鲁尔的强纲领要求对称性地解释真理和谬误,但却在无意中滑向了与自然相对的社会极,这显然是不对称的,因而拉图尔发展了"广义对称性原则"。"所谓广义对称性原则,即人类学家必须要将自己摆在中点的位置上,从而可以同时追踪非人类和人类属性的归属。"④ 它与不对称的解释以及第一对称性原则(即布鲁尔的强纲领)之间的区别与关系如下图所示:

---

① LATOUR B. The Pasteurization of France [M]. London: Havard University Press, 1988: 165.
② BLOOR D. Anti-Latour [J]. Studies in History and Philosophy of Science, 1999, 30 (1): 87.
③ LATOUR B. We have never been modern [M]. New York : Harvester Wheatsheaf, 1993: 108.
④ CALLON M. Some Elements of a Sociology of Translation: Domestication of the Scallops and the Fishermen of Saint Brieuc Bay [M] // Law, J. (Ed.). Power, Action and Belief: a new Sociology of Knowledge? Sociological Review Monograph. London: Routledge & Kegan Paul, 1986: 196-229.

网络化学习哲学 >>>

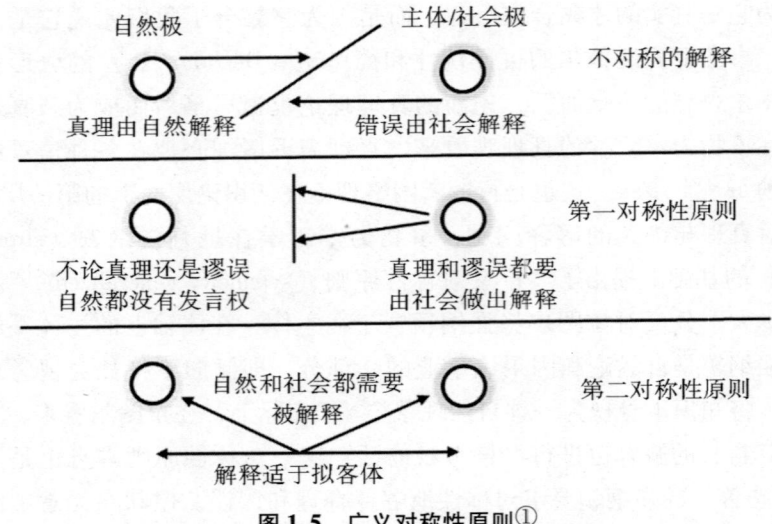

```
          自然极              主体/社会极
            ○ ――――――――→  ○        不对称的解释
              ←――――――――
         真理由自然解释      错误由社会解释

            ○              ○        第一对称性原则
                      ←――
         不论真理还是谬误     真理和谬误都要
         自然都没有发言权     由社会做出解释

            ○              ○        第二对称性原则
               自然和社会都需要
                  被解释
              ←――――――――→
              解释适于拟客体
```

图 1.5　广义对称性原则[1]

这一广义对称性原则实则源自拉图尔事物为本哲学中的民主化本体论（democratic ontology）。民主化本体论的基本假设包括两个方面：在政治意义上，任何一个行动者都具有平等权利；在存在论意义上，关系对理性存在与非理性存在都是一致的。这样的假设与非还原论本质观是基本一致的。从这一基本假设出发，民主本体论投射到认识论层面，表征为去纯粹真理或精神观以及反对霸权谬误（hegemonic fallacy）。首先，民主本体论从根本上反对行动者内在存在着强弱之分，只承认行动者所形成的联盟的强弱，因此拉图尔表示："一种力量通过使其他力量消解而建立一种路径，进而其通达并不属于它的地方，并努力使这些位置摆弄成仿佛就是自己的……期望变得更强大的行动者可以说是创建了力量阵线，它们将其他行动者保持在同一阵线。"[2] 换言之，谈论精神或真理作为纯粹而压倒一切的力量是没有意义的。[3] 在此意义上，事物为本哲学要求去纯粹真理或精神观。其次，基于事物为本哲学新的时空观，现代性霸权得以瓦解。在拉图尔看来，时间与空间仅仅是存在体间关系的结果，即"空间与时间并不架构行动者。它们只是描述那些已经实时

---

[1] LATOUR B. We have never been modern [M]. New York: Harvester Wheatsheaf, 1993: 108.
[2] LATOUR B. The Pasteurization of France [M]. London: Havard University Press, 1988: 171.
[3] HARMAN G. The importance of bruno latour for philosophy [J]. Cultural Studies Review, 2007, 13 (1): 42.

实地服从于其他霸权的行动者的框架而已"①。因此,绝不存在任何瞬间比其他瞬间"更现代"的可能性。也就是说,传统的理论与信息技术时代的理论相比,并不存在谁优于谁,它们都是平等的。这一平等论(或称广义对称性原则)直接引发了对知识的霸权谬误的澄清。"当人们说知识是'普遍真实'的时候,我们必须明白它就像铁路,虽说世界上随处可见但却只适合于有限范围。"② 正如博戈西昂(Boghossian, P.)所评价的,拉图尔是在巴斯德关于炭疽引起家畜疾病的知识与农民关于家畜疾病的知识两者具有相同可靠性的意义上,捍卫认识论的同等效力原理的。③ 这意味着,普遍知识存在是一种霸权谬误,知识的等级需要消解,知识本质观也因此而发生变革。

传统认识论确定"知识是人类的认识成果,它是在实践的基础上产生又经过实践检验的对客观实际的反映"④。无论是"真理符合论"者,还是"真理融贯论"或"真理冗余论"者,等等,"知识"都被视为认识的成果,是传递与传播的资源。姑且借用"资源"这一隐喻,不妨将这类知识本质观称之为"资源本质观"。长期以来,受"资源本质观"的影响,知识常常会被打包、封装在各种载体中,进而传送到别的地方,传递给下一代。这一本质观预先假定了知识是确定的,一旦追求成功便固化静止为"资源",可供享用。而在事物为本哲学看来,"'知识'不是某种只能由其自身描述的东西,或者由其对立面描述成'无知'或'信仰'的东西"⑤。知识其实是在旅途中的,它随着行动者的转译而展开着远距离行动。如此看来,知识显然不再仅仅是资源,还是介入、是操作、是塑造。在这个意义上的知识,与其被称为"知识(knowledge)",还不如叫作"识知(knowing)"。动态化、过程性的知识观不仅把曾被遗忘的知识的历史性重新找回,而且也并未完全抛弃客观性与相对性。⑥ 事实上,拉图尔在沟通科学知识生产的宏观与微观世界过程

---

① LATOUR B. The Pasteurization of France [M]. London:Havard University Press, 1988:165.
② LATOUR B. The Pasteurization of France [M]. London:Havard University Press, 1988:226.
③ BOGHOSSIAN P. Fear of Knowledge:Against Relativism and Constructivism [M]. Oxford:Oxford University Press, 2006:2.
④ 中国大百科全书总编辑委员会《哲学》编辑委员会. 中国大百科全书·哲学Ⅱ [M]. 北京:中国大百科全书出版社, 1987:1169.
⑤ [法]布鲁诺·拉图尔. 科学在行动:怎样在社会中跟随科学家和工程师 [M]. 刘文旋, 郑开, 译. 北京:东方出版社, 2005:358.
⑥ [美]安德鲁·皮克林. 实践的冲撞——时间、力量与科学 [M]. 邢冬梅, 译. 南京:南京大学出版社, 2004:227.

中，也逐渐揭露了知识的政治性。事物为本哲学承认知识就是权力的产物，进而努力追求知识民主化。

如上所述，非还原本质观革新真理观，民主本体论变革知识观，而这些变革的实现最终都诉诸认识的机制——转译（translation），也就是行动者网络理论中的"网络"。拉图尔直截了当地指出："网络一词，……非常明显地意味着一系列的变形——转译、转换——它无法被任何一个传统的社会理论术语所替代。"① 那么，又该如何理解"转译"的概念呢？首先，拉图尔的解释学理论背景是绝不可跳过的。拉图尔接受过全面的圣经解释学训练，从圣经解释学中，他发现了两种相反的解释的背离，一种是只重复而缺乏创新，另一种则是创新太多导致丧失初衷。这两种背离需要区分与避免，于是拉图尔提出了一个新的概念，即"正确方法（right key/right manner）"。② 在解释学的视域中，真理的条件来自一串长链的转译，而"正确方法"指的就是为这长链的转译提供恰当的条件。因此，在拉图尔看来，通过大量的媒介（mediation）——这样的媒介能够提供以正确方法来更新信息的链接——是可以获得真理的。③ 与科学认识论通过缩减中介环节而获得真理的方式相比，解释学则是以正确方法来增加中介以获得真理，这是两条截然相反的达致真理的路径。而就拉图尔本人来说，他则努力去超越这两种模式，正如他自己所说："我已经使自己从知识与信念之间的纷争中脱离，取而代之的是沿着截然不同的两个体系而传播的两套基于经验的可理解的转译链。"④ 可见，转译已成为拉图尔事物为本哲学中真理可能性的基本条件。那么，究竟什么是转译？从事转译的主体是谁？转译的价值何在？怎样才能实现转译？

拉图尔曾用一句简短而精辟的话阐释了转译的本质，他说："如果一个信息被传播了，那就意味着它被转译了。"⑤ 事实上，在继承与发展莱布尼茨时空观的基础上，拉图尔指出，每一个行动者都只能于某一具体时刻存在于某

---

① LATOUR B. On Recalling ANT [M] // Law, J., Hassard, J. (eds.). Actor Network Theory and After. Malden, MA: Blackwell, 1999: 15.
② LATOUR B. Coming Out as a Philosopher [J]. Social Studies of Science (Sage), 2010, 40 (4): 601.
③ LATOUR B. Coming Out as a Philosopher [J]. Social Studies of Science (Sage), 2010, 40 (4): 601.
④ LATOUR B. Coming Out as a Philosopher [J]. Social Studies of Science (Sage), 2010, 40 (4): 601.
⑤ LATOUR B. The Pasteurization of France [M]. London: Havard University Press, 1988: 181.

一具体地点，而"作为行动者行动的结果，任何确定的事物也都不可能被还原到它的原始状态"①。因此，从时间的维度来看，转译往往创建了时间上的前后不对称，因为任何事物都无法完整地被还原到它在前一时间点上的样子。从空间的角度来看，"转译一个客体就意味着我们将其变成了另一个东西"②。本质上说，转译就是联系，就是普遍联系的真正含义。

这样看来，转译显然已经超越了解释学意义上的"翻译"或"解释"，成为事物（包括社会）存在的基础。转译其实就是各种联结（association）的特质，也是行动者得以相遇他者的根本机制。于是，借助转译，拉图尔的"网络"则又从认识论世界回归到本体论范畴之内。放眼望去，所有事物都在转译或被转译，转译成为有机体与无机物所共有的特质。基于此认识，拉图尔才指出，不管是有机体还是无机物，都是能够转译的行动者。继而，从转译出发，生命体与无生命体、主体与客体之间的界线再次得以消弭。

具体化到科学实践中，转译突破了决定论的因果关系论，实现了认识论的重构。传统的科学本质观在转译面前也开始瓦解，因为任何科学都是建构在转译长链基础之上的，科学跟随转译而行动。通过跟踪狄塞尔（Diesel, L.）深入解析柴油机（diesel）的诞生过程后，拉图尔发现了影响科学实践成功的两大相悖的因素："吸收他者（enrol others）的参与"与"控制他者的行为"。显然，这二者是互相矛盾的。如何才能化解这一矛盾？对这一问题的回答，就为"转译"的出场准备了条件。拉图尔曾表示："我用转译表示的意思是，它是由事实建构者给出的、关于他们自己的兴趣（interests）和他们所吸收的人的兴趣的解释。"③ 这里的兴趣指的是"处于行动者与其目标之间的东西，因而它产生一种张力（tension），使得行动者在大量可能性中只选择在他们自己看来有助于他们达到这些目标的东西"④。成功的转译兴趣是科学知识成功建构的重要前提，也就是通过转译，行动者才能与其他行动者相遇。换句话说，转译使得行动者运转起来，开始互动、流动、变化，进而连接成空间意义上的"网络"，而这一连接的过程就是时间意义上的"网络"。在后一

---

① LATOUR B. The Pasteurization of France [M]. London：Havard University Press，1988：160.
② HARMAN G. The importance of bruno latour for philosophy [J]. Cultural Studies Review，2007，13（1）：44.
③ ［法］布鲁诺·拉图尔. 科学在行动：怎样在社会中跟随科学家和工程师 [M]. 刘文旋，郑开，译. 北京：东方出版社，2005：184.
④ ［法］布鲁诺·拉图尔. 科学在行动：怎样在社会中跟随科学家和工程师 [M]. 刘文旋，郑开，译. 北京：东方出版社，2005：185.

层意义上,"网络"更适合被称作"worknet",而不是"network"。

简言之,"识知(knowing)"就是去追寻行动者之间的转译步骤,而转译则是行动者网络得以形成的基本途径。正是借助于转译,非还原论本质得以实现,民主本体论得以依存,在此基础上,一系列霸权谬误也得以澄清,如,现代性霸权的谬误、普遍知识霸权的谬误、科学知识霸权的谬误等,尤其是其认识论的同等效力原理,将为去研究者霸权、还行动者研究自主性奠定坚实的认识论基础。于是,"行动者网络"不仅是行动者存在的基本形式,且当"网络"动起来时,便已然超越了本体论层面而成为"认识论"的根本机制,并将为方法论创新提供可能。

三、方法论创新:走向行动者网络

行动者网络理论通过关系本体论打破了本体论、认识论之间的界限。事实上,行动者网络理论不仅重构了本体论,发展了认识论,其本身就是一种新的方法论,进而彰显其整体主义哲学的努力。所以,迪亚斯(DíAZ, P. G.)曾分析道:"拉图尔原理的实践后果就是生成了科技实在研究的新方法论原理,这种新方式叫作行动者网络理论。"[1] 基于行动者民主原理和联结原则,行动者网络理论不仅是一种描述连接的方法,跟随行动者逐一展开与形成网络;也是一种建构网络的具体方法,启发如何建构科学事实或各种网络;还是一种全新的视角,帮助我们重新检视已有和未有的概念、命题、理论与文献、铭文及其关系等各种文化现象。

事实上,拉图尔的行动者网络理论首先来自科学研究领域。对于科学,拉图尔反对从抽象的层面上来理解,而是将其视为一系列依靠力量之网的发展和保持取得成功的实践。[2] 因此,在拉图尔看来,知识与政治是并行不悖的。正如巴斯德(Pasteur, L.)从发现并培植炭疽菌,到走出实验室,再扩展到农村,甚至最后扩大到整个法国一样,他不断整合着新的力量,以政治化的手段来建构起愈来愈强大的行动者网络。在这样一个行动者网络建构过程中,人类与非人的行动者协同参与,具有民主平等权利。不仅如此,在解释存在与获得知识的问题上,巴斯德的科学知识与农民的实践知识具有同样

---

[1] DíAZ, P. G. Object-oriented philosophy and the comprehension of scientific realities Essay Review [J]. Athenea Digital, 2011, 11 (1): 226.

[2] KENEDY D. Knowledge and the Political: Bruno Latour's Political Epistemology [J]. Cultural Critique, 2010 (74): 84.

的可靠性，也是平等的。因为"为了解释存在，既没有一种智力活动也没有一种具体文化能够彻底承担其界定实在的任务"①。而自然主义只不过是将实在还原为物理原因的绝对主义。换言之，一种自然或一种自然的唯一真理性表征是不存在的。这被称为行动者民主化原理，是方法论创新的第一原则。

与此同时，基于关系本体论以及转译的识知机制，行动者网络作为方法论，还需坚持第二原则——联结。在拉图尔看来，所有存在体都能够谋求帮助者，当二者联在一起时，就形成了第三个行动者。如此一来，现代科学并不是一种纯粹真理程序，而是知识比封闭的教堂和主教们聚集起了更加强大的有生命和无生命支撑者的网络而已。"所有行动者的策略就是使用它们较硬的联盟来形塑它们较软的联盟。"② 因此，联结成为行动者发展自己、使自己强壮的重要策略，同时，它也是描述与展现任何实在及其与其他实在关系的方法论原则之一。

基于行动者民主化原理以及联结原则，行动者网络理论发展为认识社会、科学等活动的重要方法之一，同时也是完善各种活动、建构网络的具体方法之一，更是一种考察各种具体文化现象的理论视角。

首先，作为一种描述连接的方法的行动者网络理论，它强调实作、互动、流动、变化的过程。行动者网络理论建议，要想认识世界，就需要跟随行动者，描述他们是如何造就网络的（How actors work the net）。基于这样的认识，在社会学研究领域，拉图尔开创性地提出："通过回到社会最初的意义上来重新定义社会，使之能再次追随联系。"③ 需要强调的是，社会在此不再是用来解释的起点，而是解释的终点。那么，如何通过行动者网络来解释社会呢？拉图尔用铅笔做了一个形象的比喻。传统的网络理论指的是铅笔所描绘出的那张网，而行动者网络理论则是那支铅笔。借助这支笔，跟随行动者，追踪联系，进而依次实现展开（deployment）、稳定（stabilization）以及创作（composition）这三个传统社会科学的目标，并最终将社会重组为一个共同世界（common world）。目前，许多研究者已将行动者网络理论拓展到各个分支社会学科的研究中，如新近开展的城市研究，还有经济地理学研究、营销学

---

① DÍAZ, P G. Object-oriented philosophy and the comprehension of scientific realities Essay Review [J]. Athenea Digital, 2011, 11 (1): 228.
② HARMAN G. The importance of bruno latour for philosophy [J]. Cultural Studies Review, 2007, 13 (1): 42.
③ LATOUR B. Reassembling the Social: An Introduction to Actor-Network Theory [M]. NY: Oxford University Press, 2005: 1.

研究、旅游学研究等。可以说，行动者网络理论已经在各个领域中展现了其作为方法论的魅力，正如法里亚斯与本德（Farías, I. &Bender, T.）所指出的，行动者网络理论改变了研究，也改变了城市研究。①

其次，行动者网络理论还是一种具体的方法。关于这一点，从劳（Law, J.）对行动者网络理论的定义中便可以看出。劳指出："行动者网络理论是一种科技社会分析的途径，此途径认为实体与物质是被促动（enacted）的关系性构成（relational），并据此探询这些关系的形构与重新形构。"② 具体而言，行动者网络理论一方面为科学及科学活动的研究提供了新的方法：追溯铭文（inscription）与追溯科技—社会集合体；另一方面，建构行动者网络的过程也生成了成功建构科学知识的方式与方法。前者通过引入符号学，发展和创新了科学知识社会学的研究方法。其中，"铭文"包括了科学的读物、著作，也包括仪器、集体口头作品等，显然，它拓展了科学实践研究的对象。同时，追溯铭文并非要事先分出人与物、事实与说法等，而是追踪铭文在发展中的转译、漂移与分化等。当拉图尔将铭文的分析延展到对现实存在的物质与行动者时，将符号学的关系性构成观点应用于思考物质存在时，科技—社会集合体自然也被纳入了追溯的范畴。后者则从一开始便承认，"行动者网络"就是发展网络以解决特定问题的过程，它是一个动态的过程，而不仅仅是一个静态的概念。于是，行动者如何建构网络这一根本问题便为我们打开了潘多拉之盒。根据卡龙的考察，他提出要成功构建网络，有四种重要的方法。它们分别是：问题化（problematization）、引起兴趣（interestement）、招募成员或成员注册（enrolment）和动员（mobilization）。③ 所谓问题化指的是对希望要建立的网络进行问题界定，于是需要一个脚本（scenario）来向他人展示需要建构的网络。接着，需要透过转译兴趣来吸引和招募成员，随后便需要通过简化与组合来控制成员的行为，以保证形成一个有着特定目的且动态发展的行动者网络。

最后，作为一种新的理论视角，行动者网络理论为我们重新审视自然和社会的关系、重新理解科学与社会的本质、重新解读技术与人造物等开辟了新的方向。由此，与之相关的一系列问题也将重新获得理解与认识，探寻新

---

① FARíAS, I, BENDER T. Urban Assemblages: How Actor-Network Theory Changes Urban Studies [M]. London: Routledge, 2010: 1.
② LAW J. After method: mess in social science research [M]. London: Routledge, 2004: 157.
③ 赵万里. 科学的社会建构——科学知识社会学的理论与实践 [M]. 天津：天津人民出版社，2002：287.

的解决方案。例如，基于行动者网络理论，对技术与社会的关系的看法则不再会是纯粹的技术决定论立场或社会建构论立场，更合理的是将二者对立地先在观念中进行悬置，重新跟随行动者深入具体的时空，在形成与展开网络的过程中进行描述，并以此沟通微观世界与宏观世界，技术与社会的关系才能随之得以重构。与此同时，技术人造物在行动者网络理论的启示下也将重新得到解释。技术人造物具有功能意向性，也可以作为本体。透过行动者网络理论，通过召回非人类的本体论地位，之前的一切理论都有必要重新接受检视。可以展望，行动者网络理论作为一种新的视角，将为我们各个领域的研究开启一片充满阳光与希望的芳草园。

四、辩证法原则：本体论、认识论与方法论相统一

更值得我们注意的是，拉图尔的行动者网络理论在后科学文化哲学的演进中再现了一幅辩证法的整体图景。黑格尔和马克思（Marx, K.）曾为我们揭示了辩证法的重要原则：本体论、认识论与逻辑相统一。此后，在人本主义思潮中，现象学解释学的创立者利科（Ricoeur, P.）在考察解释学的发展历程后，批判了海德格尔直截了当地通过更换提问方式就将认识论解释学转换为本体论解释学，继而提出了"解释学应该是本体论、认识论和方法论的统一"[①]。相应地，在科学文化哲学领域中，拉图尔则通过对"行动者""网络""转译""行动者网络"等概念的重构，重新将本体论、认识论与方法论统一起来。

首先，行动者网络作为存在，它颠覆了传统的静态实体观，重构了动态的关系本体论。正因为如此，有人曾批评拉图尔是相对主义者，但他却明确地表示："请把我完全看成是一名普通的科学家：更加关系主义，因而更加实在论。"[②] 在拉图尔这里，所有进入网络中的东西都是行动者，而行动者只有与其他行动者相关联时方能得以存在，就这样，行动者网络理论在本体上沟通了自然与社会，促进了主体与客体之间的交融。

其次，在认识论意义上，行动者网络将所有行动者都视为转译者，他们在行动中不断地转译。因此，只有跟随这些行动者，将转译链一一展开，认识才可能发生。针对已有知识解释或倾向于自然或迷恋于社会的问题，行动

[①] 夏基松. 现代西方哲学 [M]. 上海：上海人民出版社，2009：337.
[②] 成素梅. 拉图尔的科学哲学观——在巴黎对拉图尔的专访 [J]. 哲学动态，2006（9）：4.

者网络发展了广义对称性原则。在发展和革新认识论原则的基础上，进一步提出了新的真理观，将真理定位于连续的尝试与实践中。于是，科学理解或科学知识的建构也是一种实践过程，是各种异质文化因素的建构。就在这个意义上，行动者网络理论本质上是一种新的认识论取向。

最后，行动者网络还是一种方法论。它是实现新的认识论价值的新方法论范式，也是理解与阐释新的关系本体论的根本方法论。要获得对行动者网络的真正理解，要尝试打破传统的认识论观念，超越二元对立，就需要行动者网络，需要通过行动者网络来更为清晰而真实地描述连接，跟随行动者逐一展开与形成网络；而作为具体的知识实践方法，它启发我们去建构网络；它还是解读知识建构的新的研究视角，帮助我们重新检视各种网络化学习实践活动。

概言之，拉图尔通过建构"行动者网络"的隐喻，在现代性弥漫的今天，努力召回踯躅于边缘的"物"，进而超越康德哲学这一"哥白尼革命"所导致的"主体至上"消极后果，走向"事物为本哲学（object-oriented philosophy）"；以"行动者"的名义，既超越人文主义又拒斥自然主义，呼唤并重新描绘"人与自然"和谐统一的世界图景，走向"天人合一"的生态学；依凭"转译与协商"（translating-negotiating），沟通曾被笛卡尔因果论所生生割裂的身与心、精神与物质、个体与社会等，揭示出"关系"或"联系"在存在之前的本质；最后停靠于"网络"，回归行动者的主体与同一性，彰显出"行动者自主（actor-automous）"的彻底民主化诉求。尽管拉图尔理论已经被一些哲学家挑出了不少问题，诸如"具体实在定义无穷的倒退"与"革新解释的无能"等，但是依然可以展望，在追求与实现知识的民主化，融合本体论、认识论与方法论的哲学道路上，事物为本哲学将会开创出一片崭新的天地。哈曼形象地将拉图尔誉为"网络化王子"，而迪亚斯则称赞道："布鲁诺·拉图尔这位网络化王子是为事物为本哲学奠基的第一位哲学家。"[1]

---

[1] DÍAZ, P G. Object-oriented philosophy and the comprehension of scientific realities Essay Review [J]. Athenea Digital, 2011, 11（1）：225.

第四节 研究基本思路与意义

一、研究思路与内容

确立拉图尔的行动者网络理论作为网络化学习哲学研究的研究视角,意味着必须遵循这样一些约定:首先,养成辩证的思维方式,转向关系本体思维,坚持本体论、认识论与方法论相统一的立场,反思已有网络化学习观念,展开对现实网络化学习的价值追问,做出应然性判断;其次,确立科学与人文整合的文化认识论立场,坚持行动者网络理论哲学意义上的基本观点,全面审视网络化学习中的基本问题;最后,生成以行动者网络理论哲学思想为依据的理论框架,形成网络化学习哲学研究的基本思路,探索与建构网络化学习的未来走向。

(一)基本的研究思路

具体而言,以行动者网络理论为研究视角,研究网络化学习这一文化存在的本质过程中,需要坚持以下基本观点与立场:①学习首先是网络社会中的人存在及其活动的特殊的生命本性与潜能;②学习其次是一种文化认识活动,而文化认识活动是实践活动与认识活动的统一;③网络化学习是学习文化发展至当代所形成的特殊存在形式;④反思是学习者的文化主体性追求解放的根本条件;⑤真正的实存不是单个的学习者,而是学习者与其他事物之间的关系;⑥知识的生产与传播既是认识与激情的遭遇,也是理性与德性的融合,还是文化与权力的根本表征。这些立场与观点将渗透在本研究的各个层面。在网络化学习迅速凸显为当代教育乃至未来教育的基本形态时,对其展开形而上的反思与价值追问,是当前教育研究、教育技术学研究乃至文化研究必须关注的重要课题。

应当承认,网络化学习是科学技术发达的产物,因而它是科学哲学研究的对象;不过也不应该否认,网络化学习是文化发展的产物,所以它也是文化哲学考察的内容。基于这样的理解,我们选择了科学文化哲学最具代表性的行动者网络理论作为新的研究方法论。行动者网络理论作为方法论,不仅会改变研究的思维方式,还为具体研究的展开提供了适宜的逻辑思路与分析框架。

如前所述，行动者网络化理论已经孕育出了至少四个维度的逻辑向度，即本体论、认识论、方法论与辩证法原则。第一，关系本体论确认认识活动的本体意义，因而，曾经作为沟通人与文化的必然途径或方式，作为人的经验对客体世界的符合，作为人对文本知识的理解，学习本身就是围绕着人的发展而发生的各种各样关系的组合。由此，行动者网络理论昭示我们，学习本身就是一种存在，一种真正的文化存在。第二，实践建构论超越了传统的认识论，确立了新的真理观，所以，曾经只是负责文化知识继承与传播的网络化学习，完全有可能也有必要在传播知识的同时也生产知识。第三，行动者网络理论作为一种新兴的方法论，它努力超越传统研究方法论的二元对立思想，走向整体主义的行动方法论，由此，曾经只是单一学习方式的网络化学习在追求实现人的学习终极价值过程中走向网络化元学习，即网络化学习行动研究。第四，本体论、认识论与方法论相统一的辩证法原则为网络化学习发展为既是文化存在本身，又是文化认识活动，还是实现文化价值的一种新的方法论体系。第五，当代的知识变革指引着网络化学习行动研究开启新的知识民主化进程，从而走向真正的学习自由。概言之，这四大维度及其具体运用为重新理解网络化学习的本质，更新网络化学习的认识论基础，创新网络化学习研究方法论，从而走向通达知识民主化的新兴网络化学习提供了理论基础与逻辑思路，如图1.6所示。

如图所示，根据行动者网络理论所提供的独特研究视角，现拟定本研究将对已有网络化学习概念进行检视，进而在概念重构的基础上，根据事物为本哲学中的网络本体论，将网络化学习发展为本体存在；继而对已有网络化学习中的知识观予以批判检视，再以事物为本哲学中的政治认识论为基础，建构解放知识主体的网络化学习；最后，吸收已有的行动研究，基于作为方法的行动者网络理论，创新融合学习与研究的整体主义的网络化学习方法论。在辩证法原则的启示下，基于行动者网络理论，本研究将提出并建构新兴的"网络化学习"，并分别从本体论、认识论以及方法论层面进行批判分析与建构，最终指向于促进知识民主化的网络化学习。

已有文献回顾显示，网络化学习这一概念目前主要停留在狭隘认识论范畴内，然而，这样的概念所形成的网络化学习观念与它自身进一步发展的内在要求显然有所差距，需要从哲学的高度来予以反思与推进。同时，通过文献回顾与哲学反思，我们发现，当前的网络化学习及其研究主要面临以下几个方面的问题：第一，伴随着技术的发展与促进，如何协调和处理"学习"

与"技术"的关系呢？第二，伴随着知识成为社会的基础，如何回应"识知文化"的要求呢？即如何调适"学习"与"知识"的关系呢？第三，伴随着知识观的变革以及面对知识民主化的诉求，该如何沟通"学习"与"研究"的关系呢？

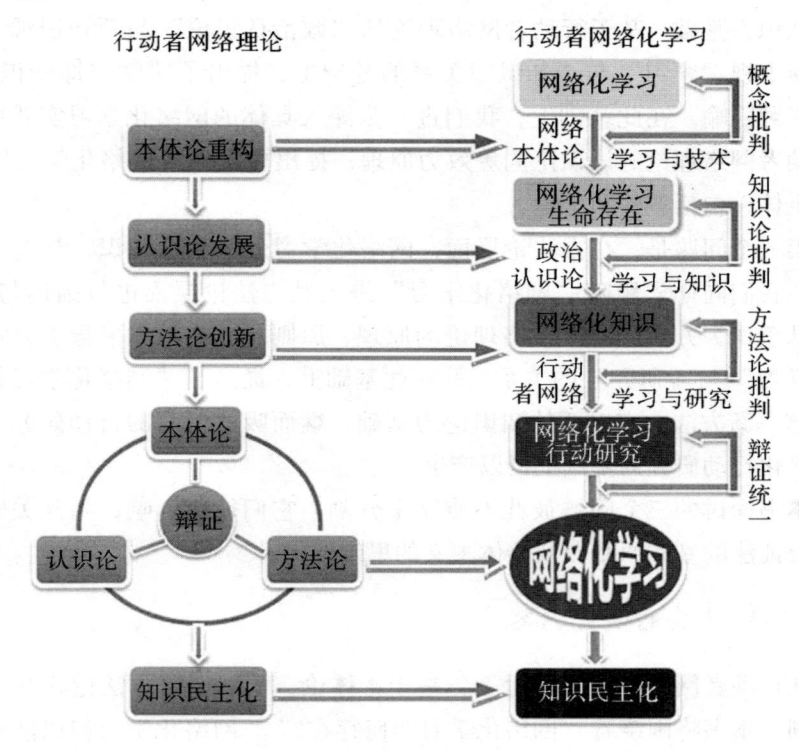

图 1.6　研究思路设计

针对这三个问题，本书基于行动者网络理论思想，尝试重构了"网络化学习"的概念。围绕着"网络化学习"概念的重构问题，本论文主要研究三大核心问题，在每个核心问题下，又根据行动者网络理论相应地建构起了网络化学习的相关理论。

第一个问题是，在本体论层面，网络化学习如何存在？我们跟随"网络化学习"形成的历程，去描述和展开曾经的"网络化学习"存在，并在词源考察的基础上对"网络化学习"概念进行重构。深入网络化学习存在内部，针对"学习"与"技术"的关系问题，在清理已有技术哲学的观点基础上，基于行动者网络理论的技术本质观，本书提出了重新审视"学习"与"技术"关系的新观点。在此基础上，我们进一步深入具体的网络化学习实践中，

57

基于行动者网络理论的网络化本体思想，论证了"后人类"学习的可能性及其相关实践。

第二个问题是，在认识论层面，网络化学习何以能创造知识？同样，我们首先跟随"网络化学习"进入其认识论层面予以描述和展开已有的网络化学习认识论基础。基于行动者网络理论的"政治认识论"与新知识观，本书在重新审视"学习"与"知识"关系的基础上，提出了"学习即知识创造"的第三种隐喻。在此基础上，我们进一步深入具体的网络化学习实践中，基于行动者网络理论的认识论同等效力原理，提出要解放"网络化学习"中的知识主体，包括教师和学生。

第三个问题是，在方法论层面，网络化学习怎样创造知识？与前两部分一致，我们同样先跟随"网络化学习"进入其方法论层面进行描述与展开，继而基于作为方法行动者网络理论的原理、原则和方法，本书指出要重新看待"学习"与"研究"的关系，并在此基础上，提出了"网络化学习行动研究"这一新方法。它以新的知识论为基础，继而吸收已有的行动研究，在新兴网络化行动研究的基础上得以产生。

本书探讨的三个问题彼此不能完全分割，它们彼此影响，相互关联，遵循了辩证法的基本原则以及整体主义的思维取向。

（二）主要的研究内容

在行动者网络理论的启示下，基于本体论、认识论与方法论相统一的辩证原则，本书将围绕着"网络化学习如何存在？""网络化学习何以能创造知识？""网络化学习怎样创造知识？"这三个核心问题，将从以下四个方面展开具体的研究。

1. 网络化学习存在本质的双重考察与批判

对已有"网络化学习"实践及其发展历程做一历时态的考察，从而发现"网络化学习"背后所隐含着的价值失范与技术价值取向偏颇的问题，进而剖析基本停留在狭隘认识论的理解层面的网络化学习观念及其具体表征。在此基础上，以概念分析、词源考察等方式，重新解读网络化学习。从科学文化哲学视域出发，确立起网络化学习的本体论地位，并以关系本体论思维方式来论证网络化学习作为文化本体存在的合法性与合理性。

2. 网络化学习的认识论基础拷问

建立在传统认识论基础上的网络化学习，常常会自觉不自觉地陷入主客二分的二元对立困境之中，始终强调的是主体经验与客体世界的符合，这样的认识论取向往往会出现或重视主体对客体的作用，又或完全被客体世界所主宰的情况，因而对学习的解释也出现或依靠自然世界，或取决于精神世界，生生割裂了学习者的学习理性与学习德性，既阻碍了网络化学习文化的发展，也不利于学习者自身的发展。所幸的是，行动者网络理论提供了新的认识论思想——政治认识论。由此，网络化学习将在真理观、知识本质观等方面发生革命性变化。本部分主要从认识论的最基本的主客二分问题出发，从技术价值取向、真理观、知识与学习的关系这三个方面重新认识网络化学习。

3. 网络化学习研究方法的困境与生机

已有的网络化学习研究仍然主要采用传统的研究方法论，主要包括量化和质性这两种实证研究范式，但这样的研究方法常常因为简化人性、遗忘时间而逐渐凸显其有限性。因而，新的研究方法有了生长的机遇和空间。适逢社会学科领域的网络化行动研究的蓬勃兴起，以行动研究这一元实践为基础的网络化学习行动研究方法得以催生。本部分在综述和分析国外新兴的网络化行动研究以及阐释新行动研究内涵的基础上，建构新的网络化学习方法。

4. 网络化学习的未来展望

作为学习文化或教育发展的未来形态之一，网络化学习将以知识民主化作为价值诉求的核心，而彻底的知识民主化不仅要求各种知识类型之间的平等，还提倡创造各类知识的主体之间，即人与人之间的平等。更值得一提的是，彻底的民主化原则促使未来的知识民主化还要努力追求人与非人之间的平等，努力通过实现人与非人之间的平等最终通达人与人之间的彻底平等。从行动者网络理论出发，对网络化学习展开深入的本体论、认识论和方法论分析之后，它究竟能否成为推动知识民主化的重要途径？本部分将综合地予以论证，也是进一步的推导和最后的结论。

二、研究目的与意义

当教育理论工作者们正满足和热衷于大声疾呼教育要人性化时，我们的教育却已悄然间被卷入了一场史无前例的技术革命之中，生成了以网络化学习为实存的社会性世界（social world，也称网络社会，network society）。在这里，教育活动获得重生，教育话语开始重组，教育关系被重构，教育权力被重置……此时此刻，真正的教育人性化要求的是全面关照网络社会中人们的学习生命存在及其优化。面向这个全新的教育世界，这样一种崭新的教育形态，有两个最基本的问题需要我们做出回答。第一个问题是，"网络化学习究竟是什么?"即"网络化学习到底是怎样的呢?"对于此问题的回答自然就引出了第二个问题,"该如何去认识和把握网络化学习呢?"然而,"现在尚无'如何做'的指南可以参考;研究方法论仍处于真空状态"。① 围绕着这两个基本问题,本书将努力尝试在哲学的高度上观照已有的纷繁多样的网络化学习现象,深入探察网络化学习的本质存在,描绘和建构起追求人性本真,实现人性化的网络化学习图景。这样的描述与阐释需要重构已有的概念,"网络化""学习"以及"网络化学习"等概念在本研究中将得以拓展与深化。在此基础上,从生命的基点——"人性"出发,顺应知识走向民主化的必然诉求,探寻融网络化学习存在、认识网络化学习及其根本方法论为一体的网络化学习行动研究是本书的最终主旨。

倘若能在这两大基本问题的指引下发现一二的话,那么它必然赋予本研究以最基本的理论意义、现实价值与方法论启示。

(一) 丰富网络化学习理论研究

1. 拓展网络化学习的研究视角

目前来说,网络及信息通信技术对学习所产生的巨大影响已是有目共睹,从技术与学习二者的关系出发,业已生成了网络学习技术研究与网络学习研究两大问题域。然而,回顾文献发现,大量的研究都停留在微观或中观的层面对相关问题进行探讨,真正从宏观层面来反思网络化学习的研究则寥若晨星。同时,已有的网络化学习研究大多是从心理学、社会学、教育技术学等视角来展开的,缺乏真正的哲学视角的审视,尤其是从科学文化哲学视角出发来理解、阐释和建构网络化学习的研究则几乎付之阙如。在此意义上,本书有可能开创性地将网络化学习这一存在置于科学文化哲学中的行动者网络理论视域下予以观照,从而拓展网络化学习的研究视角。

2. 重构网络化学习的相关概念

如果说概念、范畴是哲学借以把握对象的中介,那么概念与范畴的形成将是本研究能否得以顺利完成的关键。已有的"网络""学习""网络化学习"概念因长期的习惯性使用而落入了认知心理学与教育技术学的思维窠臼之中,难以有新的突破。本书从行动者网络理论的视角出发,重新考察和反思已有的这些概念,试图努力冲破传统概念的束缚,重构已有的相关概念与

---

① HARWOOD P. G, ASAL V. Educating the first digital generation [M]. Westport: Praeger Publisher, 2007: 15.

范畴，从而在网络化学习理论产生的根源处创生出新的具有一定解释力的理论体系。

3. 建构走向知识民主化的"网络化学习"

本书从行动者网络理论出发，深入本体论层面剖析网络化学习，针对"学习"与"技术"的矛盾关系，重新确立了以后人类为表征的网络化本体论；在认识论层面，针对"学习"与"知识"的关系问题，从认识论同等效力原理出发，重新检视了已有的认识论取向，提出了解放知识主体的新路向；在方法论层面，针对"学习"与"研究"的割裂，从作为方法的行动者网络理论出发，重新以"行动研究"将二者联系并沟通起来，同时还发现并提出了网络化学习行动研究这一新的方法论。总而言之，基于网络化本体论、认识论同等效力原理以及作为方法的行动者网络理论所建构起来的全新的"网络化学习"将成为实现"知识民主化"的重要途径，这也将引导未来网络化学习的发展方向。

（二）推进网络化学习行动

1. 深化网络化学习改革

在信息通信技术的推动下，近年来，网络化学习可谓是教育改革的主阵地。在某种意义上，可以说是网络化学习引领着当前的教育改革。网络化学习的科学文化哲学研究可以帮助人们更为深入地理解网络化学习的本质及其背后的价值观取向，从而在合理的价值导引下，致力于网络化学习观念、内容、方式方法等方面的积极改革，尤其是网络化学习课程、网络化学习方式以及网络化学习研究等方面的改革，进而全面提升网络化学习的质量，推动网络化学习朝着理想的方向前进。

2. 唤醒网络化学习主体意识

已有的网络化学习常常被置于传统的认识论话语体系以及理论框架中来予以审视，进而导致网络化学习中人性的淡漠、人生经验的简化与人生意义的遗忘。本研究将网络化学习重新置于科学文化哲学理论的框架中予以观照，从中发展起适合于满足人类学习的基本需要，全面促进学生个性发展以及促进学习者个体自我解放的网络化学习行动研究。这一理论直接指引并呼唤网络化学习主体文化自我意识的觉醒。

（三）创新网络化学习研究方法论

1. 行动者网络理论作为方法论的确立

不可否认，网络化学习是复杂性的存在，它纠缠于学习、技术、知识之中，与此同时，在"识知文化"的促动下，网络化学习自我要求变革与创新。在此意义上，行动者网络理论完全适合于分析与透视已有的网络化学习存在。本书在充分意识到这一前提假设的基础上，大胆地将最新发展的行动者网络理论引入网络化学习理论研究领域之中。如果说方法论指的是引导整个研究的思想立场与态度取向的话，那么本书便在方法论这个层次确立了行动者网络理论的研究立场和思维方式。这不仅丰富了已有的网络化学习研究方法，还拓展了行动者网络理论的应用范围，从而促进以行动者网络理论为代表的科学文化哲学进一步与教育研究相整合。

2. 网络化学习研究方法论的创新

基于文献分析，本书全面建构起网络化学习研究方法论，这一方法论是在批判已有的从传统方法论演绎过来的质性或量化研究基础上发展起来的。它是一种以人为本，更具开放性、包容性和交互性的研究方法论，它超越了已有的个体自主而走向文化自主，同时又超越"量化"与"质性"之争而走向了方法论的整体主义。因此，在已有的传统网络化学习研究这个层面上，本研究方法论具有鲜明的创新价值。

第一章

俄狄浦斯厄运：从网络化学习到网络化学习生命存在

在希腊神话的舞台上，俄狄浦斯可谓是最具悲剧性的人物之一。他，尽管聪慧，却命定要陷入灾难与痛苦之中；他，破解了斯芬克斯之谜，同时又是弑父的凶手，娶母的奸夫。这样的三重厄运将俄狄浦斯推向了生命的纯粹消极与最高积极的矛盾峰尖之上。从俄狄浦斯的可怕厄运中，尼采（Nietzsche，F. W.）敏锐地洞察到："智慧之锋芒反过来刺伤智者；智者是一种危害自然的罪行。"[①] 事实上，这是一种普遍的文化价值功能的悖谬，它充斥着整个文化世界。"大道废，有仁义；智慧出，有大伪；六亲不和，有孝慈；国家昏乱，有忠臣。"（《老子》第18章）人们创造着各种文化，而这些文化又会反过来制约着人类自身，这是一种手段对目的的悖谬、客体对主体的悖谬、主体对自我的悖谬……

当今时代，互联网的诞生无疑将人类的历史进程推进到一个崭新的阶段。这是一个技术神话，它将整个人类带入了神秘的时空地带，在这里，传统的时间观被超越，历史或被终结；空间观也被颠覆，地理或被终结；权力开始流动，政治或被终结。这一切看起来都是如此美好，处处洋溢着新鲜与新奇，事事变得方便与快捷。特别是，曾经被封锁在院墙内的"学习"如今冲破牢笼与界限，敞开自我去接纳，或连接，或联盟，从而创新出"网络化学习"。然而，技术神话所催生的网络化学习，与技术一样，常常反戈并挑战人类及其文化社会生活。

当信息以爆炸式速度增长时，当文化空间以惊人的比例扩张时，新一代学习者即将被套上华丽的枷锁，或成为一群智力蜉蝣，或是焦躁的一知半解

[①] ［德］尼采. 悲剧的诞生：尼采美学文选 [M]. 周国平，译. 北京：生活·读书·新知三联书店，1986：37.

者，我们开始惶恐；当技术与技术物不断更新时，当虚拟世界变得丰富多彩时，新时代的学习活动可能会陷入数字化迷思之中，学习开始崇拜技术，服从于技术，或成为技术拜物教，或沦为工具理性者，我们需要反思。

技术（或者说网络技术），冲击着、震荡着整个社会、人类，甚至学习，它带给我们无数的憧憬，"网络乌托邦""网络共和国""数字化生存"……然而，这既是一种新的机遇，同时也是一种新的挑战。脱胎于技术的"网络化学习"究竟要如何才能摆脱俄狄浦斯式的厄运呢？

第一节 网络化学习作为本体的批判与超越

从阿帕网到互联网的诞生，开创了网络的新纪元，也开启了网络化学习的新天地，打开了通往教育理想世界的大门。借助物质技术层次的"网络系统"媒介，潜藏在社会深处的实质"网络关系"开始显露，实体观念世界开始瓦解而重构为无数节点编织而成的网络关系本体世界。于是，引领文化前进的教育世界也开始震荡，阶层式的组织管理结构、线性的教学关系、权威式的教育话语系统……都在崩裂、溃散，而蕴含着有无相生之道的"网络化学习"就在这种秩序与混沌的边缘中开始成形、生长。

一、网络化学习的历史嬗变与当代重构

网络化学习与技术有着千丝万缕的关系。可以说，网络化学习与技术的发展一直相伴相随，与此同时，追随着技术及其文化变迁的理路而发生嬗变的网络化学习，因之在教育教学文化与组织机构文化背景方面不断呈现出新的特质，并最终超越技术与影响着技术，蜕变成为当代教育的一种基本形态，其承载的是促进网络社会发展的文化需要，肩负的是知识社会追求与实现民主化的时代使命。网络化学习的发展历程演绎出钟情技术、拥抱技术与融合技术的文化路向，反之，网络化学习亦在技术的推动下逐步迈向以网络化学习主体、网络化学习内容与网络化学习方式为基本表征的新型教育形态，它既是为实现理想的教育提供可能的途径，更是当代乃至未来社会人们的存在方式之一，是人们作为文化存在的基本方式。

<<< 第一章　俄狄浦斯厄运：从网络化学习到网络化学习生命存在

(一) 网络化学习的历时态存在

回望网络化学习的发展历程，伴随着网络技术从 Web1.0 到 Web2.0，再到未来 Web3.0 的不断进化，网络化学习也走向了从电子化学习（E-learning）到网络电子化学习（Networked E-learning），再到网络化学习（Networked Learning）的成长之路。其间，网络化学习技术交织教育教学理论和组织机构文化背景，共同谱写着网络化学习的生命章程。

1. 学习钟情于技术：E-learning 时代

1969 年，美国国防部高级研究计划署（Defense Advanced Research Projects Agency，DARPA）建成了 ARPANET 实验网。[1] 1983 年，ARPANET 被分割为两个相互连接的网络，即 NSFNET 和 MILNET，这个互联网络最初被称为 DARPAInternet，但是不久以后名称就被简化为 Internet。Internet 所具有的强大的交流功能为原本就十分需要沟通与互动的学习带来了新的活力。此时，飞速发展的计算机辅助学习（Computer-Assisted Learning）、课程管理系统（Course Management Systems）中的计算机辅助教学（Computer-Assisted Instruction）以及虚拟学习环境（Virtual Learning Environment）也为迎接网络化学习的到来做好了准备。如英国于 1984 年启动了计算机促进教学创新的千万计划，随后在 1989 年，又建立了 24 个计算机促进教学创新的学科中心，旨在提高学科教学内的计算机运用。[2] 当这一切与充满魔力的 Internet 相遇时，学习又岂能置身事外呢？于是，Internet-based Learning（或 Web-based Learning）迅速发展并与此前的 Computer-Assisted Learning/Teaching 结合，共同哺育起了 E-learning。

关于 E-learning 的定义，众说纷纭，难成定论。归纳起来，大致存在两类观点：第一类观点主要从教育的立场出发，将"E-learning"视为一种有别于传统学习的新兴学习方式。比较有代表性的观点是：2000 年度发布的《美国教育部教育技术白皮书》中将"E-learning"定义为一种受教育的方式，包

---

[1] ARPANET 是一个高效、快速开发的研究成果，它是美国为回应苏联卫星上天而建立的，以提高美国的军事和国防能力。ARPANET 最初只包括四个站点，分别是加州大学洛杉矶分校（UCLA）、加州大学巴巴拉分校（UCSB）、犹他大学（USU）和斯坦福研究所（SRI）。

[2] DARBY J. Networked learning in higher education: the mule in the barn [M] // STEEPLES C, JONES C. R. (eds.). Networked Learning: Perspectives and Issues. London: Springer Verlag, 2001: 18-19.

括新的沟通机制和人与人之间的交互作用。这些新的沟通机制是指：计算机网络、多媒体、专业内容网站、信息搜索、电子图书馆、远程学习与网上课堂等。① 由于对其中的"E"理解的不同，何克抗教授将"E-learning"定位为数字化学习，"是指主要通过因特网进行的学习与教学活动，它充分利用现代信息技术所提供的、具有全新沟通机制与丰富资源的学习环境，实现一种全新的学习方式；这种学习方式将改变传统教学中教师的作用和师生之间的关系，从而根本改变教学结构和教育本质"②。类似于这样的观点还有许多，在此不再一一罗列。总的来说，这类观点除了在"E"的定义上有所差异外，比较一致的是把"E-learning"看作是已有学习借助技术所发展的新方式，为传统的教育而服务。

第二类主要观点是从技术的立场出发，将"E-learning"看作技术在教育中的应用。比较典型的代表是，2005年，英国高等教育基金委员会给"E-learning"的定义是："在各种学习机会，包括弹性学习和远程学习中运用技术，以及将信息通信技术（ICT）作为个体与群组之间交流与传播的工具，从而支持学生和促进学习管理。"③ 类似这样的说法当然也不止一种，而这样一些定义背后所蕴含着的技术决定论价值取向是显而易见的。他们将"技术描绘为简单的传播途径，而忽视了技术与技术应用共同进化的本质"④。

事实上，不管出于哪种立场，也不管将"E"看作是 internet 还是视为电子化或数字化的符号代码，"E-learning"所表征的只是技术与学习的初遇阶段，技术以高速、及时、方便交流等魅力点吸引着学习，以至于学习常常忘却自我的本真，努力去趋同技术，故有学者将此命名为"教育技术化"阶段。

可以说，这一时期的网络化学习寄身于"E-learning"这一隐喻上。具体来说，它的基本特征表现为以 Web1.0 网络技术为平台，以集中式网络为组织结构，教授强调内容传递，学习被视为信息的认知加工过程，传统的知识观

---

① 上海市教科院智力开发研究所. 美国教育部教育技术白皮书 [M]. 上海：上海教育出版社，2001：2-30.
② 何克抗. E-learning 与高校教学的深化改革（上）[J]. 中国电化教育，2002（2）：8-12.
③ Higher Education Funding Council for England. HEFCE Strategy for E-learning [M]. Bristol：HEFCE，2005：12.
④ ANDREWS R，HAYTHORNTHWAITE C. Introduction to E-learning Research [M] // ANDREWS R，HAYTHORNTHWAITE C. The SAGE Handbook of E-learning Research. London：SAGE Publications Ltd.，2007：2.

与精英教育理念依然占据着主流地位。

首先，Web1.0改变了传统的基本学习方式——读、写、算，它所引发的阅读方式变革突出表现为：①从文本阅读走向超文本阅读；②从单纯阅读文字发展到多媒体电子读物；③在同电子资料库对话中的高效率检索式阅读。写作方式变革的突出特点是：①手写转变为键盘输入、鼠标输入、扫描输入、语音输入；②图文并茂、声形并茂的多媒体写作方式；③超文本结构的构思与写作；④在电子资料库对话中阅读与写作的一体化。计算方式则从数学计算走向基于二进制的数字化模拟和高速运算。①

其次，尽管Web1.0为学习方式带来了变革，但它本质上就是聚合、联合、搜索，而聚合的对象是巨量、芜杂的网络信息。② 因而，它所支持和采用的学习方式依然是内容驱动的（Content-driven），在这样一种学习方式的支配下，学习资源所扮演的角色就是一系列知识和这些知识的潜在价值之间的媒介物。这些学习资源包括为E-learning所开发的电子内容。③ 例如，在网络化学习史上具有里程碑意义的麻省理工学院课程的对外开放（opencourseware），它冲破了课程学习的学校、国家甚至是国际的壁垒，但这样的课程开放依然还停留在线性传递知识的传统教育世界。特朗坦（Trentin, G.）将此种方式描述为教育媒介中心式（参见图2.1）。这种媒介中心式网络化学习背后的网络结构依然主要是集中式的网络系统（参见图2.2）。

深入考察这一时期的网络化学习的理论基础，可发现认知主义仍然居于中心地位。学习的本质被看作是信息加工的过程。卡诺尔（Conole, G.）和奥利弗（Oliver, M.）对此做了小结与描述。他们提出，认知主义所采取的学习方式凸显为"反思性实践者"以及"学习者中心"，主要的特征包括：①关注内在的认知结构，而学习就是内在认知结构的改变；②教学重心聚焦于通过交流、解释、重组、对比、推理和问题解决等途径来加工和传递信息；

---

① 董玉琦. 信息教育课程设计原理：要因与取向 [D]. 长春：东北师范大学，2003：120-121.
② 刘畅. 网人合一·类像世界·体验经济——从Web1.0到Web3.0的启示 [J]. 云南社会科学，2008（2）：81-86.
③ PAHL C. Content-driven Design and Architecture of E-learning Applications [J]. Advanced Technology for Learning，2008，5（1）：219-228.

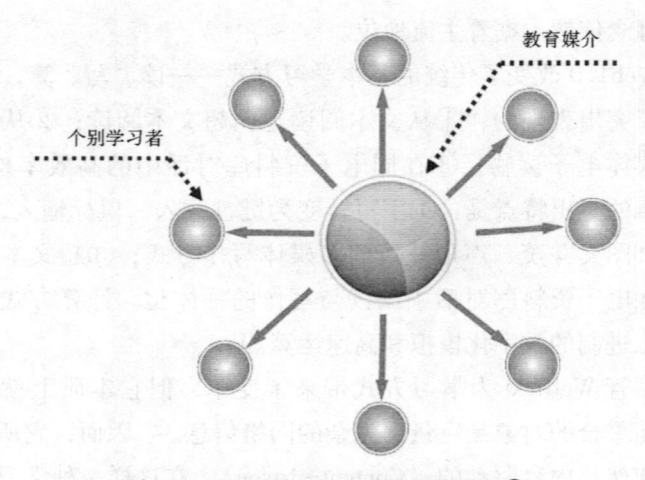

图 2.1　教育媒介中心式网络化学习①

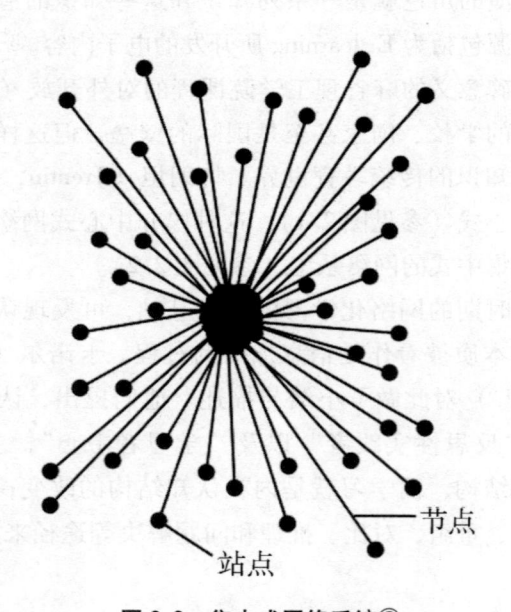

图 2.2　集中式网络系统②

③基于已有信息结构来设计概念内容的序列组合是很有用的。基于这样的认识，应用于 E-learning 则表征为开发智力和学习系统，形成发展性个性化主

---

① TRE G. Networked Collaborative Learning：Social interaction and active learning［M］. Oxfordshire：Chandos Publishing，2010：3.
② ［英］约翰·诺顿. 互联网：从神话到现实［M］. 朱萍，茅应征，张雅珍，译. 南京：江苏人民出版社，2001：93.

体的概念。同时，所罗门（Salomon，G.）提出的分布式认知理论则关注到了网络化学习中个体与信息丰富的环境之间的知识共享结构。①

早期的网络化学习不仅囿于传统教育教学理念以及初级 web 技术的功能局限，更受到组织机构文化背景的限制。建立在自然基础之上的群体（家庭、宗族）的社区（共同体，gemeinschaft），是一种"原始的或者天然状态的人的意志的完善的统一体"。随着人类认识的深化，社区概念的内涵逐步固定在"地域性社会生活共同体"这个意义上。② 在地域性社区还未完全与虚拟社区融合的时期，从上往下的层级管理结构依旧岿然不动，而这样一种集体领导式的组织机构映射在网络化学习中，体现为传递式（delivery）网络教学或网络教育。

简言之，当学习与网络技术相遇时，一方面，受传统技术工具论的影响，技术始终徘徊于学习世界的门外；另一方面，因技术的辉煌而导致的技术决定论立场，却使得学习开始极力倾情于技术至上，认为只有技术才能使学习真正达到理想的境界。于是，教育人士纷纷投身于学习技术的开发与设计之中，而所执的知识观、学习观与教育观却未见有本质上的变革，灌输式的教学依然存在，死记硬背的学习方式照样泛滥，追求确定性与普遍性的知识观主导知识教学，精英主义教育的立场坚定不摧。

2. 技术拥抱学习：Networked E-learning 时代

随着网络技术的不断发展，以"参与、展示和互动"为主要特征的第二代网络——"Web 2.0"诞生了。它的出现填补了第一代网络技术"Web 1.0"沟通交流的匮乏与不足。Web 2.0 为用户参与到创造和使用信息的过程中来提供了更多的选择。可以说，此前的 Web 1.0 仅仅是一个发布式媒介，而 Web 2.0 则是因特网技术应用以来的一次社会性变革。③

首先，与第一代网络相比，Web 2.0 最大的特点就在于增加了用户产生信息、内容的可能性。进一步定义的话，Web 2.0 主要具备两大特征：共享信息以及管理使用信息的去中心化。因为 Web 1.0 只能让用户阅读，而 Web 2.0 则提供了既能读又能写的平台，因而使得用户都能主动参与到知识信息的

---

① CONOLE G, OLIVER M. Contemporary perspectives in E-learning Research: themes, methods and impact on practice [M]. New York: Routledge, 2007: 85.
② [德]斐迪南·滕尼斯. 共同体与社会——纯粹社会学的基本概念[M]. 林荣远, 译. 北京：商务印书馆, 1999：译者前言, iii.
③ LASSILA O, HENDLER J. Embracing "Web 3.0" [J]. Internet Computing, 2007, 11 (3)：90-93.

创造和管理中去。① 有学者指出，Web 2.0 更多的是一种理念，是一种将信息被动接受者转换为制造者和传播者，将被动的受众转为主体，从单一个体转为群体社团的新型网络理念。目前比较成型的 Web 2.0 核心应用有：博客/网志（blog）和推特（twitter）、简易信息聚合（rss）、维基（wiki）、标签（tag）、社交服务网络（sns）、即时通信（im）、播客（podcast）、互联网金融点对点借贷平台（p2p）等。② 可以清晰地看到，网络技术此时正在逐步走向"技术教育化"阶段，从而逐渐摆脱中国台湾学者陈德怀所批判的那种困境，他曾指出："过去网络化学习都是将技术应用于学习，而不是为了学习而开发新技术。"③

其次，Web 2.0 技术所支持和开发的学习方式已经开始转向用户驱动式（User-driven）了。在这样一种学习方式中，学习资源所扮演的角色则从媒介物演化为学习者个性化学习环境的组成部分。特伦坦将这样一种网络化学习描述为学习者中心式（参见图 2.3）。

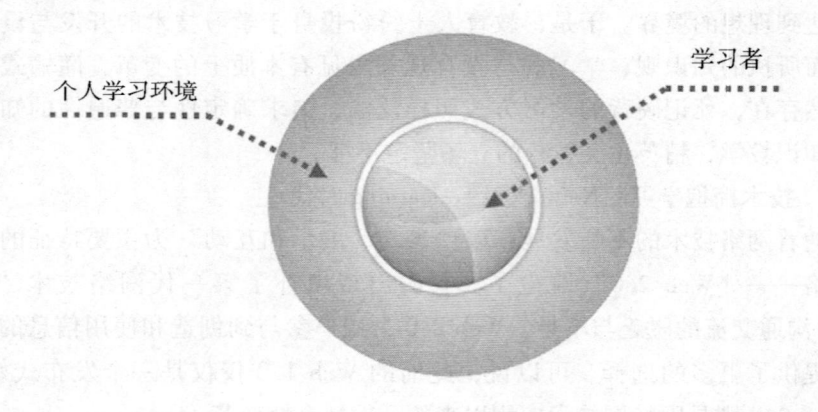

图 2.3 学习者中心式网络化学习④

这样一种取向的网络化学习是以学习者为中心来组织和建构的。围绕着

---

① SPECTOR J M. ET AL. Learning and Instruction in the Digital Age [M]. New York：Springer，2010：8.
② 徐璐，曹三省，毕文婧，等. Web2.0 技术应用及 Web3.0 发展趋势 [J]. 中国传媒科技，2008（5）：50-52.
③ CHAN T W, ET AL. Four spaces of network learning models [J]. Computers & Education，2001, 37（2）：141-161.
④ TRENTIN G. Networked Collaborative Learning：Social interaction and active learning [M]. Oxfordshire：Chandos Publishing，2010：3.

学习者，透过网络平台，专家、学者、训练员以及咨询者和辅导者等在背后支持着学习者的学习，与此同时，计算机所负载的多种媒体和电子内容，以及在学习社区经验中所产生的知识等，则成为学习者学习的物质支持。尤其值得重视的是，学习者本人在为自己创造合适的个人学习环境过程中扮演十分重要的主体角色。这一点也将成为未来网络化学习中所面临的巨大挑战与机遇。

深入考察这种学习者中心式的网络化学习，其背后的网络结构已经不再是集中式的网络系统了，而是发展成为非集中式网络系统（参见图2.4）。

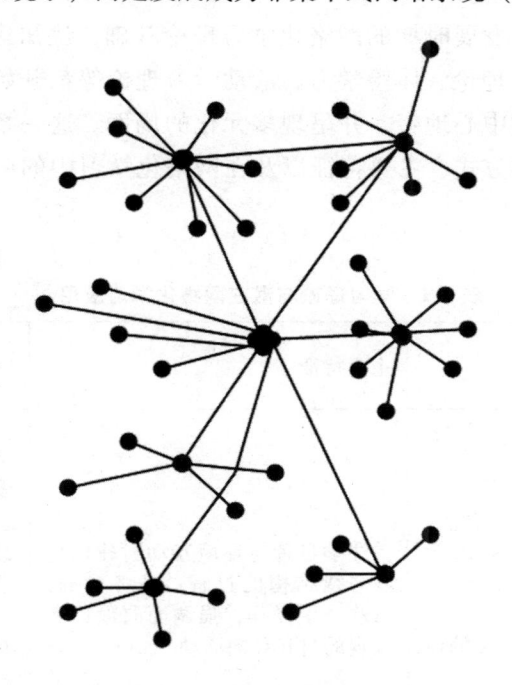

图 2.4 非集中式网络系统[1]

由此可见，以扩充和传播信息为主、被动接受知识观占主导地位的 E-learning 逐步转化为以信息的交流和互动为主、共同创建知识观占主导地位的 Networked E-learning。2002 年，在英国谢菲尔德召开的第三届网络化学习国际会议上，经济社会研究委员会（Economic&Social Research Council，ESRC）发布了一份高等教育的网络化学习宣言，宣言中将 "Networked E-learning"

---

[1] ［英］约翰·诺顿. 互联网：从神话到现实 [M]. 朱萍，茅应征，张雅珍，译. 南京：江苏人民出版社，2001：93.

定义为，借助信息通信技术（ICT），学习者可以与他人（包括其他的学习者、教师、指导者、图书管理员以及技术助理等人）进行沟通，并共享丰富的信息资源这样一种学习情境和背景。在网络化学习中，学习者本人也是学习资源和各种信息的开发者。① 古德伊尔等人在回顾网络化学习研究的综述中强调了网络化学习中最核心的就是借助信息通信技术（ICT）实现了人与人之间的互动，而这种互动必然带有一定的教育承诺与学习信念。② 可以看到，Networked E-learning 比 E-learning 更强调互动，因而将"网络"这一根本性的社会性特征表现出来了。

深入考察这一发展时期的网络化学习理论基础，认知建构主义、社会建构主义、情景学习理论、体验学习、活动学习理论等都开始崭露头角，逐渐占领了学习理论的中心地带，并呈现多元化的局面。这一系列学习理论各自所表征的具体学习方式、主要特征以及在网络化学习中的应用大致可以描述如下（参见表2.1）。

表 2.1　学习理论与潜在网络化学习应用③

学习理论	学习方式	主要特征	网络化学习应用
认知建构主义	主动学习、探究性学习、问题式学习、目标式学习、认知学徒式学习、基于建构主义的设计学习	关注学习者与环境互动时建构自我心智结构的过程；任务导向，喜欢动手操作，强调面向设计和发现的自我导向活动。	结构式学习环境的设计；工具箱的概念提出以及其他渗透建构原则的支持学习者通过活动学习的系统；获取资源和专业知识以开发学生者中心的、更为投入、主动和真实的学习环境。

---

① ESRC. Working Towards E-Quality in Networked E-learning in Higher Education: A Manifesto Statement for Debate [EB/OL]. http://csalt.lancs.ac.uk/esrc/manifesto.pdf, 2010-11-28.
② GOODYEAR R, BANKS S, HODGSON V, MCCONNELL D. Research on networked learning: An overview [C] // Proceedings of the 3rd international Conference on Networked Learning. Sheffield: Sheffield University, 2002.
③ CONOLE G, OLIVER M. Contemporary perspectives in E-learning Research: themes, methods and impact on practice [M]. New York: Routledge, 2007: 85.

续表

学习理论	学习方式	主要特征	网络化学习应用
社会建构主义	对话学习辩论	强调模仿与示范的人际关系；语言作为学习的工具来共同建构知识。	同步或异步交流的多种形式为学生与指导者、同伴之间的各色对话提供了机会；不同的在线交流工具和学习环境以及社会论坛等促进、支持和形成各种形式的实践共同体。
经验学习	经验学习、行动学习、问题式学习、探究学习	经验作为学习的基础；学习就是将经验转化为知识、技能、态度、价值和情感等；反思是变革经验的途径；经验需要问题情景、辨识和定义、在实践中形成理论和测试。	异步交流提供了对话的新形式，因为没时间限制，所以增加了反思的机会；全面而多样的交流与经验形式为反思提供了更多机会。
活动学习	基于活动的学习系统思维	关注活动的结构及其历史形成的存在；在广泛的社会文化背景下的活动范围通过人造媒介物来行动；教育学的焦点在于将活动的历时状态与个人的发展阶段沟通起来；聚焦组织学习，根据反馈来铸就学习者的发展。	分布和储存的新形式，跨组织的存储和取出为共享知识的发展提供了潜能，即形成组织内分布式认知；根据散乱与积极的反馈来做出适应。
情景学习	协作学习互惠式教学替代式学习	考虑到社会交互层面，把学习看作是社会参与；知识是评估企业的竞争力，只有主动参与才能获得知识。	从个人或信息中心学习转向社会或交往性学习；网络特性促使了各种不同形式的专业知识以及各种形式的交流互动都得以产生；在线交流通过工具和学习环境产生出新的实践交流形式，能促进和改善已有的社区。

最后，随着技术与学习的互相影响、不断磨合，同时在飞速发展的 web 技术的带动下，原有的集体领导式组织机构及其所伴生的层级管理模式已开始解体，而以动态、流动为特征的网络化管理模式则开始形成。地域性社区与虚拟社区在不断地交融之中。正如卡斯特所指出的，虚拟社群在持续互动形成的关系网络中存在"互惠"和"支持"，并可以发展成为"实质的"群体关系。① 如此一来，虚拟世界、现实世界以及虚拟与现实交互的世界创造出了不计其数的互动形式和技术。这也就为网络化学习进一步的创化提供了可能条件。在网络社会的文化背景下，网络化学习已由传递式的网络教学逐步转向共同建构式（Co-construction）的网络化学习。

如果说技术是社会文化需要的产物的话，那么技术出现之后呢？历史向我们证明，技术产生后便具有了逃离原来的文化情境甚至超越主宰已有文化的潜能。因而，在学习寄情于技术后，技术很快便把握到了学习，尤其是社会性学习的特性，因而迅速做出回应，以至于这一时期的网络化学习努力开发与拓展适合于社会性学习的技术与平台。与此同时，心理学视角的学习理论也有了新的突破，新的认知建构主义理论、情境学习理论等的提出，也促使了网络化学习开始将目光转向学习主体和主体间，发展起以协作、互动、自主为基本特征的新一代网络化学习形态。

3. 学习与技术融合：Networked Learning 时代

如果说 Web 1.0 是以门户网站为中心，Web 2.0 是以个人为中心的话，那么 Web 3.0 则是以服务为旨归的第三代网络系统。Web 3.0 不仅是服务导向的架构，更是智能化的。有专家宣称，Web 3.0 将实现和拓展"语义网"的概念。② 这就意味着，未来的计算机软件将能进行逻辑推理，真正实现智能代理人的身份。Web 3.0 是人们展望未来的网络发展而形成的概念，它追求的是"智能化的人与人和人与机器的交流"。③ 模块式网络应用以及不断发展的计算机图解计算能力将成为网络继续进化的核心技术动力。④ 可以展望，在未来的 10 年里，网络技术将步入新的发展阶段。进化开始的第一步估计就是

---

① ［美］曼纽尔·卡斯特. 网络社会的崛起［M］. 夏铸九，等译. 北京：社会科学文献出版社，2001：444-445.
② LASSILA O, HENDLER J. Embracing "Web 3.0"［J］. Internet Computing, 2007, 11 (3)：90-93.
③ 徐璐，曹三省，毕文婧，等. Web2.0 技术应用及 Web3.0 发展趋势［J］. 中国传媒科技，2008 (5)：50-52.
④ SPECTOR J M. ET AL. Learning and Instruction in the Digital Age［M］. New York：Springer, 2010：8.

能允许用户在网络中编辑网站、信息来源和创建属于自己的结构。如此一来，Web 3.0 就能为创设真正自由的学习环境而奠定基础，而这种学习环境是教育所梦寐以求的。①

基于这样的技术理念，比蒂（Beaty, L.）等人认为，之前强调网络关系性的 Networked E-learning 是时候将"E"去掉了，因为"联通性"作为网络化学习的特殊而重要的教育学特质是更为重要的。② 网络化学习具有两个基本原则，第一就是应用信息通信技术（ICT）来连通个人与资源，另一个就是学习者本身就是各种学习资源和信息的开发者。基于此，比蒂等人概括指出，网络化学习所具有的三个基本特征：连通性、共建知识以及网络质量（e-quality）。③ 字母"E"的舍去并非是要取消电子信息技术对教育的作用，而是希望能将大家偏向技术的注意力拉回教育学领域。正如比蒂等人所表明的，"网络化学习的概念更新不仅仅是因为以连通性和知识共建为基础的教育学，也是表达了一种寻找支持和提升网络质量机会的向往，当然也考虑到了关系性对话与批判性反思的重要性"④。发展至此，"network"已完全超越了此前技术层面的网络概念，"简单地说，网络就是人们彼此交谈、分享思想、信息和资源。要注意，网络是个动词，不是名词。重要的不是最终的成品——网络，而是达到目标的过程，也就是人与人、人群与人群互相联系的沟通途径"⑤。

在 Web 3.0 技术理念的支持下，未来的网络化学习显然会在此前支持个人学习的基础上继续发展个性化学习，除此之外，还会尤为重视基于知识共建共享观而逐步走向网络协作式学习（networked collaborative learning）、共同体学习（community learning）。特伦坦对这样的网络化学习中所蕴含的新型师

---

① SPECTOR J M, ET AL. Learning and Instruction in the Digital Age [M]. New York: Springer, 2010: 9.
② BEATY L, COUSIN G, HODGSON V. Revisiting the E-Quality in Networked Learning Manifesto [C] // DIRCKINCK-HOLMFELD L, HODGSON V, ET AL. Proceedings of the 7th International Conference on Networked Learning, 2010: 585.
③ BEATY L, COUSIN G, HODGSON V. Revisiting the E-Quality in Networked Learning Manifesto [C] // DIRCKINCK-HOLMFELD L, HODGSON V, ET AL. Proceedings of the 7th International Conference on Networked Learning, 2010: 588.
④ BEATY L, COUSIN G, HODGSON V. Revisiting the E-Quality in Networked Learning Manifesto [C] // DIRCKINCK-HOLMFELD L, HODGSON V, ET AL. Proceedings of the 7th International Conference on Networked Learning, 2010: 589.
⑤ [美] 约翰·奈斯比特. 大趋势：改变我们生活的十个新方向 [M]. 姚琮, 译. 北京：科学普及出版社, 1985: 197.

生关系进行了描述（参见图 2.5）。

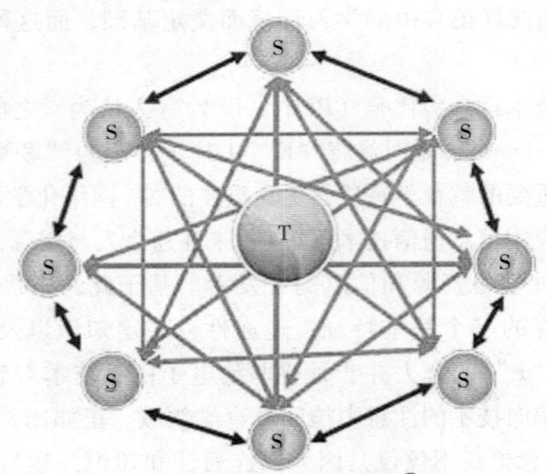

图 2.5　网络化协作学习①

如图所示，所有的学习者包括与教师的沟通与互动已然开始网络化了，同时，教师则从传统的学习指导者演变为学习网络的鼓舞者、促进者，此外，教师与教师、教师与学生、教师与家长也进入网络而形成无穷节点。值得一提的是，在未来的网络化学习中，虽然学习者之间形成了网络，而教师的重要支持角色也是不可或缺的。

深入考察这种协作式的网络化学习，其背后的网络结构已然从集中式、非集中式进化为分布式网络系统了（参见图 2.6）。

基于上述特征，以 web3.0 技术为基础的网络化学习将建立在更具网络化特色的学习理论基础之上。著名的网络化学习研究者西蒙斯在分析网络化中的知识特征和学习本质时，明确指出了今天的学习具有以下特征："混沌的，即多样而杂乱，无须明晰的组织和排列；持续的，指的是持续的发展和交流。按需学习和按需获得知识正逐步替代基于课程的模型；共同创造，意味着专家和业余爱好者现在都是知识的共同创造者；复杂性，意思是学习是一个多方面的、综合的过程，任何一个要素的变化都会形成一个更大的网络；连通的专门化，因为复杂性和多样性导致了专门结点的产生，知识发展和学习行为与连通的专门化结点有关；持续搁置确定性，必须意识到我们知晓的只是

---

① TRENTIN G. Networked Collaborative Learning: Social interaction and active learning [M]. Oxfordshire: Chandos Publishing, 2010: 44.

部分。确定性是暂时的,而并非永久的,因为我们必须容忍模糊性和不确定性"①。基于这样的分析结果,西蒙斯直接宣称,网络化学习中的"学习是建立网络的过程"②。"这包括两个方面:一是创建外部学习网络,学习者可在此连通并建立知识源,创造和连通外部新知识;二是头脑中固有的内部学习网络(神经),它是存在于我们心智中的结构。"③ 于是,学习者不仅要对自己个人的学习负责,也应为他人的学习而负责。④

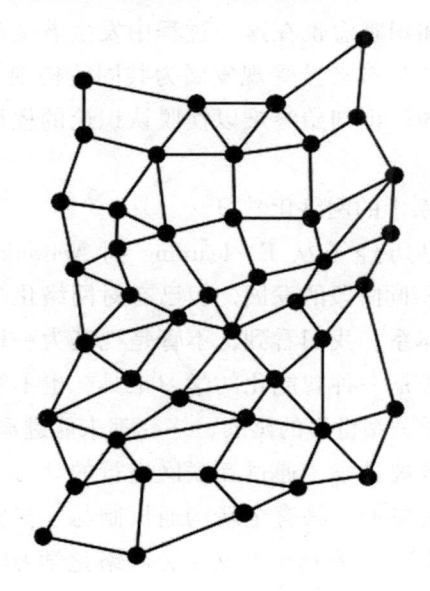

图 2.6 分布式网络系统⑤

(二) 网络化学习的批判与重构

回望网络化学习的进化之路,网络化学习与技术交织着不断向前发展,

---

① [加] G. 西蒙斯. 网络时代的知识和学习——走向联通 [M]. 詹青龙,译. 上海:华东师范大学出版社,2009:27-28.
② [加] G. 西蒙斯. 网络时代的知识和学习——走向联通 [M]. 詹青龙,译. 上海:华东师范大学出版社,2009:28.
③ [加] G. 西蒙斯. 网络时代的知识和学习——走向联通 [M]. 詹青龙,译. 上海:华东师范大学出版社,2009:译后记,124.
④ BEATY L, COUSIN G, HODGSON V. Revisiting the E-Quality in Networked Learning Manifesto [C] // DIRCKINCK-HOLMFELD L, HODGSON V. ET AL. Proceedings of the 7th International Conference on Networked Learning, 2010:589.
⑤ [英] 约翰·诺顿. 互联网:从神话到现实 [M]. 朱萍,茅应征,张雅珍,译. 南京:江苏人民出版社,2001:93.

一方面，在网络化学习的影响下，网络技术亦不断更新自我以适应和紧跟学习文化的步伐；另一方面，网络技术的发展也催促着网络化学习自身发生变革。可以看到，在网络化学习这段生命历程中，技术从 Web 1.0 发展到了 Web 2.0，并朝着 Web 3.0 前进，而网络系统也从集中式系统进化到非集中式，并已然发展为分布式网络。与此同时，在未来智能化网络技术的支持下，网络化学习从内容驱动式学习发展到学习者中心式，并最终走向协作式以及基于共同体的学习。知识观念也在这一过程中发生着变革，从过去的确定性知识观走向非确定性，从被动接受观发展为共同建构观。即便如此，已有的对网络化学习其本质的认识却始终难以摆脱认识论的桎梏，更无法逃离文化与技术的二元论魔咒。

1. 认识论话语体系中的网络化学习

尽管网络化学习历经了从 E-learning 到 Networked E-learning 再到 Networked Learning 等不同阶段的发展，但已有对网络化学习的认识始终都没有走出认识论的话语体系。我们看到，不管是视其为一种有别于传统学习方式的新学习方式，抑或是一种智能化的学习工具，也不管是将它看作新的学习资源环境，还是教学关系世界的延展，终究都未能逃离认识论的话语体系。首先，网络化学习常常被看作"通过互联网进行的学习与教学活动，它充分利用现代信息技术所提供的、具有全新沟通机制与丰富资源的学习环境，实现一种全新的学习方式"①。在这个意义上，网络化学习本质上就是一种采用新的技术工具、利用新的学习条件、改善教学关系，从而促进学习的另类途径而已。换言之，网络化学习只不过是帮助学生，或者是帮助教师指导学生学习，进而通达学习目标的一种新的方法或途径。因而，尽管新媒体与网络技术的出现打破了传统的单一教学模式，形成了诸多新颖的学习工具、学习资源与学习形式，但它依旧被视为教师（或者学校）与学生在已有教育目标的驱动下完成教（学）任务的一种重要学习手段而已。在此，可以清晰地看出，无论网络（媒体）怎样变幻，它始终承载的是认识的对象，不管学习课件（网站）开发得多么方便、易操作，它仍旧是认识的工具，而这一切又都倚赖于认识主体的活动——学生的学习活动。如此看来，网络化学习本质上就是一种认识手段、一种智能的认识工具、一种认识的途径。其次，随着因特网的不断发展，已有的学习时空被虚拟世界所超越，从而渐渐地，网络化

---

① 何克抗. E-learning 与高校教学的深化改革（上）[J]. 中国电化教育，2002（2）：8-12.

学习被视为一种全新的学习资源环境。当网络化学习被视为学习资源环境时，它显然已经超越了仅作为学习方式或手段、工具或方法的层面，吸纳了以信息技术、媒介素养等丰富的学习内容，拓展了已有的学习目标。生活在"虚拟"与"现实"双重世界中的人，其"网络化生存"有赖于人的全面发展，这样的全面发展是包括了网络能力在内的全面发展。因此，信息素养、媒介素养、沟通与合作能力、创新能力等发展成为教育培养的新目标。即便如此，网络化学习依然是为学生的学习活动服务，最终指向于帮助学生达成学习目标、实现学习目的。在这个意义上，可以说，已有的网络化学习本质上并没有完全脱离认识论话语体系，只不过是从过去作为具体的认识方式转变为为认识活动服务的资源环境。

2. 技术文化二元论下的网络化学习

不可否认，在当今时代，技术就像是一个神话，它帮助人们实现了一个又一个的梦想，以至于整个教育世界都开始震荡，新的革命时代已经来临！过去建立在单向度的线性思维基础上的教育模式，在技术发展的推动下开始崩塌，进而发展起了以网络技术为基础的非线性学习方式，即网络化学习。再次回望网络化学习的发展历程不难发现，人们对其的认识被牢牢锁定在笛卡尔的魔咒之中，始终都无法逃离将技术（科学）与学习（文化）的二元对立。首先，从以门户网站为中心的 Web 1.0 到以个人为中心的 Web 2.0 再到以服务为目标的 Web 3.0，伴随着宽带有线接入技术到无线接入技术的发展，P2P、网格计算技术的出现，以及物联网的兴起，等等，网络化学习也在不断地进化。显然，技术在促进甚至决定着网络化学习的发展。于是，虚拟大学的兴起使得某些激进决定论者提出，未来的本土大学将由在线的网络化学习完全取代，保守一点的决定论者则提出，大学要想成功地将技术应用于教与学的话，那当前的实践还需要做更多的调整。[1] 这样的技术价值观使得网络化学习的发展关注的焦点在着力学习技术（教育技术）的开发与应用上，却缺乏对学习目标、内容与方式的深刻反思，以至于在现实中常常出现"技术是很现代化的，学习则是十分传统的"这样的尴尬局面。归根结底，是技术与学习（文化）的分离甚至对立的这种认识取向造成了人们忽视学习与观念的更新而重视技术改进与发展的根本原因。其次，技术决定论慢慢地暴露出其缺陷及其对学习的阻碍，人们开始反思并调整对技术与学习关系的认识，转

---

[1] BATES A W. Managing Technological Change: Strategies for Colleges and University Leaders [M]. San Francisco: Jossey-Bass Publishers, 1999: Xiii.

而将重心移至"学习"文化上。基于这样的认识，网络化学习就被定义为运用技术来支持与促进学生学习的活动。由此可见，技术仅仅是外在于并促进学习这一社会活动的工具或条件而已。这一观念继续深化便易堕入技术"工具理性"的陷阱中。霍克海默（Horkheimer, M.）曾经指出，如果理性本身开始工具化，它便具有一种实质性，变得盲目，成为恋物和有魔力的实体，而不是理智性的经验。① 在这种技术价值观的指引下，网络技术会被简化为一种实体工具，它将主客体分离，认为技术是受人支配的，作为主体的人不会因为使用了不同的技术而有所改变。于是，网络化学习又开始倾向于回归学习活动本身，倡导走向学习技术化。然而，一个不可否认的事实就是，技术与网络正在重塑人的大脑，也在深刻地改变着社会。海德格尔也曾指出，某个特定时代，人与其说是利用技术，不如说是为技术所用。因而人本身成了技术体系的职员、附属、辅助，甚至是它的手段。② 因此，对实体技术观或技术决定论的批判又滑向了其对立面，强调学习对技术的支配和绝对支配权。综上所述，已有的网络化学习发展陷入技术与学习（文化）这一钟摆运动之间，或致力于网络化学习技术的开发与应用上，或聚焦于网络化学习观念的更新与方式的变革上。

3. 网络化学习的当代重构

随着第三代网络技术的兴起，基于分布式网络系统的网络化学习将促使技术与学习（文化）走向相互融合创生的新阶段。它们将不再是二元分离或对立，也不只是辩证关系，更多的是一种共谋关系。可以展望，未来的网络社会是一个实然与超然生活的双重世界，"我们已然进入文化仅指涉文化的新阶段，已经超越自然，到了自然人工再生成为文化形式的地步"③。或者可以说，未来我们将生存在一个社会性世界（social world）之中，而网络化学习完全有可能成为人们在这样一个新文化世界中生存的重要方式。于是，网络化学习的继续繁荣将会彻底解构传统的教育及教育学，在这样一个社会性世界中，网民们（即新一代学习者）或摧毁权威、或颠覆关系、或瓦解集中制度、或放逐个性……在这里，自我得以重塑，关系获得重构，话语开始重组，权力也被重置。而或许就在这样一种更为动荡、更加混沌的状态下，一种全

---

① HORKHEIMER M. Eclipse of Reason [M]. New York: Oxford University Press, 1947: 16.
② [法]贝尔纳·斯蒂格勒. 技术与时间——爱比米修斯的过失 [M]. 裴程, 译. 南京: 译林出版社, 2000: 30.
③ [美]曼纽尔·卡斯特. 网络社会的崛起 [M]. 夏铸九, 等译. 北京: 社会科学文献出版社, 2001: 577.

新的、更加人性化的教育便诞生了!

随着教育文化自身的不断发展,超越制度化的学校教育、探索各种教育网络成为必然诉求。而当跳出教育世界把目光投向整个社会时,人们又能发现,一个以网络化为基本特质的新文化时期已经来临。如果说,学校化教育是前工业主义和工业主义发展的时代产物,那么信息主义(后工业主义)发展的必然结果会是什么呢?新网络时代的文化与人整合存在的方式又将是什么呢?事实上,深入考察便可发现,"网络化"时代已悄然改变了包括主体、对象和方式在内的教育形态。

(1) 网络化的学习主体①

从教育的外部来看,整个社会都加入了网络化的飞速进程中。就我国而言,截至 2020 年 12 月,总体网民规模突破了 9 亿大关,达到 9.89 亿,较 2020 年 3 月增长 8540 万人,互联网普及率达 70.4%。② 网民规模的迅速扩大在一定程度上反映了社会主体的网络化进程,而网络社会所具有的知识化特征又赋予了社会主体同时作为学习主体的地位,因此亦被称为"学习型社会"。在这个最广泛的意义上,可以说借助 ICT 这种物理技术,人类历史上第一次实现了学习主体的网络化。任何一个个体,只要尚存在着基本生存能力,都可能也必定会融入网络社会中从而转化为无数学习网络中的一个个节点。在这样一个"虚拟网络"与"现实网络"并存与交织的世界中,学习者可以不再仅仅是那些具有特殊身份名称的"学生"了,因为只需轻轻点击鼠标与敲打键盘,现实中任何身份的个体都可以享用网络世界丰富的学习资源。与此同时,学习者既可能是某学校某班级的某学生,也可能同时是不同学习社区的学习主体。就这样,学习主体至少在物理层面实现了网络化。

当然,文化的发展绝不会止于物质世界的满足,精神层面上的网络化才是学习主体网络化的更高追求。事实上,透过网络化的物质转换,学习主体也具有了走向真正普遍化的可能性。在此,普遍化的含义指的是学习主体意

---

① 在此将"教育主体"概念转换为"学习主体",其隐含着从"教授文化"走向"学习文化"的教育价值取向发展路向。下文的"学习对象"与"学习方式"同理。值得说明的是,本书中的"学习"概念将随着不断深入的阐释与分析得以重构。而"学习"概念在文中的使用也主要分为两种基本情况,第一是在梳理已有文献和陈述他人观点时,学习指的是当前日常话语体系或教育理论体系中从属于"教育"的概念,第二则是本书所要重构的网络化学习中,学习意指人类生存的基本价值追求之一,它是实现个人与文化整合的基本途径。

② 中国互联网络信息中心. 中国互联网络发展状况统计报告 [R/OL]. (2021-02-13) [2021-05-01]. www.cnnic.net.cn/hlwfzyj/hlwxzbg/hlwtjbg/202102/P020210203334633480104.pdf

识的全面觉醒。如果说生活化学习时期的普遍化学习者还只能算是自在的学习主体,那么网络化学习时代的普遍化学习者则是真正自觉的,而且"这种个体的自觉状态不是少数社会精英的特殊状态,而是现代社会公民的普遍的生存状态"①。要知道,任何一种网络化行为都是主体有意识的行为,已有学者将"在线使用社会网络",如使用脸书(Facebook)等,称之为"有意识的社会行为"。② 这样,"在线虚拟学习社区"则是"有意识的学习行为",而"网络课程"更是"有意识的教育活动"。因此可以说,学习主体的网络化还意味着学习主体意识的高度自觉。

  深入教育的内部来考察,学习主体的网络化也透过师生角色及关系的变化与生生、生师互动交往方式的变化而逐渐显露出来。运用ICT,教师与学生已不再是讲授者与接受者、传承者与被传承者的线性关系,因为"网络化使得教师成为学习的促进者,负责提供教育结构,引导学习者去获取信息并组织信息进而形成知识"③。难怪葛洛蒂会提道:"站在讲台上传授知识已经过时。霍伊尔说,教授不再是宣讲知识,而变成了指导大学生。"④ 应当承认,在网络化学习时代,"教师与学生的角色不再是那么确定,而是流动不居的"⑤。"学习者是教师,教师是学习者。"⑥ 在此基础上,学生与学生之间、学生与教师之间的互动则借助技术的力量而开始超越时间、空间的限制,"学习者开始享有对人际互动更多的选择权和控制权"⑦。于是,不管在什么地方,不管是在什么时候,学习者都能与同伴一起学习交流,都能获得专家或者教师的指导。无时空障碍地沟通,无身份地位限制地交流,使得所有的学习主体正在编织着一个充满着学习文化情怀的网络化学习共同体。基于此,

---

① 衣俊卿. 文化哲学——理论理性和实践理性交汇处的文化批判(第2版)[M]. 昆明:云南人民出版社,2005:344.
② CHEUNG C M K., ET AL. Online social networks: Why do students use facebook? [J]. Computers in Human Behavior, 2011, 27(4): 1337-1343.
③ HARASIM L, HILTZ S, TELES L, TUROFF M. Learning Networks: A Field Guide to Teaching and Learning Online [M]. Cambridge, MA: MIT Press, 1995: 272.
④ [美] 葛洛蒂,[中] 张国治. 数字化世界——21世纪的社会生活定律 [M]. 北京:电子工业出版社,1999:263.
⑤ HARASIM L, HILTZ S, TELES L, TUROFF M. Learning Networks: A Field Guide to Teaching and Learning Online [M]. Cambridge, MA: MIT Press, 1995: 273.
⑥ [加] G·西蒙斯. 网络时代的知识和学习——走向联通 [M]. 詹青龙,译. 上海:华东师范大学出版社,2009:39.
⑦ HARASIM L, HILTZ S, TELES L, ET AL. Learning Networks: A Field Guide to Teaching and Learning Online [M]. Cambridge, MA: MIT Press, 1995: 273.

人类第一次有了实现平等而共在且互惠的类主体的条件①,从而完全有可能超越"主体个人化"时代可能的"个人主体之间割裂而对立导致人支配人、人压迫人"的陷阱!

(2) 网络化的学习对象

作为人类认识成果和结晶的知识,其产生、积累与丰富催促了学校化教育的诞生,而学校化教育的发展也反过来促进了知识的传承与发展。但是,随着学校化教育的不断繁荣,知识的分化也愈加严重:抽象的间接知识取代了具体的直接知识,科学知识凌驾于生活常识之上,理论知识比经验知识更权威。不可否认,知识的主要来源是人的实践活动,而学校化教育却使得知识日渐脱离人类的生活与社会活动,甚至在"什么知识最有价值"的选择境遇中开始分化出不同层面的权力结构。事实上,文化的发展常常会以悖论的形式跟人们开个小玩笑,一方面它要求知识得以普遍化来推动文明的进程,于是学校承载了这一职能,谁知学校继续发展的结果却反而形成了科学知识霸权,从而阻碍了知识的普遍化。其实,学校的知识普遍化功能,可能既有知识传播的普遍化,又有知识生产的普遍化。然而,以往学校发挥知识普遍化功能时,为"少数而自私的知识拥有者所偷渡",驾驶学校教育之船偏航到了知识传播的普遍化水道,而抛弃了知识生产的普遍化航道。今天和未来的学校教育需要扩大吨位,驶上整体性知识普遍化的航道!考察知识发展史便能发现,走过工具时代与农业时代,揖别工业时代,人类已跨入了知识时代,这是知识被应用于知识的时代。此时此刻,知识正在悄然地网络化,它表现为知识内容的网络化与知识形式的网络化。

内容上,ICT 的诞生一方面形成了关于网络及网络技术的丰富知识,更重要的是它改变着人们的思维方式和认识方法,因而作为人类认识的产物,知识的本质也开始呈现"网络化"的特点。不仅是整个社会层面的知识在网络化,个人知识也如此。维娜·艾莉曾指出:"我们可以把自己的个人知识看成是一张认识的'网',许多想法、感觉、概念、思想和信仰都在这里交织在一起。"② 在形式上,知识借助数字技术已转化为一个个知识节点(知识因子),再加上知识关联(链接),进而形成了无边无界的知识网络。"其中,知识因子由概念或事物组成,从不同的认识角度也可称为'知识元''知识点'以及'知识单元'等。知识关联可分为知识内联关联和知识外联关联两种。知

---

① 高清海. 人就是"人"[M]. 沈阳:辽宁人民出版社,2001:260-270.
② [美] 维娜·艾莉. 知识的进化 [M]. 刘民慧,等译. 珠海:珠海出版社,1998:108.

识内联关联构成知识个体，链接知识的内涵联系；知识外联关联是知识个体间的外延联系，也就是构成知识网络的各种关联链接。"① 这是从知识管理的角度来看，知识确实已经网络化了。此外，知识特性的变化也反映在知识观的变革上，"动态知识观""建构知识观"以及"个性化知识观"等都在一定程度上反映了知识网络化的特征，这无疑也标示着"网络化学习"的对象较之传统学校化教育对象发生了根本性的变化。

（3）网络化的学习方式

广义上，学习方式可以说就是人的存在方式。因此，生存于网络社会中的学习主体最基本的存在方式就是"网络化的学习方式"。学习方式的网络化主要表现在两个层面，第一是表层的学习方式网络化。借助ICT技术和手段，学习者接触学习资源的方式网络化了，学习者开展学习活动的方式也网络化了，学习者评价学习结果的方式也同样网络化了。坐在家里，弹指间便可享用无限丰富的学习资源，那些曾经一度让人向往的世界名校教育资源，如今只需打开浏览器便可轻松获得，令人难以置信；打开WebCT（网络教学平台），随时可以与教师、同学进行在线或离线的交流和互动，学习者完全可以在虚拟的世界中开展丰富多彩的学习活动。即便是在面对面的课堂，也有了交互式白板，同学们照样可以在瞬息间获得想要的学习资源，课堂教学也正在实现"网络增强"。② 而网上考试与在线评价的出现让我们不再仅依靠纸和笔来评价个人学习结果。这些都是学习方式网络化的物质表现。第二则是更深层的学习方式网络化，它主要反映在学习理论的变革上。"网络化学习"因为更贴近生活而体现出"实践性"的特征，"体验学习"获得新的发展；因为更强调个性化而体现出"自主性"的特征，"自我导向学习"得以迅速发展；因为更重视思维训练而体现出"创新性"的特征，"研究性学习"和"问题式学习"逐渐凸显并占据主流；因为更需要交流和互动而体现出"合作化"的特征，"协作式学习"和"小组合作学习"也得到重视与发展。此外，基于网络时代的知识和学习特征，西蒙斯提出了"连通主义学习理论"。在西蒙斯看来，"学习是建构网络的过程"③。学习就发生在我们头脑内在的网络

---

① 赵蓉英. 论知识网络的结构 [M] // 《图书情报工作》杂志社编. 信息、知识与网络. 北京：海洋出版社，2009：200.
② [美] 曼纽尔·卡斯特. 网络社会：跨文化的视角 [M]. 周凯，译. 北京：社会科学文献出版社，2009：298.
③ [加] G. 西蒙斯. 网络时代的知识和学习——走向联通 [M]. 詹青龙，译. 上海：华东师范大学出版社，2009：28.

84

结构与部知识的网络结构相连通的过程中。这一学习理论的提出更为彻底地反映出了"网络化"对学习方式的根本性影响，与之相伴随，"网络化合作活动学习"便逐步孕育与发展起来。①

综上所述，基于学习主体的网络化、知识网络的形成以及网络化的学习方式，一种新型的教育形态，即信息时代文化与人整合的存在样式得以彰显，哈拉西姆等人将其称之为"网络化学习（network learning）"。② 当然，"网络化学习"的出场并不意味着"生活化学习"与"学校化教育"的完全退场，而是在重新肯定"生活化学习"和弥补"学校化教育"局限的基础上对二者的双重超越。它优化了自在的"生活化学习"使之成为自觉的"网络化生活学习"，并且改善了"学校化教育"使之成为更为普遍的"网络化学校教育"，进而整合二者创新出充分自觉与自由的"网络化学习"这一更为高级的现代教育形态。正如托夫勒所展望的一样："我们将会看到，在某种程度上，教育将回到一定限度的家庭教育阶段。"而学校教育"在另一个辩证阶段上，将会走向一种新式的学徒制度"③。在此基础上，"网络化学习"也将不断走向与时代文化的整合，从而彰显出"网络化"的特质。

当然，任何文化的发展都离不开人的努力和创造。换言之，"网络化学习"这一新型教育形态的形成与完善需要人们去进一步认识、理解、开发与建构。在威斯勒（Wissler, C.）看来："文化是由人类的反思性思维发展出来的积累性结构。"④ 基于这样的认识，"网络化学习"这一文化自身的发展与繁荣则迫切需要我们予以反思，即需要对其展开研究。

二、网络化学习的词源考辨与再概念化

透视网络化学习的已有发展历程，一种本体论转向昭然可见。如果说，原初的网络化学习是倚赖于技术才得以诞生，那么随着技术与学习的不断融

---

① 黄甫全. 论实验型教学专业课程体系建构的三大策略 [J]. 课程·教材·教法, 2010, 30（2）: 6-13; 黄甫全, 曾文婕, 陈冬梅, 等. 网络环境下合作活动学习的行动研究——以"课程与教学论"的教学改革试验为例 [J]. 电化教育研究, 2007（8）: 58-61.
② HARASIM L, HILTZ S, TELES L, TUROFF M. Learning Networks: A Field Guide to Teaching and Learning Online [M]. Cambridge, MA: MIT Press, 1995: 271.
③ [美] 托夫勒. 未来的冲击 [M]. 蔡伸章, 译. 北京: 中信出版社, 2006: 227.
④ [美] 克拉克·威斯勒. 人与文化 [M]. 钱岗南, 傅志强, 译. 北京: 商务印书馆, 2004: 译序, 1.

合，它将不断超越作为手段的技术本身而发展为整合人、技术与文化的重要媒介。若视网络化学习为区别于传统学习的新兴学习方式，那么随着网络与人们生活关系的日趋紧密，它也已显示出逐步逃离认识论话语体系而转向关注人们学习生命存在的本体论视域。事实上，对"网络化学习"进行词源与概念的考辨，将会更清晰地揭示，在网络化学习这一认识方法的深处还隐藏着一个基本的存在问题，那就是"只有在网络化学习中才存在的那个存在者的存在方式是什么？"提问的方式一经转换，"网络化学习"所显露的本质也跟着发生变化，且整个网络化学习研究的基础都将动摇，毕竟这一概念正如利科（Ricoeur, P.）所言："决定着对某个领域的最初理解，从而为某一科学的一切专题对象提供基础，因此也就决定着一切实证性研究的方向。"① 尽管网络化学习的具体表征多种多样，此前的英文表述包括"E-learning""Networked E-learning""Web-based Learning"等，中文术语包括"电子化学习""数字化学习""虚拟学习""网络学习"等，不管是哪一种形式的表述，归根结底，它们都源自两个基本概念：网络（network）和学习（learning）。因此，对"网络"和"学习"的理解与阐释不同使得"网络化学习"的含义会有所不同，进而"网络化学习"的所指亦随之变得愈来愈丰富。

（一）"网络"的词源考辨

当前，只要一提到网络，人们首先想到的是互联网（internet）和万维网（WWW）。诚然，这些技术型网络是我们当前所熟悉并应用着的主要的网络形态，但它们绝不是全部。"网络"概念的范畴并不限于互联网或万维网，它的含义更广、更深。

1. 词源考察

从词源学上讲，中文的"网络"一词来自古汉语中的"网"，"网""络"同义，后复合成一个词。《说文解字》中分别将"网"解释为"庖牺氏所结绳以田以渔也。……凡网之属皆从网"②。而释"絡"为"絮也。今人联络之言，盖本于此。……一曰麻未沤也"③。《现代汉语词典》把"网络"一词释

---

① [法] 保罗·利科尔. 解释学与人文科学 [M]. 陶远华，袁耀东，冯俊，等译. 石家庄：河北人民出版社，1987：53-54.
② [汉] 许慎. 说文解字注 [K]. [清] 段玉裁，注. 上海：上海古籍出版社，1981：355.
③ [汉] 许慎. 说文解字注 [K]. [清] 段玉裁，注. 上海：上海古籍出版社，1981：659.

为"①网状的东西；②指由许多互相交错的分支组成的系统……③由若干元件、器件或设施等组成的具有一定功能的系统"①。显然，这样的释义过于简单，也难以全面反映当代科技的成果，完全忽略"网络"概念其演绎变化的历史。

而在英语中，"网络"有多个对应的词，按照通用义的外延大小依次为"network""net""web"和"internet"。其中，按照《牛津高阶英汉双解词典》的解释，net 作名词时表示网及各种网状物；作形容词表示净得的，纯的；而作动词时则指净赚或捕获等意。②显然，它离常用的网络概念含义甚远。而 web 本意指蛛网，后引申为网状物及错综复杂的事物或网络等，近年来用于指网页这一新事物。③可以看出，只能作为名词的 web 要与目前所讨论的"网络"一词等同，也是很牵强的。至于专指互联网的 internet 仅仅能指代技术层面的网络的一种特殊类型。而"network"含义较之前三者都要更为宽广。它包含有三层意思，其一是作为名词，它不仅指大家一般所认为的互联网，还指网状物以及非正式联通起来的人群或组；其二是作为及物动词，主要指的是连入网络或以网络的形式覆盖或联播；其三是作为不及物动词，表示的是正在网络化的过程。④如果做进一步的考察会发现，"network"是一个组合词，由"net"和"work"组合而成，前者可指称一种新型网状结构，为我们描绘出一幅静态的社会文化图景，后者则指代"活动"或"起作用"，是内含着人的感性的物质活动与理性的认识活动的"实践"，它为我们揭示出动态的富有生命力的社会文化景象，二者相互交织形成了当前社会性世界的根本特性。格罗莫夫（Gromov，G.）也曾指出，network 本身是一个计算机科学概念，internet 既是计算机科学概念也是生物学概念，而 web 则不再是一个计算机科学的概念，它是一个语言学概念。作为计算机科学概念的"网络"是一群单机之间的技术连接，而信息流动的范围则通过这种连接从单机扩张

---

① 中国社会科学院语言研究所词典编辑室．现代汉语词典（第5版）[K]．北京：商务印书馆，2005：1408．
② [英]霍恩比．牛津高阶英汉双解词典 [K]．6版．石孝殊，赵翠莲，王玉章，等译．北京：商务印书馆，2005：1159．
③ [英]霍恩比．牛津高阶英汉双解词典 [K]．6版．石孝殊，赵翠莲，王玉章，等译．北京：商务印书馆，2005：1999．
④ Merriam - Webster online dictionary. Network [DB/OL]. http：//www.merriam - webster.com/dictionary/network，2010-12-02．

到机群。即便是这样简单的连接也具有潜在的"生物学"意义。① 由此可见，"网络"一词已然超越实体性名词的范畴而发展成为系统性、文化性的概念。

2. 概念辨析

根据国内外学者的已有研究成果，大致可以从三个层次来理解已有的"网络"概念：技术层次、社会文化层次和哲学层次。技术层次的"网络"（network，web，internet）包括各种网状系统，例如交通网、通信网、传播网、电力网等。广义的"网络"主要包括计算机网络、卫星通信网络和电信通信网络；而狭义的"网络"则特指计算机网络。所谓"计算机网络是计算机技术与通信技术相结合而形成的一种新的通信形式。它是把处于不同地理位置，具有独立功能的多台计算机、终端及附属设备，用通信线路连接起来，并配备相应的网络软件，以实现资源共享目标的通信系统"②。当前，狭义的"网络"更直接的就是指国际互联网（Internet）。"互联网"指的是全球性的信息系统——①通过全球性的唯一的地址逻辑地链接在一起。这个地址是建立在"网络间协议"（IP）或今后其他协议基础之上的。②可以通过"传输控制协议"和"网络间协议"（TCP/IP），或者今后其他接替的协议或与"网络间协议"兼容的协议来进行通信。③可以让公共用户或者私人用户使用高水平的服务。这种服务是建立在上述通信及相关的基础设施之上的。③ 在卡斯特看来："互联网在20世纪最后30年间的创造和发展，是军事策略、大型科学组织、科技产业以及反传统文化的创新所衍生的独特混合体。"④ 由此可见，互联网具有全球性的规模，统一的协议以及唯一的网址。即便如此，但它仍只是最有代表性且最典型的网络而不是技术层面的全部的网络。

社会文化层面的"网络"，主要指的是以 cyber-space、cyber-culture 等为代表的社会关系与文化形式。从社会学的角度来看，互联网或各种网络系统不仅仅是一种技术集合体，更包含着一整套新型的技术制度、文化形式以及价值观念，乃至改变了整个社会结构形态。正如卡斯特所言："网络建构了我们社会的新社会形态，而网络化逻辑的扩散实质地改变了生产、经验、权力

---

① 汪丁丁. 自由人的自由联合：汪丁丁论网络经济 [M]. 厦门：鹭江出版社，2000：9-10.
② 代天宇编著. 网络社会：点与线的生存 [M]. 北京：科学普及出版社，1999：7.
③ 郭良. 网络创世纪——从阿帕网到互联网 [M]. 北京：中国人民大学出版社，1998：160.
④ CASTELLS M. The rise of the network society [M]. 2nd ed. Oxford；Malden，MA：Blackwell，2000：45.

与文化过程中的操作与结果。"① 而这样一种新社会形态，就被称为"网络社会"。在这里，"网络是一组相互连接的节点（nodes）。节点是曲线与已身相交之处"②。可见，网络不仅仅是连接了技术，延伸了空间与时间，更重要的是连接了人类、社会与组织。它是人类社会结构分化与整合至现代的产物，它变革了已有的社会结构和系统。它是人们互相交流、经营生意和分享见解的地方，而绝非独立于人而存在的神秘实体。③ 在这个层面，"网络"形塑了新的社会结构，包括新的人际互动模式、社会组织模式、权力流动模式、经济生产模式等；"网络"同时也拓展了人类生存空间，包括虚拟社区的诞生、二元交织的网络空间等；"网络"还改变了人的行为方式，包括网络书写行为、网络交往行为等；"网络"还创生着崭新的文化形态——网络文化。简言之，社会文化层面的"网络"完全超越了技术层面的"网络"，进而全面变革时间、空间与社会结构，跨入社会互动和社会组织的纯文化模式之中。④

第三个层面则是哲学层次意义上的"网络"。一方面，随着技术层面的"网络"向人类生存空间不断地渗透、拓展与延伸，以至于新的时空观得以建立，新的社会秩序得以建构，人类行为方式发生转变，继而使得存在方式也在变革……这一切的震荡都将促动着"网络"继续蔓延、上升，进而走入哲学的视域之中。事实上，已有不少学者开始立足于哲学的高度来考察"网络"，如迈克尔·海姆（Michael, H.）探讨了虚拟实在的形而上学，马克·波斯特（Poster, M.）所研究的后结构主义与社会语境之信息方式，等等。这是"网络"在哲学层次上的第一层含义。此外，回望中西方哲学史不难发现，网络最先与"联系""关系"等词有关。当代西方哲学的发展开始了"非实体主义"转向，从柏格森（Bergson, H.）的创造进化论、胡塞尔（Husserl, E.）的生活世界、怀特海（Whitehead, A. N.）的过程哲学与有机体论到海德格尔的存在与此在，再到哈贝马斯（Habermas, J.）的交往行为理论，无不把矛头指向传统形而上学的实体主义，批判二元对立的思维方式。"非实体主义"将传统形而上学中附属于实体的关系、环境、场所颠倒为先在

---

① ［美］曼纽尔·卡斯特. 网络社会的崛起［M］. 夏铸九，王志弘，等译. 北京：社会科学文献出版社，2001：569.
② ［美］曼纽尔·卡斯特. 网络社会的崛起［M］. 夏铸九，王志弘，等译. 北京：社会科学文献出版社，2001：570.
③ ［美］埃瑟·戴森. 2.0版：数字化时代的生活设计［M］. 胡泳，范海燕，译. 海口：海南出版社，1998：17.
④ ［美］曼纽尔·卡斯特. 网络社会的崛起［M］. 夏铸九，王志弘，等译. 北京：社会科学文献出版社，2001：578.

于实体的存在,因而,关系成为普遍存在的基础,而"网络"正是复杂关系的终极表征。相对而言,在中国的哲学史上,"关系('连')或许比实体更为基本"①。尤其在中国的古代哲学中,《周易》、道家和大乘佛学都蕴含着一种非实体主义精神,《易经》八卦完全可视为一个网络巨系统。即便从语言文字分析入手,张东荪也发现,中国的哲学更倾向于在关系中去寻找,"万法互摄相涵,如因陀罗网,珠珠交辉,象象互映,重重无尽,理事相融相即,非异非一,俱会入一广大和谐之无穷系统"②。总的来说,中西方哲学的发展都指向于回归关系,回归物质、信息、技术与人类的普遍联系,这就是"网络"在哲学层面的第二层含义。

当上升到形而上的层面来理解"网络"的本质时,拉图尔的事物为本哲学为之提供了崭新而全面的视角。事物为本哲学首先揭示了作为本体存在的"网络"。事物的本质究竟是什么?拉图尔给出的答案便是,事物是一种动态的联结,是一种内涵历史性与发展性的"关系质"。为了能更好地表征这样一种以关系质为基因的事物,拉图尔提出了"行动者"的概念。在拉图尔看来,所有的"行动者"都凝结在不断抗争、磋商、妥协以及温情关爱等形成的网络之中。一开始,当行动者们通过转译链接起来,形成物质聚合体,并具有特定的功能,这就形成了"网络"。不过,随着网络技术系统的激增,"网络"这一隐喻开始混乱,它随时可能被用于指称那些固定的点、平面线形的链环与封闭式的管道。于是,拉图尔在1999年发表的《重新召回行动者网络理论》一文中指出:"网络意味着一系列变革、转译和换能。"③ 基于此,网络不仅是具有一定功能的行动者聚合体,还是动态变化而富有政治色彩的。它具有三大基本特性:①联盟与联结愈多网络就愈强大;②虽经常变化但亦存在较有序而稳定的网络;③具有完整性,且"网络的要素通过它们在系列连接或关系中的定位来获得空间完整性,不过这种完整性又绝非是欧式大体积中的小体积这个意义上的,而是稳定链接的持存模式"④。一旦网络具有了实存性,它便拥有了时空。从空间维度来看,网络建构在自然与社会的混合

---

① [英]李约瑟. 中国科学技术史(第二卷):科学思想史[M]. 北京:科学出版社,上海:上海古籍出版社,1990:221.
② 毛怡红,宋继杰,罗嘉昌 主编. 场与有——中外哲学的比较与融通(三)[M]. 北京:中国社会科学出版社,1996:279.
③ LATOUR B. On Recalling ANT [M] // LAW J, HASSARD J. (eds.) Actor Network Theory and After. Oxford: Blackwell Publishers, 1999: 15.
④ LAW J. After ANT: topology, naming and complexity [M] // LAW J, HASSARD J. (eds). Actor Network Theory and After. Oxford: Blackwell Publishers, 1999.: 6-7.

本体论之上，它是异质关系的实在，是功能性的聚合体。从时间维度来看，网络则总是处于变形、转译与转换之中。通过转译，行动者与行动者联系并链接起来以形成更强大的网络。换言之，只有在关系中才能获得对网络的认识。在此意义上，本体论与认识论的界限被打破，网络本体的时间维度构成了其认识论的基础。事实上，当网络动起来时，就要求我们采用动态的视角去追踪行动者，因此，与其说网络"是某种需要被解释的东西"，"不如说它是帮助我们开展描述工作的一种工具"①。这样，网络在方法论意义上将本体论与认识论统一起来，形成融本体、认识和方法为一体的整体主义"网络"概念。

综上所述，网络的词源考察显示它具有丰富的内涵，至少可分为三个层次，技术意义上的"网络"、社会文化层面上的"网络"以及哲学意义上的"网络"。当上升到哲学层面来探讨"网络"时，拉图尔的事物为本哲学阐明，事物既不是可还原的，也不是不可还原的，而是依存于与其他事物之间的关系中。因而，"网络"就是事物存在的本体，是异质行动者的聚合体，是正处在转译与抗争中的存在，它需要在关系中去认识和理解，进而形成了跟随行动者展开描述的方法。

（二）"学习"的词源考辨

尽管学习一词随着知识型社会的产生，在教育领域甚至社会领域中使用频率越来越高，但要给学习下一个统一而明确的定义是相当困难的，因为不同的哲学观、认识论取向乃至价值观念都会导致形成不同的学习观。可以说，在不同的时期，在不同的个体或群体那里，学习的定义都是不同的。

1. 词源考察

从词源学角度来考察，英语中的学习指涉 learn 和 study 这两个词，而 learn（学）与 teach 两词同源，派生自中古英语 lernen，源自盎格鲁—撒克逊语的 leornian，词干 lar，词根为 lore。lore 的原意为 learning 或 teaching，现在则指所教内容，特别是指传统事实与信念。因此，learn 是与教学内容相连的。② 另外，日耳曼语系中表示教学的词语，如德语的 lehren、荷兰语的 leeren 和瑞典语的 löra 等，均与 learn 的词源有着密切的关系。因而，学

---

① LATOUR B. Reassembling the Social: An Introduction to Actor-Network Theory [M]. Oxford: Oxford University Press, 2005: 128-133.
② SMITH B O. Definitions of Teaching [M] // DUNKIN M J. (Ed.). The International Encyclopedia of Teaching and Teacher Education. Oxford: Pergamon, 1987: 11-15.

（learn）与教（teach）在词源上有密切联系。而 study，则源于古法语 estudie 衍生的中古英语 studie。古法语的 estudie 源于拉丁文名词 studium 及其动词 studēre，其动词意义为渴望、学习，有尽心尽力地去学习和实践的意思，其名词的意义是知识的应用（application to learning）。因此今天，study 主要指涉一种具体的学习探究（learning）活动，比如学习某个科目，某个具体的学习科目，在某个学科中进行一项研究等。① 而汉语中，"学习"包含着"学""习"与"学习"三个概念。段玉裁的《说文解字注》中将"学"释为"斅，觉悟也。兑命曰，学学半。其此之谓乎。按兑命上学字谓教，言教人乃益己之学半。教人谓之学者，学所以自觉，下之效也。教人所以觉人，上之施也。故古统谓之学也"②。由此可见，从词源上说，"学"与"教"同为"斅"。而"习"为"習"，"数飞也。从羽。引申之义为习熟。"③ 与学之连用，应始出于《论语》："学而时习之，不亦说乎！"如此一来，词源的考察结果显示，"学"与"教"本是同源。因此，"学习在广义上指人们努力对事像见得更远、悟得更深的活动，在专义上则主要指儿童在长者教育下的成长活动，并采用练习和温习、实习和践行等方式，以通晓知识、技能或事理进而形成习惯"④。

2. 概念辨析

在今天，随着学习文化的积累与发展，学习一词显然有着不同层面的指称。泛义上，学习指有机体即动物与人类的学习活动。广义上的学习则指人类的学习活动。狭义上，学习指在校学生不同阶段的学习，分为幼儿园学习、小学学习、中学学习、大学学习、研究生学习等。更为具观的层面上，学习则特指以某一特定内容为对象的学习活动。同时，从不同的学科视角对学习展开研究，其所获得的学习本质理解又是丰富多彩的。一般来说，大致可以从三个层次来理解"学习"的概念：个人认知的微观层次、社会文化的中观层次、生命存在的形而上层次。

首先，个人认知层次的"学习"主要交由心理学学科来展开研究。在这一微观层次，人们对学习本质的认识出现了"经验获得—行为变化说""信息

---

① 黄甫全. 现代课程与教学论 [M]. 第 2 版. 北京：人民教育出版社，2011：70-71.

② [汉] 许慎. 说文解字注 [K]. [清] 段玉裁，注. 上海：上海古籍出版社，1981：127.

③ [汉] 许慎. 说文解字注 [K]. [清] 段玉裁，注. 上海：上海古籍出版社，1981：138.

④ 黄甫全. 现代课程与教学论 [M]. 第 2 版. 北京：人民教育出版社，2011：71.

加工说""功能说""认识说""活动说""求知说""效应说"和"内化说"等。① 基本上,它沿着从外到内,从简单到复杂,从"行为主义"到"认知主义"再到"建构主义"的路向逐渐推进对"学习"本质的认识。最近,亚历山大(Alexander, P. A.)等研究者在回顾和检视了已有学习理论的基础上,发现学习具有一定的人性基础、时序性、动态发展性、价值性以及伦理性。在综合已有学习研究的基础上,亚历山大等尝试着给学习下了一个综合性的定义。他们认为,学习是指"在个体或群体内产生相对持久变化的多维过程,个体或群体在此过程中感知世界并互惠性地对来自物理世界、心理逻辑世界和社会世界的给养做出回馈反应。学习这一过程的基础具有系统性、动态性,它是学习者与学习对象在某一或持续的时间或空间范围内不断地交互作用的过程"②。当然,随着心理层面再往上推,生物学也能对学习展开研究。尤其是近年来,随着脑科学的飞速发展,揭开"人脑"之谜为学习的生理机制研究带来了新的曙光。

其次,社会文化层次的"学习"本质主要是在人类学以及文化学等学科视角上来进行考察。已有的人类学研究表明,"在日常生活实践中,没有一种特殊的'学习',只有根据文化背景的差异而不断变化的参与性实践活动;或者,换一种说法,即日常生活中的参与是在实践中改变理解的过程,即学习"③。莱夫(Lave, J.)和温格(Wenger, E.)通过对助产士、裁缝、海军舵手、屠夫等人群的学习活动展开人类学考察后发现,学习是共同体成员在取得合法参与机会的状况下,得以从边缘逐渐进入实践共同体(community of practice)并走向中心的过程。这样一种对学习的认识是建立在如下基本假设之上的,"学习是在社会世界中的存在方式,而不是打算认识它的方式。学习者,如同观察者一样更为普遍地既投入到他们的学习与境中,也投入到这些与境得以产生的更广阔的社会世界中"④。总的来说,"学习的社会理论"(social theory of learning),信奉"学习即社会参与"(learning as social participation)的隐喻,认为学习就是主动参与社会群体的实践,并建构与实践共同

---

① 叶瑞祥. 对学习概念的新认识 [J]. 韩山师范学院学报, 1995 (4): 83-84.
② ALEXANDER P A, SCHALLERT D L, REYNOLDS R E. What is learning anyway? A Topographical Perspective Considered [J]. Educational Psychologist, 2009, 44 (3): 176-192.
③ [美] 莱夫, 温格. 情境学习: 合法的边缘性参与 [M]. 王文静, 译. 上海: 华东师范大学出版社, 1991: 译者序, 2.
④ [美] 莱夫, 温格. 情境学习: 合法的边缘性参与 [M]. 王文静, 译. 上海: 华东师范大学出版社, 1991: 前言, 9.

体有关的身份（identities）的历程。

最后，在哲学视域的观照下，学习的多样性与丰富性得以彰显。哲学中的"'学习'的本质是人们在实践中自觉地不断地通过多种途径、手段、方法获取知识并内化为自身素质和能力的人的自我改造、发展、提高和完善的过程，是使人成为主体并不断增强主体性的过程"①。与人的主体性及其主体意识相联系，哲学意义上的"学习是人类自身再生产的社会实践活动"，"学习的本质是人类个体和人类整体的自我意识与自我超越"。② 作为当代哲学形态的文化哲学更是以整体主义的视角来重新审视学习，进而揭示一种"文化学习（cultural learning）"的学习新形态正在生成。所谓"文化学习，是学习主体调动整体性的学习生命力，去追求与文化的无限整合，进而凭借文化媒介不断通达自由的一种新的学习形态"③。这样，学习这一存在就以丰富多彩的学习文化图景敞开了自身而展现出来。

当上升到形而上的层次来理解"学习"的本质时，拉图尔的事物为本哲学提供了新的视角来加以考察与分析。基于事物为本哲学的网络本体论，在行动者网络理论的视野中，"任何变化，包括通过关系互动后出现的新观念、创新、行为变化、改革等，并以盘根错节的各种网络得以表征，都是学习"④。福克斯（Fox, S.）以行动者网络理论对高等教育中的学习过程进行分析后发现，学习的过程实质是组成网络的技术、事物与变化的知识等力量关系之间的相互作用在持续搏斗的过程。⑤ 因此，在本体意义上，学习不单单是个人的认知心理过程，也不是简单的社会成就，而是一种网络效应，是自然与社会要素网络化的结果。莱夫与温格曾经指出，所有的学习理论都建立在有关人、世界以及二者关系的基本设想的基础之上。⑥ 而在行动者网络理论视域中，人与世界在本体意义上是平等的。由此，学习作为人类（个体或群

---

① 郝贵生. 对"学习"本质的哲学思考 [J]. 河南科技大学学报（社会科学版），2004，22（3）：34.
② 桑新民. 学习究竟是什么——多学科视野中的学习研究论纲 [J]. 开放教育研究，2005，11（1）：8.
③ 曾文婕. 文化学习引论——学习文化的哲学考察与建构 [D]. 广州：华南师范大学，2007：III.
④ FENWICK T, EDWARDS R. Actor-Network Theory In Education [M]. Oxen: Routledge, 2010: 22.
⑤ FOX S. An actor-network critique of community in higher education: implications for networked learning [J]. Studies in Higher Education, 2005, 30（1）: 95-110.
⑥ [美] 莱夫，温格. 情境学习：合法的边缘性参与 [M]. 王文静，译. 上海：华东师范大学出版社，1991：12.

体)的特权开始消解,非人物与人类在建构"学习"这样的网络时达到了全面和谐状态。若用传统的学习论术语来阐释的话,那就是指学习者、学习对象、学习工具、学习环境等成分均卷入一个转译的网络之中,它们彼此抗争又互相吸引,这就是"学习"的本质。具体而言,哲学层面上的"学习"仍然包含着三个层面的含义:第一,作为一种特殊的存在形式,"学习"主要是围绕着"知识"而产生的各种力量关系编织的网络,是未来人与世界优化生命的基本形式,这是本体意义上的"学习";第二,学习网络得以建构必须借助各行动者的转译,而这些转译的过程也是一种学习,它是认识论意义上的"学习";第三,具体到围绕某一个体的知识创造、传播与消费过程来说,学习还是一种方法,它要求在行动者之间的合作与活动基础上来展开。

(三)"网络化学习"概念重构

基于上述对"网络""学习"两个基本概念的考察与分析,"网络化学习"所形成的丰富而立体式的内涵就开始若隐若现了。当然,"网络化学习"并非是"网络"与"学习"的简单相加或并列。必须说明的是,"网络化"一词与"网络"既有联系又相区别,它除了包含着已有"网络"的含义之外,更为强调和突出"网络"的动态性、过程性与方法性。因此,在实质上,二者是可以互换的。鉴于这样的认识,从上述的"网络"概念三层次以及"学习"概念三层次出发,"网络化学习"至少也包含着三个基本层次的含义。

首先,技术层面的"网络化学习"指的是通过"网络"展开的学习。在此,网络就是作为一种技术工具,用以促进学习,进而形成一种新兴的学习方式。由于"学习"又包含着至少三个层面的内涵,这一层面的"网络化学习"也可以从三个层面来理解。具体而言,在个体认知的层面,技术(包括网络)常常被视为一种认知工具,例如,约纳森(Jonassen, D. H.)在其编纂的《教育通信与技术研究手册》(*Handbook of Research for Educational Communications and Technology*)一书中,专章论述了计算机作为认知工具的理论与实践。① 当然,将技术(网络)视为认知工具的还大有人在。一方面,它十分强调在学习过程中为学习者提供各种学习工具,"因而在学习系统的设计

---

① JONASSEN D H, REEVES T C. Learning with Technology: Using Computers as Cognitive Tools [M] // JONASSEN D. H. Handbook of Research for Educational Communications and Technology: a project of the Association for Educational Communications and Technology. New York: Macmillan Library Reference USA, 1996: 693-719.

中，也更为注重网络作为认知工具的设计"①。另一方面，它深入学习个体的认知加工过程来研究技术所造成的影响，计算机、网络被视为学习者的思维工具从而促进其学习活动。在社会生活层面，网络技术就是一种促进学习者个体与个体、学习个体与群体以及学习群体与群体之间互动、交往与沟通的工具。基于此，目前的网络技术正努力朝着"促进个体社会性交往"的方向发展，由此也导致了传统的师生关系、生生关系的彻底颠覆，如贝蒂（Beaty, L.）与霍华德（Howard, J.）所指出的，网络化学习所带来的变革中，"最核心的莫过于师生关系本质及其角色与职责的变革"②。尤其是虚拟社区的蓬勃发展，更体现了网络化在社会层面对学习的影响和作用。在形而上层面，技术（网络）则深入人们的观念之中，表征为工具理性的渗透与侵蚀，它能影响学习者的行为方式、内容选择和价值定位等。在此，技术（网络）是价值中立的，而人则成为主宰技术的主人，殊不知这为技术反戈、控制人却埋下了祸根。

其次，社会层面的"网络化学习"指的是促进学习者之间交往、互动和合作的网络学习环境或背景。由于"网络"形塑了新的人际互动模式、组织模式和权力流动模式，其反应在学习上便是促进学习者的交往学习，形成了学习共同体。同样的，根据对"学习"本身的不同层次理解，本层面的"网络化学习"也包含了至少三个层面：第一，具观到个体认知层面，网络化学习旨在建构为学习者个体服务的网络，而网络化则转化为社会性交往工具，促进学习者社会认知能力的建构；第二，在群体层面，网络化学习则关注学习共同体或虚拟社区的形成，关注学习者的参与程度；第三，形而上层面的网络化学习则深入观念当中，表征为技术的社会建构论，即网络化学习是由群体或组织的文化特征所建构和决定的。当然，这个层面的网络技术依然是价值中立的。

最后，哲学层面的"网络化学习"指的是学习生命存在的基本形式，是围绕着"知识"而建构的异质性网络。倘若从动态的文化视角出发，"网络化"自然成为当代人生存的基本状态，它一方面要求人们被动地反映它，进而影响到当代人的文化心理结构，另一方面又常常被人们的主体意识所牵制

---

① 张际平. 网络学习之本质属性探究 [J]. 现代远程教育研究, 2010 (6): 17.
② BEATY L, HOWARD J. Re-Conceptualising the Boundaries of Networked Learning: The shifting relationship between learners and teachers [C] // DIRCKINCK-HOLMFELD L. ET AL. Proceedings of the 7th international Conference on Networked Learning 2010. Denmark: Aalborg, 2010: 602-609.

和引导，不断创生出新的网络文化。站在生存论的视野上，"网络化"实质上成为当代文化的本体，它包含着两层基本含义：一是指与人的本质相联系的、体现人网络化的生命价值结构，即网络化存在；另一方面是指人的精神、生命结构的外化和客观化的活动，即网络化行动。这一特殊行动反映在个体认知层面，即体现为"学习是建立网络的过程"①。"这包括两个方面：一是创建外部学习网络，学习者可在此连通并建立知识源，创造和连通外部新知识；二是头脑中固有的内部学习网络（神经），它是存在于我们心智中的结构。"②而在社会层面，网络化学习则是学习者主动参与真实（或虚拟的）社会群体的实践，并建构与学习共同体有关的身份（identities）的历程。上升到哲学层面，基于辩证统一的原则，网络化学习便不仅是本体，还是一种认识、一种方法。作为本体的"网络化学习"，显然已经摆脱传统的认识论话语体系，转向寻求纷繁复杂的网络世界中学习者的身份认同。于是，按照行动者网络理论，"网络化学习"本身就是学习者、学习对象、学习环境等诸多行动者所建构的具有功能性的聚合体，是一种网络化的存在。作为认识的"网络化学习"，它不再是主体观念与客体对象的"符合论"，去努力建构事物的摹本，因为万事万物只存在于某时某地；它也不会是任何命题融入信念系统的"融贯论"，而是要求"通过将其适宜地转换为可接近的形式从而测试网络的强弱"③。换句话说，真理就存在于连续的尝试与实践中。事实上，"网络化学习"依然是一种具体的方法，只不过它已将知识创造与传播予以统一，从而迈向"网络化学习"与"网络化行动研究"的统一。

第二节 潘多拉的希望：网络化学习与"技术"

潘多拉在好奇心的驱使下，打开了宙斯赠予的魔盒，释放出了世间的种种邪恶——贪婪、嫉妒、诽谤、痛苦等，却在慌乱中盖上而把希望留在了盒底。事实上，这一魔盒是宙斯对普罗米修斯盗火的惩罚，它隐喻着为人类带

---

① [加] G. 西蒙斯. 网络时代的知识和学习——走向联通 [M]. 詹青龙，译. 上海：华东师范大学出版社，2009：28.
② [加] G. 西蒙斯. 网络时代的知识和学习——走向联通 [M]. 詹青龙，译. 上海：华东师范大学出版社，2009：译后记，124.
③ HARMAN G. The importance of bruno latour for philosophy [J]. Cultural Studies Review，2007，13（1）：44.

来福祉的技术同时也潜伏着将带来灾难的危机。人类历史上的每一次技术革命无不推动着社会变革与进步,它映射于学习(教育)中则表征为从生活学习发展至学校学习,再到当今网络化学习的兴起。然而,学习(教育)技术的发展却进一步加剧了人与物的分离,这意味着学生、教师与学习内容、学习媒介的"分体",尤其是师生与知识的"分体"。那么,希望在何方呢?就让我们跟随拉图尔一起去打开潘多拉魔盒,放飞希望!

一、网络化学习中技术的本质追问

毋庸置疑,在网络化学习中,技术的影响和作用是广泛而深刻的。这样的影响和作用主要来自两个方面,既有技术作为客观存在对网络化学习的影响和作用,也有人们对技术所持的本质观念和价值取向对网络化学习的影响和作用。前者我们把它称作"技术事实",后者则被称为"技术承诺"。[①] 现实中,后者给网络化学习所带来的影响远远超出前者,因此,厘清已有网络化学习中的"技术"本质观,并在行动者网络理论的关照下,发展新的切合事物为本哲学的"技术"本质观,将会给"技术承诺"世界带来新的冲击,从而真正推进网络化学习及其研究。

(一)已有网络化学习的技术哲学观透视

从最初的计算机辅助学习(computer-assisted learning)到之后基于因特网学习(web-based learning),再到现在的泛在学习(ubiquitous learning),置于学习文化发展的历史长河中来看,网络化学习的历史可谓十分短暂,但前景无量。从技术哲学的视角来考察这段历史,网络化学习经历着前网络化、网络化与后网络化三大时期。各时期中网络化学习所蕴含着的"技术承诺"虽存在着一定的差异,但总体上对技术本质所持的观念却具有一些共通点。

首先,从技术的价值负载问题来看,目前流行的是两种主要观点:技术

---

① 这样的分类是参考并借鉴了蒯因(Quine, W. V. O.)的思想:蒯因在谈论本体论问题即关于"何物存在"的问题时,是严格区分了两个不同的问题的:一个是何物实际存在的问题,另一个是我们说何物存在的问题,前者是关于"本体论的事实问题",后者则是语言使用中的"本体论承诺"问题。(参阅:毛怡红,等. 场与有——中外哲学的比较与融通(三)[M]. 北京:中国社会科学出版社. 1996: 277.)事实上,关于网络化学习中技术的实际存在,也同样存在着这样两个问题:一是技术的客观存在,另一则是人们对技术本质所持的不同看法。因此,借鉴蒯因的理论,本书倾向于将前者称作"技术事实",后者名为"技术承诺"。

中立论和技术价值论。前者认为,技术是价值无涉的,因而技术能否发挥正面效应主要取决于使用技术的人。它反映在网络化学习中,具体表现为:在实践中,学习者将网络技术当作学习工具,如通过谷歌(Google)或百度(Baidu)等搜索引擎来查找所需要的学习资源,使用文字处理软件来记笔记、编辑文本,使用网络在线词典、计算器和作图工具等,总之,使用何种技术及产品,都取决于学习者的学习需要;同样,教师也将网络技术当作教学工具,如通过摩登(moodle)来创建网络学习课程,通过邮箱来布置和检查学生作业,依托技术来展开教学设计,教师的教学目标便决定了技术如何被使用;至于技术人员,他们关注的是学习软件和技术平台的开发,从计算机辅助教学系统到因特网技术,再到虚拟仿真技术的发展。按照技术所运用场所的不同,大致可以分为校内网络化学习技术、远程网络化学习技术以及市场网络化学习技术。相应地,理论上,在技术价值无涉本质观的指导下,网络化学习中主要存在两种表征:积极的与消极的。前者将主动接受技术,尤其是网络技术对学习的影响,进而充分利用技术来促进学习。在这个意义上,网络化学习研究的基本提问方式是:"可以设计和开发怎样的技术来满足学生的学习需要和教师的教学(teaching)需要?"在这样的问题主导下,使得当前网络化学习研究中兴盛起"设计研究(design research)"。以"设计"为主题,有专门探讨如何为学习而设计数字资源的[1],也有专门研究学习技术发展史的[2],还有努力探索如何将技术与课程开发结合起来创造新的学习条件的[3],甚至人们创新了"基于设计的研究(design-based research)"新范

---

[1] SEALE J, BOYLLE T, et al. Designing Digital Resources for Learning [M] // CONOLE G, OLIVER M. Contemporary perspectives in E-learning Research: themes, methods and impact on practice. London and New York: Routledge, 2007: 121-133.

[2] COOK J, WHITE S, et al. The Design of Learning Technologies [M] // CONOLE G, OLIVER M. Contemporary perspectives in E-learning Research: themes, methods and impact on practice. London and New York: Routledge, 2007: 55-68.

[3] CONOLE G, OLIVER M, et al. Designing for Learning [M] // CONOLE G, OLIVER M. Contemporary perspectives in E-learning Research: themes, methods and impact on practice. London and New York: Routledge, 2007: 101-120.

式①②③。由此可见，设计的思想已深入人心，而这背后所隐含着的就是技术价值无涉论，似乎只要人们愿意，可以任意改造技术使其为自己服务。在消极的意义上，技术被视为可以任意被改造和摒弃的物，且基于技术所产生的负面效应，在日常生活中，不乏批判、抵抗和主张隔离技术的人。就在2011年10月22日，《纽约时报》报道了一则有趣的新闻：易贝（eBay）的首席技术官将他的孩子送进一所没有高科技的学校学习，其他硅谷巨头如Google、苹果、雅虎和惠普的雇员也纷纷将子女送到这所学校。这所华德福学校（Waldorf School）规定在校内不允许用电脑，它的教学工具是笔、纸和针织针，偶尔还有泥巴，甚至还不同意学生在家里使用电脑。④ 这一事实反映了，的确存在着这样一些人，他们认为技术并非就是学习的必需，甚至它还会阻碍学习的发展。立足以身体活动为核心的教育哲学，这样一种对技术的选择也是无可厚非的，但深入考察便可发现，其所持的技术本质观依然是价值无涉的，似乎"学习"与"技术"发展毫不相干，这也是技术价值无涉观念在现实中的另一种表现。然而，"如果我们把技术当作某种中性的东西来考察，我们便最恶劣地被交付给技术了；因为这种现在人们特别愿意采纳的观念，尤其使得我们对技术之本质盲然无知。"⑤

与技术中立论相对的则是技术价值论，也就是芬伯格（Feenberg, A.）所提及的价值负荷论（value-laden）。这一派观点认为技术不仅仅是方法或手段，而是价值负载的，因为它在政治、经济、文化、伦理上都不是中性的，可以做出是非善恶的价值判断。正如邦格（Bunge, M.）所说，"技术在伦理上绝不是中性的（像纯科学那样），它涉及伦理学，并且游移在善和恶之间。"⑥ 可以看到，如今技术已经渗入人类生活的方方面面，同时它也加剧了资源滥用，压制个人意志和情趣，导致人类异化，等等。这一切都表明，技

---

① BANNAN-RITLAND B. The Role of Design in Research: The Integrative Learning Design Framework [J]. Educational Researcher, 2003, 32 (1): 21-24.
② DESIGW-BASED RESEARCH COLLECTIVE. Design-based Research: An Emerging Paradigm for Educational Inquiry [J]. Educational Researcher, 2003, 32 (1): 5-8.
③ BARAB S, SQUIRE K. Design-based Research: Putting a Stake in the Ground [J]. Journal of the Learning Sciences, 2004, 13 (1): 1-14.
④ RICHTEL M. A Silicon Valley School That Doesn't Compute [N]. New York Times, 2011-10-22.
⑤ ［德］海德格尔. 技术的追问 [M] // 孙周兴. 海德格尔选集（下）. 北京：生活·读书·新知三联书店，1996：925.
⑥ ［加］邦格. 技术的哲学输入和哲学输出 [J]. 张立中，译，罗慧生，校. 自然科学哲学问题丛刊，1984 (1)：56.

术的确是价值负载的，这样的话，它将作为手段的技术和作为目的的技术统一了起来。反映在网络化学习中，它又具体表现为：实践中，学生要努力培养信息素养，"学习网络本身"① 也是网络化学习内涵的一个方面；教师也需要学习和掌握信息技术，提升信息专业素养；对技术人员而言，与技术就贴得更近了，技术就是他们生活中不可或缺的一部分。理论上，基于这样的技术本质观，网络化学习开始走向与技术相融合的阶段，从此前作为学习工具存在转变为学习方式，进而发展为无缝学习环境。相应地，网络化学习研究也转而关注整体的网络化学习环境研究，在史密斯（Smith，A. E.）等人看来，网络化学习环境实质上是一种崭新的课程范式，它借助所有的参与成分，允许持续的互动与知识交互，进而获取信息。② 在此，技术的"价值分裂"问题不再是使用主体的问题，而是技术本身的问题，因此在技术生成与形成发展过程中必然要求寻找到价值依凭。

其次，从技术与技术发展的条件之间的关系来看，则存在着技术决定论与社会建构论之分。前者指出，技术是自治的，它不受外界因素的影响，因而是自我决定的，是自组织的。相反，后者则认为技术的发展取决于外界条件的制约，包括社会、经济和政治等因素的影响。事实上，技术决定论反映在网络化学习中又存在着两种类型：硬技术决定论和软技术决定论。硬技术决定论主张技术主导着网络化学习，它反映在现实中表征为世界各国都积极地致力于展开数字化革命以及教育技术的革新，我国也不例外。当前，建设现代信息化学校成为各级各类学校发展的重要目标之一。当然，随着教育技术在广泛应用后不断遭遇困境，人们也逐渐意识到，仅仅依靠物质形式的技术是无效的。于是，网络化学习及其研究开始将目光从技术的开发与建设逐渐转移至"学习"本身来，提倡学习者主动去适应技术。然而，这在本质上，与硬技术决定论并无二致。事实上，假设技术的确是自我决定其发展的，那么终有一天它将会逃离创造技术的人类而成为异己力量。正如网络化学习的诞生，其初衷是促进学生的学习，结果却导致了各种网瘾、网迷的出现，不少学习者在网络上浪费了不少宝贵的时间，学习成绩一落千丈。随着对技术与社会关系认识的推进，人们开始反思技术决定论的立场，提出了社会建构论。然而，这样一种社会建构论一不小心就会滑向人类中心主义，技术会由

---

① 王松涛. 论网络学习 [J]. 教育研究，2000（3）：59.
② SMITH A E, REYNOLDS L J. Reaching the techno-stressed: using networked learning environments to break barriers [C] // NIXON C. 14th Annual Computers in Libraries Proceedings. Medford, N. J.: Information Today, 1999.

人们控制自然的手段变为人们控制的对象。① 如前所述，网络化学习中技术或沦为工具，甚至被遗弃。

最后，从技术与人类的关系来看，技术哲学的流派又可分为技术工具论与技术实质论。前者认为，技术的旨趣在于为人类服务，帮助人类实现其目的，亦可称为技术手段论。后者以为，技术并非受人类控制，而是作为一种解蔽方式，以座架（Ge-stell）的方式规定并统治着当今的整个社会现实。② 站在存在主义的立场，人类则处在技术的促逼后果中，"因而绝不可能仅仅与自身照面。"③ 这样一种将人类与技术置于横轴的两极，或人类控制技术，或技术控制人类，二者似乎都不可取。因而更多的技术哲学倾向于强调人与技术的融合，认为技术本身是真理原则和价值原则的统一、合规律性与合目的性的统一、客体尺度与主体尺度的统一，从而成为人类自由和解放的根本动力。④ 在网络化学习中，体现为愈来愈多的研究尝试着将曾经被打包成箱的"网络技术"发展为与人互动的知识平台，而人也逐渐向"后人类（Post-human）"过渡。

综上所述，网络化学习中的技术哲学取向始终都未曾逃离二元论的怪圈，即便存在努力调适二元关系的折中派，其根本的前提假设还是建立在"技术"与"人"、"技术"与"社会"、"技术"与"文化"的二元论之上。

（二）"实作论"迷思：拉图尔的技术本质观

幸运的是，以拉图尔为代表的法国科学知识社会学巴黎学派在深入研究科学知识产生的过程中，发现并提出了"行动者网络"理论。这一理论将为重新理解和阐释网络化学习中的技术本质提供新的视角。从批判已有技术哲学观出发，拉图尔提出了"人—非人物集合体（a collective of humans and non-humans）"的概念以重新解读"技术物"的本质。紧接着，拉图尔又指出"技术行动本质上就是一种技术中介（technical mediation）"，在此基础上对过程意义上的技术本质进行重新解释。最后，拉图尔从变革"社会"的本质出发，提出了"实作论（pragmatogony）"作为理解技术发展本质的新范式。

---

① 盛国荣. 技术：从控制自然手段到被控制对象 [J]. 科技导报，2006，24（7）：85.
② 余在海. 技术的本质与时代的命运——海德格尔《技术的追问》的解读 [J]. 世界哲学，2009（5）：154.
③ [德] 海德格尔. 技术的追问 [M] // 孙周兴. 海德格尔选集（下）. 北京：生活·读书·新知三联书店，1996：945.
④ 管晓刚. 关于技术本质的哲学释读 [J]. 自然辩证法研究，2001，17（12）：20.

事实上，拉图尔的全部技术哲学思想都建立在批判"技术与人"以及"自然与社会"的二元对立基础之上。为了能更形象而生动地阐明自己的技术哲学观，拉图尔借助了两个案例，一个就是"究竟是枪杀人，还是人杀人"的经典辩论，另一个就是"减速带"的本质探讨。通过前者，拉图尔批判了技术决定论和社会建构论，并在此基础上成功地制造了第三者——"人的枪（citizen-gun）"或"持枪人（gun-citizen）"。在拉图尔看来，技术决定论是物质主义的价值取向，从这一观念出发，就会得出"枪杀人"的结论。这反映了技术的一个本质，即它有能力决定人们的目标和行动。换言之，技术拥有自己的脚本，有潜能去抓住路人，并强迫他们在技术的社会中扮演某种角色。[1] 这好像在说，一个好的公民，本来即使是在生气的时候也不会杀人的人，只要手中有枪，他就会犯罪似的。这是典型的物质主义观，即作为主体，我们的本质、能力、个性特征都取决于我们手中的所持之物。[2] 这显然是有些荒谬的。与之相对的另一种典型观点就是社会建构论，它认为，"不是枪杀人，而是人杀人"。在这里，枪就是一个工具、一个媒介物，是中性的人类意志的负载者。[3] 但是，即使是美国步枪协会里的成员也不会同意，枪在杀人行动中仅仅是一个无所作为的客体。因为必须得承认，枪的确增加了某些东西。最起码，枪加速了杀人的行动。[4] 可见，纯粹的"社会建构论"让技术完全被人类所掌控，成为人类的奴隶，也是有问题的。那么，究竟是"谁"来对这次枪杀事件负责呢？拉图尔认为，在具体的枪杀事件情境中，实施行动的是第三者——"人的枪"或"持枪人"。[5] 这就是说，只有枪到了人的手上，才能完成枪杀事件，而持有了枪的人，也发生了变化，变成了犯罪的人。也就是说，真正的行动者并非是"人（humans）"，也不会是"非人物（non-humans）"，而是"人—非人物集合体"。正如巴斯德所表明的，"本质就是

---

[1] LATOUR B. Pandora's Hope: Essays on the Reality of Science Studies [M]. Cambridge: Harvard University Press, 1999: 177.
[2] LATOUR B. Pandora's Hope: Essays on the Reality of Science Studies [M]. Cambridge: Harvard University Press, 1999: 177.
[3] LATOUR B. Pandora's Hope: Essays on the Reality of Science Studies [M]. Cambridge: Harvard University Press, 1999: 177.
[4] LATOUR B. Pandora's Hope: Essays on the Reality of Science Studies [M]. Cambridge: Harvard University Press, 1999: 177.
[5] LATOUR B. Pandora's Hope: Essays on the Reality of Science Studies [M]. Cambridge: Harvard University Press, 1999: 179.

存在，而存在就是行动。"① 至此，我们可以看到，基于新的本体论——事物的本质就存在于跟他物的联系之中，拉图尔深入技术决定论和社会建构论的本体论世界，分别予以驳斥，并以"人—非人物集合体"概念来重新解释技术物的本质。这样一种技术本质观显然逃离了"或重技术物"与"或重人类"的钟摆运动，将"技术物"与"人类"置于平等的本体论地位，进而以二者的互动作为技术本质的终极解释。

当然，对技术本质的理解不应只停留在静态的实体形态层面，毕竟它还包括经验形态和知识形态因素。② 那么，究竟该如何理解过程意义上的技术呢？拉图尔提出了一个核心概念："技术中介（technical mediation）"。要想理解技术的过程本质，就必须澄清"技术中介"的含义。基于此，拉图尔抽丝剥茧式地揭示了"技术中介"的四层含义。首先，技术中介意味着"干扰（interference）"。干扰何指？还是以"枪杀"事件为例来说明。按照行动者网络理论，"人"和"枪"是两个不同的行动者（agent），它们有各自的目标和意图。当行动者1（人）在目标达成过程中被干扰后，譬如一个人想报复他的仇人，结果却因为其他原因（诸如自己不够强大）而遭遇困境。于是，行动者1开始迂回绕道，这时它找到了行动者2（枪）。至此，可以说行动者1征募了行动者2，或者反过来说，行动者2征募了行动者1，不管怎样，这时，第三者就产生了，这是一个新的行动者，因而它有了第三个目标（参见图2.7）。

---

① LATOUR B. Pandora's Hope: Essays on the Reality of Science Studies [M]. Cambridge: Harvard University Press, 1999: 179.
② 尽管大家对"技术"本质的看法不一，有以德国贝克曼为代表的"知识"说，也有以查尔斯·辛格为代表的"知识和装置"说，还有以技术哲学家拉普为代表的"生产过程和手段"说，等等。有主张将技术与技能划清界线的（具体可参阅：[日] 岩崎允胤. 技术论 [J]. 金路，卢宏，译. 自然科学哲学问题丛刊，1984（2）：90.），也有主张将技术物与过程融为一体的。目前，国内大多数学者大都支持三因素说，即技术的要素包括经验形态、实体形态和知识形态三种。（具体可参阅：陈凡. 论技术的本质与要素 [J]. 自然辩证法研究，1988，4（1）：61-67.）

中介的第一层含义：目标转译

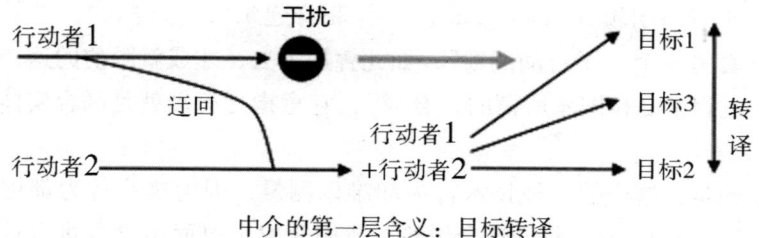

图 2.7　中介的第一层含义：目标转译

有意思的现象就产生了，当行动者 3 在迂回后仍然返回目标 1，那么社会建构论就生效了，这时的行动者 2（枪）就只是工具。若行动者 3 从目标 1 漂移至目标 2，那么技术决定论就能解释得通，行动者 2（枪）的意图、意志以及脚本就对行动者 1 产生作用。由此可见，"技术作为人控制下的工具，中性神话与技术具有无人支配的自治命运的神话是对称的。"① 事实上，还存在第三种可能，那就是不符合之前任何一个行动者意图的目标 3 的实现，拉图尔把这种情况称为目标转译的不确定性（uncertainty）。在二元论的长期统治下，一直被忽略的中间地带与第三世界被揭示了出来。这里，必须对"转译"这个概念有进一步的理解，它并非仅指从一种语言翻译成另一种语言，而是"位移、漂移、虚构、中介、之前并不存在的链接创建，甚至在一定程度上会改变原初的那两个行动者"②。通过目标转译，技术的行为有了新的解释。

"干扰"是从技术行为的发出者角度出发而提出的，反过来，从发生的技术行为角度出发来考察，拉图尔则指出，"技术中介"的第二层含义就是：合成（composition）③。当我们面对任何一种技术行为时，例如，妇女制造电脑芯片，她赤手能办到吗？肯定不行。于是，她需要材料和工具。然而，这些材料和工具是天然的吗？显然不是。它们又都是之前的人用另外一种材料、借助另外的工具而生产出来的。因此，我们就能看到，任何一种行动它都不是单一行动者作用的结果，而是由若干不同行动者的技术行为［拉图尔将其

---

① LATOUR B. Pandora's Hope：Essays on the Reality of Science Studies ［M］. Cambridge：Harvard University Press，1999：178.
② LATOUR B. Pandora's Hope：Essays on the Reality of Science Studies ［M］. Cambridge：Harvard University Press，1999：179.
③ composition 这个概念在拉图尔的社会学理论也出现了，在下文中，根据不同的语境，对其有两种译法：在拉图尔技术哲学思想中，它被直接译为"合成"；而在拉图尔的社会学理论中，则被意译为"创作"。特此注明。

称之为"子行动纲领（subprogram）"］联合起来实现目标的。"子行动纲领"中嵌套另一个"子行动纲领"，如此叠加下去，才成就眼前的这一技术行为。这一过程就是拉图尔所谓的"合成"，它意指"行动就是联合实体的一种属性"①。

可惜的是，这样的一种技术行为却难以测量，因为这些行为都被封装进了黑箱（blackboxing）。打开这个黑箱，我们会发现里面包含着难以计数的行动者及其联合（参见图2.8）。

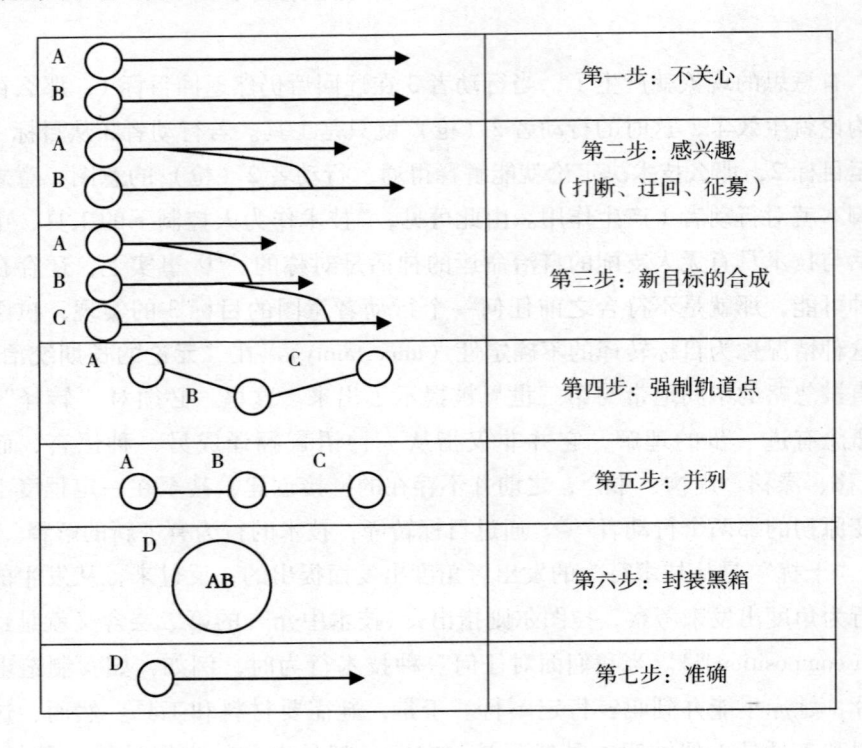

A → B →	第一步：不关心
A → B →	第二步：感兴趣 （打断、迂回、征募）
A → B → C →	第三步：新目标的合成
A C B	第四步：强制轨道点
A—B—C	第五步：并列
D AB	第六步：封装黑箱
D →	第七步：准确

图2.8 中介的第三层含义：可逆的黑箱封装②

打开黑箱，检查里面的联合。事实上，每个黑箱中的一部分自身又是一个黑箱。如果将每部分再打开，究竟会有多少人与物的联合呢？跟随这些联

---

① LATOUR B. Pandora's Hope：Essays on the Reality of Science Studies［M］. Cambridge：Harvard University Press，1999：182.

② LATOUR B. Pandora's Hope：Essays on the Reality of Science Studies［M］. Cambridge：Harvard University Press，1999：184.

合物，回溯他们的行为，我们究竟可以回到什么时候呢？究竟可以走多远呢？基于此，拉图尔才指出，技术黑箱深不可测（unfathomable），因为它折叠了时间和空间。不管怎样，基于这样一种技术本质观，"非人物至少两次逃离了客观性结构：它们不再是被主体所认识的客体，同时，它们也不是被主人所操控的客体（当然也不会被自己所掌控）。"①

为了更好地理解"技术中介"，拉图尔努力"将自己置于能够清楚地描述主客体、目标与功能、形式与质料之前，放在能够观察和诠释属性与能力交换之前"②。正因为如此，拉图尔的"技术中介"成功地逃离了二元论怪圈，但之前所阐述的三层含义均建立在"行动纲领""目标""转译""人"与"非人物"等概念的基础之上，这就导致"技术中介"又面临着一个新的问题：它与语言表达之间存在着什么样的本质关系呢？拉图尔的回答是："技术不仅改变人类表达的形式，也改变表达的内容。"③ 为什么这么说呢？以"减速带"为例，"减速带"因为能迫使司机在校园里减慢车速，在法国甚至被称为"睡着的警察（sleeping policeman）"。通过"减速带"，司机的目标开始转译，从"放慢速度以免危害学生"转译为"放慢速度从而保护自己车子的缓冲设备"。非常有趣的是，当司机通过减速带的中介而改变自己行为时，他从迫于道德转为迫于力量。不仅如此，"减速带"上的混凝土还转译了工程师的行动纲领。工程师将行动纲领——"使司机在校园里放慢车速"授权（delegate）给了混凝土，因而混凝土也就成了工程师的发言人，清晰地表达了他们的意图。这也就是拉图尔"技术中介"的第四层含义：授权（delegation）（其具体过程参见图2.9）。

---

① LATOUR B. Pandora's Hope: Essays on the Reality of Science Studies [M]. Cambridge: Harvard University Press, 1999: 185.
② LATOUR B. Pandora's Hope: Essays on the Reality of Science Studies [M]. Cambridge: Harvard University Press, 1999: 182.
③ LATOUR B. Pandora's Hope: Essays on the Reality of Science Studies [M]. Cambridge: Harvard University Press, 1999: 186.

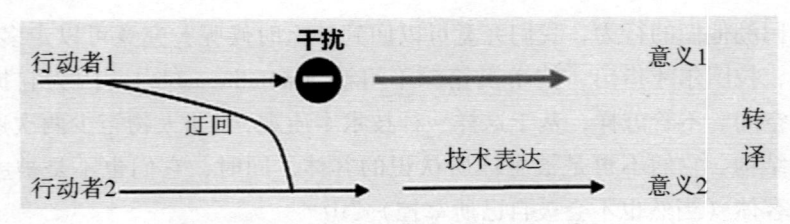

图 2.9 中介的第四层含义：授权[1]

最后，拉图尔建议不如用"技术的（technical）"这一形容词来取代"技术（technique）"这一名词，因为前者更有用，能将技术作为中介的三大要素——干预、目标的合成以及黑箱封装都融入进去。此外，它还标示着一种"授权（delegation）"、一种运动、一种下移，它能穿越不同时空、具有不同属性和不同本体的实体，使其共享一个定数，最终创建一个新的行动者。[2]

总的来说，拉图尔的"技术中介"论以"迂回"为起点，当常规的行为路径被悬置时，迂回便开始了。它开启了各式各样的行动者，同时推翻了时空的秩序，甚至行动者的关系形式以及本体论地位都被重新洗牌。通过迂回，最终政治秩序也被颠覆，因为在场的只是作为发言人而被授权的"技术"。基于这样的认识，拉图尔的"技术中介"以另一种理路解读了"技术"与"人"的关系。他认为：技术没有控制人类，人也不能支配技术，人与非人物的行动是不能分开的。

事实上，要真正理解技术的本质，还必须回应"技术"与"社会"的关系问题。基于这样的思考，拉图尔首先重构了"社会"的概念，并指出，"我们生活在集合体（collectives）中，而不是社会（societies）中。"[3] 从这一新概念出发，拉图尔给出了"科技"的暂时性定义，"它们就是将非人物社会化以容忍人类关系的过程/事件。"[4] 那么，如何用集合体来解释科技的进步呢？传统的观念是认为科学技术的发展取决于它脱离于社会限制的程度，而集合

---

[1] LATOUR B. Pandora's Hope: Essays on the Reality of Science Studies [M]. Cambridge: Harvard University Press, 1999: 187.

[2] LATOUR B. Pandora's Hope: Essays on the Reality of Science Studies [M]. Cambridge: Harvard University Press, 1999: 191-192.

[3] LATOUR B. Pandora's Hope: Essays on the Reality of Science Studies [M]. Cambridge: Harvard University Press, 1999: 193.

[4] LATOUR B. Pandora's Hope: Essays on the Reality of Science Studies [M]. Cambridge: Harvard University Press, 1999: 194.

体却是一个通过自我探索而不断修正自身局限的持续过程。它的自我探索过程主要包括以下几个环节：转译（借此能表达不同类型的事物）——交配（指的是人与非人物之间交换属性）——招募（借此非人物被引诱或操作进入集合体中）——动员（指的是为集合体中的非人物增添新资源以产生新的杂交物）——位移（指的是新行动者被招募和动员后，必然会改变集合体的方向）。

再将科技进步的神话置于主客二元论的框架予以检视，以"集合体"为基础，拉图尔指出，"现代这个形容词并不是用于描述社会与技术之间距离的增加或疏远，而是表达了二者之间的深度亲密关系与复杂网络关系。"[1] 因此，在拉图尔看来，现代与传统并没有本质性的区别，如果一定要说现代比传统有什么进步的话，那就是现代集合体中人与非人物之间的关系更加亲密了。因此，拉图尔宣称，"文明生活的标志就是主客的融合。"[2] 不是像现代主义科学所主张的"主客之间的离间"。在此基础上，拉图尔提出了"实作论"这一新范式来取代宏大叙事，以"奴仆叙事（servant narrative）"的方式来透视"进步"。"实作论"一共包括了11层，它首先假定："所有人类关系都由之前的人—非人物关系所组成，而这些新的技能和属性接着又用于建构非人物之间不同类型的关系，如此类推。"因此，每前进一层，规模和复杂的情况就会增加。这一进步迷思（myth）的核心特征就是："在最后一层，我们所说明的人与非人物会概述前面所有层的历史。我们走得愈远，人与非人物的定义就会愈不纯。"[3] 总而言之，拉图尔想要表明的是，我们既不是限定在社会关系之上，也不是只面对着客体。我们就寓居在那些交配地带——技术表达与中介（参见图2.10）。

---

[1] LATOUR B. Pandora's Hope: Essays on the Reality of Science Studies [M]. Cambridge: Harvard University Press, 1999: 195.

[2] LATOUR B. Pandora's Hope: Essays on the Reality of Science Studies [M]. Cambridge: Harvard University Press, 1999: 200.

[3] LATOUR B. Pandora's Hope: Essays on the Reality of Science Studies [M]. Cambridge: Harvard University Press, 1999: 213.

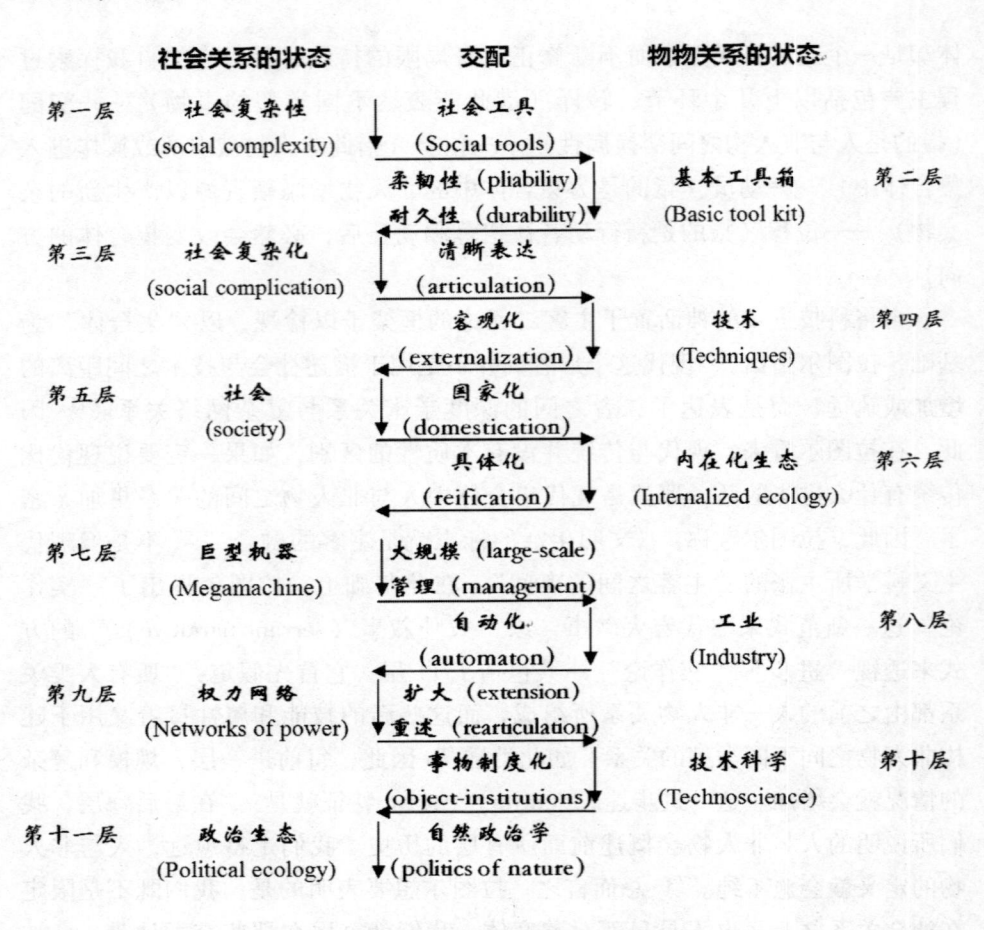

社会关系的状态	交配	物物关系的状态	
第一层	社会复杂性 (social complexity)	↓ 社会工具 (Social tools)		
		柔韧性 (pliability) 耐久性 (durability) ↓	基本工具箱 (Basic tool kit)	第二层
第三层	社会复杂化 (social complication)	↓ 清晰表达 (articulation)		
		客观化 (externalization) ←	技术 (Techniques)	第四层
第五层	社会 (society)	↓ 国家化 (domestication)		
		具体化 (reification) ←	内在化生态 (Internalized ecology)	第六层
第七层	巨型机器 (Megamachine)	↓ 大规模 (large-scale) 管理 (management)		
		自动化 (automaton) ←	工业 (Industry)	第八层
第九层	权力网络 (Networks of power)	↓ 扩大 (extension) 重述 (rearticulation)		
		事物制度化 (object-institutions) ←	技术科学 (Technoscience)	第十层
第十一层	政治生态 (Political ecology)	↓ 自然政治学 (politics of nature)		

图 2.10 实作论的结构[①]

综上所述，拉图尔的技术本质观主要包括三个层面：技术物、技术行为以及技术进步迷思。从批判二元论出发，拉图尔阐明了"技术物"的本质为人与物的互动作用，即"人—非人物集合体"。继而又深入地分析了"技术中介"的四层含义——干扰、合成、可逆的黑箱封装与授权。最后，在科技与社会的关系中，拉图尔以"实作论"的新透视法来描述科技进步的神话。可以展望，通过拉图尔的"奴仆叙事"，任何一项技术活动都不会简化为主客活动，对其的解释也绝不是"非社会便技术"，而是更加复杂、更加混合、更加丰富。基于此，在拉图尔技术哲学思想中，技术的确负载着价值。它既不被

[①] LATOUR B. Pandora's Hope：Essays on the Reality of Science Studies [M]. Cambridge：Harvard University Press，1999：213.

人类支配也不支配人类。决定它发展的既不是社会建构，也不是自我决定，而是折叠了无数层社会与物物关系的复杂关系网络。

（三）作为中介的网络化学习技术

基于拉图尔的技术哲学思想，重新解读"网络化学习"，思考"网络化学习"中的技术本质，我们发现"网络化学习"技术有了逃离技术决定论（工具理性占主导）和社会建构论（人类中心主义）的可能，到底是姓"E（技术）"还是姓"L（学习）"的问题①也有了新的解答方式。首先，拉图尔所提出的"人—非人物集合体"概念帮助我们重新认识"网络化学习"中的学习与技术的关系，主张在"E（技术）"与"L（学习）"互动作用的意义上来解释"网络化学习"。接着，拉图尔的"技术中介"论则开辟了一条理解"网络化学习技术"本质的新路径，它拒斥简单地还原技术对学习的影响或学习对技术的建构，更热衷于通过"干扰""合成""折叠时空""授权"等新的术语和概念来描绘出丰富多彩的"网络化学习技术"新图景。最后，"实作论"迷思为打开"网络化学习技术"的黑箱提供了新的透视法，与之相随，"网络化学习"的本质也有了新的内涵。

毋庸置疑，因特网（internet）在"网络化学习"形成与发展过程中不可或缺。它以技术物的身份进入"网络化学习"的情境并发挥着作用。在技术决定论者看来，因特网影响并控制着学生的学习，包括学习条件、学习内容以及学习范式。由此，在实际工作中，就会出现两种极端表现：部分人将"网络化学习"视为纯技术问题，认为技术越先进，能获取信息的速度越快、越便捷，学习效果就会越好；另一部分人则会以"因特网"裹挟着许多错误、污秽的信息为理由，贬低甚至摈弃"因特网"的使用。殊不知，学习是学习者与信息、知识、环境的互动，"面对着电脑屏幕的心智并非所谓信息的接收器，而是主动地审查与质疑信息来学习的。"② 而在社会建构论者的眼中，因特网只不过是一个中性的工具，它的作用、好坏都取决于使用它的人（人类中心主义的典型体现）。于是，在实际工作中，"网络化学习"重视"L（学习）"而忽视"E（技术）"，似乎"学习"就是与技术文化世界完全隔离

---

① 一直以来，在"教育技术学"领域内都存在着是姓"教育"还是姓"技术"的争论，这一争论背后所反映的实质问题就是"社会"与"技术"的关系问题。类似地，"学习"与"技术"孰轻孰重的问题也一直是网络化学习基础研究中的核心问题。

② GRAHAM G. E-learning: A Philosophical Enquiry [J]. Education + Training, 2004, 46 (6/7): 313.

的另一个世界。但本质上，技术是价值负载的，它拥有形塑（改变）社会交往（inter/action）以及社会特性（identities）的潜能。① 比方说，在大部分计算机中都嵌入了英语作为系统语言，这就意味着世界上其他非英语国家的人，为了能顺利而有效地认识和使用西方技术，就必须学习英语。还有，学习者当使用因特网来进行学习时，必然会受到因特网技术的限制与引导。这些都表明，技术的确是价值负载的。事实上，拉图尔从一开始就指出了技术决定论与社会建构论在理解技术本质方面所存在的局限性，进而主张"人—非人物集合体"。据此，"网络化学习"的发生并不是技术主导或学习者主导，正如拉图尔所言："在技术王国中，绝不存在领导者——不是因为技术是领导，而是因为的的确确根本上就没有任何人或物可以领导他者，哪怕是一个隐蔽的力量场，也无法成为领导。"② 由此看来，"网络化学习"中根本不存在着谁主导谁的问题，即不存在姓"E（技术）"还是姓"L（学习）"的问题，因为任何学习实践的产生都是"学习者"与"技术"互动作用的结果。

过去，人们对于"技术"，包括"网络化学习技术"的解读，大多数停留在"实物"层面，也有部分涉及技术行为与经验的层面。不管是哪个层面，人们还是难以逃出"自然"与"社会"的二元论思维模式。对此，拉图尔的"技术中介"论可谓是开辟了解读"技术"本质的新时空。③ 在网络化学习中，当学习者在努力完成某一学习任务或达成某一学习目标过程中，或教育者在努力完成某项教学任务或达成某一教学目标过程中遭遇困难时，他们就开始迂回（detour），去寻找其他行动者（人或技术）的帮助。一旦联盟，它们便产生了第三个行动者，"转译（translation）"也就发生了，学习者的学习目标与兴趣或教育者的教学目标与兴趣被"转译"进了技术。一次性转译也许并不能马上达致目标，因而需要多次转译，进而联盟更多的人与技术，最终"合成"技术。此时，技术中包含着不同的行动者，它们有着各自不同

---

① MLITWA N B W. Technology for Teaching and Learning in Higher Education Contexts: Activity Theory and Actor Network Theory Analytical Perspectives [J]. International Journal of Education and Development Using Information and Communication Technology (IJEDICT), 2007, 3 (4): 62.
② LATOUR B. Pandora's hope: Essays on the reality of science studies [M]. Cambridge: Harvard University Press, 1999: 298.
③ 说其是开辟新时空，是因为拉图尔不仅是在空间上拓展了技术的本质结构，包括物质层面、符号层面以及意识层面，更重要的是，拉图尔还在时间维度上延展了技术的本质结构，包括迂回、转译、合成等环节。在这个意义上，可以说，拉图尔的技术哲学思想对理解技术本质观的贡献是划时代的。

的目标和兴趣,更重要的是,它接受了教师/学生的授权,是它们的发言人。即便如此,但它呈现在人们面前的是一个封装好了的黑箱,以便能超越时空与学习情境而起作用。只要打开这一黑箱,无数的学习与技术的结合体(人—非人物集合体)以及它们所处的时空就像浪潮似的不断涌来,一波接着一波。不同时期的学习目标与兴趣、学习内容与方式,包括学习文化都融入其中。可以想象,这样一幅动态而立体的技术本质图景是任何传统的技术本质观所无法比拟的。它启示我们,在实践中,要多关注技术与学习(包括学习目标、兴趣以及内容、方式)之间的互动,理论研究中,则需重视去尽力还原和描绘"学习技术"为我们所展现出的一幅折叠了时空的立体图景。

立足发展的视野,"网络化学习技术"要求不断进步,而它的进步并非建立在"主观"与"客观"的疏远与分离之上,而是在二者不断融合的亲密关系上来发展的。基于拉图尔的"实作论"迷思,我们可以理解,"网络化学习技术"实质上蕴含着十分复杂的学习关系,包括人人关系(具体表现教师与学生、学生与学生、教辅人员与学生的关系等)、社会发展与个人发展的关系、文化继承与创新的关系等,以及各种技术关系,包括技术工具之间的关系(具体表现为学习硬件与学习软件、网络技术与传统技术之间的关系等)、技术与科学的关系、技术与经济的关系等。这两大关系网之间进行交配(Crossover)与互动的程度就决定了网络化学习技术的发展。沿着这样一种致思路径,姆利特瓦(Mlitwa, N. B. W.)专门在行动者网络理论(ANT)的框架下,对网络化学习(E-learning)的本质做了分析。因为一个网络的意义就产生于人与技术行动者(technological actors)之间持续不断的协商过程中,它们二者都会对网络化过程产生影响。[1] 所以,在姆利特瓦看来,网络化学习的实质是一个社会—技术性网络,它由各种人(教育者、学生、管理者)、组织(学习小组、教育团队、制度、政策)、技术(如学习管理系统)、环境(背景)等所组成,共同完成学习过程,产生预期或非预期的结果。[2]

综上所述,在拉图尔技术哲学思想的启示下,网络化学习中"技术"与"学习"的关系不再停留在谁主导谁的问题上,而是关注二者之间的互动与交

---

[1] TUOMI I. Internet, Innovation, and Open Source: Actors in the Network [J/OL]. First Monday, 2001, 6 (1).

[2] MLITWA N B W. Technology for Teaching and Learning in Higher Education Contexts: Activity Theory and Actor Network Theory Analytical Perspectives [J]. International Journal of Education and Development Using Information and Communication Technology (IJEDICT), 2007, 3 (4): 63.

流。与此同时,"网络化学习技术"将作为"中介"而存在,它将把尘封已久的技术黑箱背后的各种人与非人物的关系、折叠的时空、颠倒的政治秩序——揭露并展现出来,为我们重新勾勒出立体而丰富的技术图景。在此基础上,网络化学习也具有了新的本质,它不是一种学习工具、一种学习方式,也不是一种学习环境,而是各种身份的人、学习组织、制度、学习文化观念以及学习技术等的共同事业。因此,在某种意义上可以说,网络化学习将成为一种自在自为的生命存在。

二、解放非人类:让"技术人造物"表达

作为行动者网络理论的形而上学基础,拉图尔的事物为本哲学思想都建基于"行动者(actor)"这一概念之上。依凭"行动者"概念,行动者网络理论重新赋予"物(things)①"以本体论地位,将非人类从人类中心主义的奴役下解放出来,置于与人类平等的地位上。然而,"行动者"寓居于网络之中,正所谓"没有网络什么都不是,而有了网络才是全部。"② 因此,"行动者网络(actor-network)"成了存在的本体形式,这就是网络本体论的内涵。基于网络本体论,拉图尔又提出了"广义对称性原则(symmetry generalized)",即人类学家必须要将自己摆在中点的位置上,从而可以同时追踪非人类和人类属性的归属。③ 这就为解放非人类准备好了认识论的条件。事实上,关于强调"物"或"技术人造物"的重要性,也不是拉图尔的首创。杜威就在其《经验与教育》一书中提出,如果将现代文明的外部条件去掉,如公路、工具、电和能源等,"那么我们的经验将陷入野蛮人世界。"④ 经验其

---

① 海德格尔曾对"thing"做过词源考察,他发现"thing"的古老用法中有一个含义要素,即"聚集"(versammeln),而这正是物的本质含义。在拉图尔的哲学思想中,"物(thing)"这一概念是在与人相对的意义上来使用的,因此,它常常被表述为"nonhumans(非人物)"。由于本研究置于社会性世界背景之下,这意味着,纯粹的物(thing)在这个世界已不存在,在场的只是技术人造物。因此,下文中的"物"与"技术人造物"可以互相通用,特此说明。
② HARMAN G. The Importance of Bruno Latour for Philosophy [J]. Cultural Studies Review, 2007, 13 (1): 37.
③ CALLON M. Some Elements of a Sociology of Translation: Domestication of the Scallops and the Fishermen of Saint Brieuc Bay [M] // LAW J. (Ed.). Power, Action and Belief: a new Sociology of Knowledge? Sociological Review Monograph. London: Routledge & Kegan Paul, 1986: 196-229.
④ DEWEY J. Experience and Education [M]. New York: Simon & Schuster, 1997: 39.

实就是由人、物、系统、文本等在互动中建构起来的。除此之外，福柯在《规训与惩罚》（*Discipline and Punish*）也将学校建筑风格纳入了研究范畴，科佐尔（Kozol, J.）在《野蛮的不平等：美国学校的儿童》（*Savage Inequalities: children in America's schools*）中让人印象深刻的便是它重视了物质的设备。[1] 尽管大家开始注意到了"物"的存在，但是忽视了它作为主动参与社会的角色与地位。其实，在已有的社会科学理论与实践中，更为普遍的情况是"物"严重失语。例如，已有网络化学习中关于虚拟学习社区的构建理论中，非常著名的有加里森（Garrison, D. R.）和安德森（Anderson, T.）所提出的交互理论，它包括"社会性存在""认知性存在"和"教学性存在"组成。显然，"技术人造物"在此是缺席的。类似的情况不胜枚举。因此，在这样一个"文化仅指涉文化"的"社会性世界（social world）"[2] 里，在这样一个无法躲避技术的网络化学习世界里，关于"技术人造物"的本质、地位以及角色问题，需要在行动者网络理论的启示下进行全面地审视、批判与思考。

（一）"技术人造物"的三种比喻及其批判

回顾已有的关于"技术人造物"的认识与看法，主要存在三种典型的不同看法，分别可以用三个比喻来予以描述和阐释。

第一，人们仅仅把"技术人造物"当作主体作用的客体或者是主观认识的客观对象，这样一种认识可称为"客体说"。一旦"技术人造物"被视作"客体"，它就顺理成章地被划入"自然世界"（物质世界），以至于在社会世界中却无容身之地，社会理论或解释中也不见其踪影。例如，1998年，山间治疗动物组织（Intermountain Therapy Animals）在盐湖城（Salt Lake City）启动了一个有关阅读的项目。项目要求儿童对着助学狗大声朗读，结果发现因为提供了无威胁性的学习氛围，经过一段时间后，儿童的阅读水平有所提高。[3] 在这样一个项目中，助学狗究竟承担着怎样一个角色呢？它的本质是什

---

[1] WALTZ S B. Nonhumans Unbound: Actor – Network Theory and the Reconsideration of "Things" in Educational Foundations [J]. Journal of Educational Foundations, 2006, 20 (3/4): 51-68.

[2] CASTELLS M. The Rise of the Network Society (2nd Ed) [M]. Oxford; Malden, MA: Blackwell Publishers, 2000: 508.

[3] ELSA C. Perceptions of Animd Assisted Reading and its Resulls Reponted by lwolved children, Parents and Teachws of a Pertugaese Elementary School [J]. Haman-Animal Luterachon Bulletin, 2020, 8 (3): 92-110.

么呢？根据客体说，这样的"助学狗"仅仅是儿童朗读的客观对象。这样的话，学习活动的情境被完全遗弃，而"狗"与"人"之间的互动就被简单化"人"作用于"狗"的单向度运动。又比如，传统的网络化学习课程一直被看作学习者学习的客体，因此，网络平台（或说网络技术人造物）只扮演储存和传递信息的角色。显然，"客体说"低估了技术人造物在社会活动中的潜在功能，忽略了其社会角色。

第二，关于技术人造物的本质，绝大多数的理论与实践都把它当作帮助人们完成任务或实现某一目的的手段，这一认识常被称为"工具说"。关于这一比喻，芒福德（Mumford, L.）有过十分经典的描述："工具与机器发展的背后所隐含着的是，以这样一种途径去改变环境从而增强和维持人类这一有机体：或者努力去强大无防卫武器的有机体自身的力量，或者去制造身体外的一切条件，使得其更适合来保持平衡进而确保其生存下来。"[1] 从芒福德的这段话中，我们可以看到技术（工具说）只是维持人类生存的手段而已。"工具说"在社会学领域，尤其是教育学领域内影响深远。以"教科书"为例，尽管在批判教育学理论中已经挑明了教科书涉及控制的政治问题，即便如此，"教科书"究竟在社会动态中担任什么样的角色？它们是如何折回政治动态中的？对于社会活动，它们的特殊贡献在何处？……这样的问题在批判教育学中并未被探讨。实质上，"教科书"在批判教育学这里只是政治意识形态的载体，依然只是工具而已。然而，"事物不仅仅是替身。它们让我们感到惊讶，并要求我们以新的方式与它们进行交往，正如它们寻找新的途径与我们交往一样。只有考虑到互动的这一层，工具说才能被超越。"[2] 布尔布莱亚（Burbules, N. C.）和卡利斯特（Callister, Jr. T. A.）也注意到了，若将技术作为简单的手段理解，将会妨碍对真实意外结果的认可与分析。他们指出，"一旦技术人造物从作为手段转向作为目的，它就会重塑人类对自我、关系、组织以及目标的认识。"[3] 不过，这样的一种超越与反叛，技术人造物仍然没有逃离"手段"与"目的"的二元价值论思维模式。

第三，是将技术人造物视为"首要驱动者（primary drivers）"，简称为

---

[1] MUMFORD L. Technics and Society [M]. San Diego: Harcourt Brace & Co, 1934: 10.

[2] WALTZ S B. Nonhumans Unbound: Actor - Network Theory and the Reconsideration of "Things" in Educational Foundations [J]. Journal of Educational Foundations, 2006, 20 (3/4): 56.

[3] BURBULES N C, CALLISTER Jr T A. Risky Promises and Promising Risks [J/OL]. [2006-07]. https: //journals.sagepub.com/doi/abs/10.1177/027046769901900204.

"驱动者说"。"驱动者说"认为技术人造物是社会互动的首要驱动者,这是一种典型的技术决定论主张。正如埃卢尔(Ellul, J.)所主张的,"技术引起并决定着社会的、政治的和经济的变化。尽管存在着相反的现象,但它依然是所有其他方面的主要动力……技术自身内在的必要因素起着决定性作用。技术本身变成了一个实体……"① 这一比喻反映在网络化学习中,主要表现为过分夸大因特网技术在学习中的作用。更根本的是,将技术人造物看作主要驱动者,就会否定技术人造物自身是历史的产物,也就是否定技术人造物的历史性特质。

总而言之,上述对技术人造物的三种比喻,均是建立在将事物与社会分离的理论基础上。对此,华尔兹(Waltz, S. B.)尖锐地指出,"坚持物质与社会的二分,不仅会产生范畴间的界限,还会使得某一方面的价值超越另一方。与此同时,忽视'物'这一行动者,以及将这些行动者客观化或采取过度决定论取向,都会妨碍对人与技术共同建构社会图景的理论与实践研究。"② 在网络化学习中,这样的比喻必然会加剧人与物的分离,这就意味着学生、教师(学习者)与学习对象(学习内容、学习媒介)的"分体",尤其是师生与知识的"分体"。

(二) 从空洞的工具到网络化行动者③

已有关于"技术人造物"的比喻虽各有不同,但从根本上说,都将"技术人造物"简化成了实体。"从知识的视角看,技术的产品和工艺流程就是集成了各种知识的科技黑箱④。"⑤ 仅从方法论层面来看,这样一种集成、打包和封装为黑箱的"技术人造物"参与到社会图景建构中时,总是显得那么单调、贫乏、孤立,常常保持沉默。无怪乎华尔兹会将其称为"空洞的工具

---

① ELLUL J. The Technological Society [M]. New York: Random House, 1964: 133-134.
② WALTZ S B. Nonhumans Unbound: Actor-Network Theory and the Reconsideration of "Things" in Educational Foundations [J]. Journal of Educational Foundations, 2006, 20 (3/4): 58.
③ WALTZ S B. Nonhumans Unbound: Actor-Network Theory and the Reconsideration of "Things" in Educational Foundations [J]. Journal of Educational Foundations, 2006, 20 (3/4): 58.
④ 必须说明,此处的"科技黑箱"其含义与拉图尔技术哲学思想中的"黑箱"有着本质的区别。在这里,科技黑箱常用于认识论和方法论领域:在方法论意义上,指的是对于一个复杂对象如人脑,不必进行解剖,从一组或多组输入和输出关系及其变化,即可探测其内部结构;在认识论意义上,科技黑箱的遮蔽与去蔽的功能相当于认识过程。
⑤ 吕乃基. 技术"遮蔽"了什么? [J]. 哲学研究, 2010 (7): 89.

（empty vehicles）"①。而在海德格尔看来，当我们以独立的客体身份或空洞的工具来描述面前的事物时，我们已经毁灭了该事物。② 其实，"物居留统一的四方，即大地与天空、诸神与终有一死者。"③ 它所具有的内在丰富性、物化过程的柔和性，绝非用"工具"或"客体"能描述和反映的。事物如此重要，以至米勒（Miller, D.）提醒我们，在我们的日常生活中，物质事物占有我们就像我们占有它们一样。④ 然而，过去我们常常小看了它，将其从一个值得探究的参与性事物贬低为一个物质性注脚、一个客体。

行动者网络理论的出现，可谓给"物"带来了福音，因为它反对从区别对待事物和人类的前提假设而出发，在理论和方法上都将"非人物"置于基础地位。首先，为了能更忠实地理解社会实践，拉图尔接受了怀特海（Whitehead, A. N.）的"实际存在物（actual entity）"概念，继承与发展卡龙的"自然行动者"思想，提出了"行动者（actant/actor/agent）"的概念。宇宙中的一切事物，不管是自然的物还是人工物，也无论是天真的小孩还是思想复杂的科学家，甚至某种意识、思想，等等，它们在本体意义上都享有平等的地位。所以拉图尔曾说，"我使用 actor, agent 或者 actant，并不对它们可能是谁和它们有什么特征做任何假定，它们可以是任何东西，个人的（皮得）或集体的（民众），比喻的（拟人或拟兽）或非比喻的（灾难）。"⑤ "行动者"的出现，可谓给重新联结已被传统哲学所生生割裂的自然与社会、主体与客体、事实与形式、知识与存在创造了可能，它以客体的彻底民主化取代了哲学中人类的专制。从社会学的视角来看，拉图尔的行动者网络理论回到了社会学的历史起源点，承认"非人物"的贡献，而不像涂尔干（Durkheim, É.）和马克斯·韦伯那样先验地将人与非人物进行区分。当然，这并不是等

---

① WALTZ S B. Nonhumans Unbound: Actor-Network Theory and the Reconsideration of "Things" in Educational Foundations [J]. Journal of Educational Foundations, 2006, 20 (3/4): 58.
② WALTZ S B. Nonhumans Unbound: Actor-Network Theory and the Reconsideration of "Things" in Educational Foundations [J]. Journal of Educational Foundations, 2006, 20 (3/4): 62.
③ [德] 海德格尔. 物 [M] // 孙周兴. 海德格尔选集（下）. 北京：生活·读书·新知三联书店，1996. 1178.
④ MILLER D. (ed.). Materiality [M]. Durham, NC: Duke University Press, 2005. 转引自：FENWICK T, EDWARDS R. Actor-Network Theory In Education [M]. Oxen: Routledge, 2010: 6.
⑤ LATOUR B. The Pasteurization of France [M]. Cambridge: Havard University Press, 1988: 252.

于是说，拉图尔承认了所有行动者（人与非人物）在质量、水平上是完全相当的，也不是说，"物"完全等同于人。而是，拉图尔强调先悬置对事物的地位、种类（类别）与含义的属性判断，我们更应去调查事件各组成部分之间的互动。换句话说，拉图尔的行动者网络理论要求回到事件发生的情境中，悬置先验判断，成为对事件发生作出贡献的所有行动者（不管是人还是非人物），都应同等对待，从而去追踪它们之间的互动与联系，也就是网络的过程。也就在这个意义上，"物"第一次从"工具"转向了"网络化行动者"。

其次，正如斯特拉森（Strathern, M.）所言，"行动者网络理论最大的成功就在于，它克服了将技术与社会，以及更为根本的人与物关系割裂来进行描述的这一障碍。"① 事实上，技术（自然）与社会的差异、人与物的分割，已如此根深蒂固，深入人心，以至于人们在描述事件时，总会下意识地将事物客体化为主体作用的对象，进而落入因果解释的圈套之中。然而，对于行动者网络理论来说，"物"作为网络化行动者，它不再是一个归于本体层面的质量体，而是社会关系链的结果，是聚合物的一种属性。理论上，人、物、符号之间的区别不是最重要的了，他们的表现以及所建构的社会效应才是更关键的。② 基于此，"网络化行动者"的比喻超越了此前的"客体说""工具说"和"驱动者说"，因为它将曾经分离的事物与社会、人与物重新联结了起来。这将为重新整合分体的网络化学习中学习者与学习对象（学习技术）、师生与知识提供了一种可能。这也是"物"从"空洞的工具"转向"网络化行动者"的第二层含义。

再次，行动者网络理论认为，"事物展开的基础是复杂的关系，而不是因果关系实体。"③ 如此一来，呈现在人们面前的只是"物"的表象，潜藏在其背后的则是一系列丰富的关系。以学校里的操场为例，按照行动者网络理论，操场就不再是一个固定化的场地，而是由学生的行为、活动、学校政策等行动者联系起来而形成的网络化行动者，它会产生出恐惧、政策、游戏规则、甚至性别角色期待等。若继续考察操场上的性别认同问题，那么，从行动者

---

① STRATHERN M. What is Intellectual Property After [M] // LAW J, HASSARD J. (Eds.). Actor Network Theory and After. Oxford, UK: Blackwell Publishers, 2000: 175.
② WALTZ S B. Nonhumans Unbound: Actor-Network Theory and the Reconsideration of "Things" in Educational Foundations [J]. Journal of Educational Foundations, 2006, 20 (3/4): 63-64.
③ WALTZ S B. Nonhumans Unbound: Actor-Network Theory and the Reconsideration of "Things" in Educational Foundations [J]. Journal of Educational Foundations, 2006, 20 (3/4): 59.

网络理论出发，我们就需要将问题转化为：在儿童和体育器械之间的复杂行动是如何促进操场上的性别形成的？① 这样来理解"技术人造物"，它便有了丰富的内容，不再单调、空洞和孤立了。

作为网络化行动者的"技术人造物"，本质上就是一种网络效应。网络效应包括两个基本概念：不变的运动体（immutable mobile）和强制轨道点（obligatory passage point，OPP）。不变的运动体是指非人类物，它只有在特定的关系网中才可呈现。意思就是，网络效应首先将会使事物在其历史、文化、行为关系网中被识别。其中，有些常常会去规约并引起其他行动者变化的"不变的运动体"则叫作"强制轨道点"。作为"不变的运动体"和"强制轨道点"，技术人造物为事件的产生所作出的贡献是人类所无法取代的。在这个意义上，技术人造物成功地转化为"网络化行动者"。例如，芬威克（Fenwick，T.）在研究公立学校的教师生活时发现，普通的钥匙（课室的、教师休息室、储物柜等）会对教师的自我感觉以及工作效能感都产生影响。因此，钥匙不再只是打开锁的工具，而是一个连接点，它通过转译将学校政策管理、教师教学行为需要、教师责任期待等网络联系起来。② 从行动者网络理论视角出发考察，教师的课程指南就是一个"强制轨道点"，因为教师的教案，对文本内容和作业的选择都必须符合它，甚至组内其他教师、咨询者、管理者还有出版商都必须经过它。此外，安德雷德（Andrade，A. D.）和厄克特（Urquhart，C.）针对秘鲁某农村的信息通信技术促进发展的项目所进行的研究表明，技术人造物还具有方法论的意义。当作者追踪该项目中的技术人造物，去勾勒其形成的网络时，才发现之前项目启动者所设想的目标并未能实现，导致失败的原因就是技术人造物在此网络中并没有成为"强制轨道点"，因此无法形成稳定的网络。③

综上所述，行动者网络理论赋予了技术人造物以新的隐喻，即"网络化行动者"。作为网络化行动者，技术人造物在事件的展开和描述中都获得了应有的重视，它要求我们打破一切技术与社会、人与物分割的二元论神话，回

---

① WALTZ S B. Nonhumans Unbound: Actor-Network Theory and the Reconsideration of "Things" in Educational Foundations [J]. Journal of Educational Foundations, 2006, 20 (3/4): 60.
② FENWICK T. Managing space, energy, and self: beyond classroom management with junior high school teachers [J]. Teachers and Teacher Education, 1998, 14 (6): 619-631.
③ ANDRADE A D, URQUHART C. The Affordances of Actor Network Theory in ICT for Development Research [J]. Information Technology & People, 2010, 23 (4): 352-374.

到社会的起源点，来重新描述行动者之间的互动与联系，勾勒网络。栖身于这样的网络之中，技术人造物不再是空洞的工具，而是复杂关系的网络效应，成为构建其他网络不可或缺的"不变的运动体"和"强制轨道点"。

（三）让"技术人造物"开口说话

在行动者网络理论的昭示下，技术人造物已经不再沉默了，它开始有了表达的欲望。那么，技术人造物表达是何以可能的？它能表达些什么呢？

1. 作为本书的技术人造物

所谓本书，在利科（Ricoeur, P.）那儿，指的是"任何由书写所固定下来的任何话语"①。在此，本书就是由"话语"和"书写"两方面构成的。话语是有情景性的，而书写则远离了话语时的具体情境，这就是"间距化"。由于本书具有间距化特征，因而对其的解释就不再局限于作者的原始意向，而对读者具有了更大的开放性。对本书的解释不再是强迫自我去契合原始意向，而是把我们自己暴露在本书面前，从而理解自我。因此，利科才会说，本书的最后一种含义便是："我们通过它来理解我们自己的中介。"② 而技术人造物，作为铭记并固定了下来的文化需要和价值观念、审美情趣、政治选择、资本运作与企业管理等，在某种意义上，它也就是一种"本书"。

正如格林特（Grint, K.）和伍尔加（Woolgar, S.）所指出的，尽管技术人造物是铭记着制造者和消费者的意图，但最终往往是由技术的使用者来重新决定技术人造物的含义。例如，电话技术最初是被用于广播音乐的，但没想到，最终它却被设计为主要是让两地的人进行交流的电话系统，成为促进学生参与远程教育的交流通道……③由此可见，技术人造物的角色、地位和含义诠释最终取决于使用者。基于这样的认识，格林特和伍尔加开始努力探寻一种分析方式，它能够认可技术人造物其持续不断的易适应性。他们将平奇（Pinch, T.）和比耶克尔（Bijker, W.）所提出的"解释灵活性（interpretive flexibility）"概念予以反转，强调技术人造物通过使用向"重新解释（re-

---

① [法]保罗·利科. 解释学与人文科学[M]. 陶远华，袁耀东，冯俊，等译. 石家庄：河北人民出版社，1987：148.
② [法]保罗·利科. 解释学与人文科学[M]. 陶远华，袁耀东，冯俊，等译. 石家庄：河北人民出版社，1987：146.
③ GRINT K, WOOLGAR S. The Machine at Work[M]. Cambridge: Polity Press, 1997: 21.

interpretation）"开放，允许重新设计。① 简言之，技术人造物作为本书向一切使用者敞开，以获得多重解释和理解。不过，这一切都建立在技术—社会关系的离散本质之上。一旦把技术人造物视为本书，我们就有了新的理解它的方式。格林特和伍尔加对此专门提出了"话语分析法"。根据他们的观点，技术就是能被阅读的实体，它们一般都由各个点上的社会性诠释所组成。② 类似地，瓦尼（Vaney, A. D.）则专门对教育中的计算机程序进行了考察，他认为计算机程序是被使用它们的主体所建构的。③ 对此，拉图尔、阿克里希（Akrich, M.）等人也提出了著名的"正本"（script）概念，以描述人与非人行动者体现在技术客体不可分割的关系。④ 在方法论层面，作为本书的技术不仅是将人与"非人物"行动者都纳入了进来，还容纳了在那之上的观察者的角色，以及技术本书自己所产生的范畴。在这个意义上，我们可以说，作为本书的技术是一种元研究的范式。

以麦克多诺（McDonough, T.）对在线学习环境（online educational environments）所展开的研究为例。⑤ 麦克多诺总结了当前已有设计在线学习环境的模式，基本上都未跳出传统的四面墙的课室的模式。因此，他提出了两种新的模式，一种模式是根据一个事先构想好了的理想化脚本来进行设计，它对交互行动者开放，允许他们对空间进行灵活的解释；另一种则是回避事先的全面建构，而留出足够的空间让交互行动者参与环境的建设。相对而言，后面这种设计更能推动使用者反思性的面向环境，汇流各种话语。在这个研究中，我们可以看到，对麦克多诺来说，在线学习环境，或者说网络超文本技术本身就是被建构和重构的符号场所。相应地，这一符号场所又反过来通过它的离散结构来建构和重构交互行动者。⑥ 由此看来，技术人造物本质上就

---

① PINCH T, BIJKER W. The Social Construction of Facts and Artefacts: Or, How the Sociology of Science and the Sociology of Technology Might Benefit Each Other [J]. Social Studies of Science, 1984, 14 (3): 399-441.
② GRINT K, WOOLGAR S. The Machine at Work [M]. Cambridge: Polity Press, 1997: 32.
③ VANEY A D. Reading Educational Computer Programs [M] // MUFFOLETTO R, KNUPFER N. (eds.). Computers in Education: Social, Political, and Historical Perspectives. Cresskill: Hampton Press, 1993: 181-196.
④ 赵乐静. 可选择的技术：关于技术的解释学研究 [D]. 太原：山西大学，2004: 106.
⑤ MCDONOUGH T. The Net and Norms: The Advantages and Disadvantages of Online Pedagogies [C]. Presented at the Annual Conference of the American Educational Studies Association. Pittsburgh, Pennsylvania, Otc., 2002.
⑥ WALTZ S B. Giving Artifacts a Voice? Bringing into Account Technology in Educational Analysis [J]. Educational Theory, 2004, 54 (2): 163.

是一种本书，它将建构社会技术空间的各种话语都铭记了下来。或许，麦克多诺并没有把在线学习界面看作通达某处的机会，而是将其视为公开的语义结构，原因就在于此。

那么，该如何将技术人造物建构成本书呢？首先，必须要以牺牲将"物"看作物的想法，因为一旦将"物"看作物（与人相对的物），那么，技术人造物的解释就有陷入技术中心或社会中心的危险。因此，对技术人造物展开研究，最好采用离散分析法，以便能模糊物与人之间的清晰界线。其次，正如本书指涉创造了批判的空间和解释的开放性一样，技术本书也需要为技术的设计—实施—采用，包括描述解释，都提供批判的空间与开放性解释。推广到网络化学习中，技术人造物作为本书，为了能为更多的学习活动创造可能，这就需要打破原有的僵化结构，预留更多的空间让行动者参与来共同建构。

2. 技术人造物的表达与转译

上述分析表明，技术人造物作为本书，具有可阅读性，毕竟它具有了间距化的特征。正如拉图尔所言，"理解这种选择的最好方法便是将机器比作正本，因为机器中建造者和使用者的铭记（inscription）与文学作品中的作者和读者的使用极为相似。"① 不仅如此，前文已述及，作为中介的技术中介通过授权这一过程获得了发言的机会。就像减速带，因为得到了工程师的授权，所以减速带就成了代言人，24小时在校园的马路上躺着，告诫司机们要放慢速度，以免危害到学生的生命安全。又譬如，自动门的产生，房子的主人及其确保安全的意愿授权给了自动门。可见，通过授权，人类的种种规范、意愿、道德命令，便在技术人造物的生产中被具体化了。换言之，通过授权，技术人造物拥有了可以表达的内容，它能将生产者和消费者的需要、意图都转译出来。而且，拉图尔曾经指出，"技术正本是不说话的行动者，这不是因为它们不能够说话，而是因为它们的意见就体现在机器及其人类行动者的联结之上。"② 基于此，人与机器（技术人造物）的互动是一种符号学关系。不管是人类行动者引起技术人造物发生改变，还是技术人造物向人类行动者所

---

① LATOUR B. Where are the Missing Masses? The Sociology of a Few Mundane Artifacts [M] // BIJKER W, LAW J. (eds.). Shaping Technology/Building Society: Studies in Socio-technical Change. Cambridge, MA: MIT Press, 1992: 236.

② LATOUR B. Where are the Missing Masses? The Sociology of a Few Mundane Artifacts [M] // BIJKER W, LAW J. (eds.). Shaping Technology/Building Society: Studies in Socio-technical Change. Cambridge, MA: MIT Press, 1992: 249.

开放的解释空间,已经很难区分谁是主体、谁是客体了。这再一次回应了,行动者网络理论视域下,人与物是不能分离的。

通过授权,技术人造物清晰地表达和转译了设计者的意图、构思和各种规则、制度等,这是它可以表达的内容的一个方面。另一方面,从知识的角度来考察,技术人造物还选择、集成、凝聚了自然科学和社会科学,甚至包括人文科学的特定的知识。当技术人造物确定选择了某些知识时,另一些知识必然被淡化、遮蔽甚至被舍弃。因此,它首先表达的就是一种价值判断与选择。其次,技术人造物所选择和凝结的知识常常打包并按照一定的固化的程式表达出来,使用者只需要会操作程式,而不需要理解和学习其中的知识。然而,这部分知识却并没有完全遮蔽,而是以一定的规则来限制使用者,对他们形成"促逼"。"这些限制遍布在我们的相互关系和对事物的处理中,并且渗透到最琐碎、最普通的活动中。"[1]

于是,技术人造物则开始表达一种促逼的愿望,因为人人都有着要解蔽和去蔽的欲望,这就对主体提出了更高的学习的要求。当前,互联网和虚拟现实技术的出现,一方面为去蔽"已选择的知识",即促进知识的普遍化提供了可能。"互联网上海量的知识,知识之间轻而易举的链接或非线性相关,以及广大网民的随意点击和选择,为技术的发展所提供的涨落,其范围更广、频率更高、幅度更大。在某时某处被某种技术人造物所遮蔽的知识,可能在深层被卷起,而与其他知识之间发生非线性相关乃至巨涨落。"[2] 另一方面,它为穿越时空以及任何语境来进行交流创造了机会,使得各主体拥有了更大的自由,这也就意味着他们面临着更多需要选择的机会。如此一来,也就对主体构成了新的促逼,要求他们能具有更高的反思能力、批判能力和自主能力,并能主动参与到知识的建构中去。

基于上述认识,建基于因特网和信息通信技术基础之上的网络化学习,如从技术人造物的方面来考察,它至少也表达了这样一种可能性:一方面,它将努力促进知识的普遍化,为传播意义上的知识民主化提供了可能;另一方面,它促逼着学习者提升自我反思和批判的能力,并能主动参与知识的生产,这就为生产意义上的知识民主化提出了要求。更值得一提的是,技术人造物本身作为行动者,它也参与传播知识、生产知识的过程,表达着知识民

---

[1] 劳斯. 知识与权力——走向科学的政治哲学 [M]. 盛晓明,邱慧,孟强译. 北京:北京大学出版社,2004:259.
[2] 吕乃基. 技术"遮蔽"了什么?[J]. 哲学研究,2010(7):90.

主化的意愿。

悬置历史建构起的自然与社会、人与物的二元对立，我们聚焦于所有正在发生的种种活动、表现与现象，对行动者们展开追踪、描述和合成。要知道，"当某一行动者可被阅读时，它并不一定指的是（有文字的）文本；当行动者起作用时，它并非一定是被有灵魂之主体所牵引；当行动者自动化运作时，它不必限制在先验决定的运算法则中。可以说，技术人造物不必比人类更沉默，更多的研究将指向于探讨非人类是如何表达他们的需要和成果的！"①

第三节　面向"后人类"的网络化学习

在追求复杂的多样的差异的过程中，我们需要更加复杂化、多样化、同时化，我们需要重新审视性别、阶层、人种等。我还认为我们需要温柔、同情和幽默来弥补时代的裂缝和狂喜。

——罗斯·布雷蒂（Rosi Braidotti）

在我看来，人类还像是壮丽的开篇，而不是最后的结语。

——弗里曼·戴森（Freeman Dyson）

跟随拉图尔的行动者网络理论，我们重新开启潘多拉的盒子，带来了网络化学习逃离二元论的希望。基于拉图尔的"网络本体论"，"实作论迷思"解放了非人类，让技术人造物也有了开口说话的机会。与此同时，复杂多元且充满了不确定性的后人类时代已悄然来临。在这里，"电子人"到处游走，随处可见，它们将"人是什么？"这一本质问题重新抛给了人类。事实上，"后人类"的诞生则为网络化学习开辟了新天地：何谓"后人类"？"后人类学习"何以可能？面向后人类的网络化学习又该如何？这些问题都等待着我们去一一回应。

---

① WALTZ S B. Giving Artifacts a Voice? Bringing into Account Technology in Educational Analysis [J]. Educational Theory, 2004, 54 (2): 171.

一、网络化学习本体:"后人类"的诞生

网络化学习在行动者网络理论的启示下,需要跳出传统认识论的思维框架,进一步反思和重构其存在的本体。行动者(actor)的出场打破了人类中心主义的幻象,使行动者在场的网络化关系则瓦解了实体本体论的极权,这一切都旨在回归"人性"的本真,重新拷问其本体论与认识论基础,从根本上实现存在观的变革。因此,网络化学习将不再仅仅是作为认识主体的个体面对认识对象(客体)所产生的认知加工过程,也不再仅仅是位于边缘的学习者参与实践共同体活动的合法建构过程,而是诸多异质的行动者(人与非人的)共同形成网络的过程。如此一来,网络化学习本体也将不会是某一个人(或集体),而是聚合物(assemblage),是集合体(collectives),它们正是所谓的"后人类(posthuman)"。"后人类"的诞生为网络化学习本体的重构提供了可能。事实上,它不仅是在术语概念上为之创造了条件,更重要的是在思想观念上,为彻底变革网络化学习带来了无尽的希望。

(一)"行动者网络"与"后人类"

去人类中心霸权一直是行动者网络理论的核心旨趣之一。基于这一目标,行动者网络理论首先采用新的概念术语"行动者(actor)"来消解传统的二元对立论,弥合人类与非人类已有的割裂。在此基础上,行动者网络理论直接切入存在的本质,提出了关系本体论,即任何事物都寓居于与其他行动者的关系之中。事实上,行动者本身就是一个关系网络。据此,网络化学习的本体将不再是某个单一的人类主体,而是一个行动者网络,一个联合了人类与非人类行动者的网络。换句话说,网络化学习的本体应该是正在学习的人(真实的)、教师(真实或虚拟的)、电子计算机、因特网、图片、声音等,一系列参与了具体学习活动的行动者网络化的过程与结果。正如芬威克和爱德华兹(Edwards, R.)所描述的,在行动者网络理论视域下,"任何变化,包括通过关系互动后出现的新观念、创新、行为变化、改革等等,并以盘根错节的各种网络得以表征,都是学习。"[①] 福克斯(Fox, S.)以行动者网络理论对高等教育中的学习过程进行分析后同样发现,学习过程的实质是组成

---
① FENWICK T, EDWARDS R. Actor-Network Theory In Education [M]. Oxen: Routledge, 2010: 22.

网络的技术、事物与变化的知识等力量关系之间的相互作用在持续搏斗的过程。① 安格斯（Angus, T.）等人则直接以行动者网络理论为基础提出了"后人类教育学（cyborg pedagogy）"。② 论文《后人类教育学宣言》（*A Manifesto for Cyborg Pedagogy*）在开篇时，呈现了一张照片（参见图 2.11）。

I AM A CYBERNETIC ORGANISM

图 2.11　我是一个可控生物体③

在普通人视野中，这仅仅就是一杯平常不过的咖啡而已（It's just a cuppa），但透过行动者网络理论的视野，我们看到的却是这样一幅图景：主人公杰夫（Geoff）在试图完成他为物质文化地理课程的日志时，不断搅拌从雀巢咖啡罐中取出的咖啡即溶颗粒，他从旁边的电水壶中取水。而这水又是通过很长的管道从不知名的地方输送来的，杰夫从水龙头处取来添入水壶中，并予以加热。没想到，这水的加热并不容易，它还需要电网、电线、电塔、转接器、电站以及所需的燃料等，通过这一塑料电线、插座以及保险丝等的传输才能实现加热的功能。不仅如此，杰夫还要手握蓝色的塑料把来搅动不

---

① FOX S. An actor-network critique of community in higher education: implications for networked learning [J]. Studies in Higher Education, 2005, 30 (1): 95-110.
② GOUGH N. RhizomANTically Becoming-Cyborg: Performing Posthuman Pedagogies [J]. Educational Philosophy and Theory, 2004, 36 (3): 260.
③ ANGUS T, COOK I, EVANS J. A Manifesto for Cyborg Pedagogy? [J]. International Research in Geographical and Environmental Education, 2001, 10 (2): 195.

锈钢勺子，最后还要借用手臂将杯子举到嘴边，让自己喝下去。因为现在身体十分需要一杯热咖啡来帮助保持清醒，从而完成日志。① 难以想象，若是上述链接中某一处出了问题，泡饮咖啡的活动还能顺利完成。由此可见，让杰夫完成这一简单日常任务的根本原因是诸多的联结（connections），"这里与那里、人与人、人与非人、非人与非人之间的联结"②。基于这样的认识，照片中所存在的还仅仅是一杯简单的咖啡吗？当然不是，"他是一个可控生物体（cybernetic organism），是一个电子人，是某网络中的一个节点。"③ 为什么这么说呢？对此，安格斯等人做了十分生动形象的比喻，只要戴上"电子人眼镜（cyborg spectacles）"，就能看到这些与自身有关的联结。要知道，这些联结如此根本，如肉身一般，它们将说明持续发生在他身上的一类事以成为今天的他……这些联结还是模糊内在身体网络（器官、消化道、脉管、血管、神经轴突等）与外在身体网络（走向田野、工厂、油船、商品贸易楼层……）。④ 概言之，安格斯他们从行动者网络理论出发，走入具体的日常生活世界，最后发现了以联结（也可以称为网络）为形式而存在的本体。这样的本体，人们把它统称为"后人类（posthuman）"。具体而言，"后人类"有许多的表现形式，其中"电子人（cyborg）"是最常见的。后人类主义的著名代表人物哈拉威（Haraway, D.）1991年曾发表声明，正式定义"电子人（cyborg）"为"机器与有机体的杂交物，既是社会实在的，也是虚构的"⑤。很快地，"后人类（posthuman/post-mankind）"就被视为"人体—机器"复合体，包括对人类进行部分地人工设计、人工改造和美化，也包括以生物和电子技术为基础的人工模拟，它们都是"人工人"。这样一种对"后人类"的实体化理解，或者说对"后人类主义"的理解，未免太过于狭隘，以至于遮蔽了"后人类"所带给整个人类社会的冲击。

---

① ANGUS T, COOK I, EVANS J. A Manifesto for Cyborg Pedagogy？ [J]. International Research in Geographical and Environmental Education, 2001, 10（2）：195-196.
② ANGUS T, COOK I, EVANS J. A Manifesto for Cyborg Pedagogy？ [J]. International Research in Geographical and Environmental Education, 2001, 10（2）：196.
③ ANGUS T, COOK I, EVANS J. A Manifesto for Cyborg Pedagogy？ [J]. International Research in Geographical and Environmental Education, 2001, 10（2）：196.
④ ANGUS T, COOK I, EVANS J. A Manifesto for Cyborg Pedagogy？ [J]. International Research in Geographical and Environmental Education, 2001, 10（2）：196-197.
⑤ HARAWAY D. A Cyborg Manifesto：Science, Technology and Socialist Feminism in the Later Twentieth Century [M] // Haraway, D.（ed.）. Simians, Cyborgs and Women：The Reinvention of Nature. New York：Routledge；1991：149.

(二) 作为隐喻的"后人类"

本质上,"后人类"不只是一个实体概念,更是一种隐喻(metaphor),是我们可赖以生存的隐喻,我们以"后人类"这一隐喻来感知和思维、认识和想象、体验与生活。所以海勒斯(Hayles,N. K.)才会直接指出,"'后人类'不仅是实体,还是隐喻,是生命存在和叙事建构。"①

究竟什么是"后人类"呢?1983年1月的时代周刊杂志封面,以"年度机器(Machine of the Year)"几个大字作为封面主题,这行字下边还有一行字"电脑进入(the computer moves in)"。封面上还印有一台电脑,它的左边坐着一个人,图片显示出这个人正在操作和看着电脑。显然,人与机是截然分离的。然而,到了2006年,时代周刊杂志的封面出现了另一幅有趣的图画,此前的人与机嬗变为以"年度人(Person of the Year)"几个大字作为封面主题(参见图 2.12)。

图 2.12 时代周刊杂志封面②

---

① HAYLES N K. How We Became Posthuman: Virtual Bodies in Cybernetics, Literature and Informatics [M]. Chicago: The University of Chicago, 1999: 114.
② 资料来源: http://www.timecoverstore.com/product/person-of-the-year-you-2006-12-25/? a=8.

这样一幅简单的图画却传递出一种全新的观念：人与机不再分离。电脑屏幕中显示的就是"你"，这个"你"是传统人类意义上的"人类"。但是，当"你"走进电脑后，"你"就不再是"你"了，而是人机合一的新生物。它就是"后人类"。

为何说"后人类"是一种隐喻呢？回到首次提出电子人（cyborg）概念的哈拉威这里，我们会发现，电子人概念是在批判20世纪晚期的传统女性主义基础上提出来的。在哈拉威看来，传统的女性主义都受二元论所桎梏，若继续使用二分的概念或术语，只会强化二元对立的存在及其权力。因此，哈拉威提出了"电子人（cyborg）"的概念，它是将人与机器融合为一个可控的生物体，这个生物体全面地将已有的二元范畴，诸如男人与女人、心智与肉身、人类与机器等进行了混合。① 基于此，梅森（Mason, J. L.）才会指出，在哈拉威这里，电子人首先是作为一个隐喻而存在，它用以探究超越二元和跨越边界的女性主义以及女权理论。② 哈拉威也大胆宣称，"20世纪晚期，我们的时代是一个神话的时代，我们所有的人都是嵌合体，即在理论化的基础上装配出来的机器和生物的混合体……电子人是一种想象和物质实体浓缩的图像……电子人是我们的本体论。"③ 作为机器和生物混合体的电子人，首先是一个文化关注所必须探究的神话形象。因此，哈拉威才会说，"我所谓的电子人神话关于跨越边界、有效融合和潜在风险，这些都是进步人士所探究的，作为必需的政治工作的一部分。"④ 这与拉图尔的行动者网络理论有着异曲同工之妙，二者都指向于撼动传统认识论的二元对立思维模式根基，从而建构起全新的认识与解释现象的哲学认识论基础。

作为隐喻的"后人类"首先会影响我们的感知和思维方式，因为"后人类"是一个概念，而概念是思维的基本单位，它"提供的感知与经验世界方式也是独一无二的"⑤。从前面所描述的电子人实体出发，"后人类"在思维

---

① MASON J L. Net/work: Composing the Posthuman Self [D]. Tampa, Florida: University of South Florida, 2008: 3.
② MASON J L. Net/work: Composing the Posthuman Self [D]. Tampa, Florida: University of South Florida, 2008: 2.
③ 曹荣湘. 后人类文化 [M]. 北京：生活·读书·新知三联书店，2004：12.
④ HARAWAY D. A Cyborg Manifesto: Science, Technology and Socialist Feminism in the Later Twentieth Century [M] // HARAWAY D. (ed.). Simians, Cyborgs and Women: The Re-invention of Nature. New York: Routledge; 1991: 154.
⑤ [美] 雷可夫，詹森. 我们赖以生存的譬喻 [M]. 周世箴，译注. 台北：台湾联经出版公司，2006：343.

的内容上首先映射的是一系列联结,是人与非人、心智与肉身等之间的模糊地带,由此便会改变我们所看到的事物。在网络化学习中,"后人类"隐喻让我们观察、反思的对象由独立的个体或单一的计算机技术转向二者之间的互动地带。正如前面所提到的"电子人眼镜",只要戴上它,筛选、过滤最后进入我们感知和思维系统的内容显然会有所不同。当然,"后人类"在思维的形式也会产生投射,它反映为"具身认知(embodied cognition)",毕竟当人与非人、心智与肉身的界线模糊后,对事物的真正理解只能求助于自身,通过自身网络的建构并借助具有想象力的理性。具体到网络化学习中,个体与网络技术的融合、自身情感与理智的和谐将会成为网络化学习最具潜力的资源,而学习者也只有通过参与,才能实现认识。

其次,作为隐喻的"后人类"还会影响我们的体验与生活方式,因为"后人类"这一神话通过叙事产生了一个比喻的空间,而在这个意义上,"后人类"的隐喻也就创建了一个体现"具身主体性"(embodied subjectivity)的概念空间。[1] 这样的概念空间,某种程度上可以说是创建了我们赖以生存的文化空间。以"后人类"的方式来感知与思考,进一步便是会指导我们的行为,改变我们体验与生活的方式。因为我们日常思维范畴在极大程度上具有隐喻性[2],日常推理涉及隐喻蕴涵与推论,平凡的理性(ordinary rationality)本质上也是隐喻性的。据此,雷克夫(Lakoff, G.)与詹森(Johnson, M.)提出了真理体验论。[3] 事实上,在"后人类"这一神话所创建的文化空间中,人们将不再理所当然地认为自己凌驾于一切之上(包括技术、自然物等),因为二者是共存的,而且人是被形塑的。于是,人们会更加热爱动物、热爱技术、热爱大自然,社会才会变得更加和谐。在网络化学习情境中,学习活动不再是个体面向知识对象、信息资源而产生的认知加工活动,而是参与网络联结的过程,只有不断地去链接更多的行动者,学习这个网络才会不断增强,结果才会不断提高。

(三) 作为思想的"后人类"

当"电子人"狂欢时,当"后人类"的步伐已无法阻挡时,世界就变得

---

[1] CHARLES R G, YVONNE M G. Cyborg Pedagogy: Performing Resistance in the Digital Age [J]. Studies in Art Education, 2001, 42 (4): 337.
[2] 引用的内容是出自周世箴的译本,英文原文的概念是 metaphor,为了前后文思想的连贯性,在此将译本中的"譬喻"直接改写成"隐喻"了,特此说明。
[3] [美]雷可夫,詹森.我们赖以生存的譬喻[M].周世箴,译注.台北:联经,2006:288.

131

不那么纯粹了。没有纯粹的自然世界，也没有纯粹的社会世界。于是，"后人类"开始作为一种思想四处渗透，深刻地影响着世界的存在，影响着我们的生存方式。在这个意义上，"后人类"已从"电子人（cyborg）"化身为"后人类主义（posthumanism）"。巴德明顿（Badmington, N.）经过考察发现，后人类主义思想最早起源于尼采（Nietzsche, F. W.）、海德格尔等人，后来，经海勒斯、哈拉威等人予以了新的阐释和发展。事实上，"后人类主义"这一概念并不是表征在时间轴上的某一历史时刻（如，人类主义的终结或人类主义之后），而是更为强调与定义人性本质相关的本体论和认识论基础。[1]

作为一种思想的"后人类"（或者直接称为"后人类主义"）是人类考虑到它在自然中的位置以后可以采取的合理与必要的观点，它与这样的哲学相吻合：肯定事物之间的普遍联系并且肯定自然界所有事物的存在对整体而言都有价值。[2] 具体而言，在本体论方面，自然与社会曾经位于现代性的两极，造成客观与主观的对立，迫使科学与社会分离，如今在"后人类主义"视域下开始走向融合，正如拉图尔所指出的，"这里，不存在比理性更有力量的，也不存在比自然更社会的，因此，也不存在任何的现代世界。"[3] 基于这样一种对称式的现代性原理，自然与文化之间、客观价值与主观价值之间、作为理性的与中立的价值领域的科学与作为主体利益领域的政治之间，无裂缝存在。[4] 这可谓是一种彻底的民主理论。基于此，在认识论上首先发展起了"认识的同等效力原理"。一方面，必须认识到，普遍真实的知识乃是一种假象，被主客二元论所遮蔽；另一方面，要消解知识的等级，去除所谓知识精英的生产霸权。就方法论而言，承认不确定性，适应未知事物，在模糊的各种边界中，我们不能再奢求通过变量控制与测量来获得知识，也不能只寻求社会的建构来解释现象，更应寻求一种体验，在抉择中丰富自我。可以推断，当网络化学习被这种思想所浸染时，学习将不再是单一或某一群体的人类事务，而是人与非人的联合事业，不断联结、征募与动员从而增强网络是提高

---

[1] PEDERSEN H. Is "the Posthuman" educable? On the Convergence of Educational Philosophy, Animal Studies, and Posthumanist Theory? [J]. Discourse: Studies in the Cultural Politics of Education, 2010, 31 (2): 242.

[2] 刘仲蓓，颜亮，陈明亮. 数字化生存的人文价值与后人类中心主义 [J]. 自然辩证法研究, 2003, 19 (4): 67.

[3] LATOUR B. Postmodern? No, Simply Amodern! Steps Toward an Anthropology of Science [J]. Studies in History and Philosophy of Science, 1990, 21 (1): 159.

[4] DíAZ P G. Object-oriented philosophy and the comprehension of scientific realities Essay Review [J]. Athenea Digital, 2011, 11 (1): 228.

网络化学习结果的基本标准。正是在这个意义上，学习生命以这样一种方式存在着；认识的同等效力原理与方法的"具身体验性"则赋予了教师、学生，甚至非人类（non-human）参与知识建构的权力，这将为彻底的知识民主化准备好条件。

（四）作为时代特征的"后人类"

不管如何，我们得承认，"人类是时代的产物。"（福柯语）[1] 同样地，"后人类"也是时代的产物，它所表征的是一个新时代。人们把这个社会称为"后人类社会"。与现代社会相对比，"后人类社会"也相应地被赋予了人类永恒追求的价值和意义。从行动者网络理论出发，"后人类"社会这一抽象概念是不存在的，存在的是一系列转译与联系。即便如此，"后人类社会"还是具有显著的特征。曹剑波等人在《后人类主义理论述评》中重点提及了三个方面：自主、开放和永恒的发展。

"自主"主要表现为个人的自主。正如安东尼·吉登斯（Giddens，A.）在论及现代社会的特征时所分析到的，现代性完全改变了日常社会生活的实质，影响到了我们经历中最为个人化的那些方面。这简直可以算得上是一种自我的磨难。[2] 后人类社会将对个人的自主提出更高的要求，要求个人在面临无数冲突、选择时把握住自己，能够勇敢地面对潜在的风险。不仅如此，个人的自主还建立在尊重他人（包括非人类）的自主基础之上，因而个人需要培养"后人类观"。

"开放"则指的是社会的开放、思想的开放。这样一个开放的社会，反对专制与独裁，追求政治民主，因而会更加强调"参与式民主"。立基于政治认识论[3]，后人类社会鼓励思想开放，科学知识面向大众开放，不仅是在传递的意义上，更需要的是释放知识生产权力。在此基础上，围绕"知识"而存在的就不只是某一特定的群体，而是所有的"后人类"。

"永恒的发展"主要指可持续发展，包括人类自身、人类的文化和生存环境的可持续发展。在此，需要重新认识三者之间的关系。必须承认，人类自

---

[1] ［美］格雷. 后人类的可能性［M］. 张立英，译// 曹荣湘. 后人类文化［M］. 北京：生活·读书·新知三联书店，2004：1.

[2] ［英］吉登斯. 现代性与自我认同［M］. 赵旭东，方文，译. 北京：生活·读书·新知三联书店，1998：213-245.

[3] LATOUR B. Politics of Nature: How to Bring the Sciences into Democracy［M］. Cambridge, Massachusetts: Harvard University Press, 2004: 231.

133

身的发展是建立在人类文化与环境发展的基础之上的。在后人类主义看来，人类自身的发展与人类文化以及环境的可持续发展是不可分割的，三者相互联系与牵制。因此，后人类社会鼓励"学习"（或者说网络化学习）。通过网络化学习的中介，人类自身的发展、人类文化的发展与生存环境的发展有望重新联结，推动后人类社会永恒发展。

二、"后人类"学习何以可能

"后人类"的诞生为我们的教育带来了新的问题："后人类"可教（educable）吗？换而言之，"后人类"学习何以可能？前文已论及，"后人类"并非一种新兴人类，而是一种隐喻、一种思想。正如彼得森（Pedersen, H.）所言，在教育研究中，"后人类主义"最好首先被理解为是去人类主体中心化的标识。[①] 在此意义上，"后人类"教育的含义显然不是将过去的教育对象"人"简单替换为"后人类"这么简单的事情。它所蕴涵的内容如此丰富，以至于美国南佛罗里达大学的梅森在其博士论文《网络/化：谱写后人类自我》（Net/work: Composing the posthuman self）中专门探讨了一个中心问题："教'后人类'意味着什么？（What does it mean to teach posthumans?）"当然，关于"后人类"学习的问题研究也绝非一篇或几篇博士论文就能全部涵括的，因为它将是教育的永恒问题。但可以肯定地说，"后人类"学习的诸多问题必然建立在一个根本问题之上，那就是"后人类"学习何以可能？回到作为教育基础的人性假设这里，"后人类"或者说"后人类主义"要求我们重新审视这一教育之根，发展起对人性的另一种解读。追求身份的自我认同以及网络化主体的出现，尤其是拉图尔所提倡的网络本体论（network ontology），为"后人类"学习奠定了本体论基础。与此同时，网络时代的连通主义学习理论以及技术的发展为促进网络化认知能力的发展提供了可能，而拉图尔所倡导的包含新真理观、认识论同等效力原理的哲学认识论思想，则确立了"后人类"学习成为可能的认识论基础。事实上，后人类作为思想渗透到教育学领域后，也引起了不少学者的兴趣，已有的后人类教育学理论，特别是边界教育学（border pedagogy）的出现，则为"后人类"学习奠定了教育学

---

① PEDERSEN H. Is "the Posthuman" educable? On the Convergence of Educational Philosophy, Animal Studies, and Posthumanist Theory? [J]. Discourse: Studies in the Cultural Politics of Education, 2010, 31 (2): 243.

<<< 第一章 俄狄浦斯厄运：从网络化学习到网络化学习生命存在

的基础。

（一）"后人类"学习的本体论基础

从"后人类"学习这一命题出发，首先需要考察的是它存在的根本依据是什么。过去，教育理论体系的建构一直都立基于人性假设之上，对人性所持假设不同便会导致不同的教育价值观、教育行动纲领、方法和步骤等。那么，"后人类"学习作为一种新的教育形态，它又奠基于何种人性假设之上呢？不仅如此，在"后人类"社会中，个体的身份建构与认同出现了前所未有的危机，该如何去认识和把握它呢？它给未来的教师、管理者和教育带来了哪些挑战呢？最后，当我们将非人类和人类的等级制打破后，将技术视为人体的延伸时，"共同体"出现了，即网络化主体（networked subjectivity），也就是拉图尔所谓的行动者网络，它成为"后人类"学习得以可能的又一本体论基础。

最近，彼得森（Pedersen, H.）一针见血地指出，建基于启蒙哲学传统的当代教育以努力培养学生的智力、品德与社会性进而"成人（becoming human）"为标识，它深深地扎根于人类主义（humanism）思想中。① 某种意义上可以说，这是一种强制人性（compulsory humanity）。② 而"后人类"学习从根本上反对这样一种强制人性的基础，它认为教育并非要预先为学生的发展设立一个位置。譬如，我国各种各样的教育方针，1981年的"使受教育者在德育、智育、体育几方面都得到发展，成为有社会主义觉悟的有文化的劳动者和又红又专的人才"，1986年的"培养有理想、有道德、有文化、有纪律的社会主义建设人才"，1993年的"培养德、智、体全面发展的建设者和接班人"，等等。无不体现出为受教育者指定了一个目标明确的方向，显然，这样的教育观是建立在"强制人性"的基础上的。"后人类"学习将彻底颠覆这一根本人性假设，它认为"后人类"学习是在不断的发展过程中，没有必要也没有办法预先假定好目标，然后一直朝那个稳定的目标前进。芬

---

① PEDERSEN H. Is "the Posthuman" educable? On the Convergence of Educational Philosophy, Animal Studies, and Posthumanist Theory? [J]. Discourse: Studies in the Cultural Politics of Education, 2010, 31(2): 237.
② MCKAY R. "Identifying with the Animals": Language, Subjectivity, and the Animal Politics of Margaret Atwood's Surfacing [M] // POLLOCK M. S, RAINWATER C. (Eds.). Figuring animals: Essays on Animal Images in Art, Literature, Philosophy and Popular Culture. New York: Palgrave Macmillan, 2005: 207-227.

威克与爱德华兹提出，我们应该在更广泛的意义上来理解"教育"这个概念，它的实质是指向知识生产、实践、有意向的主体性以及教学方法的这样一种有意识的过程。① 显然，这样一种关于"教育"的概念解读不再是以"人"为中心，其所涵摄的内容十分丰富，纳入了物质性的实践、复杂的教学法以及意向性主体。与此同时，基于传统的人性假设，教育成为属人的专门世界，而"人"在这里，常常被解读为非历史性的存在（ahistorical essence），这就排除了批判的可能性，为反思性自我创造和自治封锁了道路。② 对此，"后人类主义"主张，人并非独立存在，而是与其他非人物联系在一起组成网络而存在，这样的存在就是本体论，它的存在本身就是一种政治学。于是，"后人类"学习的第二大人性假设便建立在本体政治论基础上，要求我们重新反思已有本体论，很快我们就会发现"人类中心""性别差异""阶层分明"……的"等级"特色十分明显。而"后人类主义"给了我们一种逃离等级世界而作用的方式。从在阶级、种族和性别等存在差异的旧等级制逃离出来，一种新的秩序便会从"后人类"性质中产生。要知道，仅仅知道是属人的是远远不够的。③ 事实上，过去人们对人性的认识往往都采用表征式理解（representationalist understanding），而"后人类"学习则倡导表现式理解（performative understanding）。这两种理解有什么不同，它们会导致对教育（或者说学习）有怎样不同的影响呢？我们以人的"尊严（dignity）"为例来试着做一说明。表征主义本体论认为，所谓的人性就是个体与生俱来的品质，它在获得表征之前就先在了。据此，尊严就是人的属性，是人的一种能力。这样的话，尊严不可增也不可减，人人都有着同样的尊严。这样一种人性观显然是存在问题的，巴拉德（Barad, K.）一针见血就指出来了，"表征主义在本体上将世界上的语词与事物予以了分离。"④ 在表征主义看来，"尊严"似乎是在真空中存在的，与个人的行动毫无关系。与之相反，"后人类"学习提倡表现式理解。这样的话，"尊严"这一人性特征一定是在行动中、各种联系中、表现中才能得以体现。换言之，一个人的"尊严"是在被他人（包括制度）所对待

---

① FENWICK T, EDWARDS R. Actor-Network Theory In Education [M]. Oxen: Routledge, 2010: Preface, ix.
② PICKETT B L. Foucault and the Politics of Resistance [J]. Polity, 1996, 28 (4): 451-452.
③ MASON J L. Net/work: Composing the Posthuman Self [D]. Tampa, Florida: University of South Florida, 2008: 17-18.
④ BARAD K. Posthumanist performativity: Toward an understanding of how matter comes to matter [J]. Signs: Journal of Women in Culture and Society, 2003, 28 (3): 801-831.

的过程中，以及在与外部环境交往的过程中偶然发生的。① 一切都在行动之中。基于这样的人性假设，"后人类"学习更加强调发展、民主和行动。

此外，我们无法阻挡"后工业社会"的步伐。在这个社会中，"文化服务已经取代了物质财富在生产核心里的地位，反对工具与市场的逻辑，在个性和文化中捍卫主体，这取代了阶级斗争的观念。"② 也就在这样一个社会中，尤其在"赛博空间里，我可以像更换衣服似的变换我们的身份，身份变成无限可塑的，没有尽头……一切都在变化，每个人都不是某个确定的人"③。泰勒（Taylor，M. C.）等人的发现让我们开始感到恐慌。的确，为什么我们所观察到的总是一种这样的对立趋势呢？全球化与身份认同之间，网络与自我之间的距离为什么与日俱增呢？④ 卡斯特的疑惑更让我们迷惘！深陷危机的自我认同催促我们进一步追寻人类存在的意义与精神。泰勒指出，生活在后人类网络文化中，作为主体存在的内涵发生了根本性变化，"自我（self），不是抽象的术语，而是复杂关系网络中的一个节点……主体性是有结节的（nodular）。"⑤ 如此一来，我们的"后人类"学习不应再躲避在封闭的书本、课室或学校里，也不应再固守在单调的人—人互动或人—物互动中，它期待和需要的是所有行动者（人、物、技术、精神……）的网络化。

当人性的阶级性被破坏后，当网络化的行动者确立后，开展学习的"主体"开始浮现（emerging）了。它不是某一个体（individual），也不是某一群体（group），而是集合体（collectives），是后人类（cyborg）。这样一种新的主体观，让我们重新审视我们的身体（bodies）。身体究竟是什么呢？是被心智所控制和引导的吗？是副产品吗？在"后人类"这里，肯定不是。哈尔特（Hardt，M.）和内格里（Negri，A.）提醒我们，其实，身体是后人类的主体

---

① LINDA M G, GEORGE D. Dignity and Agential Realism: Human, Posthuman, and Nonhuman [J]. The American Journal of Bioethics, 2010, 10 (7): 57.
② TOURAINE A. Qu'est-ce que la democratie? [M]. Paris: Fayard, 1994: 168. From Castells, M. The Rise of the Network Society. Oxford: Blackwell Publisher Inc., 2000: 22.
③ TYLOR M C, SAARINEN E. Imagologies: Media Philosophy [M]. New York: Routledge, 1994. From Mason, J. L. Net/work: Composing the Posthuman Self [D]. Tampa, Florida: University of South Florida, 2008: 19.
④ CASTELLS M. The Rise of the Network Society [M]. Oxford: Blackwell Publisher Inc., 2000: 22.
⑤ TAYLOR M C. The Moment of Complexity: Emerging Network Culture [M]. Chicago: The University of Chicago Press, 2003: 231.

部分。① 借助身体，我们将所有与之相关的物质的、非物质的都联合起来，形成了网络化主体（networked subjectivity），人们习惯性地将它称为共同体（community）。由此看来，只有不断地征募和卷入更多的行动者，我们的主体性才能实现，自我身份也才能得以建构。在这个意义上，共同体是动态发展的，也就在这个意义上，"后人类"学习得以可能。

更为根本的，在哲学本体论层面，拉图尔的事物为本哲学为"后人类"学习确立起了"行动者网络（actor-network）"的新本体。首先，借助行动者概念，事物为本哲学重新联结起已被传统哲学所生生割裂的自然与社会、主体与客体、事实与形式、知识与存在等，并以事物的彻底民主化取代了哲学中人类的专制和理论的优先权。当进一步追问行动者的原因时，事物为本哲学主张"非还原论（Irreduction）"，即"就事物自身而言，没有一种事物是可还原或不可还原为任何其他事物的"②。说其不可还原，乃至少蕴含着三层含义：其一，没有特定行动者比其他行动者更真实；其二，人类活动中亦不存在"一种活动比另一种更客观、更超越、更理论或更哲学"；其三，"行动者不能被还原为当前人们对它的认识。"③ 说其并非不可还原，乃是因为行动者在与其他"行动者"互动中可以获得自己的实存空间。事实上，所有"行动者"都凝结在不断抗争、磋商、妥协以及温情关爱等形成的网络之中，在此意义上，事物本质上已不再是静态的实体，而是一种动态的联结，是一种内涵历史性与发展性的"关系质"。无怪乎哈拉威会说："我们都是嵌合体，是机器与有机体在理论上组合的杂交物。"④ 正是在这个意义上，关系本体论得以确立，这就为"后人类"学习奠定了本体论的基础。

（二）"后人类"学习的认识论基础

根据上文所述，"后人类"学习是以网络化共同体的形式而存在的，这样的共同体其实现学习是否存在认识论基础呢？在微观层面，加拿大学者西蒙

---

① MASON J, MASON J L. Net/work: Composing the Posthuman Self [D]. Tampa, Florida: University of South Florida, 2008: 28.
② LATOUR B. The Pasteurization of France [M]. London: Havard University Press, 1988: 158.
③ HARMAN G. The Importance of Bruno Latour for Philosophy [J]. Cultural Studies Review, 2007, 13 (1): 35.
④ HARAWAY D. A Cyborg Manifesto: Science, Technology and Socialist Feminism in the Later Twentieth Century [M] // HARAWAY D. (ed.). Simians, Cyborgs and Women: The Reinvention of Nature. New York: Routledge, 1991: 150.

斯从知识的角度切入，专门研究了网络时代的学习，提出了连通主义学习理论（connectionism）。在中观层面，梅森则对后人类主义课堂进行了探讨，并以视频游戏为例，阐释了在后人类学习中实现个体网络化认知的可能性。至于宏观层面，拉图尔的事物为本哲学则提供了哲学认识论基础。

首先，随着通信信息技术的迅猛发展，以电脑为中介的沟通与交流打破了过去的线性传播方式，知识开始流动、不稳定且富有互动性，在对比了层级式知识观与网络化知识观后，西蒙斯总结概括出了，网络时代知识都是"动态的""平等的""连通的""由参与者和过程来界定的""去中心化的"，具有"适应性"和"动态形成的结构"，且是"培育的""自然发生的"。在这样一种知识环境下，我们的学习必然发生变化。事实上，传统的学习理论，行为主义、认知主义和建构主义都无法解释新知识环境下的学习了。基于此，西蒙斯从情感、创造性、意涵、设计以及实施等方面对网络时代的学习特征进行了深入的分析，最后，提出"学习就是建构网络的过程"[1]。一方面，学习需要创建外部学习网络以持续不断地卷入知识，形成知识结构；另一方面，它又离不开我们心智内部的网络化。总而言之，学习就发生在我们头脑内在的网络结构与外部知识的网络结构相连通的过程中。在不断连通外部知识之间、外部与内部心智之间、内部心智结构之间的过程中，学习网络得以建构。"后人类"的学习也正是发生在这样一种变革的知识环境中，因此，连通主义学习为之奠定了心理层面的理论基础。

我们再把目光投向学习所发生的主要场所——课堂（classroom）。后人类课堂中充斥着技术的身影，虚拟的在线学习再加上社会性网络工具——如博客（Blogs）、维基（Wikis）、在线影音（online audio and video）等——在课堂上的广泛使用，使得课堂环境突破了传统的物理空间，走向了三维的甚至多维的时空。那么，在这样的课堂中，学生的学习到底是如何发生的呢？对此，梅森专门研究了写作课堂中的视频游戏。如果将视频游戏仍然视为写作内容的传播，那么就会完全忽略游戏者的经验。然而，正如教授吉（Gee, J. P.）所言，后人类学习者（玩家）是镶嵌在物质与社会世界中的。[2] 而视频游戏不仅能提供设计经验，而且参与者能通过操作（doing）与存在（being）来开展学习。在此意义上，学习绝对不是外在于个体的活动，更不是由外力

---

[1] ［加］G. 西蒙斯. 网络时代的知识和学习——走向联通［M］. 詹青龙，译. 上海：华东师范大学出版社，2009：28.

[2] GEE J P. What Video Games Have to Teach Us About Learning and Literacy［M］. New York：Palgrave Macmillan，2003：7.

强加给学习者的内容，而是一种内在的生命存在。当然，必须明白，网络化课堂（networked classroom）并非仅指连上了因特网的课室，而是通过身体、意图、情感等所产生的电子回路（circuit）。梅森指出，后人类学习（教育）并不意味着就一定包含有虚拟世界的课室，更重要的是去关注当我们置身于交流与协作的网络中，学习是如何通过我们与他人的联结而发生的。①

事实上，拉图尔的事物为本哲学也为"后人类"学习奠定了认识论的基础。真理的获得不再是主客符合或命题融贯，而是存在于连续的尝试与实践中，诉诸于细心地在各种情景中去追溯转译的每一个步骤。与此同时，事物为本哲学反对行动者内部存在着强弱之分，因而谈论精神或真理作为纯粹而压倒一切的力量是没有意义的。② 进一步，它否定了任何瞬间比其他瞬间"更现代"的可能性，努力澄清已有的知识霸权谬误。正如博戈西昂（Boghossian, P.）所评价的，拉图尔是在巴斯德关于炭疽引起家畜疾病的知识与农民关于家畜疾病的知识两者具有相同可靠性的意义上，捍卫认识论的同等效力原理的。③ 这意味着，普遍知识存在是一种霸权谬误，知识的等级需要消解。从这一点出发，知识不再是承载权力而由少数人施舍给大众的"礼物"，实质是所有行动者在具体网络化中的"识知（knowing）过程"及其状态，是行动者与生俱来的品性或曰"权力"。基于此，"后人类"学习在哲学认识论基础上也就成为可能的了。

（三）"后人类"学习的教育学基础

当"后人类"诞生后，它立即引起了教育学者的兴趣与关注。到目前为止，已经发展并形成了两大流派。一些教育学工作者（包括理论和实践工作者）采取积极乐观的态度，认为后人类、后人类主义的诞生为我们的教育带来了新的希望，尤其在人与动物、人与自然（环境）以及人与科技之间，重新架起了桥梁。他们努力通过实践来适应这一变化，并尝试着建构"后人类教育学（cyborg pedagogy）。我们不妨把这一流派称为实用主义学派。另一批教育学者（主要是理论工作者）则显得更为激进些，他们深切教育之根，将

---

① MASON J, MASON J L. Net/work: Composing the Posthuman Self [D]. Tampa, Florida: University of South Florida, 2008: 97.
② HARMAN G. The Importance of Bruno Latour for Philosophy [J]. Cultural Studies Review, 2007, 13 (1): 42.
③ BOGHOSSIAN P. Fear of Knowledge: Against Relativism and Constructivism [M]. Oxford: Oxford University Press, 2006: 2.

传统的教育知识观、教育价值观、人性观包括教学观等树立为靶子，以后人类、后人类主义思想为武器，开展轰轰烈烈的批判活动。这一流派被称为批判主义学派。

　　第一，关于实用主义学派。"后人类"的诞生为教育带来的首要冲击便是呼唤我们重新审视教育中人与动物、人与科技以及人与自然环境之间的关系。动物教育学家佩德森（Pederson, H.）从批判教育的传统人性观出发，在后人类的理论视域下，重新检视了人性（human nature）的本体论和认识论基础，从而寻找到了教育理论与动物研究的共同理论基础。经过分析，佩德森得出，后人类主义教育与动物研究不仅在不完善的本体论与认识论领域内相互连结，而且还通过激进的主体间性而联系在一起，并在"生成"的多重可能性基础上以开放式的形式诞生。① 基于这样的认识，佩德森指出，后人类主义将会不断挑战关于教育制度化生产、中介以及知识的发展的研究。未来的教育研究应关注教育学是如何被生物权力（biopower）、生物资本（biocapital）以及"种际关系（interspecies relationships）"具身化的其他产物等所缠绕和使用的。关注教育情境中各种各样的物质（materialities）、生物社会关系（biosocial relations）、情绪劳动（emotional labour）以及教育微观物理学（microphysics of education）等。② 作为科学教育工作者的高夫（Gough, N.）从拉图尔的行动者网络理论出发，结合德勒兹（Deleuze, G.）和伽塔里（Guattari, P-F.）的根茎（rhizome）隐喻，重新质疑和挑战已有的课程、教与学的基本假设。经过分析，他指出，所谓教与学，可以被想象为是社会技术关系嵌入其中的物质与符号聚合物，它们通过在各种有机生物的、技术的、自然的、文本的物质世界中不断转换联结和交往关系而得以表现。③ 针对此，高夫提出了"成为后人类（becoming-cyborg）"作为新的教育哲学观。事实上，从人与科技的关系出发，安格斯等人的《后人类教育学宣言》"*A Manifesto for Cyborg Pedagogy*"则更为直接地表明了，建构以"后人类"为基础的新教育学是可能的，他们的课程设计与成功实施显示，"后人类"学习既

---

① PEDERSON H. Is "the Posthuman" educable? On the Convergence of Educational Philosophy, Animal Studies, and Posthumanist Theory? [J]. Discourse: Studies in the Cultural Politics of Education, 2010, 31 (2): 247.
② PEDERSON H. Is "the Posthuman" educable? On the Convergence of Educational Philosophy, Animal Studies, and Posthumanist Theory? [J]. Discourse: Studies in the Cultural Politics of Education, 2010, 31 (2): 247.
③ GOUGH N. RhizomANTically Becoming-Cyborg: Performing posthuman pedagogies [J]. Educational Philosophy and Theory, 2004, 36 (3): 255.

是可能的，而且在促进学习者的批判思维能力和提升责任感方面都是有效的。针对人与自然环境的关系，"后人类"对教育的影响则表征为可持续发展教育（sustainability education），它的基本假设是将当前的生态危机看作与人文危机一样，都是现代性的表现。因此，后人类主义的环境教育就更强调科学文化研究的重要性，更重视在课堂的各个层面对现代性进行批判，包括对已有环境教育的潜在假设以及可持续发展本身的概念。① 著名的环境教育学家墨菲（Murphy，R.）指出，所谓的"后人类"其挑战性主要表现在超越"反自然"人类主义以及发展新的"亲和自然"人类主义，以促进人的社会行动与自然决定论的和谐，进而"拓展自然及其非人类生物自身的价值"。②

第二，关于批判主义学派。将后人类作为批判的武器来重新审视传统的教育学是批判主义学派的主要特征。作为重要代表之一，别斯塔（Biesta，G. J. J.）从福柯具体分析如何推翻"人"的现代性概念中得出："教育学应该不要有人类主义（humanism）。"③ 别斯塔这句话的意思是指，在教育中，实现人的主体性的途径应该是开放的，而不是事先就质问"人"在教育中处于什么位置。因为只要我们拷问"人"在教育中居于何种地位，就预设了"人"与"非人"（包括动物和其他物）的这一对范畴，进而把"人"推向权威之高地。进而致使"人—物"共建主体性以及其他的可能性都被遮蔽了，同时也将处理已成为我们文化不可分割部分的"非人物"的概念空间给封闭起来。事实上，一直以来，"主体（subject）"这个概念的潜台词就是"现代人"，但别斯塔认为，"我们只能存在于这样的一个世界之中，它居住了不是人类的其他物。"④ 这就是说，我们必须打破"人"在这个世界中的霸主地位，确立起新的"主体"观。总的来说，别斯塔主要是针对传统的主体观而展开的激烈批判。而另一位后人类主义教育学家，斯帕诺斯（Spanos，M. V.）在他的著作《教育学的终结：走向后人类主义》（*The end of Education: Towards Posthumanism*）中对美国二战后的自由式人类主义进步教育展开了社

---

① PEDERSEN H. Is "the Posthuman" educable? On the Convergence of Educational Philosophy, Animal Studies, and Posthumanist Theory? [J]. Discourse: Studies in the Cultural Politics of Education, 2010, 31（2）: 244.

② MURPHY R. Sociology and Nature: Social Action in Context [M]. Boulder, CO: Westview Press, 1997: 290-291.

③ BIESTA G J J. Pedagogy without humanism: Foucault and the Subject of Education [J]. Interchange, 1998, 29（1）: 1.

④ BIESTA G J J. Beyond Learning: Democratic Education for a Human Future [M]. Boulder, CO: Paradigm, 2006: 32.

会政治批判，在此基础上，指出教育学应走向后人类主义的新路向。奈特（Knight，J.）则为我们描绘一幅各阶层通力合作的"后教育"美好图景。在这里，大众教育、知识商品化、生产/消费式的人力单元取代人类教育，这些都紧密关联在一起。①显然，奈特是从经济学的视角切入来展开批判的，他甚至认为，后人类主义理论所带来的流动性、灵活性以及边界动荡性与全球资本主义是一致的。

第三，从社会学视角切入来进行批判的主要以西方的"边界教育学（border pedagogy）"为代表。吉罗克斯（Giroux，H. A.）在代表作品《跨越边界——文化工作者与教育政治学》中，从知识与权力的关系入手提出了边界教育学。这样一种新的教育学鼓励学生：①在行动中去识别和批判已有的二元逻辑；②为了能破坏已有的习惯性运用之根基，要求在彼此之间寻找新的空间或从根部切除。②

不管是哪一种学派，"后人类"以及"后人类主义"所带给教育的冲击和挑战都是不可回避的。"也许，有责任的后人类教育最大的承诺就是具有培养新公民的潜能，这些公民具有批判性的技术素养，能重新思考他们与政治系统、环境、经济、技术、工作和休闲之间的关系，且不会完全抛弃与人文教育相随的人文价值。当然，这样的教育也必须包括技术，因为它帮助学生形成了各种不同的存在模式，甚至社会系统也是一种技术。"③基于此，我们甚至可以大胆预测，未来的教育中，人类主义与后人类主义之间所存在的张力，会成为竭力推动人类教育事业不断前进发展的主要动力。

三、走向"后人类"的网络化学习

可以说，"后人类"的诞生给网络化学习开辟了一片新的天地。首先，立

---

① KNIGHT J. Fading Poststructuralisms: Post-Ford, Posthuman, Post-education？[M]// SMITH R, WEXLER P. (Eds.). After Postmodernism: Education, Politics and Identity. London: The Falmer Press, 1995: 24.
② COOK I. Empowerment Through Journal Writing? Border Pedagogy at Work [M]. University of Sussex Research Papers in Geography No. 26. London: The Falmer Press, 1996. COOK, I. Nothing can ever be the case of "us" and "them" again: Exploring the politics of difference through journal writing [J]. Journal of Geography in Higher Education, 2000, 24 (1): 13-27. From ANGUS T, COOK I, EVANS J. A Manifesto for Cyborg Pedagogy? [J]. International Research in Geographical and Environmental Education, 2001, 10 (2): 199.
③ MASON L. Net/work: Composing the Posthuman Self [D]. Tampa, Florida: University of South Florida, 2008: iv.

足行动者网络理论的关系本体论，深入教育的立基之本，"后人类"反对传统教育的"强制人性"基础，强调"发展人性"；批判"等级制"人性，支持"民主化"人性；反对表征式的"抽象人性"，提倡表现式的"实践人性"。解构已有的身体，"后人类"确立起网络化主体，意即所有行动者（人、物、技术、精神……）的网络化就是学习的本体。基于此，作为一种本质存在、一种学习生命存在的网络化学习便成为可能。与此同时，连通主义学习理论、网络化课堂教学以及行动者网络理论的新真理观和认识论同等效力原理等则为网络化学习从盘旋在超俗的柏拉图空间落入与日常生活紧密相连的现实空间奠定了认识论基础。作为诸多异质的行动者（人与非人的）共同形成网络的过程，在"后人类"世界展开的网络化学习也具有了自己的一些特性，尤其他对传统的师生关系、教师角色提出了新的挑战，并为课程创新提供了新的发展路向。

（一）网络化学习的特性

如前所述，"后人类"所带来的并不只是实体概念的转变，更是一种隐喻、一种思想、一种时代的特征。因此，面向"后人类"的网络化学习所具有的特性首先就表现在，作为一种新的观念和教育价值观取向而存在。具体而言，查尔斯（Charles, R. G.）与伊冯娜（Yvonne, M. G.）借助网络黑客的概念，将它主要概括为以下五个特性[①]：第一，正如黑客具有揭示安全漏洞和技术缺陷的功能一样，面向"后人类"的网络化学习的存在首先就是为了揭示已有教育学（学习）在基本假设上所存在的缺陷。正如前面所提到的，揭示传统教育学的"强制人性"假设，甚至反对教育预先为"人"设置好位置这样的本体论取向。此外，揭示已有教育学中存在大量的二元对立现象，以及与之伴随的某一方占据霸权、统治地位的情况。曾一直被学习主体压制和控制着的所谓"学习客体"（包括"技术"）开始从边缘走向中心，重新与学习展开对话。第二，正如黑客是一种负责开发最先进软件的实验性的、自由形式的研究活动一样，网络化学习让"学习者"在真实和虚拟的身体中自由地游戏，从而建构起身份。在这个虚拟的、真实的、虚拟与真实交互的多维空间中，学习者的身份认同开始多元化，这也为更加自由的学习创造了条件。第三，恰如黑客作为一种精英教育显示高科技的发展超越了制度化教

---

① CHARLES R G, YVONNE M G. Cyborg Pedagogy: Performing Resistance in the Digital Age [J]. Studies in Art Education, 2001, 42 (4): 344-345.

育的传统形式,网络化学习在现代信息技术的陪伴与鼓舞下,显示出了极大地超越制度化教育的趋势。世界各地出现的各种开放大学,包括各种非正式的学习虚拟社区的出现,诸如豆瓣读书、谷歌图书等,都在不断地挑战制度化教育,模糊传统学习的边界。第四,黑客还像一个重要的看门人,他们负责技术监控和数据收集,满足各大公司内部统一交流的需求。网络化学习也是如此,必然要随时保持警惕,对教育的制度化倾向和公司化假设要有相应的对策。换句话说,设计和开展网络化学习时,要努力规避教育制度化的吸纳性,唯有这样才能保持住网络化学习应有的特性。第五,在保持立足于文化阻抗前沿以及贮存对抗性知识方面,黑客扮演着相当重要的角色。与之相似,网络化学习在面对未来教育压迫时所产生的可能性恐怕也就是坚持驻守文化阻抗的前沿阵地。在此,需要明确网络化学习在未来文化传播与创新中所具有的关键地位,它对于防范未来技术法西斯是相当重要的。

当然,面向"后人类"的网络化学习在具体的实践中也具有一定的特性,它主要表现在三个方面:第一,基于后人类的网络化本体观,网络化学习的主体将走向彻底民主化。恰如姆利特瓦在研究网络化学习时所定义的,不管是人还是技术,也无论是物质环境还是组织制度,均为共同组成学习的行动者。在此,人与动物、人与技术、人与物、人与文化等,在本体论地位上都是平等的。我们把它称作为彻底的民主化主体。因此,我们的网络化学习要将曾经被忽视的"物"召回本体论视域,重新展开分析。例如,一份课程指南、一个网站中的留言板、一个鼠标、一个键盘……这些都可能成为具体网络化学习中的不变的运动体,有些甚至是强制轨道点。如此一来,物的重要性得以凸显,引起了我们足够的重视。第二,基于网络化认知与连通主义学习理论,网络化学习的过程已不再是个体认知加工过程或者是某一社群的集体建构,它的展开实质就是各种异质行动者不断展开协商、抗争的过程。例如,当发现从学生对教师反馈这一链接不够时,我们便引入了电子邮件或 QQ 在线聊天工具,从而加强学生对学习的反馈以及师生之间的交流。甚至有研究者还将 QQ 作为媒体中介来开展意识形态与政治的教学。[①]第三,学习的效果并非取决于个体的努力程度,也不是由知识灌输的多少来决定,而是靠联结的关系数量和强度来决定。这样的话,网络化学习需要不断转译更多行动者的兴趣,以保持网络的稳定性,增加网络的强度。譬如,"我"当前正在学

[①] HONG X. Study on QQ-medium-oriented Ideological and Political Education of College Students [J]. AthletesNOW, 2009, 5 (12): 75-77.

习拉图尔的哲学，为了能将其学得更好，"我"就需要通过加入更多的拉图尔学习网站（如，事物为本哲学的博客"the blog of object-oriented philosophy"），与更多的人交流。与此同时，"我"还需要将所学的拉图尔思想用于自己的研究中，继而撰写成文章进行公开发表，以让更多的读者了解他，参与到"我"的学习网络中来。坚持这样做，就会有更多的人被吸引到这个网络中来，这使得"我"本人的学习越来越有意义，效果也越来越显著。

（二）网络化学习的教师角色重构

当然，面向"后人类"的网络化学习因为主体观的重构而对传统的教师角色带来了巨大的冲击，它主要表现在两个方面：第一，教师的本质有待重新考察；第二，教师的角色需要重构。

在"后人类"学习观的启示下，学习活动中的"人"，不应是抽象而普遍的人，而应是具体化的正在开展着某项活动的人，因而教师必然是正在组织教学活动的具体的人。基于行动者网络理论的关系本体论，"教师"的本质不再是一个独立于其活动之外的实体，且他/她的"教师性（teacheriness）不是按照序列事先赋予的，而是在这些活动的各种异质性关系中产生的。借助行动者网络理论，麦格雷戈（McGregor, J.）深入科学课堂中对"教师"进行观察与追踪，他指出，"科学教师就是那个正在给某班级教学某科学主题的教师，因为她就在一个物质性异构网络中的恰当地点。"[1] 在行动者网络理论看来，所有关系都必须被放置在某个地方，而承载这一任务的事物就被称为"识知场所（knowing location）"。因此，麦格雷戈的研究结果表明，教师就是这样一个"识知场所"。通过"教师"，实验室、实验器材、学生、实验，还有学习目标、内容、方式等，都联系起来组成学习网络，在此意义上，"教师"就成了"识知场所"。

此外，正如马修斯（Mathews, L.）所体会到的，"后人类"的网络化学习必然使教师的角色重构。[2] 具体说来，它主要表现在以下两个方面：第一，网络化学习将挑战教师在学习中的权威角色。长期以来，教师都在学习中扮演着知识和学术的权威角色，然而，当教学双方获得信息的机会相对均等时，教师的这一神秘与法定权威便会消解；此外，网络空间中师生的匿名性，即

---

[1] MCGREGOR J. Spatiality and the place of the material in schools [J]. Pedagogy, Culture and Society, 2004, 12 (3): 366.
[2] MATHEWS L. Posthuman Pedagogy [EB/OL]. http://edc.education.ed.ac.uk/lindam/2010/12/03/posthuman-pedagogy/, 2011-11-07.

"师生人际交流范围的虚拟网络化挑战教师的感召力与专业权威"①；同时，网络化学习中的师生主体的去中心化的特质与网络化的人际交往，打破了面对面学习活动中以身份地位为主导的社会分层结构，促使师生角色出现互换的现象。第二，网络化学习的动态发展性使得教师角色也具有流动性，并非固定不变。一方面，由于学习的建构过程是动态变化的，有时会成功建构，有时又会遭到破坏而解构，如此一来，教师的角色也是变化发展的。另一方面，教师与学生在网络化学习中的关系也是动态变化的，从启动学习到学习的展开再到最后的评价学习，这一过程中，教师的角色并不是一成不变的，时而为辅导者，时而为引导者，时而为组织者……总之，教师角色在网络化学习中既不是抽象的，更不是静止的，而是具体丰富而动态变化的。

（三）网络化学习的课程创新

基于"后人类"或"后人类主义"的网络化学习，在课程创新方面主要表现出两大趋势：一方面，由于"后人类"与生俱来的反传统性，反二元论思维模式，因而课程的创新逐步走向批判性课程的建构与发展；另一方面，由于"后人类"学习更加强调情景性、具身性、过程性，因此课程的创新逐步具体化到个人，向个性化迈进。

前者以杰夫所开发的人文地理课程为例，该课程的开发旨在鼓励学生展开自己的研究，自主地思考与写作关于他们自己的身份及日常生活是怎样与课堂上的种种问题相分离的。该课程要求学生做到以下几点：①采用后人类本体论观（cyborg ontology）来思考自我与商品之间的关系；②根据"商品链""文化环"和"行动者网络"等来思考自我与他者之间的关系；③通过课堂上对消费、生产与流通的经验研究的阅读与讨论，进一步加深对这些现象的理解；④要求学生以小组的形式来进行汇报，将在讨论中所产生的关键性问题进行报告；⑤要求不断地将自己的知识置入日常生活的普通情境中；⑥最后，要求学生坚持写日志，来记录这些理解是如何根植于这些环境中的，而它又通过这门课程获得了哪些发展。② 整个课程的实施过程，并非由教师进行讲授或教授来完成，而是鼓励学生自主学习。教师只是在课程开始有一节

---

① 张青. 教师的权威者角色在网络教育中的变化及其社会学原因 [J]. 湖南师范大学教育科学学报，2010，9（5）：64.
② ANUGS T, COOK I, EVANS J. A Manifesto for Cyborg Pedagogy? [J]. International Research in Geographical and Environmental Education，2001，10（2）：195.

147

引导课，接着将详细的课程安排相关资料都发放下去，尽量地去教师的中心化地位。课程结束后，学生的批判性思维能力提高了，社会责任感也增强了。这样的课程设计符合后人类学习的特点，为网络化学习的课程创新提供了一种发展方向。

另一方面，网络化学习由于更加强调情景性与过程性，使得适合普遍对象的课程及其课程观遭遇了困境。因此，根据派纳（Pinar, W. F.）和格吕梅（Grumet, M. R.）的"贫困课程（poor curriculum）"这一概念，学生自传式的内容作为草根式教育方式打破了学校教育所谓的丰富的元叙事。因此，查尔斯等人提出，自传的表现实际上就是跑道（currere）。① 就在这里，课程的发展与创新并不需要学校、教学方法或学术规训来修订与再组织，因为它仅仅需要一种转换，从关注课程的形成转向关注学生如何使用以及通过它们来展开活动。② 基于这样的认识，可以展望，网络化学习的课程创新将更加个人化。技术与个体的融合趋势也表明，适合个体的经验课程是唯一的。在这个意义上，我们提出，自传体将为课程创新开辟另一条发展路向。

---

① CHARLES R G, YVONNE M G. Cyborg Pedagogy: Performing Resistance in the Digital Age [J]. Studies in Art Education, 2001, 42 (4): 344.

② PINAR W F, GRUMET M R. Toward a Poor Curriculum [M]. Dubuque, LA: Kendall/Hunt Publishing, 1976: 68.

第二章

新美诺悖论：从网络化学习到网络化识知[①]

在人类的思想史特别是哲学史上，悖论往往扮演着既困扰人类理性思维又推动思想发展的双重角色。它惹人厌却又充满魅力，吸引着无数哲学家为之绞尽脑汁并奉献智慧。美诺悖论就是最早的认知悖论，它具体表述为："一个人既不能研究（学习）[②] 他所知道的东西，也不能研究（学习）他所不知道的东西，因为如果他所研究（学习）的是他所已经知道了的东西，他就没有必要去研究（学习）；而如果他所研究（学习）的是他所不知道的东西，他就不能去研究（学习），因为他根本不知道他所要研究（学习）的是什么。"[③] 于是，"研究（学习）何以可能"的诘难便开启了知识论研究之门。围绕着美诺悖论，人们不厌其烦地思索着，"知识是什么？""知识何以可能？""什么知识是真知？"……

随着人们对这些问题思考的不断深入，当前的知识论（尤其是科学知识）研究则转向"实在论"与"非实在论"之争。经典实在论要求去除"表征"，让主体直接与实体存在（reality）发生联系，由此产生可靠知识。可是我们经验最多的分明就是我们尚未知晓的"事物"，这些事物在主体意识中产生的"实体感"是模糊的、不完整的。既然如此，又岂能从一开始就将认识对象界定为"实体"呢？这是美诺悖论在当代的新表征形式，它表述为："一个人要认识（学习）的对象本身就是模糊的，如果已经是清晰的'实体'，那么就无需再认识；而如果他对自己所要认识（学习）的对象是不清楚的话，那么

[①] 这里的"知识"是广义的，它既涵指名词意义上的"知识"，也指称动词意义上的"知识"。
[②] 括号里的文字是本书作者所加注，因为据考证，柏拉图采用"回忆说"来反驳美诺悖论，他的基本观点就是"一切研究和学习不过是一种回忆罢了"（可参阅英文版的《柏拉图对话集》第2卷第40页，牛津大学出版社，1892年）。从这个意义上，我们可以将苏格拉底所描述的美诺悖论中的研究也阐释为学习。
[③] 北京大学哲学系外国哲学史教研室. 古希腊罗马哲学 [M]. 北京：商务印书馆，1982：190.

在实体层面所谓的'表征'与'事实'的统一就无法成立。"

在这个网络化时代,一方面,知识化身为唯一的生产要素,引领当前经济的发展;另一方面,知识又与权力联姻,彰显出人类社会的政治本色。同时,多样化、个性化、网络化被打造为"知识"的新特质。这突如其来的变化,使得以"知识"为核心的"网络化学习"开始变得手足无措:"知识究竟是什么?""学习(知识创造)何以可能?""知识还能纯粹地摆脱政治的困扰吗?""学习(知识创造)还是某些特殊群体的专权吗?"……"知识"俨然成为时代的灵魂,其间,人性与诗意浸润着一切存在。此时此刻,寄身于"知识"的"网络化学习"又该如何来回应新时代美诺悖论的挑战呢?

第一节 网络化学习的知识论困境及反思[①]

在秩序与混沌边缘中生长的"网络化学习"面对着信息的无止境膨胀,不禁返回学习的中心地带来重新拷问:"何谓知识?""信息等同于知识吗?"这意义重大。然而,不管答案如何,它都始终没有摆脱传统认识论视域下学习观的桎梏。毕竟,只求"知识"而不问"学习"会永远徘徊在通达那个迷思的知识外在世界的途中。事实上,正如卡尔所指出的,网络是颠覆求知的

---

① 认识论,在英文中的对应词是"epistemology",而"知识论"的对应词是"theory of knowledge",但前者的英文解释意思是"the theory of knowledge",显然其可被译作"知识论",而后者也常被译作"认识论"。目前来说,关于"认识论"与"知识论"的区分仍然存在争议,大致有以下几种主张:第一,我国学者吴畏认为,一般情况下,认识论和知识论的区别并没有那么严格,往往可以把二者等同(参见:吴畏. 当代知识论与社会科学哲学 [J]. 自然辩证法研究,2007,23(11):25. 同时可参阅:[英] 布宁,余纪元. 西方哲学英汉对照辞典 [K]. 北京:人民出版社,2001:993.)。第二,我国学者陈嘉明的观点是,知识论与认识论是一脉相承的,前者是后者发展到当代的基本形态(参见:陈嘉明. 当代知识论:概念、背景与现状 [J]. 哲学研究,2003(5):89.)。第三种观点主张将"认识论"与"知识论"所研究的范畴予以区分。"认识论"指基于对认知活动的发生学考察所形成的相关理论学说,它包括对认识的来源、阶段、机制、方法等问题的探究。"知识论"则指对作为认识成果形态的知识的反思性学说,它包括对知识的本性、知识的标准、知识与其所指向的对象的关系、知识明证性的基础等问题的讨论(参见:黄颂杰,宋宽锋. 对知识的追求和辩护——西方认识论和知识论的历史反思 [J]. 复旦学报(社会科学版),1997(4):49.)。本书中取广义的"知识论"含义,包括了狭义上的认识论。

特有过程。①"网络化学习"绝不能仅仅固守旧有追寻知识的套路,而应跟随"网络",回归"知识"的源头去探寻"知识创造"与"学习"之间的本真关系。唯有如此,"网络化学习"才可能真正通过"知识"来获得全面的解放。

一、网络化学习的知识观透视

美国教育学家索尔蒂斯(Soltis,J. F.)曾指出:"从根本上说,知识的概念与教育的概念是无法分离的,因而,我们对关于知识和认识方面可能存在的许多问题的回答,对我们教育者如何思考和行动将有重大影响。"② 照此,作为当代教育新形态的"网络化学习",从根本上也是与"知识"的概念无法分离的。而"知识"的概念贯穿着整个人类文明与文化史,其中主要包含了静态知识观与动态知识观(或过程知识观)两种。当下,置身于网络社会、知识社会之中的"知识"则拥有了更多的含义:从个体的到社会的,从显性的到隐性的,从科学的到文化的,从经济的到政治的……至今为止,关于知识内涵的理解,人们非但没有达成共识,反而从各种不同的视角切入揭露了知识的愈来愈丰富的本质内涵,形成了一幅十分复杂的"知识观"图景。即便如此,为了能更好地促进"网络化学习"的发展,尝试着从谱系学的视角来描绘"知识观"图景是具有一定的意义的。

(一) 网络化学习的多维知识观图景

网络技术的发展引起了新一代的知识革命,知识的建构性③、社会性④、

---

① 冯卫东. 你还能全神贯注于一本书吗?——人类的思维方式正在被网络重塑 [N]. 科技日报,2010-08-08(2).
② [美] 索尔蒂斯. 教育与知识的概念 [C] 唐晓杰,译. // 瞿葆奎. 教育学文集(智育). 北京:人民教育出版社,1993:62.
③ 以皮亚杰(Piaget,J.)的发生认识论为开端,西方兴起了建构主义思潮。建构主义认为,知识是由认知主体积极建构的,而建构是通过新旧经验的互动实现的。在此基础上,学习的基本隐喻就是"学习是知识建构"。
④ 在维果茨基(Bыготский,Л. С.)揭示认知过程中社会文化历史背景的作用后,知识的社会性也受到了广泛关注。从社会学领域到科学哲学领域,都纷纷揭示了"知识"与"社会"的内在关联。在此基础上,学习的基本隐喻是"学习是知识的社会协商"。

情景性①、复杂性、默会性②、开放性与动态性逐一被揭露，并发展为知识的显性特征。与此同时，知识的多维度，如个体与社会、客观与建构、显性与默会等纷纷显现，它们彼此相互交错，形成了复杂的知识观图景。在行动者网络理论（ANT）所建基的事物为本哲学（OOP）的启示下，我们大致可以将已有的知识观划分为以下几个维度：人本维度，主要是从知识与人的关系出发，可以将知识划分为个体知识与群体知识（公共知识）；社会维度，指的是从知识与社会的关系来看，知识有经济取向和政治取向之分；科学（science）维度，指的是从知识与自然（客观世界）的关系出发，将知识区分为客观映射与主观建构两个方面；知识内在维度，指的是从知识与知识自身的关系来看，存在着显性知识与隐性（默会）知识之分。基于知识的这四个维度，我们可以将已有网络化学习中出现的种种知识观置入其适当的位置，从而勾勒出一幅新的知识观图景。首先需要说明的一点是，因网络（技术层面的）而激增的知识催生了"知识管理"及其研究的兴起。显然，它与网络化学习有着内在的关联，如今二者已经开始走向合流，尤其在"知识观"的层面上二者不可绝对地区分。③ 基于此，在描绘网络化学习的知识观图景时，本书参考借鉴了许多"知识管理"研究的文献。

1. 人本维度的知识观

所谓人本维度，主要指的是从人（个体或群体）与知识的关系出发来考察知识的本质。它产生出了个体主义和集体主义两种主要类型的知识观。尽管两种知识观各自的取向有所不同，但它们都面临着同样一个问题，那就是个体的私有知识与群体的公共知识之间究竟是一种怎样的关系？二者如何得

---

① 以莱夫和温格对学习所展开的人类学为标志，知识的情景性得以显现。在此基础上，学习的基本隐喻是"实践共同体的社会参与"。

② 自波兰尼（Polani, M.）将我们在做某事的行动中所拥有的知识确立地位后，个体性知识便开始正式进入知识的图景。它也被称为"默会知识（tacit knowledge）"。

③ 关于"网络化学习"与"知识管理"之间的关系研究，已有文献显示，其大致呈现这样一条发展路向：从网络化学习作为知识管理的一种方法或要素（可参见：SNEHA M. J, PUSHPANADHAM K, ANJAIL K. Knowledge Management through E-learning: An Emerging Trend in the Indian Higher Education System [J]. International Journal on E-learning, 2002, 1 (3); HORST N, WILHELM S. E-learning and cooperation as elements of knowledge management [J]. Stahl und Eisen, 2003, 123 (9).) 或知识管理作为网络化学习的途径和策略（可参见：BELLE J-P. V. Using a Knowledge Management System for E-learning [J]. Iaido Journal, 2005, 7 (2).），最终走向二者的融合（可参见：DANA A. L., Candidate, Candidate, A. C. The Convergence between Knowledge Management and E-learning Concepts [J]. Economia: Seria Management, 2008, 11 (2).）。

以沟通呢？持个体主义知识观的学者们，其基本一致的观点是承认只有个体才能创造和生产知识，而群体的知识都是建立在个体知识的基础之上的。知识创造论之父，野中郁次郎（Nonaka, I.）与竹内弘高（Takeuchi, H.）明确地指出，"没有个体，一个组织是无法创造知识的。组织只是支持有创意的个体，提供其创造知识的背景。因此，组织知识的创造应该被理解为个体创造出的知识被组织放大然后具体化为其知识网络的一部分的这样一个过程。这样一个过程在不断扩张的交往共同体内发生，它跨越组织内与组织间的各个层次与边界。"① 而在达文波特（Davenport, T.）和普鲁萨克（Prusak, L.）看来，"知识源于识知者的心智，又应用于其中。在组织里，它则嵌入组织的文件或储藏室中，同时还深入组织的常规、过程、实践与规范之中。"② 这意味着，个体的知识是通过文化的渗透而达致组织知识层面的。换言之，当个体按照他们自己的知识行事时，个体知识就可能变成群体知识了。楚卡斯（Tsoukas, H.）也持有类似的观点，不同的是他认为知识首先是一种能力，"是个体基于一定的背景或理论而在集体行动领域里找到差异的能力。"③ 总而言之，个体主义知识观都倾向于认为，知识是个体创造的，当这些知识被应用、分配或重新组合时，群体知识才得以可能出现。与之相对的是集体主义知识观，当前由于社会性网络技术的蓬勃发展，计算机支持的协作学习（CSCL）以及虚拟学习社区的日益兴盛，集体主义知识观已从幕后走向前台，并成为引领网络化学习发展的主流知识观之一。一般来说，集体主义知识观主要表征为"共同体知识观"，它的基本假设就是："知识是通过连续的对话和互动过程在组织内得到共享并建构起来的。它充满着常规、标准和日常实践。"④ 事实上，共同体知识观最早来源于莱夫和温格所提出的"实践共同体"概念。所谓实践共同体，指的是一群共同关注某些问题或对某一主题具

---

① NANAKA I, TAKEUCHI H. The Knowledge-Creating Company: How Japanese Companies Create the Dynamics of Innovation [M]. Oxford: Oxford University Press, 1995: 59.
② DAVENPORT T, PRUSAK L. Working Knowledge: How Organizations Manage What They Know [M]. Boston, MA.: Harvard Business School Press, 2000: 5.
③ TSOUKAS H. On Organizational Knowledge and Its Management: An Ethnographic Investigation [C] // KOSKI J. T, MARTTILA S. (Eds). Conference on Knowledge and Innovation. Helsinki, Finland: Helsinki School of Economics and Business Administration, 2000: 15.
④ BROWN J S, DUGUID P. Organizational Learning and Communities-of-practice: Toward a Unified View of Working, Learning and Innovation [J]. Organization Science, 1991, 2 (1): 40-57.

有相同兴趣的人，他们通过彼此之间不断的互动来加深本领域的知识和专业素养。当然，共同体需要激情、承诺和专业认同。如果维持共同体的兴趣消失，那么共同体也将难以持存。值得重视的是，交流（communication）在共同体知识创造、分享和应用方面扮演着十分重要的角色。此后，波尔（Pór, G.）则进一步将"共同体知识观"拓展到更为广泛的社会背景层面，进而提出了"知识生态学"的概念。① 在知识生态学看来，知识具有社会情境性，因此它的创造不仅依赖于所共享知识的内容，还取决于其所共享的环境。它包括的基本要素有：可付诸行动的信息、背景、协同与信任。这主要包括两大方面，一是对话，关注促进知识流动的反馈，包括解释、理解、意义共享和结盟等；二是智力活力，包括关系、信任和意义等。② 那么，集体主义知识观又是如何沟通群体知识与个体知识关系的呢？迪克森（Dixon, N. M.）对此提出了，作为组织财富的知识是通过共享而分配给组织内个体的。

2. 社会维度的知识观

所谓社会维度，并不是指人与人的交往与互动这个意义上的社会，而是在社会作为整体这一意义上的，从知识与社会的关系出发来考察知识的本质。文献显示，此维度的知识观集中表现在两个方面：知识经济观和知识政治观。前者所持的知识观是从经济学的视角而产生的，后者则更多地关注政治视域下的知识本质。一般来说，一旦知识进入经济学的视域，它便难以逃脱"资本""产品""商品"等概念范畴，并且其认识论前提便是"实体观"，即将知识视为客观的实体。正是基于这样的前提假设，"知识管理"才得以可能。因而，在狭义上，我们可以将"知识管理"视为知识经济观的集大成者。正如雅库比克（Jakubik, M.）所指出的，知识经济观实质上就是一种知识的管理方式，而知识就像商品一样，是静态的组织资源。③ 已有的文献显示，知识经济观表征为两种主要形式：产品中心模式（product-centered approach）、内容中心模式（content-centered approach）或汇编模式（codification approach）。其中，产品中心模式受商业的影响最大，它认为知识能够创造更多经济财富，

---

① PóR G. Knowledge Ecology and Communities of Practice: Emergent Twin Trends of Creating True Wealth [EB/OL]. https://www.researchgate.net/publication/278008746_Knowledge_Ecology_and_Communities_of_Practice_Emerging_Twin_Trends_of_Creating_True_Wealth,（1998-01-01）[2021-05-06].

② JAKUBIK M. Exploring the Knowledge Landscape: Four Emerging Views of Knowledge [J]. Journal of Knowledge Management, 2007, 11 (4): 15.

③ JAKUBIK M. Exploring the Knowledge Landscape: Four Emerging Views of Knowledge [J]. Journal of Knowledge Management, 2007, 11 (4): 12.

对此，达文波特和普鲁萨克还特别强调，我们应该"为了长期的商业利益而使用知识"①。无独有偶，米舍（Mische，M. A.）也提出了"知识就是数据和信息的最终产品"② 这一说法。不管怎样，将知识视为产品或商品，既表征了知识作为实体的存在，又突出了知识的经济功能。另一方面，内容中心模式在网络化学习中具体化为各种打包装箱好了的在线课程资源、网络资源等等。在这里，知识几乎等同于能作为储蓄行的信息，它可以被捕捉、储存、取回，并能在组织、组织单位和个人之间进行传递。③ 现代的学习者（包括研究者）愈来愈感到管理信息（知识）的重要性大大超过获取信息（知识），endnote、notefirst 等软件的出现与发展也正是应这种需要而产生的。那么，在网络化学习中，这种意义上的知识到底是怎么管理的呢？亚沙帕拉（Jashapara，A.）经过研究后发现，一般来说，在网络化学习过程中，包括这么五个基本步骤：发现（discovering）、产生（generating）、评估（evaluating）、分享（sharing）和影响（leveraging）知识。④ 总的来说，无论是产品中心模式还是内容中心模式，知识经济观都坚守着"知识就是财富""知识就是资本"这样的信念。它所导致的网络化学习隐喻就是"学习就是管理知识"。与之相对，知识天生地与政治有着内在的某种关联。近年来，在福柯的权力分析与劳斯（Rouse，J.）的科学知识政治学研究启示下，越来越多的有志之士意识到了知识与权力之间的内在关联。甚至劳斯还大胆宣称，"知识就是权力，并且权力就是知识。"⑤ 具体到在网络化学习研究中，已开始有人关注知识与民主政治的关系问题了。从信息传播的权力角度分析，拉扎（Raza，A.）和穆拉德（Murad，H. S.）的研究表明，"在全球化的背景下，能否跨越文化和社会边界而自由和平等地获取信息和知识是知识民主化的内涵。"⑥ 别斯塔（Biesta，G.）则从高等教育的职能入手，从知识与政治的关

---

① DAVENPORT T, PRUSAK L. Working Knowledge: How Organizations Manage What They Know [M]. Boston, MA.: Harvard Business School Press, 2000: IX.
② MISCHE M A. Strategic Renewal, Organizational Change for Competitive Advantage [M]. Upper Saddle River, NJ.: Prentice-Hall, 2000: 167-168.
③ FAHEY L, PRUSAK L. The Eleven Deadliest Sins of Knowledge Management [J]. California Management Review, 1998, 40 (3): 59-79.
④ JASHAPARA A. Knowledge Management: An Integrated Approach [M]. Harlow: FT Prentice-Hall, 2004: 5.
⑤ 劳斯. 知识与权力——走向科学的政治哲学 [M]. 盛晓明, 邱慧, 孟强, 译. 北京: 北京大学出版社, 2004: 23.
⑥ RAZA A, MURAD H S. Knowledge Democracy and the Implications to Information Access [J]. Multicultural Education & Technology Journal, 2008, 2 (1): 37.

系中为高等教育的发展重新找到出路，它最终要求回到知识的源头——去改变认识论的话语体系。① 将知识与政治、权力重新联结，未尝不是一条揭示知识本质的新路向。

3. 科学维度的知识观

所谓科学维度，主要是就作为主体的人与作为客体的物之间的关系而论的。知识究竟是客体在主观意识中的镜像还是主观意识对客体的主动建构，对这个问题的不同回答便产生了不同的知识观：客观主义知识论和建构主义知识论。客观主义知识论所持的基本认识论假设主要有二：一是相信客观地存在可靠知识；二是知识是由客观实在映射于主观意识而形成的。基于这样的假设，网络化学习中强调内容驱动（content-driven），如早期的计算机辅助教学或远程教学基本上都坚持客观知识论的立场，将计算机或网络平台视为知识的载体或容器，尤其是关于"学习对象（learning objects）"的研究与实践，是客观主义知识论在网络化学习中的典型体现。网络化学习中，"学习对象主要是指基于网络的能够说明、支持、补充或评估学生学习的教学材料。"② 一般来说，一个完整的学习对象发展过程主要包括分析、设计、开发、实施和评价五个基本阶段。尽管目前学术界对于"学习对象"的定义并未取得一致的看法，但总的来说，学习对象这一概念很明显地反映出了客观主义知识论的立场，它认为知识是稳定的，因为客体的本质属性是可知且不变的。在客观主义知识观看来，世界是真实的，而且具有结构性。……通过思维过程产生的意义是外在于识知者（knower）的，它由真实世界的结构来决定的。因而，学习就是对客观实体的同化，而教学设计者或教师的目标就是将客观事件翻译给学习者听。③ 另一方面，与客观主义知识论相对的是建构主义知识论，它的基本假设是认为并不存在单一的客观实体，而知识是个体基于自己的经验、心智结构和信念而建构起来的。目前，最主要的建构主义流派包括认知建构主义、激进建构主义、具身建构主义和社会建构主义。认知建构主义认为："前次建构的结果会成为下次建构的基础材料和架构。意

---

① BIESTA G. Towards the Knowledge Democracy? Knowledge Production and the Civic Role of the University [J]. Studies in Philosophy and Education, 2007, 26 (5): 467-479.
② CRAMER S R. Update Your Classroom with Learning Objects and Twenty-First-Century Skills [J]. Clearing House, 2007, 80 (3): 26.
③ JONASSEN D H. Objectivism versus Constructivism: Do we need a new philosophical paradigm? [J]. Educational Technology Research and Development, 1991, 39 (3): 5-14.

义、结构和知识得以融合。"① 而激进建构主义则特别强调学习主体的自我建构,它认为学习这一建构过程具有个体性和独立性。具身建构主义强调个体与所交互的客体世界其整体呈现。正如雷德(Reid, D.)所说:"不是个体具有一种认知结构就决定了他如何思考,也并不是有一种概念结构事先存在从而决定新概念的发展,有机体其实是作为一个整体,即通过它持续变化着的结构来决定他对客体世界所做出的反应的。"② 社会建构主义则非常重视社会文化背景和情景对学习的影响,它提出学习主体实际上是通过对话来学习的。尽管不同流派的建构主义在理解和解释学习时会有具体的差异,但总的来说,建构主义学习观都强调了获得知识过程的递归性以及学习的主体性。正因为建构主义十分强调个人经验在知识形成中的作用,所以在网络化学习中,也愈来愈重视学生的参与性、互动性和活动性。随着 Web2.0 技术的产生与发展,由个体参与知识的建构与传播已成为可能,并成为未来网络化学习的主要发展方向。如前所述,计算机支持的协作学习、虚拟学习社区、网络化协作学习(networked collaborative learning)③ 都是基于建构主义的知识观而发展起来的。

4. 知识内在维度的知识观

所谓知识内在维度,是从知识与知识自身的关系来考察的。经济合作与发展组织在 1996 年发布了《以知识为基础的经济》(*The Knowledge-Based Economy*)的年度报告,报告中将知识划分为四类:知是什么(know-what)的事实性知识,知为什么(know-why)的原理性知识,知如何(know-how)的技能性知识,知是谁(know-who)的社会性知识。④这几类知识可区分为显性知识(explicit knowledge)和隐性知识(tacit knowledge)。上述四种知识中,知如何的技能性知识和知是谁的社会性知识就是隐性知识,它们难以被编码和测量。⑤ 那么,显性知识与隐性知识的关联究竟是什么呢?针对此问题,主要存在两种不同的取向。一方面,从波兰尼(Polanyi, M.)那儿开始,隐性

---

① ERNEST P. Reflections on Theories of Learning [J]. ZDM, 2006, 38 (1): 3-7.
② REID D. Enactivism as a methodology [C] // PUIG L, Gutiérrez, A. (Eds.). Proceedings of the Twentieth Annual Conference of the International Group for the Psychology of Mathematics Education. Valencia, Spain, 1996, 4: 203-210.
③ TRENTIN G. Networked Collaborative Learning: Social Interaction and Active Learning [M]. Cambridge, UK: Woodhead Publishing Limited, 2010: 145-146.
④ OECD. The Knowledge-Based Economy [R]. Paris: OECD, 1996: 12.
⑤ LUNDVALL B-A, JOHNSON B. The Learning Economy [J]. Journal of Industry Studies, 1994, 1 (2): 23-42.

知识便和显性知识是一体的，无法完全分割。野中郁次郎和竹内弘高也持有类似的看法，他们并没有完全割裂隐性知识和显性知识，指出："组织知识的创造就是在隐性知识和显性知识之间持续而动态的互动。"① 并在此基础上，提出了著名的组织知识创造 SECI 模式②。另一方面，也有些学者将隐性知识与显性知识清晰地分开。譬如，斯彭德（Spender, J.-C.）在对知识进行分类时就明显地将显性知识与隐性知识作为一对范畴，然后分别在个体和社会层面相结合，形成新的知识类型。个体层面的显性知识主要是个体所识知的事实、理论框架和概念等有意识的知识，而个体层面的隐性知识则是个人的技艺等自动化知识；相对而言，社会层面的显性知识指的是客观化知识，如已有解决方案的集体共享观念，而社会层面的隐性知识则被称为集体知识（collective knowledge），它是集体常规和经验的综合。③ 沙尔默（Scharmer, C. O.）还走得更远些，他区分了显性实体化知识、隐性实体化知识、自我超越性知识和隐性非实体化知识等。④ 总而言之，不同特征的知识也催生出了有着显著差异的知识观。当然，知识观的差异又会导致学习观的差异。与显性知识相对应的就是外显学习，即有意识地认知加工，而无意识加工的过程则是内隐学习。事实上，大多数的学习，尤其是网络化学习都是自然产生的，并非受到学习者有意识地控制。⑤ 目前，许多发展心理学家对儿童展开错误—信念任务的实验研究结果都表明，婴幼儿在发展外显理解力之前已经发展起了对许多认知现象的内隐理解力了。⑥ 显然，内隐学习是存在的，或者说，心理学研究结果已表明，隐性知识的心理形成机制是的确存在的。因此，从知

---

① NANAKA I, TAKEUCHI H. The Knowledge-Creating Company: How Japanese Companies Create the Dynamics of Innovation [M]. Oxford: Oxford University Press, 1995. 70.
② SECI 模式是由野中郁次郎和竹内弘高所提出来的，它包括社会化（socialization）、外化（externalization）、组合（combination）以及内化（internalization）四个环节。这四个环节对应着四种不同类型的知识，依次是共鸣知识（sympathized knowledge）、概念知识（conceptual knowledge）、系统知识（system knowledge）和操作性知识（operational knowledge）。
③ JAKUBIK M. Exploring the Knowledge Landscape: Four Emerging Views of Knowledge [J]. Journal of Knowledge Management, 2007, 11 (4): 11-12.
④ SCHARMER C O. Organizing around not-yet-embodied knowledge [M] // Von Krogh, G., Nonaka, I., Nishiguchi, T. (Eds). Knowledge Creation, A Source of Value. London: Macmillan Press, 2000. 36-60.
⑤ REBER A S. Implicit learning and tacit knowledge [J]. Journal of Experimental Psychology: General, 1989, 118 (3): 219-235.
⑥ CLEMENTS W A, PERNER J. Implicit understanding of belief [J]. Cognitive Development, 1994, 9 (4): 377-395.

识内在的维度来考察,至少存在有四种基本形态的知识形成过程:内隐—外显式、外显—内隐式、双内隐式与双外显式。当然,知识内在维度的复杂关系还远非这四种形态所能囊括的。

综上所述,从知识与人、社会、自然以及知识自身的关系出发考察,各种各样的知识观已然存在于现实当中。为了能更清晰地透视已有的知识观图景,我们筛选了上述各个维度的知识观主要代表人物及其观点并对其进行归纳(参见表3.1)。

表 3.1　网络化学习中的主要知识观取向及其观点[①]

文献（按时间顺序排列）	知识观所属维度	观点、工具或视角
波兰尼（Polanyi, M.），《个人知识:迈向后批判哲学》,1975年。	知识内在维度	隐性知识与显性知识的连续体。
拉贝尔（Reber, A. S.），《内隐学习与隐性知识》,1989年。	知识内在维度	大多数的学习,尤其是网络化学习都是自然产生的,并非受到学习者有意识地控制。
约纳森（Jonassen, D. H），《客观主义与建构主义:我们需要一种新的哲学范式吗?》,1991年。	科学维度	世界是真实的,而且具有结构性……通过思维过程产生的意义是外在于"识知者"的,它由真实世界的结构来决定。
塞尔（Searle, J. R.），《社会实在的建构》,1995年。	人本维度	知识是个体心智的产物,在本体层面是主观的。
野中郁次郎（Nonaka, I.），竹内弘高（Takeuchi, H.），《创造知识的企业·日本的企业如何创造创新的动力学》,1995年。	人本维度、科学维度、经济维度	严格意义上,知识只能由个体来创造。没有个体,任何组织或群体都无法创造知识。以人为本,区分出个体、小组、组织、组织间四个水平的知识。
斯彭德（Spender, J.-C.），《组织知识、学习和记忆:寻找理论的三个概念》,1996年。	人本维度、科学维度	社会知识与个体知识。社会层面分为集体知识和客观化知识,个体层面分为自动知识和有意知识。

[①] 表格部分参照了雅库比克(JAKUBIK M.)的论文中第8页的表格。JAKUBIK M. Exploring the Knowledge Landscape: Four Emerging Views of Knowledge [J]. Journal of Knowledge Management, 2007, 11 (4): 8.

续表

文献（按时间顺序排列）	知识观所属维度	观点、工具或视角
达文波特（Davenport, T.）和普鲁萨克（Prusak, L.），《工作知识：组织如何管理其所知》，2000年。	人本维度	知识就是有结构的经验、价值观、背景信息以及专业洞察力，能够提供评价和整合新经验和信息的框架这一流动混合体。
迪克森（Dixon, N. M.），《公共知识》，2000年。	人本维度、社会维度（经济）	知识首先是组织的财富，它在组织成员之间进行共享。
楚卡斯（Tsoukas, H.），《关于组织知识和管理的人种志研究》，2000年。	人本维度	知识是个体能基于一定的背景或理论而在集体行动领域内发现差别的能力。
米舍（Mische, M. A.），《策略更新：培养竞争优势的组织变革》，2000年。	社会维度（经济）	知识就是数据和信息的最终产品。
沙尔默（Scharmer, C. O.），《组织非具身化知识》，2000年。	知识内在维度	知识可分为显性实体化知识、隐性实体化知识、自我超越性知识和隐性非实体化知识等。
欧内斯特（Ernest, P.），《学习理论反思》，2006年。	科学维度	前次建构的结果会成为下一次建构的基础材料和架构。意义、结构和知识得以融合。
拉扎（Raza, A.），穆拉德（Murad, H. S.），《知识民主与信息获取的应用》，2007年。	社会维度（政治）	能否跨越文化和社会边界而自由和平等地获取信息和知识是知识民主的内涵。

不仅如此，各个维度的知识观彼此相互交叉影响、错综复杂，还会产生出更多的知识观类型。当然，必须指出的是，在网络化学习的真实情境中，这些知识观可能会存在重叠、交错甚至相互矛盾的现象。这并非否定已有的知识观范畴，而是从另一个方面应证了知识观的复杂性。

（二）网络化学习知识观的变迁与问题

透过上面所勾勒的知识观图景来重新审视已有网络化学习中的知识观，

可以大致展望网络化学习知识观的发展趋势,并发现已有网络化学习知识观中存在的种种问题。

1. 网络化学习知识观的历时态分析

在网络化学习的发展历程中,我们可以透过具体的各种各样的学习活动以及学习研究,来反观已有网络化学习背后所隐含着的知识观。知识观主要是指关于知识性质的看法和观念。随着网络化学习实践及理论的不断深化和发展,关于知识性质的看法也发生了变化。透过已有的知识观图景可以看到,网络化学习知识观的发展基本上是遵循着从个人主义到集体主义、从知识经济到知识政治、从客观主义到建构主义、从显性知识到隐性知识的脉络。

(1) 社会性凸显

当信息通信技术发展起来后,网络化学习的"社会性"特质渐渐凸显,它具体表现在社会性技术的开发与应用、网络化学习的理论与实践方面。2001年,威尔曼(Wellman, B.)在《科学》"Science"上发表专文指出,"人与计算机的互动开始变得社会化了。愈来愈多的讨论是关于人们如何使用计算机来与他人联系……慢慢地,寂寞的计算机用户变成了处理如下问题的忙碌之人:①两个人如何在线沟通;②小组内如何互动;③巨大无边的系统是如何运作的。"[1] 事实上,以实现人机认知共享和促进公共知识网络化为目标的Web2.0站点服务技术平台如今已迅速发展并得到广泛应用,它为用户提供公开分配、创造和分享知识产品的可能。这样一种社会性技术的发展为网络化协作学习创造了更多的机会,正如艾伦(Allen, M.)所指出的,"通过理解Web2.0的相关技术,真正协作式的并且融合了当代学生普遍的在线行为文化的网络化学习是完全可以被开发的。"[2] 在技术的推动下,当前的计算机支持协作学习(CSCL)也进行得如火如荼,各种基于社会性知识观而建立起的网络化学习共同体在实践中也有如雨后春笋。在理论研究方面,许多研究都关注网络化协作学习的知识建构过程。如基斯林格(Kieslinger, B.)等人对网络化的职场学习(workplace learning)展开了研究,提出了参与式设计的

---

[1] WELLMAN B. Computer networks as social networks [J]. Science, 2001, 293: 2031.
[2] ALLEN M. Web 2.0 for networked learning: from collaboration to shared cognition & knowledge networking [C] // DIRCKINCK-HOLMFEL L. ET AL. Proceedings of the 7th international Conference on Networked Learning 2010. Denmark: Aalborg, 2010: 964.

方式以激发个体参与学习及知识建构活动的动机。① 又如，穆卡玛（Mukama, E.）则专门探索了大学生在学习动手操作电脑技术的微型课题小组中如何开发知识的过程。该研究在社会文化视角透视下呈现了共同建构知识以及计算机支持协作学习的理论模式。② 不仅如此，随着网络化学习知识的社会性日益凸显，研究者们开始探索适合网络化学习社会性研究的新方法论——社会网络分析法（social network analysis）。德拉特（de Laat, M.）等人指出，社会网络分析法与其他方法相结合，将为网络化学习研究带来进步。③ 由此可见，知识的社会性特征在网络化学习实践、理论包括技术等各个方面都有所体现。

（2）政治性萌芽

在这个不同于农业时代，也不同于工业时代的知识时代中，知识成为唯一的生产要素，因而人们努力追求"知识经济"。具体化到网络化学习中，如前文所述，典型的知识经济观就是将"知识"视为财富、资本、商品等等。然而，知识不仅与经济相连，更与权力有着内在的关系。因此，以知识为基础的网络化学习与权力亦有内在的关联。此前的网络化学习及其研究都对此有所忽视，近年来，随着科学哲学、科学知识社会学的不断发展，关于学习，尤其是网络化学习与政治的关系也开始被揭露。首先，网络化学习作为不受时空限制的新传播媒介，可以实现让知识跨越文化与社会的边界而传递给任何人。如果我们承认通过知识是可以解放人的话，那么网络化学习便为知识解放全人类而提供了保障。其次，网络化学习为打破知识创造的精英化也提供了可能，这将为进一步的民主政治提供可能。当然，网络化学习自身内在的政治性也开始受到关注，如惠特沃思（Whitworth, A.）从创新的视角切入，专门研究了虚拟学习环境的政治性，这对促进网络化学习自身的反思和发展有重要的借鉴意义。④

---

① KIESLINGER B, PATA K, FABIAN C M. A Participatory Design Approach for the Support of Collaborative Learning and Knowledge Building in Networked Organizations [J]. International Journal of Advanced Corporate Learning, 2009, 2 (3): 34.

② MUKAWA E. Strategizing computer-supported collaborative learning toward knowledge building [J]. International Journal of Educational Research, 2010, 49 (1): 1.

③ DE LAAT M, LALLY V, et al. Investigating patterns of interaction in networked learning and computer-supported collaborative learning: A role for Social Network Analysis [J]. International Journal of Computer-Supported Collaborative Learning, 2007, 2 (1): 87.

④ WHITWORTH A. The politics of virtual learning environments: environmental change, conflict, and E-learning [J]. British Journal of Educational Technology, 2005, 36 (4): 685-691.

(3) 建构性耽溺

随着建构主义思潮的兴起，知识的建构性也得以彰显，它在网络化学习中表现得尤为突出。不管是网络化学习实践还是其理论研究，都表现出了对建构主义极大的兴趣。实践中，一方面人们重视从建构主义的视角出发来设计和开发适合网络化学习的软件、服务站点或平台。如在我国，有人专门提出了"基于建构主义学习理论的多媒体网络教学系统研究"①，还有应用建构主义理论来设计网络化学习模式的，等等。可见，当前的大多数网络化学习都试图以建构主义知识观作为基础来展开，似乎没有建构主义就不能称其为网络化学习了。这样一种对建构主义的沉湎在理论研究方面也同样有所体现，探讨建构主义在网络化学习中的应用，如朱畅（Zhu, C.）专门探讨了网络化学习、建构主义和知识建构三者之间的关系问题。② 而弗拉西达斯（Vrasidas, C.）则针对网络化学习课程的设计提出了建构主义设计模式，它所包含的三个阶段是相互重叠且不断发展的（参见图 3.1）。

图 3.1　建构主义课程设计模式③

(4) 内隐性涌动

自隐性知识（或者说个人知识）在知识界获得承认后，人们开始了探讨如何表征、传递或教学隐性知识的征途，这主要循着向内或向外的两条途径。

---

① 杨红颖，王向阳. 基于建构主义学习理论的多媒体网络教学系统研究 [J]. 现代远距离教育，2004 (4)：24-26.
② ZHU C. E-learning, Constructivism, and Knowledge Building [J]. Educational Technology，2008，48 (6)：29-31.
③ VRASIDAS C. Constructivism versus Objectivism：Implications for Interaction, Course Design, and Evaluation in Distance Education [J]. International Journal of Educational Telecommunications，2000，6 (4)：346.

前者交付给心理学研究来完成。关于内隐学习的心理机制研究，近年来已取得了丰富的成果，这就为网络化学习促进内隐学习提供了理论解释。后者则通过网络化学习技术的开发与应用来实现。在线学习能否实现隐性知识的共享？希尔德拉姆（Hildrum, J. M.）所展开的网络化学习案例研究结果表明，这是可能的。[①] 事实上，已有研究表明，采用传统学习方式是很难促成隐性知识迁移的，因为隐性知识的创造和迁移需要"共享观察（shared observation）"[②] 和"社会网络（social networks）"[③]。如此一来，网络化学习在隐性知识的创造和传递方面便具有了更大的发展潜能。可以展望，隐性知识的创造和传播问题将成为未来网络化学习关注的热点之一。

2. 网络化学习知识观的共时态分析

上述分析表明，在时间的维度上，网络化学习知识观已然呈现出不断向着复杂、动态、建构而发展的脉络，这一切都似乎在验证普里高津（Prigogine, I.）所预言的"确定性的终结（end of certainty）"。然而，当我们冷静下来，深入网络化学习实践中予以考察时，许多问题赫然呈现，需要我们进一步反思。

（1）知识等级体系岿然不倒

虽然网络化学习对传统的组织结构带来了极大的冲击，为消解等级制度体系创造了新的机会。然而，深入考察便会发现，真正潜在的知识等级体系却依然岿然不动。尽管人们在理论上对此已经大声疾呼了许久，但在网络化学习实践中，知识的等级仍旧分明。如萨姆森（Samson, O. G.）等人指出，"网络化学习中，教师作为社会认可课程的监护者，他们在辨识网络中的'合适内容（知识）'是具有显著地位的。"[④] 再如，检索关于网络化学习的研究，学习对象（learning objects）、网络化课程（E-learning course）等都是高频词汇，它们从某一侧面反映出，即使是传播的方式发生了变化，但知识依旧是由某些专家生产、设计并打包好了的产品，学习者仅仅是去获取和接受

[①] HILDRUM J M. Sharing Tacit Knowledge Online: A Case Study of E-learning in Cisco's Network of System Integrator Partner Firms: Research Paper [J]. Industry and Innovation, 2009, 16 (2): 197-218.

[②] LEONARD D, SENSIPER S. The role of tacit knowledge in group innovation [J]. California Management Review, 1998, 40 (3): 112-130.

[③] LAM A. Tacit knowledge, organizational learning and societal institutions: an integrated framework [J]. Organizational Studies, 2000, 21 (3): 487-513.

[④] SAMSON O G, IAN W R. The Prospects for E-learning Revolution in Education: A philosophical analysis [J]. *Educational Philosophy and Theory*, 2008, 40 (2): 310.

而已。事实上，网络化学习中的知识等级主要表现在两个方面：一方面，教师具有筛选、鉴别和组织学习知识的优先权，因而某种意义上，教师知识与学生知识存在等级差别；另一方面，更深层次的就是专家知识与实践知识之间的等级差异，而这一等级体系又体现两个方面：一是学科专业知识与个体经验知识；二是教学专业知识与个体学习经验知识。前者因学习者的年龄大小和经验多少会出现较大差异，这属于正常的，但这并非等于承认了学科专业知识的绝对权威性；后者由于抽象理论观的长期影响，以至于教师与学生的经验知识被完全排斥在教育学知识的门外。这实际上就是一直以来所存在的理论与实践间难以逾越的鸿沟，有待于我们进一步地反思。

（2）知识实体观根深蒂固

毋庸置疑，传统认识论的思想对知识观的影响是根深蒂固的，知识实体观便是这一认识论的产物。所谓知识实体观，指的是将知识视为客观存在的实体。正如波普尔（Popper，K. R.）所揭露的思想内容与客观知识作为世界3的存在。照此观点，知识首先就面临着与技术的分离。在网络化学习中，这一点表现尤为突出。高威（Ghaoui，C.）等人就明确指出，在网络出现的20世纪80年代末期，它主要是作为分享信息和获取资源的工具而存在的。① 由此看来，网络化学习中的技术仅仅是扮演着传递知识的角色，知识外在于技术。然后，知识实体观也促成了知识与学习的进一步分离。在网络化学习中，知识常常以信息的形式表征，它们常被视为学习对象，即学习主体认识的客体。奥德里斯科尔（O'Driscoll，T.）就曾指出，当前的网络化学习应用主要集中在信息传递方面。② 这足以表明，当前的网络化学习实践中对知识持实体观的仍占主流。追根溯源，导致这一实体观生成和发展的便是二元对立的传统认识论，认识论根基不动摇，知识观也难以发生根本性的变化。

（3）知识与政治分离割裂

尽管知识与权力有着内在关联，也尽管网络化学习中对知识的政治性已有初步涉猎，但二者的深层分离依旧存在。要知道，许多人始终坚持着这样的信念，"就权力成其为权力、知识成其为知识的本质而言，权力与知识（原

---

① GHAOUI C, TAYLOR M J. Support for Flexible E-learning on the WWW: A Special Issue [J]. Journal of Network and Computer Applications, 2000, 23 (4): 337.

② Özdemir, S. E-learning's effect on knowledge: can you download tacit knowledge? [J]. British Journal of Educational Technology, 2008, 39 (3): 554.

则上）都不受对方的影响。"① 因而，网络化学习中关于政治与知识的关系问题，大致存在着两种观点：或者是通过获取知识把我们从权力的压制作用下解放出来；或者是知识时常会以信念为中介来受到权力的扭曲和压制。这样的非此即彼观念始终在知识与政治关系的研究中徘徊。事实上，近年来的知识政治分析已经启示我们，网络化学习中的知识也需要重新审视自身与政治的关系，不应只是一味地去反抗甚至革命，而应回到知识的源头、认识的最深处来寻觅与政治的内在关联，从而获得与政治和谐相处的机会。

二、网络化学习的认识论反思

对网络化学习中知识观的反思仅仅是回应了"什么是知识"的问题，至于"知识究竟何以可能"的问题，则需要深入哲学认识论的层面来展开分析与探索。任何一种具体的网络化学习活动，其背后都隐含着某种潜在的认识论取向，即持有关于知识如何可能的某种观点。事实上，当前的许多经验结果也都证明，认识本质观与学习本质观是不可分离地缠绕在一起的。② 梳理和反思已有网络化学习中的认识论取向，基本上可以归纳为两大类：个体认识论（individual/personal epistemology）和社会认识论（social epistemology）。③ 这两种基本认识论取向透过网络化学习得到折射，它们不仅反映在具体的网络化学习实践活动中，也在理论研究包括哲学思辨中得到体现。

（一）网络化学习的个体认识论

前文已揭示，尽管网络化学习是一种新型的教育形态，但它的实践却始终无法彻底摆脱传统认识论的桎梏，更加不可能彻底否定学习者作为个体的存在。因此，网络化学习中一直都存在着突出学习个体存在的"个体认识

---

① [美]约瑟夫·劳斯. 知识与权力——走向科学的政治哲学 [M]. 盛晓明，邱慧，孟强，译. 北京：北京大学出版社，2004：13.
② ELBY A. Defining Personal Epistemology: A Response to Hofer & Pintrich (1997) and Sandoval (2005) [J]. The Journal of the Learning Sciences, 2009, 18 (1): 138.
③ 此分类框架借鉴了戈德曼（Goldman, A. I.）对认识论的分类框架。他在《认识论与认知》（*Epistemology and Cognition*）一书中明确地提出了："在我看来，认识论主要分为两大块：个体认识论（individual epistemology）和社会认识论（social epistemology）。"（参阅：GOLDMAN A I. Epistemology and Cognition [M]. Cambridge, MA.: Harvard University Press, 1986: 1.）戈德曼认为前者需要从认知科学中获得帮助，而后者需要从各种人文社会科学中获得帮助。

论",它深深地影响着网络化学习的实践与理论发展。当然,"个体认识论"也在不断地发展,它究竟指的是什么?具有哪些基本内涵?在网络化学习中,它具体表征如何?这样一种认识论取向有何优点?又有什么局限性呢?下面将一一展开具体的分析与研究。

1. 个体认识论的概念与内涵

已有文献显示,关于"个体认识论"的定义至今并未有定论,且从不同的视角出发会产生截然不同的"个体认识论"概念。根据对"个体"这一概念认识水平的不同,已有关于"个体认识论"的定义大致可以分为三个层面:第一,从哲学的视角出发,置身于哲学认识论发展的历史长河中,"个体认识论"是用以描述强调个体而忽视知识生产共同体、重视经验而漠视社会影响、关注知识的普适性而忽略知识与政治之间关系的传统认识论[1]。需要说明的是,这里的"个体"是哲学意义上的"原子式个体",即抽象的人类个体。在这个意义上,"个体认识论"几乎可以与"传统认识论"划等号,它作为"现代认识论"批判的对象而存在。第二,从社会学的视角出发,"个体"是作为与"社会"相对的实体而存在的,因而"个体"也具有同"社会"一样的知识生产权力,"个体"在做某事的行动中产生知识,且这些知识应该获得应有的重视。在此意义上,"个体认识论"指的就是"立足当代科学和哲学视野研究人类个体在现实生活和实践中具体认识发生发展规律的一种理论,是以个体为对象主体的认识论"[2]。它把个体存在和个体价值当作评价一切活动的出发点。第三,从心理学的视角出发,"个体"是一个具有认知心智结构和拥有诸多信念的具体化个人。在这个意义上,"个体认识论"在西方更多地被称为"personal epistemology"。正如戈德曼(Goldman, A. I.)所指出的,"个体认识论"需要从认知科学中获得帮助,因为认知科学努力去描述人的大脑心智结构,而对这一结构的理解又是"个体认识论"的基石。[3] 事实上,随着认知心理学研究的不断深入与推进,这一层面的"个体认识论"已经发展为个人知识信念研究,聚焦于个体对自己认识过程本质以及知识本质的信念和观点。可以说,目前绝大多数"个体认识论"研究都认同此视角,并尝

---

[1] 顾林正. 从个体知识到社会知识——罗蒂的知识论研究[M]. 上海:上海人民出版社, 2010. 84.

[2] 刘啸霆, 张仲孚, 吴卫东. 个体认识论视野中的教育和教改[J]. 高等师范教育研究, 2000, 12(1):52.

[3] GOLDMAN A I. Epistemology and Cognition[M]. Cambridge, MA.: Harvard University Press, 1986:1.

试着在各个层面展开了丰富的研究。

另外，就"个体认识论"与"学习本质观"之间的关系而言，关于"个体认识论"的定义又存在着三种基本取向：狭义观（narrow definition）、广义观（extensive definition）和发展观（progress definition）。霍弗（Hofer, B. K.）和平特里克（Pintrich, P. R.）以及桑多瓦尔（Sandoval, W. A.）等人都是坚持认为个体认识论的概念需要清晰界定，这样有利于理论建构与研究，且不能将学习本质观包含在内，否则就有可能将认识论观与学生的动机和信念混同，也不符合大多数心理学和哲学领域中已有认识论的定义。① 显然，这是狭义的"个体认识论"。与之相对的，另一批学者，以朔默（Schommer, M.）和哈默（Hammer, D. M.）等人为代表，主张将学习本质观纳入个体认识论的研究中，提倡广义的"个体认识论"。而埃尔比（Elby, A.）一开始也是持广义个体认识论观，但后来态度开始缓和，转向对二派观点的中和与调节，提出了发展观。他认为，我们不要先验地将个体认识论的定义限定，而是需要跟随经验和理论的发展来切实展开个体认识论的研究。② 尽管从不同的层面、不同的视角出发，我们所看到的"个体认识论"其概念与内涵会有所不同，要给"个体认识论"下一个明确的定义依旧困难，但必须承认，总体上，"个体认识论"一般都具有以下几大基本内涵：首先，个体认识论坚持认识主体的个体主义（individualism）。不管是抽象的原子式个体，还是与"社会"实体相对的个体，又或是具有一定心智结构的个体，它们都是个体认识论的主体。个体、个体意识得到张扬。其次，个体认识论坚持实在论的认识论条件。他相信，个体心灵或意识能够认识的只能是客观存在的实在，不管它是物还是个体认识本质本身（per se）。最后，个体认识论承认个体知识的合法地位，并坚信个体自身也具有认识论，这一认识论将对个体的认识活动产生直接影响。

2. 网络化学习中的个体认识论

深入考察当前的网络化学习，我们发现，个体认识论的取向不仅体现在

---

① 关于是否要将"学习本质观"包含在"个体认识论"的定义中，艾尔比（Elby, A.）与桑多瓦尔（Sandoval, W. A.）分别撰文在《学习科学杂志》（*The Journal of the Learning Sciences*）2009年的第1期上发表。二者各执己见，桑多瓦尔始终坚持要将"个体认识论"与"学习论"区分开来，而艾尔比则针对桑多瓦尔这一派别所提出的三大理由：重合问题（conflation）、概念一致问题（definitional alignment）以及清晰度问题（clarity）一一进行了辩驳。

② ELBY A. Defining Personal Epistemology: A Response to Hofer & Pintrich (1997) and Sandoval (2005) [J]. The Journal of the Learning Science, 2009, 18 (1): 148.

具体的网络化学习实践中,同时也在相应的网络化学习个体认识论研究中得到反映。

首先,与心理学结盟后,近年来,有关"自我"的概念在网络化学习实践与研究中逐渐凸显。文献显示,在实践中,网络化学习活动特别重视激发学生开展网络化学习的动机,努力开发出各种网络学习环境来促进学生进行自我调节、自定步调的学习,同时注意增强学生的自我效能感。相应地,在网络化学习研究中,学生自我学习动机、自我效能感以及自我调节学习策略等方面的研究也日渐增多。实践与研究中"自我"意识的明显增强可以看作是个体认识论在网络化学习中的具体表征,因为在网络化学习中,具体的个体主要是学生"自我"。其次,与管理学联姻后,网络化学习中"个人"的概念也在不断增多。个人数字化图书馆"personal digital library(PDL)"的实施与研究越来越受欢迎。一方面,它是应网络化学习促进知识管理之需而产生的,另一方面,它又反过来可成为网络化学习的有效工具。[1] 除此之外,还有用于促进学生个体发展以及反思性学习的个人电子档案(E-portfolios)[2],以学习者为中心的个人学习环境(personal learning environment)的建构,等等。"自我""个人"等术语的兴起,表明了个体认识论在网络化学习中仍然占据重要的地位。

至于狭义的"个体认识论(personal epistemology)"研究,在网络化学习中主要集中在两大人群中展开:教师和学生。在教师层面,关于个体认识论的研究首先坚持这样一个基本前提,"个人关于知识本质以及认识过程的信念,即个体认识论能够促进或限制认知、动机和学习。"[3] 基于此,作为对学生学习与识知(knowing)负责的教师来说,他们的认识论信念显得更为重要了。邦迪(Bondy,E.)等人的研究发现,学生自己的学习过程与其个体认识

---

[1] DENG X Z, RUAN J H. The Personal Digital Library (PDL) -based E-learning: Using the PDL as an E-learning support tool [J]. IFIP International Federation for Information Processing, 2008, 252: 549-555.

[2] COKER L S. The Educational Potential of e-Portfolios: Supporting Personal Development and Reflective Learning [J]. Technical Communication, 2008, 55 (3): 295.

[3] PINTRICH P R. Future challenges and directions for theory and research [M] // HOFER B. K, PINTRICH P. R. (Eds.). Personal epistemology: The psychology of beliefs about knowledge and knowing. Mahwah, NJ: Lawrence Erlbaum, 2002: 389-414. Also see, BONDY E, ET AL. Personal Epistemologies and Learning to Teach [J]. Teacher Education and Special Education, 2007, 30 (2): 67.

论信念是相关的。① 相对于教师来说，学生的个体认识论研究更为丰富。例如，挪威学者斯特罗姆索（Strømsø, H. I.）等人就网络化自我学习中的个体认识论展开了深入的调查，该研究选取了84名物理学本科生作为被试，调查其网络化学习中的个体认识论。结果发现，具体的网络化个体认识论能够解释网络搜索、寻求帮助和自我调节策略等的变化。具体而言，相信课程相关知识是由网络中的具体事实和细节所组成的学生，他们认为因特网搜查以及搜查结果评价很少有问题，报告结果是更倾向于寻求帮助，并在网络学习中更多地使用自我调节策略。②

尽管个体认识论的研究已经在元认识（meta epistemology）的层面将已有的认识论研究又推进了一步，但仔细推究，这些研究者所持有的认识论取向依然没有跳出传统认识论的思维框架，始终将个体与知识二元对立起来，将知识或识知实体化。因此，当我们深入哲学认识论层面时，可以发现，如前文所述，无论是网络化学习实施者还是研究者，无论是网络化学习的当事人还是设计者，他们都持有将知识客体化，将主客二分的认识论立场。

3. 个体认识论的优点与不足

从上述内容中我们可以看到，从传统认识论意义上的"个体认识论"，发展到当代的关于个体认识信念系统的"个体认识论"，单就"个人"的含义来说，显然已经在不断地具体化，也更加深入了。后者将曾经抽象而不够明确的认识主体（个体/类）具体化为某一认知场的个体，充分肯定个体认识的情景性、经验性和文化性。由此看来，个体认识论也在不断发展，不断地超越自身。站在整个认识论的立场来看，个体认识论有其存在的价值和意义，同时也具有社会认识论或其他认识论所无法取代的特征。首先，个体认识论关心人的心智大脑、感知觉、身体运动等意识问题，例如"个体的认识是否具有意向性？意向性的状态如何？其与个体身体（body）的哪些方面有怎样的关联呢？"等等，这些问题的研究都深入了个体认识发生的心理过程之中。可以说，它将为其他层面的认识论研究奠定基础。其次，个体认识论还关注语言、元认知、推理等高级思维能力，尤其是关于元认知的研究，更是将个体的反思认识层次推向了较之前更高的阶段，使个体的认识获得进一步的解

---

① BONDY E, ET AL. Personal Epistemologies and Learning to Teach [J]. Teacher Education and Special Education, 2007, 30 (2): 67-82.

② STRØMSØ H I, BRåTEN I. The role of personal epistemology in the self-regulation of internet-based learning [J]. Metacognition Learning, 2010, 5 (1): 91.

放。最后，个体认识论不会忽视人作为人的特殊属性，包括其自由与道德责任属性等人性的研究。总的来说，在网络化学习及其研究中，个体置于网络化情境中具体的认知心理过程、语言与元认知等高级推理过程、道德责任与自由的意识过程等都是个体认识论所重视的，也是未来网络化个体认识论发展和研究的重要方向。

与此同时，站在认识论发展的历史长河中，我们也要看到，个体认识论本身所具有的局限性。毕竟，只从个体的角度来研究知识和认识过程，显然是不够的。从知识生产、传播和传承的角度来看，知识更是一种社会系统运作的过程和结果，知识主体以及认识过程的社会属性都是认识论研究不可忽视的。具体而言，"个体认识论"存在以下三个方面的局限：一是静态地、非历史地研究知识。自笛卡儿、康德起，近代认识论便运用超历史的认识论概念来揭示"认识何以可能"的原理、知识存在的结构或方法论原则，由此便将认识主体简化为原子式个体，而认识客体则简化为客观实在，主客体乃至认识结果的形成完全超越了历史，并被置于柏拉图式的时空中。二是理性地、抽象地研究知识。一切知识都是在高度逻辑化和形式化的基础上才得以产生的。在此，逻辑理性被推到了至高无上的地位，而对各种非理性因素则几乎视而不见。三是局限在个体的范围内研究知识。个体认识论几乎将所有知识的产生都看成是个体与外在世界相互作用的过程与结果，社会因素完全可以不在场。[1] 事实上，网络化学习个体认识论的研究已然遭遇到社会性的挑战，完全脱离社会的网络化学习是不存在的。

（二）网络化学习的社会认识论

随着知识社会的诞生，知识的状态发生了全面的变化，不仅知识的社会因素日益凸显，而且社会的知识内在要素也在慢慢涌现，二者的汇流催生了"社会认识论"。尤其在网络化学习中，信息通信技术使得认识的社会因素较之前的任何一个历史时期都要更为突出，由此带来的一系列关于知识以及认识过程本质的看法都需要重构，甚至在知识的确证方面，以戈德曼（Goldman, A. I.）等为代表的学者们纷纷提出了各自的"社会认识论"。那么，何谓"社会认识论"？它具有哪些基本内涵？在网络化学习及研究中，它具体如何体现？这样一种认识论取向优点何在？局限有哪些？下面将对这些

---

[1] 顾林正. 从个体知识到社会知识——罗蒂的知识论研究 [M]. 上海：上海人民出版社，2010：86.

问题——回应。

1. 社会认识论的概念与内涵

与"个体认识论"一样,"社会认识论"的定义至今也未有定论,有学者指出,对"社会认识"至少存在着三种不同的解读:第一,"社会认识"指的是"认识的社会性"。事实上,人类的任何认识都是一定的社会人在一定的社会条件下借助一定的社会性工具而对一定对象的认识,它无论在内容上还是在形式上都具有社会性。因而,这种对社会认识的解读依然属于传统认识论的范围。第二,"社会认识"指的是"以社会为主体的认识",它所强调的是认识主体的层次性。第三,就是将"社会"看成是宾语,即"以社会为对象的认识",是"认识社会"或"对社会的认识"的同义语,它所强调的是认识客体的差异性。① 如此一来,"社会认识论"这一概念的内涵就变得更加丰富了,它根据具体使用者其研究取向以及情境而发生变化。从不同视角和不同层次出发,自然会形成截然不同的"社会认识论"概念。

就目前所及文献而言,"社会认识论"也大致在三个层面得到运用和发展:第一,也是最主要的层面,就是从哲学的视角出发,将"社会认识论"置于哲学认识论发展的历史长河中来理解、阐释和分析。在这个层面,"社会认识论"可以被解读为"社会性的认识论",即与"个体认识论"相对而存在的另一种取向的认识论。它十分强调认识的社会性特质,即"人类的任何认识都是一定的社会人在一定的社会条件下借助一定的社会性工具而对一定对象的认识,它无论在内容上还是在形式上都具有社会性"②。显然,这种"社会认识论"是作为批判甚至否定以"原子式个体"为出发点和归宿点的"个体认识论"而发展起来的新认识论,它极力倡导知识是社会共识,并努力将知识产生的广阔社会背景纳入认识论的范畴。罗蒂(Rorty,R.)的实用主义知识论、福柯的知识社会学等,都属于这个意义上的社会认识论。随着认识论在当代的发展,知识的确证问题凸显为当代知识论(也就是认识论)的核心问题。基于此,由戈德曼、里托拉(Ritola,J.)等人所发展起的社会认识论(social epistemology)则直接指向知识的确证问题,戈德曼提出了共识论,而里托拉则提出了基于证据的反思论。不管是哪一种确证方式,在这个意义上的"社会认识论"都坚持不再将个体心灵意识与外在客观对象的符合作为知识的条件了。

---

① 欧阳康. 社会认识论导论 [M]. 北京:中国社会科学出版社,2010:1-2.
② 欧阳康. 社会认识论导论 [M]. 北京:中国社会科学出版社,2010:1.

第二，从社会学视角出发，"社会"作为与个体相对而存在的实体，它既承担起一定的认识论任务，即"以社会为主体的认识论"，又可以担任认识论研究的对象，即"以社会为客体的认识论"。前者的主要代表人物有美国的富勒（Fuller, S.），他所提出的"社会认识论"源于对知识生产、传播和消费的研究，着重探讨知识与社会、政治的关系问题等，并提出了"知识政策研究"。我国学者欧阳康在与其对话中指出，他所指的"社会认识论"几近于我国学术界所探讨的知识社会学。① 后者的主要代表人物就是我国学者欧阳康，他在论文《社会认识论刍议》中明确表示，"社会认识论是关于人们怎样认识社会的学说，它以人们认识社会的认识活动为对象，考察人们认识社会的特殊活动结构、进化过程和特殊规律。"② 尽管这也是采用哲学的方法论来研究"社会认识论"，但显然其出发点并不是哲学，而是"社会学"，因此该书在图书馆中也被列为社会学研究的参考书目。

第三，从心理学的视角出发而提出"社会认识论"，其对应的英文术语同样也是"social epistemology"，但其研究的是儿童个体的社会性发展问题。③ 因此，某种意义上，这样的"社会认识论"依然属于"个体认识论"，因为其还是以个体作为基本研究出发点的。不过，值得一提的是，心理学领域，尤其是学习心理学领域中所提出的"活动理论""建构主义"以及"社会文化建构主义"等，从其哲学基础来看，应都属于社会认识论的范围。

上述"社会认识论"的含义尽管各有差异，但它们之间并不是相互排斥的，而是相互补充甚至是相互促进的，它们构成了多方面、多视角、多层次的"社会认识论"概念图景。由此看来，要想给它下一个确切的定义是很困难的。不过，我们还是可以尝试着找到"社会认识论"所具有的一些基本内涵：第一，社会认识论将认识主体从个体拓展到了集体、社会。任何个体都是社会或集体中的个体，因此，完全脱离社会的个体认识论显然是不存在的，更重要的是网络化学习兴起的今天，集体作为认识主体愈来愈普遍，这就为社会认识论的发展提供了新的契机。第二，社会认识论认可知识生产的社会性条件。它重视认识的社会因素，主张知识的确证来自集体的共识。信仰可以存在于个体，但"知识"则必须得到社会的合法化才能获得承认。第三，社会认识论强调社会性知识的重要性，或者说公共知识比私有知识更重要。

---

① 欧阳康,富勒. 关于社会认识论的对话（上）[J]. 哲学动态, 1992（4）: 8.
② 欧阳康. 社会认识论刍议 [J]. 中国人民大学学报, 1988, 2（4）: 34.
③ CLéMENT F. To trust or not to trust? Children's social epistemology [J]. Review of Philosophy and Psychology, 2010, 1（4）: 531-549.

知识与权力、民主的关系也是社会认识论所重点关注的问题。

2. 网络化学习中的社会认识论

当我们深入网络化学习实践进行考察时，便会发现"社会认识论"作为一种思想、意识形态，已经渗透在网络化学习的方方面面了。

首先，在技术方面，社会性技术的开发与应用是当前乃至未来网络化学习的重要发展方向之一。随着信息通信技术的飞速发展，如何更好地促进人与人的交往、沟通和交流，实现网络化同步或异步学习、移动学习，等等，都成了现实。一方面，社会性技术是基于社会认识论而发展起来的，另一方面，更为重要的是，社会性技术的出现将催促网络化学习中的社会认识论意识凸显。它具体表征在各种各样的实践与研究之中。在人类学研究的影响下，"实践共同体"的概念近年来开始走向网络化学习实践与研究的中心地带，成为十分热门的"话题"。已有文献显示，实践中，人们努力在建构各种各样的"共同体（community）"，有虚拟的、真实的，还有虚拟与真实交互的，有实践共同体，也有学习共同体，等等。但不管是哪一种形式的共同体，它们都是围绕着"知识"来组织、形成与发展的。相应地，为了能更好地提升共同体学习的质量，人们又开始深入地对共同体建立的过程展开研究，有整体层面的探讨"共同体"发展过程的①，也有深入探讨微观的共同体建构知识过程的，尤其是关于共享认知（shared cognition）② 的研究、关注互动研究的，特别是现代网络化课堂的互动研究③。此外，随着社会心理学研究的不断推进，"合作（cooperative）"与"协作（collaborative）"等也成了网络化学习及其研究中出现的高频概念，强调互惠、建构与多元化评价的"同伴互助学习（peer-assisted learning）"④ 也受到网络化学习的青睐。总的说来，"共同体""合作"和"互助"等术语的繁荣，一定程度上表明了社会认识论正在网络化学习中蓬勃兴起。

事实上，"社会认识论"已悄然引起了人们在思想观念上的深刻变化，它

---

① VENKATESH M. The Community Network Lifecycle: A Framework for Research and Action [J]. The Information Society, 2003, 5 (19): 339-347.

② ANDERSON T. Socially shared cognition in distance education: An exploration of learning in an audio teleconferencing context [J]. Dissertation Abstracts International (Section A: Humanities and Social Sciences), 1995, 56 (1-A): 139.

③ 左璜, 黄甫全. 课堂互动研究的主题、方法与趋势 [J]. 外国教育研究, 2011, 38 (5): 85.

④ 左璜, 黄甫全. 试论同伴互助学习的涵义及研究的主要课题 [J]. 课程·教材·教法, 2008, 28 (9): 16-19.

更多地反映在网络化学习的研究中,并且体现在诸多与"社会认识论"的相关术语上,例如"社会的(social)""情境化的(contextualized)""策略性的(strategic)""政治的(political)""实用的(pragmatic)""民主的(democratic)"以及"参与的(participatory)"等。不过,普莱斯(Price,L.)也亲切地提醒大家,当我们对这些术语进行阐释时,则要努力避免裹挟绝对主义、相对主义、粗俗实用主义等思想。记住,"社会认识论"最基本的是关系,而不是"客体"。①

3. 社会认识论的优点与不足

在批判与超越"个体认识论"的历程中成长起来的"社会认识论",在当代,尤其是网络化社会、知识社会、信息社会中,其重要性在与日俱增。站在人类思想进化的历史维度上,我们能清晰地看到,社会认识论的诞生的确是人类自我认识的一大进步。首先,社会认识论一直认为,知识是一种社会共识,它是由诸多具有共同信念、目标和规范的共同体所建构起来的。它批判传统经验论的个体主义知识论,凸显了知识主体的社会属性。知识与其说是个人研究的结果,不如说是社会生产的产品。基于这样的认识论,知识与个体的关系进而转向知识与群体的关系,即个体的社会性本质被纳入了知识研究范围。知识一旦被看作是社会生产的结果,相应的学习本质观也要随之变化。学习不再是个体的劳动,而是集体的事业,其根本在于关系的联通。在此意义上,"网络化学习"便有了超越技术的一层新含义,即学习的根本特质就在于社会关系的"网络化"。其次,社会认识论将知识与更广阔的社会背景联系起来。一方面,社会认识论将知识视为一个具有一定社会功能的整体,与法律、宗教、政治、经济等相互关联;另一方面,社会认识论还强调知识"是一项政治和宣传的事业,其结果是由'声望、权力、年龄和论辩'决定的"②。换言之,在社会认识论看来,知识原本就是政治,它与权力、民主、自由都是不可分割的。从这一点出发,我们也就不难理解富勒的"知识政策研究"了。最后,社会认识论超越了形而上学的知识传统,大大地抑制了理性主义日益嚣张的气焰。绝对的、确定的、普遍的、必然的知识在社会认识论视域中是没有立身之处的。因而,知识是动态的,认识的过程也是动态的,

---

① PRICE L. Social Epistemology and its politically correct words: avoiding absolutism, relativism, consensualism, and vulgar pragmatism [J]. Canadian Journal of Environmental Education, 2005, 10: 94.

② [美] 约瑟夫·劳斯. 知识与权力——走向科学的政治哲学 [M]. 盛晓明, 邱慧, 孟强, 译. 北京: 北京大学出版社, 2004. 15.

包括认识主体的认识也是动态的。这样的话，它又赋予了"网络化学习"以新的内涵，即学习的过程是动态的，是知识、认识本身以及认知主体的认识彼此之间网络化的动态发展过程。

尽管社会认识论具有超越个体认识论的诸多优点，但由于对"社会"本质的理解的局限性，导致已有的社会认识论在以下两个方面还存在着不足：第一，与个体认识论相伴相生的社会认识论一不小心就会滑入个体认识论的思维陷阱中。正如富勒所指出的，"一些传统的知识社会学家主张社会因素决定知识的形式，我倒觉得这与过去有人主张大脑决定思想的内容有些异曲同工。它们都假定有两种相对独立的本体：知识与社会，或大脑与精神，二者通过一种特殊的甚至有些神秘的方式相互作用。"① 哪怕社会认识论者明确宣称自己与传统认识论决裂，但在思想作品中却始终难以抹去二元对立的痕迹，因为只要它一旦假设知识是由社会所影响和控制的，知识就已经与社会分离了。第二，社会认识论中所隐含着的"社会"概念仍旧是"实体"性概念。当我们谈到，知识是社会的，学习是社会的，认识过程是社会的等命题时，这背后便深藏着一个前提假设，即"社会"就是一个实体，一个抽象的可以表示与个体维度相对的那个存在维度。这本身就潜藏着社会认识论的一种危机，旨在反对实在论的社会认识论又在不经意间落入了"社会实在论"的圈套之中。更值得一提的是，尽管社会认识论是人类思想和自我认识进步的标志，但它在修饰着"知识社会"的新形象，同时也在衍生新的意识形态神话。

实际上，无论是个体认识论还是社会认识论，都陷入了"人本主义"的意识形态之中。而"在一切意识形态中，人本主义是真正的、最大的意识形态"②。前文所述已显示，个体认识论是以个体作为认识的出发点，而社会认识论尽管有所超越和进步，但从具体的研究中可以窥探，已有的社会认识论研究依然桎梏在人的范畴之中。宏观上，社会认识论对"人是什么"这一古老问题做出了时代的回应，推进了人类的自我认识；微观上，社会认识论强调的是个体与个体的合作、协作与互助，包括共同体的建构。可见，社会认识论始终没有跳出"人"本主义的圈子。与此同时，无论是个体认识论还是社会认识论，对于知识内在的等级制度，并没有真正地彻底瓦解。谁的知识最有价值？谁拥有生产知识的权力？人本主义意识形态何以才能被消解？这些问题都亟待新的认识论来予以回应。拉图尔的行动者网络理论基于新的网

---

① 欧阳康，斯蒂夫·富勒. 关于社会认识论的对话（上）[J]. 哲学动态，1992（4）：8.
② 林孟清. 知识论的政治意识形态本性及其批判 [J]. 哲学研究，2005（4）：102.

络本体论，为我们开辟新的认识论途径燃起了希望。

第二节 柏拉图洞穴喻：网络化学习与"知识"

当柏拉图洞穴中的囚徒被解除桎梏，走出洞穴时，一种前所未有的体验随之而来。显然，他会感到极其不适应，而一旦习惯了，"他会庆幸自己的这一变迁，而替伙伴们遗憾"①。这隐喻着求知（学习）的过程必然充满艰辛与痛苦，一旦求知（学习）成功，自我便获得解放。可见，知识、自由、权力与学习（求知）从来就是一体的。人类历史上的每一次知识革命都推动着知识进一步公开化，从文艺复兴到启蒙时代再到今天的网络时代。然而，知晓"知识"并不等同于知识（动词意义上的）"知识"，表层的知识公开化并不意味着深层的知识民主化。那么，网络化学习能否促进人类的自我解放呢？或许，在柏拉图的洞穴隐喻中，我们还能寻找到新的答案。

一、行动者网络理论的知识论

奠基于事物为本哲学的行动者网络理论坚持民主化本体论（democratic ontology），也就是坚持知识政治的本体论立场，它为重新考察知识的本质、打破传统知识等级秩序、重构权力分类体系带来新的启示。在此基础上，孕育起了政治认识论，并培育了新的知识观，我们把它们都归结为行动者网络理论的知识论。

（一）政治认识论孕育

自诩为哲学家的拉图尔在科学社会学领域享有盛名，而在哲学界却并未受到广泛关注，得到应有的重视，地位略显尴尬。事实上，他所积极倡导、建构并践行的政治认识论（political epistemology），在批判传统认识论尤其是自康德（Kant, I.）以来所形成的人类意识与外部世界之间的断裂、解构经典实在论、逃脱"知识的统治"与"统治的知识"的钟摆束缚、使哲学重新回归关系本体世界中都具有十分重要的作用。

---

① ［古希腊］柏拉图. 理想国［M］. 郭斌和，张竹明，译. 北京：商务印书馆，1986：275.

1. 政治认识论的生成

尽管拉图尔的哲学思想涉及内容十分广泛，且都或多或少、或近或远关联着"科学"，然而，正如肯尼迪（Kennedy, D.）所明确指出的，"政治（politics）也从未远离过拉图尔的思想"①。从《科学在行动》（1987）到《法国的巴斯德化》（1988），拉图尔成功开启了将政治引入科学研究之路，而从《我们从未现代过》（1993）与《潘多拉的希望》（1999）中，拉图尔则发现了科学与政治的交集并努力寻求逃离二元对立思维怪圈的出路。最终，真正确立并发展拉图尔"政治认识论"思想的则是《自然的政治：如何把科学带入民主》（2004）与《让事物公开化：民主的基调》（2005）这两部重要著作。我们循着拉图尔思想的发展轨迹探觅后不难发现，其"政治认识论"的形成主要来源于三个方面：抛弃固有的科学本质观而对科学知识展开社会学的研究；打破传统知识等级秩序而漫溯至历史深处召回知识的历史质；跳出已有知识与政治的关系框架而重构权力分类系统。

首先，拉图尔本人一直持有"政治认识论"的基本取向，这主要体现在两个方面：其一，以"政治认识论"来解读他人的思想；其二，以"政治认识论"来展开科学知识的研究。论及前者，不得不提及拉图尔的学术发展经历。他师从著名的解释学派代表人物马雷（Malet, A.），接受了全面的圣经解释学训练。这样的学术训练让拉图尔明白，"知识从来不是被给予的，而是在接受的过程中被形塑的（当然也能够被重构）。"② 于是，拉图尔从新的角度来解读柏拉图（Plato）及其他作品。譬如，柏拉图最有名的洞穴隐喻一直都被解读为区分感性与理性、意见与知识的说明③，然而，在拉图尔看来，洞

---

① KENNEDY D. Knowledge and The Political: Bruno Latour's Political Epistemology [J]. Cultural Critique, 2010 (74): 83.
② KENNEDY D. Knowledge and The Political: Bruno Latour's Political Epistemology [J]. Cultural Critique, 2010 (74): 84.
③ TRUSTED J. An Introduction to the Philosophy of Knowledge [M]: 2nd ed. London: MacMillan Press Ltd., 1997: 37.

穴隐喻所表征的是这样一种体制（constitution）①②，它将公众生活（public life）分配在两个不同的居所，洞内与洞外。洞内安居的是人类，他们无法直接看到彼此，只能透过投影在墙壁上的虚像来交流，甚至都不知道自己是被链子锁住了；相反，洞外则是无人居住的非人类世界，它们无法交流，但却是真实的存在。拉图尔将洞穴所隐喻的这一政治模式称为"双舍模式"（参见图3.2）。

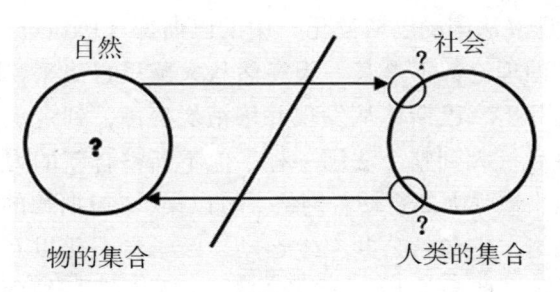

图3.2 政治的"双舍模式"③

在这种"双舍模式"中，组织便巧妙地将所有权力过渡给了那些能够出入两个居所之间的极少数的人。他们拥有惊人的政治能力，"能使无声的世界表达，不受挑战地讲述真理，并能以毫无争议的权威形式来终结那些无休止的辩论。"④ 毋庸讳言，拉图尔正是在政治认识论视域下来重新诠释柏拉图思想的。

另一方面，拉图尔的政治认识论则主要反映在其所展开的科学知识社

---

① 在刘鹏主译的《我们从未现代过》一书中，"constitution"被翻译成"制度"和"宪法"。译者以为，"constitution"一词在法语和英语中，有"宪法"和"制度"两层含义。因拉图尔主要讨论的是抽象制度，所以书中将"constitution"多数都翻译成"制度"。具体可参加：［法］布鲁诺·拉图尔. 我们从未现代过［M］. 刘鹏，安涅思，译. 苏州：苏州大学出版社：2010：16. 但本书作者以为，结合拉图尔的政治认识论背景，"constitution"最好被译为"体制"。

② 事实上，"constitution"这一概念是拉图尔的独创，也是理解拉图尔政治认识论的关键概念。它是用来取代知识与权力、自然与社会等之间对立的事物，能事先分配人类与非人类的权力和责任。正是由于"constitution"的存在，对称性人类学才是可能的，现代性也才能与公共组织的其他形式予以对比。

③ LATOUR B. Politics of Nature：How to Bring the Sciences into Democracy［M］. Cambridge, Mass.：Harvard University Press，2004. 37.

④ LATOUR B. Politics of Nature：How to Bring the Sciences into Democracy［M］. Cambridge, Mass.：Harvard University Press，2004：14.

学研究之中。曾经是爱丁堡学派代表之一的拉图尔,却并不完全信奉"强纲领(strong programme)"的基本信条,即"认识论的问题也就是社会秩序的问题。"① 基于这样的信念,拉图尔提出了科学研究的两条基本原理:第一,"一条陈述的命运取决于其他人的行为"②;第二,事实是被建造起来的。从这两大原理出发,拉图尔提出,要想理解科学的形成,必须先悬置已有话语或意见,再去跟随行动中的科学家。因此,不管是《科学在行动》中的狄塞尔(Diesel)还是《法国的巴斯德化》中的巴斯德(Pasteur, L.),他们所发明的柴油机或细菌理论都不是某一天突然从大脑里冒出来,随后又突然被公众所信奉的。实际上,巴斯德从发现并培植炭疽菌,到走出实验室,再扩展到农村,甚至最后扩大到整个法国一样,他不断整合新的力量,以政治化的手段来建构起愈来愈强大的行动者网络。可以说,"巴斯德的成功,靠的是一个整体的权力网络,它包括公共卫生运动、医学专业化以及群体的兴趣。"③狄塞尔也不例外。在此基础上,拉图尔宣称,"科学不应被理解成抽象的科学(science,即大写的S),而应将其视为依靠复杂权力网络的发展与保持来获得成功的一系列实践。"④ 由此看来,反对科学本质抽象化,以权力关系网络透视科学的本质是拉图尔政治认识论思想的又一重要体现。

当然,仅仅在自然科学领域中以政治学的思想来展开知识研究,还不足以说明拉图尔政治认识论的全部内涵,因为它并未彻底动摇传统知识体系的根基。事实上,从苏格拉底(Socrates)开始,知识就一直被区分为先验知识(transcendent knowledge)(例如,数学、几何学)与实践知识(know-how)(例如,烹调食物、裁衣)。这样的知识等级分类如此根深蒂固,以致后来形成的理论与实践之间的鸿沟至今难以逾越。从政治的视角予以审视,这种分类制度很明显地区分出了知识"贵族"与知识"平民"。一切实践知识都被蔑视,而拥有实践知识的平民(demos)也同样受到轻视。然而,正如拉图尔

---

① LATOUR B. We Have Never Been Modern [M]. PORTER C, trans. Cambridge, Mass.: Harvard University Press, 1993: 16. 同时可参见中文版:[法]布鲁诺·拉图尔. 我们从未现代过[M]. 刘鹏,安涅思,译. 苏州:苏州大学出版社,2010: 18.
② [法]布鲁诺·拉图尔. 科学在行动:怎样在社会中跟随科学家和工程师[M]. 刘文旋,郑开,译. 北京:东方出版社,2005: 176.
③ LATOUR B. The Pasteurization of France [M]. Cambridge, Mass.: Harvard University Press, 1988. From Kennedy, D. Knowledge and The Political: Bruno Latour's Political Epistemology [J]. Cultural Critique, 2010 (74): 83.
④ KENNEDY D. Knowledge and The Political: Bruno Latour's Political Epistemology [J]. Cultural Critique, 2010 (74): 83.

所指出的，"整体的知识需要的是全部知识，而不是少数知识。"① 换言之，贵族式的先验知识与平民的实践知识都是我们需要的，都享有同样的政治地位，不应区别对待。这也是真正"民主"的内在需要。那么，如何才能打破这积淀了两千多年的知识等级体制呢？内兹（Netz, R.）的研究为拉图尔政治认识论的发展带来了新的启示。以数学知识为考察对象，内兹对古希腊数学的史前史展开了深入的调查与分析。用拉图尔本人的话来说，内兹所做的就是"把我们都带回到那个不存在几何学、绝对理性和推论（deduction）的地方，那个年代，所有的实践都不得不从随意抓捕中创造，而不依赖任何先例"②。在内兹看来，这些实践都是由两类具体的智力技艺所发展起来的。例如，"推论的形成要归功于两大工具：图表与数学语言。前者是触及人类视觉认知资源的希腊数学方式，后者则是与人类语言学认知资源有关。但值得注意的是，不管如何，这些认知方法的精确状态绝不是普遍存在的。同时，它们也不是中性的，而是历史性建构的。"③ 基于此，内兹成功地恢复了数学/几何学知识的历史质，从而破除了先验知识不证自明的迷信。不仅如此，内兹还将希腊数学描述为一项十分苛刻的文化边缘活动，由此便揭开了知识内部与政治关联的新序幕。拉图尔在内兹的启发下，将其政治认识论进一步拓展到整个知识世界，打破了传统的知识等级分类制度，为知识的民主化奠定了理论基础。与此同时，拉图尔还深入知识的内部，努力探寻并勾勒出一幅知识与政治内在融合的新知识政治学图景。

在西方政治文明的历史长河中，"知识的统治"与"统治的知识"这对内在"博弈者"始终推动着西方政治认识不断发展。前者主要表征为以知识的方式处理政治，包括以知识的标准设定政治的基础、以知识的理想代替政治方案、以知识人作为主要的统治精英等，后者则表征为以政治的方式处理知识，包括政治情境对知识的刻画与渗透、知识成为统治技术和手段、政治借助于知识获取合法性资源等。④ 仔细推究，形成这一内在张力的前提假设便是"知识"与"政治"的二分。正如罗蒂所言，"我们是那种三百年来一直

---

① LATOUR B. Pandora's Hope: Essays on the Reality of Science Studies [M]. Cambridge, Mass.: Harvard University Press, 1999: 238-239.
② LATOUR B. Review Essay: The Netz-Works of Greek Deductions [J]. Social Studies of Science, 2008, 38 (3): 443.
③ NETZ R. The Shaping of Deduction in Greek Mathematics: A Study in Cognitive History [M]. Cambridge: Cambridge University Press, 2003. 6-7. Also see, LATOUR B. Review Essay: The Netz-Works of Greek Deductions [J]. Social Studies of Science, 2008, 38 (3): 443.
④ 金林南. 西方政治认识论演变 [M]. 上海：上海人民出版社，2008：72-73.

注重截然地区分科学与宗教、科学与政治、科学与艺术、科学与哲学等关系的修辞学之后裔。这种修辞学构成了欧洲的文化。造就了我们如今所是的样子。"① 对此，拉图尔亦是感触良多。关于"知识"与"政治"的关系，拉图尔始终坚信，"知识和政治是并行不悖的，认识论方面的任何转向都会引发我们进一步思考政治，反之亦然。"② 至于如何才能沟通二者？夏平（Shapin, S.）与谢弗（Schaffer, S.）关于利维坦与空气泵的研究对拉图尔具有重要的启发意义。在拉图尔看来，他们成功地发掘了霍布斯（Hobbes）的科学工作并且唤醒了人们对于波意耳（Boyle）（也被译为：波义耳）的政治理论的记忆。③ 如此一来，波义耳便拥有了一种科学和政治理论，霍布斯也拥有一种政治理论和科学。这看上去十分完美的四分仪为我们重新考察知识与政治的关系提供了新的路向。一方面，他们启示拉图尔相信，"政治并非仅仅发生在科学外围的某种东西，而是能够影响科学的内部"④；另一方面，波义耳的实验室与霍布斯的利维坦共同为现代"体制（constitution）"开辟了一片居留地，在纯粹的自然力和纯粹的政治力之间交替使用权力资源的可能性被放逐。因此，拉图尔强调，"所有的科学研究巨著都与政治认识论相关，他们并非将政治拓展至科学中，也不是将科学带入政治中。相反，他们要努力去理解差异从何而来以及不同领域的能力分配是如何被判定的。"⑤ 总之，拉图尔将"霍布斯与波义耳之争"置入现代体制的背景之中，通过层层解码与剖析，最终确立起以"杂合体"为阿基米德点的政治认识论，它将"知识的统治"与"统治的知识"以及"知识与政治二分"这三对"超验性与内在性"的张力

---

① RORTY R. Philosophy and the Mirror of Nature [M]. Princeton, NJ: Princeton University Press, 1979: 330-331. 可参阅：[美] 约瑟夫·劳斯. 知识与权力——走向科学的政治哲学 [M]. 盛晓明，邱慧，孟强，译. 北京：北京大学出版社，2004: 2. 同时可参照：[美] 理查德·罗蒂. 哲学和自然之镜 [M]. 李幼蒸，译. 北京：商务印书馆，2004: 310. 中译本的原文如下："我们都是关于重视严格区分科学与宗教、科学与政治、科学与艺术、科学与哲学等等的历时三百年的修辞学的子孙。这种修辞学形成了欧洲的文化。它造就了我们今日的状态。"
② KENNEDY D. Knowledge and The Political: Bruno Latour's Political Epistemology [J]. Cultural Critique, 2010 (74): 84.
③ [法] 布鲁诺·拉图尔. 我们从未现代过 [M]. 刘鹏，安涅思，译. 苏州：苏州大学出版社，2010: 19.
④ SHAPIN S, SCHAFFER S. Leviathan and the Air-Pump: Hobbes, Boyle and the Experimental Life [M]. Princeton, NJ: Princeton University Press, 1985: 342.
⑤ LATOUR B. Review Essay: The Netz-Works of Greek Deductions [J]. Social Studies of Science, 2008, 38 (3): 449.

统一为"交替的历史生成事件"。

2. 政治认识论的内涵与特征

通过对传统科学本质观的抛弃，对旧知识等级分类的批判以及对已有知识与政治关系普遍观点的批判性分析，拉图尔建构起了颇具特色的"政治认识论"。这一政治认识论并非是以政治认识为研究对象的学科或一般认识论的分支，即大写的政治认识论，而是奠基于"事物为本哲学（object-oriented philosophy）"之上的，以重估经典实在论为核心的新认识论，即具体的小写的政治认识论。这种政治认识论要求重新思考"政治"的本质，与已有的"知识与政治"文本保持一定的间距，进而实现对政治权力的重新分配，以追求知识的民主化。

为了能更好地把握拉图尔的政治认识论，首先必须区分两个基本概念：一个是（政治的）认识论"（political）epistemology"，另一个则是政治认识论"political epistemology"。在《自然的政治：如何把科学带入民主》一书中，拉图尔对二者进行了明确地定义：前者用来指称为了使政治合理化而扭曲了的知识理论，它并没有考虑和尊重科学与政治的对等，而往往都是以政治来统治知识。后者则用于指称在体制（constitution）框架内，为科学与政治重新分配权力的分析与操作。① 由此看来，把握"政治"这一概念的本质是理解拉图尔政治认识论思想的基础。事实上，拉图尔本人在其网站中曾公开表示，"我们居住在这样一个时代，只要一提到政治生活就会令人沮丧。而这也是让我们重新思考政治究竟是什么的好时机。"② 为了重构"政治"的概念，拉图尔进行了词源学的考察："政治的（political）"的词根是希腊语的"城邦（polis）"，再向前追溯，则发现"政治"同"物（thing）"的循环有直接关系。这就为重构"政治"概念找到了突破口，因为在"物（thing）"最古老的用法中，有一个重要的含义要素，即"聚集"（versammeln）。③ 由此可推出，"政治"不再是"一个范畴、一个专业或一种职业，而主要是对引起大众

---

① LATOUR B. Politics of Nature: How to Bring the Sciences into Democracy [M]. Cambridge, Mass.: Harvard University Press, 2004: 241.

② LATOUR B. Livres/Books [EB/OL]. http://www.bruno-latour.fr/livres/catalogues.html, 2011-11-17. http://www.bruno-latour.fr/livres/catalogues.html. Also see, Kennedy, D. Knowledge and The Political: Bruno Latour's Political Epistemology [J]. Cultural Critique, 2010 (74): 84.

③ [德] 海德格尔. 物 [M] // 孙周兴. 海德格尔选集（下）. 北京：生活·读书·新知三联书店，1996：1177.

注意的事物的一种思考"①。在此，"大众"并非固定不变的，正如杜威（Dewey, J.）所定义的，他们是"因为具有间接、严重和持久结果的联合行动种类繁多、不计其数"，而"相互交织在一起并产生了各自的受特别影响的人的集团"②。如此一来，只要我们将关于"政治"本质追问的问题稍稍转换一下，改为"如果政治转向了引起纷争的事物后会发生什么呢？"那么，许多曾经被"政治"（已有概念）遮蔽了的围绕着"物"而聚集成的大众将得以澄明。总的来说，拉图尔借助词源学的考察，巧妙地将"政治"的本质问题过渡成让"物"公开化的问题，继而揭示了"政治"与"实在论"的内在关系。而这既是拉图尔政治认识论的第一层含义，也是政治认识论的基本环节之一。

确立"政治"与"实在论"关系之后，拉图尔便将批判的矛头指向了经典实在论。也就在这个意义上，肯尼迪才指出，"拉图尔将其政治认识论置入了重估'实在论'之中。"③ 实际上，拉图尔对经典实在论的批判与其政治认识论的建构是相辅相成的，不可完全分割。意即在完成对经典实在论批判的同时也就形成了拉图尔政治认识论的丰富内涵。一般来说，自康德开启近代认识论研究以来，几乎所有的认识论都需要面对"存在对象、表象、主体意识"三者之间的关系问题。拉图尔的政治认识论也不例外，只不过他从科学研究出发，将这三者转换成了"事实""表征"与"二者联合产生的实体感"。围绕着这三者，拉图尔便展开了对经典实在论的全面批判。首先，针对已有的"实在（reality）观"，拉图尔以新的"事实（fact）观"从三个方面展开了具体批判：第一，波义耳的实验法区分了事实存在与事实解释，从而将追求"事实的真"转化为"事实的可信"。这样一来，"事实"被纳入准司法性的考察，它已不再是确定无疑的"实体"了。于是，经典实在论所依赖的确定性"实体观"受到质疑与挑战。第二，波义耳的实验法还昭示，"事实"是被建造起来的。对此，拉图尔明确指出，"我们知道事物的本性，是因为我

---

① KENNEDY D. Knowledge and The Political: Bruno Latour's Political Epistemology [J]. Cultural Critique, 2010 (74): 85.
② DEWEY J. The Public and Its Problem [M]. Chicago: Gateway Books, 1946: 137. 转引自：[美] 施特劳斯，[美] 克罗波西. 政治哲学史 [M]. 李洪润，等译. 北京：法律出版社，2009: 862.
③ KENNEDY D. Knowledge and The Political: Bruno Latour's Political Epistemology [J]. Cultural Critique, 2010 (74): 86.

们在一个完全可控的环境之下制造出了它们。"① 因此，经典实在论的"精确表象"问题被转换成了"事实建造"问题，即把知识从精确的表象转换到对事物的成功操作和控制上来了。② 在这个意义上，拉图尔也可被称之为新经验主义者。第三，波义耳将实验室事实的建造限定在一定的范围内，这种对事实自身限度的体认反而将缺点转换成了优点，因而"不管在理论、形而上学、宗教、政治或逻辑中发生了什么，这些事实也不会被变更"③。但经典实在论在这方面显然是有所忽略的。

其次，作为认识中介的"表象"，是主体意识建构的结果还是存在对象的映射，这一直是认识论争论的焦点。对此，拉图尔秉持其反对二元对立的宗旨，将"表象"问题转化为了"表征（representation）"问题。在拉图尔看来，"表征"具有以下基本特征：第一，它是被建构的，却不是主体意识单一建构的结果。实质上，"表征"就是一个十分复杂的中介网络，包括制度、设备、图片、充满文字与图表的论文等，人们的"实体感"就是在这个网络中所建构起来的。可以说，表征的网络产生我们经验的实在，而新的表征模式又会产生新的实在。第二，在政治领域里，表征还有新的用法和含义，它指的是合法公民因某些问题而聚集在一起的方式。④ 在这个意义上使用的"表征"似乎可以被分离，一方是真的"事实"，另一方则是官方所宣称的可能的"断言"。然而，拉图尔认为，既不存在没有中介的"事实"，也不存在不需要直接传播的"断言"，一切"表征"都不可避免地要经过"转译（translation）"。因此，"表征"的特性也就决定了经典实在论所依存的镜像论只不过是虚幻而已。

最后，按照传统认识论的观点，"表征"与"事实"的统一是认识所以可能的必要条件。经典实在论所采取的方式就是要求去除"表征"，让主体直接与实在（reality）发生联系，由此产生出安全的知识与直觉的真理。对此，

---

① ［法］布鲁诺·拉图尔. 我们从未现代过［M］. 刘鹏，安涅思，译. 苏州：苏州大学出版社，2010：21.
② ［美］约瑟夫·劳斯. 知识与权力——走向科学的政治哲学［M］. 盛晓明，邱慧，孟强，译. 北京：北京大学出版社，2004.18.
③ LATOUR B. We Have Never Been Modern［M］. Trans. CATHERINE PORTER. Cambridge, Mass.：Harvard University Press，1993：18. 同时可参见中文版：［法］布鲁诺·拉图尔. 我们从未现代过［M］. 刘鹏，安涅思，译. 苏州：苏州大学出版社，2010：21.
④ KENNEDY D. Knowledge and The Political：Bruno Latour's Political Epistemology［J］. Cultural Critique，2010（74）：89.

185

赖因伯格（Rheinberger，H-J.）曾精辟地指出，"完全显明的知识是不可思议的。"① 毕竟，我们经验最多的就是我们尚未知晓的"事物"，这些事物在主体意识中产生的"实体感"是模糊的、不完整的。既然如此，又岂能从一开始就将其界定为"实体"呢？这是一种新形式的美诺悖论，即"要认识的对象是模糊的，如果已经清晰，则无需认识"。因此，经典实在论将认识对象界定为"真实存在"就很有问题了。而拉图尔的政治认识论则巧妙地规避了这一悖论，他将实在论置入了政治领域予以重构。借助将"非人"物转变为"行动者"，拉图尔成功地将实在论转变为政治学问题。在此，"实在"就是有争议的事物（thing）（也就是事实）以一定的方式将其相关人士（包括人与非人）聚合在一起而形成的公共空间。至此，拉图尔以新的"事实"观、"表征"观以及政治"实在观"成功地实现了对经典实在论的批判，同时也建构起了具有新实在论内核的"政治认识论"。

当然，拉图尔不仅是提出并建构了政治认识论，还亲身践履政治认识论。最能说明这一点的就是他成功地运用政治认识论建构起了新政治生态学——自然政治学（politics of nature）。在《自然的政治：如何把科学带入民主》一书的开篇中，拉图尔就对已有的政治生态学展开了深度剖析。对生态主义话语体系进行解构后，拉图尔发现，"不仅自然，而且政治的观念都取决于一个科学的确定性概念。"② 基于政治认识论，拉图尔批判已有将自然带入政治，或将政治外在地强加于自然的政治生态学，因为"自然"不是实体，而是政治分裂的结果，将主体与客体区分后的产物。因此，为了彻底地逃离已有的二元之象，拉图尔回避了政治生态学中的"自然"与"政治"这一矛盾体，而将政治生态学的核心问题转变为"我们能否找到一个可以取代'自然'与'社会'这一范畴的集合体"。与从"政治"的本质切入一样，拉图尔对政治生态学的改造亦肇始于此。当然，这样一种集合体绝非简单地将主体与客体、政治与自然相加，而是由具有成为公民能力的人与非人所组成。那么，这样的集合体如何才能得以组成呢？拉图尔认为，这至少需要经历三次分配方可完成。第一次分配是在人与非人之间进行，它要求我们重新质疑已有的话语与意见。因为"或许连我们对知识与合理性的理解起先都受严格意义上的政

---

① RHEINBERGER H-J. Toward a History of Epistemic Things [M]. Stanford: Stanford University Press, 1997: 78.

② LATOUR B. Politics of Nature: How to Bring the Sciences into Democracy [M]. Cambridge, Mass.: Harvard University Press, 2004: 231.

治哲学的问题所影响"①。许多术语,诸如"权力""利益",政治生态学中的"人",等等,本身就是政治意识的代言人。第二次是将能力重新分配给扮演社会行动者的角色,因而生态学应该关注人与非人之间的关系,而非单一的"自然"。第三次则将这一集合体公民定义为实体与反抗所组合而成,并非语言或社会世界专属。经过三次分配后,政治、理性与自然之间的界线变得模糊,政治生态学整体转向集体公民的和平。不过,为了避免"集合体"有过早统一的嫌疑,拉图尔提出了权力的新分法,以取代已有的事实与价值分类法。"我们需要区分两种权力,一种是考虑的权力,一种是有秩序的权力。前者在混乱的事实与磋商的价值中得以保留,后者则在等级化价值与制度化事实中得以恢复。"② 这样一来,事实与价值不再可分,而是表征为两种不同集合体的权力,它们既相异又互补。综上所述,拉图尔通过政治认识论的分析重新赋予了政治生态学以新的意义,他要求放弃"单一自然"与"多元文化"的解释,重新走入具体科学世界来使政治生态学获得新生。

3. 政治认识论的意义与贡献

拉图尔通过对科学知识的重新定义与考察,揭示了科学乃权力关系网络的本质,继而从"政治"的词源学考察中,发现了政治与"物"、聚集之"物"、可争议之"物"之间有着内在关联。在此基础上,拉图尔开辟了一条崭新的政治认识论之路,它要求与已有"知识与政治"关系文本保持间距,悬置一切未经详细审查的语言与意见,直接进入集合体世界中(二分世界之前)进行权力的重新分配,实现真正的民主。作为一种新认识论,拉图尔的政治认识论在批判传统认识论、瓦解知识等级制度、推动知识民主化等方面有着重要贡献,与此同时,它还为知识与权力关系的分析引入了新的视角,意义重大。

在西方哲学史上,康德实现的"哥白尼式转向"为认识论提出了经典的问题,即主体意识如何超越自身而通达对象的问题,认识论的发展也由此开始。至今,几乎所有的认识论都无法回避这一问题。康德之后,对此问题的回答主要存在着两大主要倾向:一种是继承和发扬康德的思想,认为认识的过程就是认识对象的构成过程,思维(先天形式与范畴)综合建构对象,即

---

① [美]约瑟夫·劳斯. 知识与权力——走向科学的政治哲学[M]. 盛晓明,邱慧,孟强,译. 北京:北京大学出版社,2004:2.
② LATOUR B. Politics of Nature:How to Bring the Sciences into Democracy [M]. Cambridge, Mass.:Harvard University Press,2004:233.

存在者相对于思维而存在；另一种则是直接批驳康德的主张，指出主体本身也是与其他对象一样的独立实在，存在范畴要先于认识范畴，即思维相对于存在者而存在①。然而，不管是哪一种观点，他们都无法跳出康德所设定的主体意识与存在对象分离的二元世界。对此，拉图尔的政治认识论提出了新的解决方案：我们现在无需再纠结于"表征（即传统认识论中的表象）"的两个方面了，更应该关注的是这个丰富多彩的"表征"世界。在此意义上，可以说政治认识论提供的就是一种方法论，它是研究"接受学（receptions）"、过去与现在、自我与他人的备忘录，因为拉图尔肯定，事物的"表征"与它向谁"表征"以及为了谁而"表征"是紧密联系在一起的。② 显然，拉图尔的政治认识论承认了存在对象的政治学意义，将传统认识论考察的对象——"实体"转换成了在现实中被不断审判和建造的"事实"，继而便为通达"事实"的中介地带揭开了神秘的面纱。一切经典认识论的问题都被搁置，还有什么会比探寻中介地带更具有吸引力呢？回到拉图尔政治认识论建构的原点，我们还能发现，他取消了已有的知识等级制度。以柏拉图的洞穴隐喻为切入口，"拉图尔的政治认识论反对洞穴内外之间的绝对区分，抹杀了向物指称（面向物本身）与向外指称（面向听众进行解释与报告）之间的差异。"③ 不管是苏格拉底的超验性知识与操作性知识之别，还是柏拉图抑或是斯特劳斯（Strauss，L.）的知识与意见之分，乃至当代的理论知识与实践知识的等级差异，统统都消解于拉图尔的政治认识论中。因为在拉图尔看来，"为了解释存在，既没有一种智力活动也没有一种具体文化能够彻底承担其界定实在的任务。"④ 换言之，人类活动中并不存在某一种活动会比另一种更客观、更超越、更理论或更哲学。因此，无论是外科医生还是母亲、生物学家还是农民，他们的对象领域都立足于同一本体基础，无高低贵贱之分。正是在这个意义上，拉图尔甚至被称为彻底民主化的形而上学者。⑤

---

① 具体可参阅：庞学铨. 论尼古拉·哈特曼的新存在学认识论 [J]. 哲学研究，2007（5）：59-66.
② KENNEDY D. Knowledge and The Political：Bruno Latour's Political Epistemology [J]. Cultural Critique，2010（74）：95.
③ KENNEDY D. Knowledge and The Political：Bruno Latour's Political Epistemology [J]. Cultural Critique，2010（74）：95.
④ DÍAZ，P. G. Object-oriented philosophy and the comprehension of scientific realities Essay Review [J]. Athenea Digital，2011，11（1）：225-238.
⑤ HARMAN G. The importance of bruno latour for philosophy [J]. Cultural Studies Review，2007，13（1）：35.

<<< 第二章 新美诺悖论：从网络化学习到网络化识知

在西方政治文明的长河中，知识与权力的关系问题是所有政治哲学家建构理论的出发点。劳斯对此进行了很好的总结，指出知识与权力之间通常存在三种互动关系：第一，运用知识获取权力；第二，是在权力被用来阻碍或扭曲知识的获取时出现的；第三，即知识可以把我们从权力的压制作用下解放出来。① 上述三种互动关系基本上都承认，在本质上，权力与知识是各自独立的。对此，劳斯持反对意见，他通过分析指出，"权力关系渗透到科学研究的最常见的活动中。科学知识起源于这些权力关系，而不是与之对立。知识就是权力，并且权力就是知识。"② 与此类似，福柯的研究也表明，"权力必定被分析为是某种循环的东西，或者是某种以链接的形式起作用的东西。它绝不会停留在这儿或那儿，绝不掌握在任何人的手中，绝不是可以挪用的商品或财富。权力是通过一个网状组织被运用和行使的。"③ 我们欣喜地看到，劳斯与福柯的工作开启了"知识与权力"关系研究的新路向。然而，福柯与劳斯的研究又让人十分担忧，因为他们一不小心就可能重蹈霍布斯与波义耳的覆辙，前者更侧重权力的分析，而后者关注科学知识的研究。由于言语的意识形态制约性，没有更新话语体系，使得二者都很难彻底摆脱被意识形态扭曲的可能。为此，拉图尔的政治认识论则选择了与他们走不同的路。拉图尔主张，重构知识与权力关系的首要环节就是悬搁一切有可能染指政治、被意识形态所扭曲的话语与意见，直接回到那个混沌的而尚未分明的世界去进行权力的重新分配。在这里，拉图尔找到了能取消"知识"与"政治"二元对立的本体替代物——集合体。进而拉图尔构造了二维的时间向度，一是现代的，在这一向度上，客体与主体之间的分裂逐渐加深，扩大；另一个则是非现代的，主客融合在一起，不断走向更为复杂的连接物。随后，拉图尔将集合体引入二维的时间向度中，重新勾勒和描绘出一幅崭新的世界图景。只有在这个新世界里，重新分配权力给"组成集合体的各个行动者"才是可能的。换句话说，"知识"与"政治"的彻底融合只有在重构"体制"的基础上才能真正实现。这是拉图尔政治认识论为知识与政治关系研究所开辟的新思路。

---

① [美]约瑟夫·劳斯. 知识与权力——走向科学的政治哲学 [M]. 盛晓明，邱慧，孟强，译. 北京：北京大学出版社，2004：12.
② [美]约瑟夫·劳斯. 知识与权力——走向科学的政治哲学 [M]. 盛晓明，邱慧，孟强，译. 北京：北京大学出版社，2004：23.
③ FOUCAULT M. Power/Knowledge [M]. New York：Pantheon，1980：98.

（二）新知识观诞生

作为科学知识社会学巴黎学派的领军者，拉图尔从一开始就将"科学知识"锁定为自己的研究对象。随着拉图尔及其所属团队研究的不断展开与深入，伴随"实验室生活"的真实"再现"，科学知识生产过程中的"黑箱"逐渐被打开。于是，已有的科学本质观连同知识观一并被瓦解，曾经努力追求的客观性、确定性、普遍性、中立性都纷纷解体，整个传统认识论的话语体系也开始崩溃了。借助"行动者网络理论"这一符号表征，拉图尔大踏步地迈向了变革知识本质观与追求知识民主化的艰辛道路。

1. 从"资源本质观"走向"过程本质观"

黑格尔说，"从泰勒斯起，我们才真正开始了我们的哲学史。"① 也就从泰勒斯起，人类才真正展开对知识的反思与追求。于是，"知识即美德（苏格拉底语）""知识就是力量（培根语）"成就了一段又一段的文明史。延续这一历史至今，传统认识论确定"知识是人类的认识成果，它是在实践的基础上产生又经过实践检验的对客观实际的反映"②。显然，即便存在着因持真理观不同而批判上述"符合论"者，如"真理融贯论""真理冗余论"等，然而他们都无一例外地将"知识"视为认识的成果，是传递与传播的资源。姑且借用"资源"这一隐喻，不妨将这类知识本质观称之为"资源本质观"。长期以来，受"资源本质观"的影响，知识常常会被打包，封装在各种载体中，进而传送到别的地方，传递给下一代。杜威将这种知识观称之为"旁观者知识观（spectator theory of knowledge）"③ 不管是"旁观者知识观"还是"资源本质观"，它们都预先假定了知识是确定的，一旦追求成功便固化静止为"资源"，可供享用。

然而，在卡龙和拉图尔深入建构科学知识的实验室展开研究后便发现，知识本身是动态的，并且包容在行动者网络之内。这一认识将促使我们对知

---

① ［德］黑格尔. 哲学史讲演录（第1卷）［M］. 北京大学哲学系外国哲学史教研室译. 北京：生活·读书·新知三联书店，1956：178.
② 中国大百科全书总编辑委员会《哲学》编辑委员会. 中国大百科全书·哲学 II ［K］. 北京：中国大百科全书出版社，1987：1169.
③ DEWEY J. The quest for certainty ［M］// BOYDSTON J. A. （Ed.）. John Dewey. The later works（1925-1953），（Vol. 4）. Carbondale：Southern Illinois University Press，1929.：19.

识的理解从资源本质观转向过程本质观。① 拉图尔开创性地将人类学方法引入科学知识的研究中,他通过一个个生动形象的案例,向我们宣称了客观、确定的科学图景是虚幻的,真实的科学世界是离不开介入、建构的,更是一种"开放性终结"(皮克林语)。这样一种充满"冲撞"的真实图景取代前者是否意味着一种真理取代了另一种真理呢?当然不是。因为在拉图尔看来,"真理"或"真实的"这样的字眼除了标签以外并没有任何实质意义。②"'知识'不是某种只能由其自身描述的东西,或者由其对立面描述成'无知'或'信仰'的东西。"③知识其实是在旅途中的,它随着行动者的转译而展开着远距离行动。如此看来,知识显然不再仅仅是资源,还是介入、是操作、是塑造。在这个意义上的知识,与其被称为"知识(knowledge)",还不如叫作"识知(knowing)"。动态化、过程性的知识观不仅把曾被遗忘的知识的历史质重新找回,而且也并未完全抛弃客观性与相对性。④ 事实上,拉图尔在沟通宏观与微观世界的过程中,也逐渐揭露了知识的政治性。于是,在拉图尔的视野中,知识就是权力的产物。这也是知识走向民主化的根本性前提。

2. 从"知识精英化"走向"知识民主化"

作为权力的产物、政治的化身,知识的传播与传递、知识的生产,甚至知识自身的结构都无不隐含着民主化的可能性。在"知识精英化"时代,知识只能是由专门的人来负责生产,还只能传递给某些在未来社会可能要成为统治者的那些人,甚至于知识自身也有阶级之分,进而加剧社会阶级的分化。在这样的知识观统治下,社会民主化如何可能?显然,唯有实现"知识民主化",我们才有可能真正实现民主主义。当然,知识民主化具有历史性,它是一个不断深化的过程,而拉图尔的行动者网络理论则为我们提供了至少三个层次的民主化水平。

第一,知识传递与传播需要民主化。拉图尔通过对科学展开的人类学研究,解蔽了从实验室内传递到外部世界过程中被传统认识论所遗忘的科学事实。在拉图尔看来,实验室内所建构的"事实和机器"不是被移置到外部世

---

① SPENDER J C. Making knowledge the basis of a dynamic theory of the firm [J]. Strategic Management Journal, 1996, 17 (10): 45-62.
② 郭明哲. 行动者网络理论(ANT)——布鲁诺·拉图尔科学哲学研究 [D]. 上海:复旦大学,2008:40.
③ [法] 布鲁诺·拉图尔. 科学在行动:怎样在社会中跟随科学家和工程师 [M]. 刘文旋,郑开,译. 北京:东方出版社,2005:358.
④ [美] 安德鲁·皮克林. 实践的冲撞——时间、力量与科学 [M]. 邢冬梅,译. 南京:南京大学出版社,2004:227.

界，而是外部世界变革自身以切合实验室生活。① "法国的巴斯德化"便是一个经典的案例，巴斯德在实验室所建构的强大技术并非直接到达法国农村的农场，而是法国农场的重要维度被转变而进入实验室了。因此，拉图尔才会说，"促使科学事实流通的并不在科学之外，而是在长而窄的网络之中。"② 这间接地启示我们，知识的传递与传播绝不是中心扩散式地传播，也绝非从上往下线性式地传递。于是，知识的内部世界与外部世界开始对称，传播并不意味着简单的位移，传递也不是纯粹的复制与保存。与此同时，所有需要知识的人们都能通过转换（transformation）而获得接近知识和拥有知识的权力。于是，知识对任何人都保持开放，推动社会民主化。

第二，知识的生产需要民主化。而知识生产的民主化归根结底就是拥有生产知识权力的民主化。传统的知识观认为只有为数不多的，或者是拥有特殊能力、工具的人在特定场域中才能生产知识。于是，知识负载了权力后，生产知识的权力分配则是较之传递与传播更为核心的问题。基于此，拉图尔批判了传统认识论对科学知识与日常知识之间所存差异的解读。因为事实上，根本就不存在科学建构的"事实与机器"被移位的情况，它们依然停留在原有的地方，由于愈来愈多的节点（points）（包括其他地点、人们等）被纳入这个网络，所以才会让人产生被移出的幻觉。③ 这样看来，传统认识论所区分的科学世界与日常生活世界其实都是一系列实践。既然如此，历史给我们所遗留下来的理论与实践、表述与行动之分，理论工作者与实践工作者之间的高低贵贱之分也应被彻底摒弃。"换言之，我们不必在中国人的地方性知识和欧洲人的普遍知识间设置对立，而只是设置两种地方性知识，其中的一种具有网络——循环往复地把永久性的移动性转变为远程行动（act in a distance）——的特征。"④ 拉图尔通过行动者网络沟通了科学世界与日常生活世界，由此也开启了知识生产的民主化进程。

第三，知识自身结构也需要民主化。"曼海姆式的错误"指的是知识社会学中将自然知识和科学知识与文化知识对立起来。这一错误映射出了普遍的

---

① LATOUR B. Give me a laboratory and I will raise the world [M] // KNORR K. D, MULKAY M. (Eds.). Science observed (pp. 141-170). London: Sage, 1983: 166.

② LATOUR B. Give me a laboratory and I will raise the world [M] // KNORR K. D, MULKAY M. (Eds.). Science observed (pp. 141-170). London: Sage, 1983: 163.

③ BIESTA G. Towards the knowledge democracy? Knowledge production and the civic role of the university [J]. Studies in Philosophy and Education, 2007, 26 (5): 477.

④ [法] 布鲁诺·拉图尔. 科学在行动：怎样在社会中跟随科学家和工程师 [M]. 刘文旋，郑开，译. 北京：东方出版社，2005：371-372.

科学知识与人文知识割裂，甚至科学知识凌驾于人文知识之上的知识图景。人们常常喜欢把真理归结于科学，而用社会来解释谬误。这肯定是有碍于社会民主化的实现的。拉图尔吸收布鲁尔的第一对称性，让真理和谬误站在同等的位置上接受解释与检验。如此便消解了科学与社会、自然与人文在知识标准方面的对立。事实上，拉图尔比布鲁尔在消解二元对立方面要走得更远些，他借助符号学思想重新赋予了自然及人工物以行动者身份，由此便在更深层次的本体论上化解了自然与人文、科学与社会的矛盾，这也就为打破科学知识与人文知识的先在对立从而推动知识的民主化提供了有力的武器。在这个意义上，皮尔斯（Pierce, C.）干脆宣布，"我们需要重构民主与公民概念，使其更为宽泛。因此，民主不能再被简单视为只需要人与人之间的努力即可了。"[1]

二、移动的"知识"：网络化学习的另一种想象

长期以来，受传统学习理论研究的影响，网络化学习研究始终都难以跳出认知与行为、个体与社会的逻辑范畴。实际上，行动者网络理论已启示我们，长期以来我们都将学习研究框定在了个体人或社会人的思维模式中，却忽视了其他，漠视了可见的（visible）"物"，等等。所谓的认识实体本不存在，存在的只是"有争议的事物（thing）（也就是事实）以一定的方式将所有相关行动者（包括人与非人）聚合在一起而形成的公共空间。"[2]

基于此，我们更倾向于将网络化学习视为一种时空的过程[3]，继而发展起网络化学习时空论。

（一）网络化学习时空论的逻辑基础

首先，就知识论的逻辑基础而言，知识与学习是一致的。随着"个体认识论"的深入推进，它与"学习"研究开始走向融合。以朔默和哈默等为代表的个体认识论研究者们，明确主张将学习本质观纳入个体认识论的研究中，提倡广义的"个体认识论"，因为"经验的结果显示，知识观都是与学习观密

---

[1] PIERCE C. Designing Intelligent Knowledge: Epistemological Faith and The Democratization of Science [J]. Educational Theory, 2007, 57 (2): 123-141.
[2] 参考前文"行动者网络理论的知识论"中的"政治认识论孕育"部分。
[3] 此观点是基于内什波尔所提出的一般性命题"知识与学习是时空过程"而提出的，遵循的演绎的逻辑，可以确立本命题的合理性。

不可分的"①。的确，若将学习局限为个体的认识活动，"学习"与"个体认识论"这两个术语在本质上是同一的，只不过前者多见于教育研究领域，而后者更多地用于哲学与心理学领域。

其次，回望"知识"概念的发展历程可以发现，知识与学习之间曾被历史割断了的联系在深层面又被重新连接起来。"知识是人类的认识成果，它是在实践的基础上产生又经过实践检验的对客观实际的反映。"② 这将知识视为认识成果，直接滑向了静态知识观。然而，到了近代，伴随着知识的生存实践论转向，已有研究表明，"知识"不是某种只能由其自身描述的东西，或者由其对立面描述成"无知"或"信仰"的东西。在这个意义上，与其称为"知识（knowledge）"，还不如叫作"识知（knowing）"。人们把这种对知识的理解称之为动态知识观（或过程知识观）。可以说，当从结果观转向过程观时，"知识"与"学习"又有何区别呢？

基于"知识"与"学习"统一的基础，内什波尔在行动者网络理论的启示下，汲取最新地理学的理念，提出了"学习时空论"，即"知识与学习本质上是时空的过程"③。

聚合异质事物并具有特定功能的"行动者网络"（actor-networks）正好可以成为"学习时空论"的基本分析单位。从"行动者网络"这一单位出发，通过将分离语境中的各种事物（包括人与非人）联通起来形成网络从而建构出"时空性"。由此，"学习"便获得了"空间性"。基于此，为了更好地理解学习的"时空性"，必须先弄明白一个更为基础的概念——"表征的实践"。吉登斯在《历史唯物主义的当代批判：权力、财产与国家》一书中论述社会时空时曾经指出，"在那些不存在书写的社会，它们不具有表达过去时间的物理'印记'，过去只是深深烙印于遍布日常经验例行化的传统中。但是，象征性记号、书写却是使经验沿时空延展开来的最有效手段"④。事实上，在"学习时空"中，所谓的"表征的实践"指的就是书写、记录、写作、符号实践等。通过这一实践，我们才能与远离学习现场，即不在场的人或非人得

---

① ELBY A. Defining Personal Epistemology: A Response to Hofer & Pintrich (1997) and Sandoval (2005) [J]. The Journal of the Learning Science, 2009, 18 (1): 139.
② 中国大百科全书总编辑委员会《哲学》编辑委员会. 中国大百科全书·哲学 II [K]. 北京：中国大百科全书出版社，1987：1169.
③ NESPOR J. Knowledge in Motion: Space, Time and Curriculum in Undergraduate Physics and Management [M]. London: The Falmer Press, 1994: 131.
④ [英] 安东尼·吉登斯. 历史唯物主义的当代批判：权力、财产与国家 [M]. 郭忠华，译. 上海：上海译文出版社，2010：39.

以相遇，从而移动和建构起学习时空。"从这一视角出发，学习指的是能够穿越时空网络移动自我，还能移动他物。"① 由此，我们也清晰地看到，"在场（presence）"与"缺场（absence）"相互交织在一起，共同建构起"学习时空"。

事实上，这样一个时空既包括了物理意义上的时空，也包括了社会乃至精神层面的时空。它们彼此沟通并融合在一起，形成了特定的更为丰富的"机构或学科网络"。

（二）网络化学习时空论的基本立场

从学习理论发展脉络来看，网络化学习时空论不仅是在批判原子化的个体学习论与文化决定式的社会学习论中发展起来的，更是学习时空与技术时空相遇后的产物。

1. 分布式自我：学习者观重构

在网络化学习时空论看来，"自我"不是简单地繁殖，而是分布在各时空网络中，并构成他们各自的物质与符号联结。因此，不同的学科时空便意味着不同的自我构成。② 换句话说，"我是谁？"这一问题的答案会随着学习所在时空的不同而发生变化。就此，内什波尔以自己为例进行了详细的说明。譬如，坐在吧厅与他人讨论知识与坐在电脑前写文章，这两种产生意义的方式显然是不同的。而就在这不同的情境中，"我则成了不同认知体系中的一部分（我是不同的'我'）。……事实上，这两种不同的情境所产生的经验会改变'我'和'我的心智'，甚至还会持续地影响到'我'的将来。"③ 这样一种自我观，要求我们要彻底摆脱心理学意义上的作为单一实体存在的"学习者"概念，取而代之为"分布式的行动者"，它们能够跨越空间与时间进行边界与成分的转移。这里，必须再次重申"行动者"的概念。在网络化学习时空论中，单一存在的个体已不复存在，因为人不再是在单一时间轨道中前进，而是同时在多个方向上展开，并与远方的人、物交织在一起。

---

① NESPOR J. Knowledge in Motion: Space, Time and Curriculum in Undergraduate Physics and Management [M]. London: The Falmer Press, 1994: 131-132.
② NESPOR J. Knowledge in Motion: Space, Time and Curriculum in Undergraduate Physics and Management [M]. London: The Falmer Press, 1994: 134.
③ NESPOR J. Knowledge in Motion: Space, Time and Curriculum in Undergraduate Physics and Management [M]. London: The Falmer Press, 1994: 8.

2. 关系本体论：课程本质观变革

基于行动者网络理论，网络化学习时空论主张关系本体论。何谓"关系本体论"？事物为本哲学所提出的"第三张桌子（the third table）"①很恰当地隐喻了这一关系本体论，除了言语世界的"桌子"与物理世界的"桌子"外，还存在关系世界的"第三张桌子"。由此出发，我们完全可以把"课程（curriculum）"想象为时空的存在。从网络化学习时空论出发，所建立起来的这样一种新课程本质观，要求我们在实践中，不仅要努力去沟通和协调课程时空中的各要素之间的关系，还要去跟踪和描述这一课程时空与另一课程时空之间的联系；与此同时，在理论上，它也要求我们脱离传统的教育与学习研究问题。总之，在网络化学习时空论中，课程与学习一样，都是关系的网络，要想获得对其真正的理解，我们必须去探索课程网络的结构与连接（articulation），而在这一网络中，课本、读物、人，甚至班集体都是分析单位。

3. 远距离互动：知识在移动

在行动者网络理论的"技术物表征"启示下，网络化学习时空论也汲取了解释学的思想，强调远距离的互动。而实现远距离互动的机制便是"转译"，而"转译"本质上就是一种联系。内什波尔指出，当我们行动时，我们就与某一时空环境中的人与物进行着互动。尽管这些人与物所在时空远离我们，但它们毕竟以某种方式存在于某种情境之中。因此，为了更好地理解活动与学习之间的联系，我们必须处理好这一双向的互动。一方面，我们需要在近处考察，远离我们的活动是如何被引入具体情境中并突现出来的；另一方面，我们也要关注此处情境中的活动又是如何与其他地方的活动及时空联系起来的。

基于这样的认识，网络化学习时空较之传统学习时空更加丰富，因为"网络"结构的出现带来了时间的多项选择，时间成了可逆的，并且蕴含着缩短空间距离的巨大潜能。从这一点出发，我们重新考察学习的过程便有新的发现。学习不是去记录和描述时空，而是在建构自我的时空。基于此，我们完全可以将网络化学习想象成这样一种时空：知识正在移动。

（三）网络化学习时空论的具体应用

网络化学习时空论立足对还原论的反拨，为学习研究开辟出了另一片新

---

① DOCTORZAMALEK. The third table [OB/OL]. https：//doctorzamalek2.wordpress.com/2012/01/16/the-third-table-in-documenta/，（2012-01-16）[2021-05-06].

<<< 第二章 新美诺悖论：从网络化学习到网络化识知

天地。

首先，基于行动者网络理论的核心假设，即人类与非人类在本体论上是平等的，不能区别对待。这样一种立场的转换，将"物"拉回了学习研究的视域中。在网络化学习时空论视域中，"物"与人一样，都具有不可估量的作用。以"教材"为例，以往的学习研究总将其视为知识的载体，是学生学习的对象，即使在批判教育学视域中，它也依然只是负载意识形态的工具而已。但是在网络化学习时空论视域中，教材便成了一系列人与物联系起来的关系聚合物，它设计、选择和凝固了一连串会议、声音、探究、冲突等，它穿越广阔的空间，链接了课程开发网络、出版发行网络以及学校与课堂教学网络等。再者，网络化学习时空论启示学习研究需要转换其提问的基本方式。过去的研究总是关注对象本身，因此常常问"是什么"的问题；但行动者网络理论探究的是对象正在做的是什么，所以会问"做什么"的问题。以"学习"为例，如果我们总是去追问"学习"是什么，一不小心就会陷入"名""实"之争的本体陷阱中，落入"语词"和"世界"之间的循环参照内。基于学习时空论，我们要追问的则是，学习从哪里开始？与哪些事物链接起来？完全可以想象，这一问题域中将隐含着无限丰富的研究主题和内容。

其次，基于知识与权力的关系，在网络化学习时空论的指引下，研究学习本质的思辨问题转变为了探索课程学习活动究竟是怎样发生的经验问题。从这样的思想出发，内什波尔专门对大学本科生的物理学课程学习展开了研究。可以说，这一研究案例为如何应用网络化学习时空论来开展学习研究提供了具体的借鉴。内什波尔在研究中首先区分了两个时空：一个是物质性时空，一个是表征性时空。前者与物理世界直接相连，后者则与以符号表征的物理学世界关联。基于这两个时空，内什波尔对大学本科的物理学课程学习进行了深入研究。考察发现，迫于某种压力，本科物理学课程首先不得不标准化。这种压力主要来自物理学研究生课程的要求，因为在时空论视域下，本科物理学课程实质上为物理学研究生所设置的预备空间。"课程一旦标准化，它在学科复制方面便扮演着十分关键的角色，因为通过它，各个学校的本科物理学课程便可能克服地理空间上的间距，从而紧密联系在一起。"[1] 换言之，只有将课程标准化，本科的物理学课程方能实现作为研究生课程预备空间的功能。由于本科物理学课程其可接受的身份与旨趣的问题化（problem-

---

[1] NESPOR J. Knowledge in Motion: Space, Time and Curriculum in Undergraduate Physics and Management [M]. London: The Falmer Press, 1994: 31.

atization）范围是很狭窄的，因而就产生了淘汰学生的巨大压力。很显然，在网络化学习时空论视域下，课程不能被理解为是渗透知识到学生的脑海中，更应该被解读为一条路径，一条由许多交叉路口组合而成的轨道。若从学生的角度来说，他们进入物理学课程时空，是在一系列行动者网络（家庭、兄弟会、课程）中努力奋斗的结果。总的来说，这一课程的时空组织通过压缩物质空间将学生卷入了一个物理学网络。在这一压缩的物质空间里，学生的活动被展开，时间被垄断，它在物质工具（纸、笔、黑板）、人造物（教材）以及其他学生之间进行分布。① 进入物理学这一表征性时空后，紧随而至的便是一连串的移动（mobilization）②。将物理学方程移动入教材，物理学实践便与物理学教育链接起来了，同时也将地理上分隔的物理学课程学习连通起来了；随后，教师将教材中的物理学方程又移入了自己的演讲中；而学生在学习中则将其移入自己的课堂笔记中；最后，通过家庭作业或教材中的问题将各种问题联系起来并形成了学生在表征时空中移动的过程。可以看到，这一连串的移动（转译）实质上就是将物理学世界渐渐剥离日常世界，进而以数学世界取而代之的过程。③ 在这里，必须要理解一点，那就是"书写的文字将流动经验的属性予以提炼，进而把它们锁定在空间形式中"④。在网络化学习时代，虚拟世界的诞生为这样一种时空拓展提供了更多的可能性，学习时空也变得更加多维、丰富起来。

不管如何，从网络化学习时空论的视角出发，我们可以看到网络化学习是如何通过移动（转译）或压缩时空来建构自己的行动者网络的。

第三节 解放知识主体的网络化学习

柏拉图的"洞喻"揭示了囚徒与无知的关联、自由与知识的关联。与此同时，它也预设了个体解放与群体解放的分离，一些个体（哲人）是解放群

---

① NESPOR J. Knowledge in Motion: Space, Time and Curriculum in Undergraduate Physics and Management [M]. London: The Falmer Press, 1994: 41.
② 这里的移动（mobilization）的含义与行动者网络理论中的转译（translation）是一致的。
③ NESPOR J. Knowledge in Motion: Space, Time and Curriculum in Undergraduate Physics and Management [M]. London: The Falmer Press, 1994: 54-55.
④ HARWAY D. Primate Visions [M]. London: Routledge, 1989: 206.

体的救世主，他们负责传递真理。然而，生而自由的人，一旦意识到了自己在接受真理过程中所受到的奴役、束缚和羁绊时，他们也就不会甘于被囚，等待他人的救赎。文化发展的历史在研究与学习之间犁下深深的沟壑，学习退居在传递知识的单一世界里。当行动者网络理论将知识与政治的关系重新联结后，当网络化学习努力要超越传播知识的单一功能时，所有知识主体都被激起了寻求自我解放的热情与欲望。那么，网络化学习究竟如何促进人类的自我解放呢？知识主体的解放是最为根本的。

一、解放知识主体的网络化学习何以可能

柏拉图"洞喻"在揭示求知与解放的关系的同时，也预置了个体解放与群体解放相互矛盾的冲突地带。就个体而言，尽管"求知是人类的本性"[①]，却长期处于不成熟状态之中，于是康德（Kant, I.）才会极力宣称，"要有勇气运用你自己的理智"[②]。这一启蒙运动的口号清楚地表达了"通过知识而自我解放的观念"[③]。基本上，波普尔所提出的"通过知识而获得解放"已经得到了普遍认可。然而，只要我们再仔细地推敲一番，便会得出这样两个问题：是谁通过知识获得了解放？究竟受到了何种压制才需要解放呢？第一个问题将个体解放与群体解放之间的矛盾推至了前台，因为一旦回到知识的源头处，一部分人通过知识在宰制另一部分的秘密自然就会泄露；与之相连的第二个问题则与知识的价值紧紧联系在一起。就解放自我而言，知识是具有双重意义的。从无知到有知，乃第一重的解放，而从有知到"知识"[④]，则为第二重解放。在这里，历史中的时间帮助我们揭开了第一重解放长期受制于第二重解放的内幕，唤醒了长期习惯于被动接受知识而满足于所谓的"一重解放"的大部分人们。

---

① [古希腊] 亚里士多德. 形而上学 [M]. 吴寿彭，译. 北京：商务印书馆，1981：1. 可参阅：[古希腊] 亚里士多德. 形而上学 [M]. 苗力田，译. 北京：中国人民大学出版社，2003：1. 译文是"求知是所有人的本性"；[古希腊] 亚里士多德. 形而上学 [M]. 李真，译. 上海：上海世纪出版集团，2005：1. 译文是"所有人在本性上都愿求知"。
② [德] 康德. 历史理性批判文集 [M]. 何兆武，译. 北京：商务印书馆，1990：22.
③ [英] 卡尔·波普尔. 通过知识获得解放 [M]. 范景中，李本正，译. 北京：中国美术学院出版社，1996：179.
④ 这里的知识并不是日常概念中的静态意义上的知识，而是包含了生产知识的所有知识活动。

基于这样的认识，一直作为连接"无知"与"有知"两端点的"学习"时空有必要进一步拓宽自己的领地，开放已有的两个端点，向二重解放迈进。当前，作为新时代的学习文化形态，网络化学习在技术的推动与保障下，也具备了实现知识主体二重解放的物质条件。在此基础上，"学习即知识创造的过程"成为当代学习的第三种基本隐喻。

（一）解放知识主体何以可能

要谈论知识主体的解放，首先必须明确两个概念：何谓"解放"？何谓"知识主体"？关于前者，劳拉（Lara，M. P.）所做的概念史研究结果充分表明，它是一个模糊性的概念①，但比较一致的是它表征着反抗某种统治。至于后者，它既不是以知识为实体、以主体为属性的简单相加，亦不是以知识为属性、以主体为实体所构成的，更不是相对于权力主体、财富主体而存在的新社会形态，而是曾经的康德意义上的"自然立法者"，是参与知识活动的主体。随着网络社会的崛起，曾经外在于客体世界的确定的主体开始消散于整个世界，与此同时，它又走向了更高层面的自我觉醒，要求第二重的解放。

1. 解放知识主体的含义

从字面上来考察，解放（emancipate）的概念包含了几个层面的意思，其中最主要的含义有两个：一是从他者的权力中获得自由，另一则是摆脱任何控制性的影响。② 正如劳拉的考察结果一样，"解放"这个词，"它能被用来描述各种不同的诉求：消除人对人的统治、主张法治的自由主义诉求、主张人民主权，进行激进变革的民主诉求，或者是消除经济统治的方式。它占据了所有有关正义的词汇空间，因为它已经成为反抗任何统治的最重要的工具。"③ 总之，即便"解放"这一概念具有模糊性，但到目前为止，它主要表达的是摆脱控制，崇尚自由的意愿，是反对统治、追求民主的欲望。当然，必须指出的是，解放这个概念本身就预设了思想上的制约。解放成为思想上的立场，则解放充其量是相对性的，是自问受到什么处境的束缚，有了束缚，

---

① ［墨西哥］M. P. 劳拉. 概念变化的语义学：解放概念的出现 [J]. 高静宇，译. 世界哲学，2011（6）：140.

② GOVE P B. & THE MERRIAM-WEBSTER EDITORIAL STAFF. Webster's Third New International Dictionary of the English Language Unabridged [K]. Springfield：Merriam-Webster Inc.，1986：738.

③ ［墨西哥］M·P. 劳拉. 概念变化的语义学：解放概念的出现 [J]. 高静宇，译. 世界哲学，2011（6）：140.

才能谈解放。不指明束缚而谈解放，就流于空谈。①

因此，在谈解放知识主体之前，我们有必要深入当下知识主体的处境中，来剖析其所受的束缚、控制与统治。前文已论及，知识主体指的就是"认识主体"。那么，将这一概念移入网络化学习中，这里的知识主体指的就是"教师"和"学生"了。长期以来，我们习惯将教师、学生、学习内容或材料圈定为学习系统中的三要素。而在这样一个系统中，教师和学生作为知识主体都面对着相同的知识对象，学习的目标就是无限趋近于准确复制这些知识对象。乍看起来，这非常合理，而这也正是教育工作者或者说学习研究者所津津乐道的。我们的研究也好、实践也罢，都是要努力朝着这样一个目标而前进的。深入剖析，我们就不难发现，作为学习对象的"知识"受线性传递关系的深刻影响，已在不知不觉中将知识主体等级化了。简而言之，就是生产这些"知识"的专家、学者具有最高地位，是权威，甚至是霸权；而负责传递这些"知识"的教师处于中介地位。一方面，相对于专家、学者而言，他们是知识的被动接受者，是学习者。另一方面，相对于学生而言，他们又是权威知识的代言人，在转译知识的同时也转译了专家学者的一部分权威；处在最底层的知识主体自然就是学生了，这些学生被假定为无知之辈，就像柏拉图洞穴中的囚徒似的，是等着我们去解放的一群人。他们面对"知识"的权威，只能是无条件的接受。显然，从"知识"在学习活动中的流通过程中，我们清楚地看到了一部分知识主体被另一部分知识主体以"解放"的名义所奴役、控制和束缚着。除此之外，当我们将目光聚焦到"主体"这个词身上时，我们还能发现"知识主体"所受的另一种控制。对于主体，福柯曾经这样评价："主体这个词有两种意义：控制和依赖使之隶属于他人；良知或自我认识使之束缚于自身的个性。两种意义都表明了一种使之隶属、从属的权力形式。"② 事实上，主体（subject）在英文词典中，还有"臣民"和"屈从"（subject to）的意思。因此，从词源来看，主体一词也包含了被控制和屈从的意思。在这方面，福柯的分析给了我们深刻的启示。在福柯看来，主体这一概念是与他物（包括自然）之间的关系范畴。因此，把人变为主体，就潜藏着种种主体异化危机，诸如把人变成狂妄自大、企图征服自然的主体的危机，

---

① 石之瑜，李圭之，曾倚萃. 日本近代中国学：知识可否解放身份 [J]. 中国社会科学，2007（1）：168.

② [法] 福柯. 福柯的附语：主体与权力 [M] // [美] L·德赖弗斯，保罗·拉比诺. 超越结构主义与解释学. 张建超，张静，译. 北京：光明日报出版社，1992：276.

把一部分人变为夺尊争优、总想奴役支配他人的主体的危机，进而导致"人类中心主义"态度的形成。依此类推，在我们的学习中，将教师和学生变成"知识主体"，也暗含了将"知识"变成我们记忆、整理、操作、应用的对象，"知识"成了工具。然而，滑稽的是，这样的一种人本中心学习也让我们的学习者愈加不堪重负：愈来愈多的知识要记忆、理解和应用。它反映在我们的现实生活中，那就是学生的书包越来越重，所谓的减负只能是堕入越减越重的恶性循环之中。网络化学习出现后，有了技术的帮助，似乎这样的问题终于有了解决的方案，人们正欣喜地沉浸在如何更大、更好、更完整地储存和传递"知识"之中。不能否认，这样的努力会在一定程度上解放我们的"知识主体"，至少在记忆负载方面有所帮助。但是，如果没有逃离"主体"的范畴，仍会继续被"知识"及其隐含着的"权力"所控制。

由此看来，"解放知识主体"在此至少包含了两个层面的基本含义：一方面，从空间结构来看，解放知识主体意味着要使一部分知识主体从另一部分知识主体的统治中摆脱出来，至少要在观念层面上解放；另一方面，"在网络空间，人类开始走向一种多元化、去中心、平面化、复调化、虚拟性的生存与互动境界。"[1] 现代技术的发展，尤其是电脑网络正在扩展和重塑知识主体，传统意义上的主体与客体之界限还是模糊。同时，知识与权力内在关联在当代的凸显，也启示我们必须抛弃"知识主体"的思想，打破人类中心主义，彻底地解放"知识主体"。

2. 解放知识主体的哲学基础

回归学习的阿基米德点——知识的发生起源处，作为与他者关系存在的知识主体范畴，首先需要从概念层面，也就是从符号层面予以解构与重构。这是解放知识主体的基本条件。而后，深入知识主体的内部，揭示并取消知识主体的等级霸权，是解放知识主体的重要前提。

关于前者，行动者网络理论不只是像福柯那样，对坚持主体思想的人报以"一种无声的""哲学的嘲笑"[2]，而是为我们提供了可行的方案。行动者（actor/actant）作为新的概念，用于指称宇宙中一切事物。于是，不管是人或具体的人，物或具体的物，也不管是原子还是夸克，它们都只是参与了实在建构过程的行动者，没有等级优劣之分，也就无所谓谁还原为谁了。还原论

---

[1] 黄少华，翟本瑞. 网络社会学：学科定位与议题 [M]. 北京：中国社会科学出版社，2006：258.

[2] FOUCAULT M. The Order of Things [M]. London: Routledge, 2002: 373.

在这里彻底失效了。这样一来，主体、包括与主体相对的客体概念都被抛弃了。照此，所谓的知识主体也被取消了，存在的只是参与知识活动的行动者。这个行动者不仅指称传统意义上的人，也指示像技术产品等等之类的非人物，它们在本体论世界中都是平等的。由此，从概念或符号层面取消"主体"，人类中心主义的大厦才有可能被撼动，主体的狂妄态度也才有可能改变。当然，行动者网络理论中的"行动者"比在符号层面解构"主体"要走得更远些，因为它强调所有的"行动者"都是在抗争、磋商与妥协之间来建构自己的生存空间，即网络。在这个意义上，行动者本质上则打破了传统的静态实体观，发展为动态的联结与网络。基于此，"知识主体"不仅需要放弃这个称呼，更本质的是要放逐实体本质观。正因为如此，"知识"也就不再是主体操作和记忆的对象了，而是所有行动者动态联结的结果，是历史中的时间和政治中的行动的结果。

至于后者，行动者网络理论所坚持的民主本体论（democratic ontology）为之提供了合理的说明。① 基于民主本体论，行动者网络理论的认识论反对霸权谬误（hegemonic fallacy），提倡去纯粹真理或精神观。从这一认识论取向出发，行动者网络理论揭示了所谓的普遍知识存在是一种霸权谬误，因而呼吁取消知识的等级，与之密切关联的就是取消知识主体的等级区分。从巴斯德的例子中，我们能清晰地看到，所谓的生物学家巴斯德生产的知识与农民在饲养家畜中生产的知识具有相同可靠性的意义。这也是行动者网络理论中的认识论同等效力原理。返回到网络化学习时空中，基于认识论同等效力原理，一度将专家学者生产的知识视为权威、圣谕，这显然是一种霸权谬误。其实，教师、学生都拥有创造知识的权力与可能，甚至于那些曾一度被视作知识客体的物也是知识不可或缺的贡献者。

概言之，取消部分知识主体的霸权使得解放知识主体成为可能。不仅如此，若消解知识主体的哲学范畴，则更深层面的解放知识主体也是可能的。

（二）学习的第三种隐喻

当然，解放知识主体是历史的产物，它在不同的历史时期，具有不同的内涵和特征。时逢知识凸显为社会的核心，它是经济生产的资本，也是社会

---

① 参见本书导论，其中在论述方法论基础的部分中较为详细地阐释了"民主本体论"。

互动的细胞。在这个知识时代,"知识被用于知识本身。"① 因而,知识生产与进步的需求比以往任何时期都要大得多、显著得多。此时,限于传承与传播已有知识的学习,以及依托于个体努力或社会协作的学习者显然都无法满足知识社会发展的需要。再加上,嵌入了诸多意义、知识与智能的工具与技术等人造物也成为人们生活、学习与工作网络中不可缺少的组成部分。周围的一切都开启了识知文化(epistemic culture)的转向,施图特(Stutt, A.)等人将这一转向称之为"识知论化"(epistemification)现象。它所描述的是专业知识其一般意义在不断扩大,而日常生活组织中的科学知识生产也逐渐普遍化的这样一种发展状态。② 面对这样的生存境遇与挑战,"学习"可以何为?应该何为呢?"终身学习""创新性学习"等理念应此诞生,近年来迅速蹿红于教育理论与实践界。它们似乎已为学习找到了良方,然其收效甚微。究其根本,乃因学习本质观念陈旧所致。因此,因应时代的发展,学习的本质也发生变化,寻求新的隐喻或"理想类型"③ 可能会为学习找到新的出路,这也必将赋予解放知识主体以新的内涵。

1. 学习的两种隐喻及其反思

1998 年,斯法尔德(Sfard, A.)在《教育研究者》"Educational Researcher"第二期发表了专文《论学习的两种隐喻及任选其一的危险》。在文中,斯法尔德正式提出了学习的两种隐喻——习得(acquisition metaphor)与参与(participation metaphor)。在斯法尔德这里,隐喻是最朴素而令人捉摸不定的,但又是十分有根据的分析对象。这种力量主要产生自隐喻常穿行于日常经验与科学、直觉与规范的这一事实。④ 也就是说,借助隐喻这一语言形式便能实现从日常生活到科学话语之间的渗透,使我们的基本直觉能够形成科学观点,同时又从科学的概念反馈到直觉中。因此,所谓学习的隐喻,在这里就能同时表征日常经验与科学理论中学习的概念。这与马克斯·韦伯所提出的社会

---

① [美]彼得·德鲁克. 后资本主义社会[M]. 张星岩,译. 上海:上海译文出版社,1998:21.
② BILLETT S. Learning through practice: models, traditions, orientations and approaches [M]. London: Springer, 2010: 85.
③ "理想类型(ideal types)"是马克斯·韦伯所提出来的,它作为一种研究手段,指的是通过综合许多散乱的、不连贯的各种具体现象,以某种或几种片面强调的观点将这些现象安排到一个统一的分析结构中去,由此便形成了一个理想类型。在此,与理想类型这一方法类似,隐喻也可以作为理解学习本质的基本分析单位和方法。
④ SFARD A. On Two Metaphors for Learning and the Dangers of Choosing Just One [J]. Educational Researcher, 1998, 27 (2): 4.

行动的理想类型，具有同样的方法论意义。基于这样的方法论，斯法尔德将当时争论不休的各种各样的学习理论归结为两种基本隐喻。所谓学习的习得隐喻，其基本的分析单位是一个人（an individual）。从这一基本单位切入，知识就被视作一个人心智的属性，而学习的过程（即知识生产的过程）必然是发生在个体的心智中。于是，大脑便成了知识的容器，且是一个与外界物质世界、文化世界完全分离的容器。这样一种习得隐喻，与心理学理论相关联，具体体现为认知主义学习理论以及个人建构主义理论；与知识（传统意义上的）相连，则主要关注的是普遍化的命题性知识、概念知识结构；与学习（传统意义上的）联系起来，则反映为授受式、灌输式、记忆式学习。与之相对的是学习的另一种隐喻，即参与隐喻。这一隐喻的基本分析单位是群体、共同体、网络和文化。从这些单位切入，知识被视为参与各种各样的文化实践与共享学习活动的结果，而学习便是成为某一个共同体成员、获得交流能力的过程，也是以社会协商形式运作的过程。事实上，这样一种参与隐喻关注的知识不再是传统意义上的、作为认识结果的静态知识，更是一种过程。与习得隐喻相比较，参与隐喻否认知识储存在个体心智或世界中，主张知识是参与文化实践的一个方面，产生自个体与环境等复杂关系之中。显然，在沟通与外部物质环境以及文化环境的关系方面，参与隐喻可以说比习得隐喻前进了一大步。总的来说，与心理学理论相连，参与隐喻主要体现为社会文化活动以及共享认知等理论；与知识关联，其努力突破确定性的、普遍化的命题性知识、概念知识牢笼，寻求的是情境化知识；与学习（传统意义上的）联系起来，则反映为小组学习、合作学习、共同体学习等。

　　总而言之，这两大隐喻都是学习研究的基础，二者都是需要的，放弃其中任何一个都不是可取的。斯法尔德认为，选择何种隐喻需要根据具体的学习实践活动情况而定。例如，如果我们的目标是要开发一个能够刺激人们行为的电脑程序，在这里，习得隐喻便产生了效应。因为这里需要建构一些表征的符号再放入计算机中。相反，如果我们考察的教育问题，例如，探寻促进成功学习或者维持学习失败的机制时，参与隐喻的解释可能更有效，因为我们可以搜索到更大范围内的相关影响因素。[①] 安德森（Anderson，J. R.）及其同事也持有相同的观点。他们认为，认知视角与情境视角都是需要的，

[①] SFARD A. On Two Metaphors for Learning and the Dangers of Choosing Just One [J]. Educational Researcher, 1998, 27 (2): 11.

未来应该展开更多的兼顾二者的研究。① 然而，这样一种共识方式（consensus approach）表面上能规避两种隐喻之间的矛盾和冲突，然其实质与两种隐喻的分离对立并无二致。正如利奥塔尔（Lyotard, J. F.）所指出的，"折中的办法，试图化解抉择问题，但实际上只是再现这个问题。"② 同时，我们也发现，在面临知识创造和发展的解释问题时，这两大隐喻都显得有些无能为力了。换言之，当需要解释为什么当前许多学习具有创新性、创造性时，这两大隐喻就无法做出合理的解释了。习得隐喻首先假定了一个现在的知识结构，个体只需要去吸收和建构这样的知识结构即可。即便这样一种学习过程中有创新性、新的意义关联乃至知识进步发生了，但它毕竟不是获得这一隐喻所要突出的特质，反而被"获得""传递"这样的语言符号所遮蔽了。同样地，参与这一隐喻虽然强调了共同体的活动，将人与环境沟通了起来。但就知识而言，它只关注去不断地掌握共同体的知识，而非刻意努力去变革已有知识。换言之，尽管参与隐喻强调了对已有文化实践的适应，却很少关心这些实践中的创造性变化。③ 因此，为了能更好地解释当前学习与知识创新和发展之间的关系，芬兰学者帕沃拉（Paavola, S.）和哈卡赖宁（Hakkarainen, K.）在创新性知识共同体的基础上正式提出了学习的第三种隐喻——学习即知识创造隐喻（knowledge- creation metaphor of learning）④。

2. 学习的第三种隐喻及其应用

事实上，学习即知识创造隐喻的提出并非是偶然的。在理论上，它是为了弥合习得和参与这两种学习隐喻之间的分裂而产生的；在实践中，它则是为了适应知识社会中知识创造和发展需求而提出的。随着知识社会的发展，人们愈来愈意识到生产性地参与学习的重要性，学习不再仅仅是知识的消费

---

① ANDERSON J R, GREENO J G, REDER L M, SIMON H. Perspectives on Learning, Thinking, and Activity [J]. Educational Researcher, 2000, 29（4）: 11-13. Also see, Paavola, S., Lipponen, L., Hakkarainen, K. Models of Innovative Knowledge Communities and Three Metaphors of Learning [J]. Review of Educational Research, 2004, 74（4）: 558.
② [法] 让-弗朗索瓦·利奥塔尔. 后现代状态：关于知识的报告 [M]. 车槿山, 译. 北京：生活·读书·新知三联书店, 1997: 31.
③ PAAVOLA A, HAKKARAINEN K. The Knowledge Creation Metaphor: An Emergent Epistemological Approach to Learning [J]. Science & Education, 2005, 14（6）: 539.
④ 关于这一隐喻的相关研究与理论论证，亦可参阅下列文献：PAAVOLA S, LIPPONEN L, HAKKARAINE K. Models of Innovative Knowledge Communities and Three Metaphors of Learning [J]. Review of Educational Research, 2004, 74（4）: 557-576; HAKKARAINEN K, PALONEN T, PAAVOLA S, LEHTINEN E. Communities of Networked Expertise: Professional and Educational Perspectives [M]. Amsterdam: Elsevier, 2004.

和传承活动，更应该是知识的生产过程。学习者更富有创造性地进入学习网络，从而发展相应的能力也是尤为重要的。基于这样的时代背景，帕沃拉、哈卡赖宁等人坚持这样一种基本假设：每个儿童和每位公民潜在地都不只是一个知识的消费者，而且也是知识的创造者和建设者。① 从这一阿基米德点出发，在反思批判已有的学习隐喻基础上，基于一定的哲学、社会学与心理学基础，他们提出了这一崭新的"学习即知识创造"的隐喻。它的基本观点就是学习的本质是一种基于中介的知识创造过程。这里的知识创造主要指的是创造寓于中介性的人造物、技能和实践中的"具身知识"。②

（1）相关理论基础

学习即知识创造这一隐喻的提出，首先是基于批判和否定二元对立思想的哲学立场。拉图尔等人所倡导的行动者网络理论为之奠定了哲学基础。在行动者网络理论看来，我们的学习或者工作都是发生在一个复杂而异质性的网络之中，这样的网络是由人及各种人造物所组成的。③ 因而，以往关于学习隐喻的探讨中一度缺场的"人造物"在此被重新召回。同时，由于"物"的介入，个体与社会的这样一种二元对立世界观便被打破了。与此同时，马克思主义哲学也启示我们，理论不是仅限于解释世界，更重要的是要改造世界。这样一来，传统的学习隐喻中"改造"成分的缺失也凸显出来了。"改造"的可能便赋予了学习主体以新的主体性内涵，它为追求彻底的主体性解放指明了方向。此外，实用主义哲学的创始人皮尔斯（Pierce，C. S.）对于中介过程的重视也为这一隐喻的合理性做出了贡献。学习作为一种人类活动，它必然也是一种中介过程。而这里的中介物十分丰富，包括物质的、符号的和精神的，知识嵌入其中。在这个意义上，学习就是创造知识的过程。

其次，从社会学的话语模式出发，帕沃拉等人将已有的两种基本学习隐喻归结为"独白式（monological）"和"对话式（dialogical）"。很明显，前者指的是习得隐喻，它将学习视为发生在个体头脑中的活动，这是典型的认知与活动的独白式。后者指称参与隐喻，它把学习置于人与其他人或文化之

---

① HAKKARAINEN K, PALONEN T, PAAVOLA S, LEHTINEN E. Communities of Networked Expertise: Professional and Educational Perspectives [M]. Amsterdam: Elsevier, 2004: Preface, x.
② PAAVOLA A, HAKKARAINEN K. The Knowledge Creation Metaphor: An Emergent Epistemological Approach to Learning [J]. Science & Education, 2005, 14 (6): 547.
③ LATOUR B. Pandora's Hope [M]. Cambridge, MA.: Harvard University Press, 1999; PAAVOLA A, HAKKARAINEN K. The Knowledge Creation Metaphor: An Emergent Epistemological Approach to Learning [J]. Science & Education, 2005, 14 (6): 536.

间的互动过程之中，强调二者之间的对话。除了这两种话语模式，是否还存在第三种呢？基于这样的思考，帕沃拉等人提出了"三方互作式（trialogical）"，这种话语模式不单单只关注个体或集体，还集中关注人们协作式所开发出来的中介人造物（mediating artifacts）。① 基于三种不同话语模式的学习隐喻，它们各有侧重点（参见图3.3）。

如图所示，这三种隐喻的话语模式包括对学习本质的看法都存在着明显的差异性，然而这并不意味着三者之间有着清晰的界线，且互相排斥。事实上，当我们从创建社会结构以及协作过程的方面来考察这一话语模式下的学习时，它与参与隐喻十分接近，但同时，若我们强调知识创造过程中新观点和概念知识的重要性时，它又与习得隐喻有着一定的共性。简言之，三种学习隐喻彼此关联，第三种隐喻是建基于前两种隐喻基础之上的。针对不同的学习问题，我们可以选择不同的隐喻来进行解释与回答。

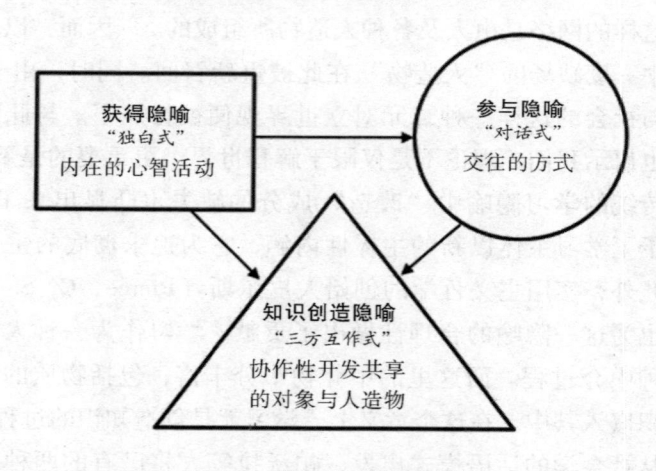

图 3.3　学习的三种隐喻②

最后，学习即知识创造这一隐喻还建立在最新的心理学理论基础之上，主要立足于文化历史活动理论（cultural-historical activity theory）。这一理论的出发点是维果茨基（Вьıготский, Л. С.）的"中介"概念。在维果茨基看来，一切人类活动都是中介性活动，因为人们并不是直接对环境做出反应，

---

① PAAVOLA A, HAKKARAINEN K. The Knowledge Creation Metaphor: An Emergent Epistemological Approach to Learning [J]. Science & Education, 2005, 14 (6): 539.
② 改编自: PAAVOLA A, HAKKARAINEN K. The Knowledge Creation Metaphor: An Emergent Epistemological Approach to Learning [J]. Science & Education, 2005, 14 (6): 539.

而是借助于工具或符号等中介物才得以实现的。在此,这样的一些作为中介的工具、符号等人造物便"弥合了笛卡儿意义上的个体与无法触摸的社会结构之间的分裂。个体不能再离开他/她的文化环境来予以理解,同样地,理解社会也不能脱离正使用和生产着这些文化物的个体"①。从中介的这一理论出发,学习可以被看作运用中介物(符号、概念和工具,等等),通过中介过程(如实践、隐性知识与显性知识的互动等),三方对话的结果就是开发出了活动的共同对象(诸如概念对象、实践、产品等)。过去,人们常常认为学习就是学习者直接面对着事先已经设计好的活动对象而发生的行为,即使是广义上的学习,也只是教师和学生以他人开发出的文化产品为中介而展开的活动。这样的一种学习本质观显然简化了学习过程,将蕴含于学习活动中的更为丰富的中介世界完全遮蔽,而其中的大部分中介物必然是由参与者自己开发的。

(2)三大主要模式

立足于上述理论基础,学习即知识创造这一隐喻得以确立。但这毕竟是理论上的构想,其在现实中是否行得通呢?是否真的存在知识创造型的学习呢?通过文献回顾,我们发现知识创造型学习的确存在,而且还处于蓬勃发展的时期。帕沃拉等人专门总结了三大主要模式,它们分别是:贝莱特(Bereiter, C.)的知识建造(knowledge building)、恩格斯特伦(Engeström, Y.)的发展性学习(expansive learning)与野中郁次郎和竹内弘高所提出的组织知识创造(knowledge creation)。

贝莱特的知识建构模式是在有关读写、有意学习以及专业知能的过程等方面的认知研究中产生的。当前,它主要开启了网络化学习,特别是计算机支持下协作学习中的认知研究。这样一种理论模式假定学习者是一定意义上的类专家。意即在具体的学习情境中,即便他们不具备专家的学术知识,但他们能像专家一样为自己设置具有挑战性的任务。从这一基本假设出发,贝莱特首先就赋予了学习者以创造知识的权力,随后他指出,这样的知识建造过程是在学习者个体能力的边缘地带发生的。学习者总会不断地为自己设置比原本高出些许的标准,进而通过自己的努力去超越自身进而促进集体知识的发展。总的来说,贝莱特的知识建构理论指的是学习者不满足于现有知识的学习,其关注的焦点是发展新的观点、方法、理论、模式,以及各种各样

---

① ENGESTRöM Y. Learning by Expanding: Ten Years After [EB/OL]. http://lchc.ucsd.edu/mca/Paper/Engestrom/Learning-by-Expanding.pdf,(1999-01-13)[2021-05-06].

的概念，等等。与知识建造理论不同的是，发展性学习是基于文化社会活动理论，从中介物的开发切入来解释知识的创新和发展的。恩格斯特伦明确指出，"学习的一个核心目标就是产生活动的新形式。"① 从活动理论出发，学习是一种活动，但它是特殊的活动，是产生活动的活动。这就意味着，学习本身就内在地具有发展性。基于发展，学习就在循环式地不断扩张（参见图3.4）。

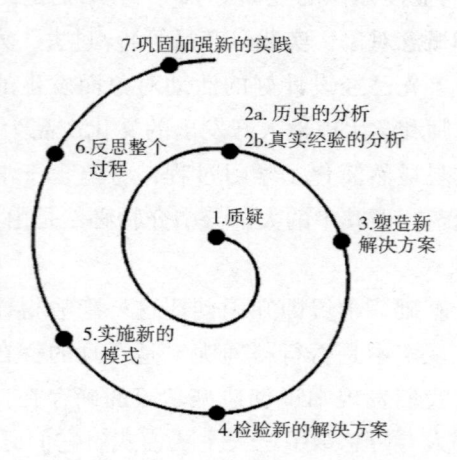

图3.4 发展性学习模式图②

与前两者有所不同，野中郁次郎和竹内弘高从企业知识生产的角度提出了组织知识创造理论。这一理论模式主要关注的是如何将隐性知识转化为显性知识的过程。它的前提假设就是所有人，不管他们是否能对新现象予以概念化或进行反思活动，但他们必定都拥有丰富的隐性知识，而这些隐性知识又是孕育有价值的洞见和创新性观点的土壤。同时，这一理论还假设知识是分层次的，在本体论层面至少包含了个体、小组、共同体和集体间这么四个层次。在此基础上，野中郁次郎和竹内弘高提出了知识创造的"四螺旋模型"（参见图3.5）。

---

① ENGESTRöM Y. Learning by Expanding [M]. Helsinki：Orienta-Konsultit Oy：1987：125.
② HAKKARAINEN K, PALONEN T, PAAVOLA S, LEHTINEN E. Communities of Networked Expertise：Professional and Educational Perspectives [M]. Amsterdam：Elsevier, 2004：114.

<<< 第二章 新美诺悖论：从网络化学习到网络化识知

图 3.5 知识螺旋模式图①

这个模型基于从隐性知识到显性知识的内在逻辑，包含了四个层面的转化过程，而每次的转化都蕴含着知识创造的可能与内容。当然，这三种有关知识创造的理论模式各具特色，它们所关注的学习场景有所差异，理论基础也有不同，三者对比如下（参见表3.2）。

表 3.2 理解创新和知识创造的理论模式②

人物	贝莱特	恩格斯特伦	野中郁次郎、竹内弘高
个体专业知识的角色	专业知能理论	心智的社会理论，个体嵌入社会背景之中	个体是最先存在的，能够创造知识
主要关注点	知识对象（概念化）	实践（行动）中的知识	隐性知识（洞见）
关注的过程类型	重视知识问题的解决	重视物质性的事物为本活动	重视身体运作，强调个体经验
创新的资源	有意识地为拓展和创造新的知识对象而学习	通过发展学习以克服张力、抵抗干扰和模糊性	将隐性知识转换为显性知识

---

① 改编自：[日] 野中郁次郎，竹内弘高. 创造知识的企业：日美企业持续创新的动力 [M]. 李萌，高飞，译. 北京：知识产权出版社，2006：71, 83；HAKKARAINEN K, PALONEN T, PAAVOLA S, LEHTINEN E. Communities of Networked Expertise: Professional and Educational Perspectives [M]. Amsterdam: Elsevier, 2004：112.

② HAKKARAINEN K, PALONEN T, PAAVOLA S, LEHTINEN E. Communities of Networked Expertise: Professional and Educational Perspectives [M]. Amsterdam: Elsevier, 2004：111.

续表

人物	贝莱特	恩格斯特伦	野中郁次郎、竹内弘高
理论的范围	知识建造的共同体或组织	活动系统与活动系统网络	从个体到小组，再到共同体，最后到组织，这是不同的本体论层面

从表格中我们可以更清晰地看到三者之间的差异：贝莱特的模式根植于动态的专业知能与递进的问题解决这一核心概念之上，它的基本观点就是专家会持续地努力去超越自己当前的知识；恩格斯特伦的发展性学习指的是不断地在活动系统内产生质变，它的目标就是要去超越已有的学习情境从而创建新的学习环境；野中郁次郎和竹内弘高的知识创造模式则源自对西方主流认识论的批判，他们倡导关注知识的积极创造过程，而非知识自身。

①基本特征与内涵

尽管上述三种知识创造的模式在认识论和本体论方面存在差异，但它们在解释学习即知识创造这一隐喻的方面是一致的，且具有许多共通点，大体上可以归结为以下七个方面：第一，以追求新事物为核心价值目标。上述三大模式都是以追求新的事物作为出发点，来阐明动态的知识创造过程。野中郁次郎等人对组织知识创造展开研究曾批判西方的传统认识论"不能真正解释创新过程……事实上，组织是由内而外地创造新的知识和信息，以便重新明确问题，并提出解决方案"①。对于恩格斯特伦来说，基于活动系统理论，在关注个体或组织的变革过程中，他发现，"在个人的生活与组织实践的每一次重要变革中，我们都必须学习尚未存在的新活动形式。"② 在贝莱特的理论模式中，位居于波普尔世界 3 中的概念制品绝不是外在物或纯粹的观念，而是人们在真实或潜在的改变和提高过程中所建构起来的。③ 总之，这三大模式都将知识创造型学习看成循环与迭代的过程。值得一提的是，这里的知识创造过程不是刹那间的思想火花，而是需要较长一段时间的坚持。而且，知识

---

① ［日］野中郁次郎，竹内弘高. 创造知识的企业：日美企业持续创新的动力 [M]. 李萌，高飞，译. 北京：知识产权出版社，2006. 63.
② ENGESTRöM Y. Expansive learning at work: Toward activity-theoretical reconceptualization [J]. Journal of Education and Work, 2001, 14 (1): 138.
③ BEREITER C. Education and mind in the knowledge age [M]. Hillsdale, NJ.: Lawrence Erlbaum, 2002: 275–313.

<<< 第二章 新美诺悖论：从网络化学习到网络化识知

创造也非线性的，而是模糊的，是创造性的混沌（creative chaos）①。

第二，解蔽中介世界以打破二元论世界观幻象。前文已论及，这些模式都是基于反对笛卡儿二元论的哲学立场而提出来的，而消解二元对立的途径就是将曾经被遮蔽的中介世界揭示出来并带入研究视野中。不管是恩格斯特伦所强调的活动系统中的第三性，还是贝莱特所谓的世界3中的对象，又或是野中郁次郎等人为规避西方二元论哲学而强调的模糊甚至混沌的要素，都无一二致地打开了学习的中介世界的窗口。至于三大模式循环或发展的动力来自何处呢？承担中介角色的提问或质疑作为初始动力开启着这些渐进的知识创造型学习过程。

第三，知识的创造过程与社会过程本质一致。在这三大模式中，知识的创造都是建立在集体组织的基础上。在这样的知识创造模式中，新的知识必然是在关系之中而非个体内部产生的，因为认识的过程需要社会过程的支持。

第四，强调知识主体在知识创造中的地位。尽管知识创造的基础是社会群体，但个体也是不能忽略的。在野中郁次郎和竹内弘高看来，个体就是知识创造的起点，它会努力朝着为组织服务而不断外化隐性知识；类似地，在恩格斯特伦的发展性学习中，尽管文化社会活动、社会共同体等是重要基础，但个体对现状的质疑却是启动发展性学习的原动力②；贝莱特的知识建造模式也不例外。从专业知能出发，他特别重视个体为解决知识问题而付出的努力。总之，知识创造的这三大模式既强调社会化过程，也重视个体作为知识主体的角色与地位。

第五，超越命题性和概念化知识。从知识的性质来看，三大模式既承认命题性和概念化知识的重要，同时却更为强调其他形式的知识。譬如，相对于陈述性知识，贝莱特更关注程序性知识；相对于显性知识，野中郁次郎等人将隐性知识纳入考察范畴；而恩格斯特伦则十分青睐实践中的知识，这一类知识与传统的"脑中的知识"③ 是区别开来的。

第六，凸显概念化与观念制品的重要性。尽管知识创造的三大模式都批判命题性和概念性知识作为唯一的知识形式，但它们都十分重视使知识外化

---

① [日] 野中郁次郎,竹内弘高.创造知识的企业：日美企业持续创新的动力 [M].李萌,高飞,译.北京：知识产权出版社,2006：92.
② ENGESTRöM Y. Perspectives on activity theory [M]. Cambridge, UK: Cambridge University Press, 1999：383.
③ ENGESTRöM, Y. Perspectives on activity theory [M]. Cambridge, UK: Cambridge University Press, 1999：397.

和概念化的过程。组织知识创造的螺旋模型中有一重要环节就是从隐性知识到显性知识的外在化，而发展性学习中的提出新的解决方案环节也同样需要概念化，至于知识建造模式中，协作开发、评估和修正概念人造物就是其根本目标。可以说，三大模式都将创造性学习看作各种形式的知识之间辩证性的互动，进而创造出在后续活动中能使用的概念知识或理论知识。

第七，围绕并通过共享对象展开互动。这一特征与上述六大特征都有关联，尤其是与中介世界的打开密切相关。当然，共享对象在三大模式中各有表征：组织知识创造中具体的知识产品、发展性学习中具体的实践和活动系统、知识建造中的概念人造物。

基于上述特征，学习即知识创造这一隐喻具有十分丰富的内涵。首先，在本体论层面，它不仅沟通了学习中的个体与群体，更重要的是把人造物（非人类）正式纳入了学习的本质考察范畴之中，这是对过去的学习人类中心主义思想的一种反叛，也是一种突破。与此同时，它也确立了知识创造的普遍化主体，这就赋予了所有学习者以真正的知识主体地位，从而为实现自我解放提供了可能。在认识论层面，知识创造型隐喻打破了传统的二元论立场，将丰富多彩的认识中介世界充分揭示并展现出来，从而使学习与知识走向融通。在价值层面，这一隐喻所映射的学习是以追求创新为直接目标，进而导向"全面发展"这一终极价值目标。这里的全面发展不只是针对学习者个体而言，它还包含着集体、共同体等社会组织的发展，更指向于整个人类文化世界的发展。一方面，新隐喻下的学习正在极力摆脱过去强加其上的外在目标，因为正如杜威（Dewey, J.）所言，"如果目的是从外面强加的，或是因迫于权势而接受的，肯定要妨碍个人自己的常识，这个目的就是有害的。"① 另一方面，学习的文化哲学研究已经揭示，"正是基于学习，人与文化的整合才得以充分展开，学习由此成为人与文化整合得以发生与推进的本原与根由。"② 基于此，知识创造型隐喻下的学习可谓真正实现了人的发展与文化发展的整合。

②具体应用与发展

综上所述，学习即知识创造的隐喻作为一种理性类型，它主要用于描述具有上述特征的种种学习现象，并为生产性地参与学习提供了可能性的解释。

---

① ［美］约翰·杜威. 民主主义与教育［M］. 王承绪，译. 北京：人民教育出版社，1990：113.
② 曾文婕. 文化学习引论——学习文化的哲学考察与建构［D］. 广州：华南师范大学，2007：45.

更为重要的是，它能指导并引领新一代网络化学习发展的方向。具体而言，这样一种新的学习本质观，不仅为我们重新认识、理解和反思已有的网络化学习活动及其研究提供了新的思路，还能为如何改善、发展乃至重构网络化学习及其研究指明方向。

随着网络技术的迅速发展，Web2.0网络环境的出现，促进了学习者的聚集和交流，许多因共同兴趣和需求而自然形成的学习社区呈陡增趋势。那么，这种网上学习社区的出现究竟是否能为知识创新作出贡献呢？如果是，它又是如何创造知识的呢？针对这样的问题，基于学习即知识创造的隐喻以及上述知识创造的模型，我们可以做出具体地分析和解释。事实上，已经有学者在深入分析这种学习社区后，具体的指出了从用户信息记录的分享、用户兴趣的发现和推荐以及用户之间的会友交流和兴趣小组的建立这三个方面是可以实现知识创造的。[1] 可见，知识创造隐喻为我们重新检验、反思已有的网络化学习提供了新的视角。

另一方面，也是更重要的方面，知识创造隐喻为我们改进和完善网络化学习开辟了新的视野。在实践中，围绕着如何开发能促进知识创造的网络化学习这一核心问题而展开。在教师层面，提出学习第三种隐喻的哈卡赖宁等人在芬兰国家研究与发展基金委员会（the Finnish National Fund for Research and Development，简称SITRA）的支持下，于2001年启动了网络化专业知能发展（The development of networked expertise project）的项目，这一项目属于旨在促进芬兰国家创新体系发展的创新性网络化项目。[2] 基于知识创新理论，该项目围绕专业知能努力沟通各个学科领域的研究。如研究者自己所报告的，通过这一项目，研究者本身不仅受到了学术的训练，还以十分具体的方式进行了反思，加深了自身的网络化专业知能，并在各个不同的研究和话语领域之间架起了桥梁。[3] 在学生层面，帕沃拉等人则开发了"渐进式探究（pro-

---

[1] 邓胜利，胡吉明. Web2.0环境下基于群体交互学习的知识创新研究[J]. 情报理论与实践，2010，33（2）：17-20.

[2] HAKKARAINEN K, PALONEN T, PAAVOLA S, LEHTINEN E. Communities of Networked Expertise: Professional and Educational Perspectives [M]. Amsterdam: Elsevier, 2004: preface, ix.

[3] HAKKARAINEN K, PALONEN T, PAAVOLA S, LEHTINEN E. Communities of Networked Expertise: Professional and Educational Perspectives [M]. Amsterdam: Elsevier, 2004: preface, ix.

gressive-inquiry）"的学习模式，引领师生共同开发和创造知识。① 事实上，已有的研究证明，不管是在小学还是大学，渐进式探究学习模式的展开都是可能的，而且也的确能促进知识的创造。② 就学习的整体环境而言，无论是在班级层面还是学校层面，知识创造型学习都是值得提倡的。哈格里夫斯（Hargreaves, D. H.）所曾构想的"知识创造型学校（knowledge-creating school）"完全是可以实现的。不管如何，网络社会的生存境遇促使学习成为人们的生存必需，基于学习即知识创造这一隐喻，网络化学习与知识创造即将走向融合。因此，网络化学习主体与知识创造主体也将走向统一。

二、走向行动者的网络化学习知识主体

显然，所谓知识主体的解放不是一种无现实具体人格的逻辑形式，而是存在于每一个具体个体的生命实践过程中的历史形式。具体到网络化学习中，则体现为教师和学生这两大知识主体的解放。

教师作为网络化学习的知识主体，具有创造和享用具体教育学知识（Pedagogy/Scholarship of Teaching and Learning）③的历史条件和逻辑基础，这一可能性在当代网络技术的支持下得以实现并迅速发展。学生作为网络化学习的知识主体，既是具体课目教育学知识创造与开发不可或缺的参与者，我们需要认真倾听他们的声音（student voice），同时也是个性化学习方法与具体经验知识的创造者与享用者，学生完全可以成为研究者（students as researchers），开发、创造和应用个性化学习论知识。

---

① HAKKARAINEN K, SINTONEN M. The Interrogative Model of Inquiry and Computer-Supported Collaborative Learning [J]. Science Education, 2002, 11 (1): 25-43.
② PAAVOLA A, HAKKARAINEN K. The Knowledge Creation Metaphor: An Emergent Epistemological Approach to Learning [J]. Science & Education, 2005, 14 (6): 551-552.
③ 具体教育学知识在此所对应的英文术语有"Pedagogy"和"Scholarship of Teaching and Learning (SoTL)"。前者是起源于欧洲并长期用于指称关于教的科学（a science of teaching），后者则是20世纪90年代在美国兴起的教学学术，现已发展为指称普遍的教论知识。又鉴于我国现在教育文化背景的特点，人们常常将"教学"主要而仅仅局限在"智育"范围，从而误导人们局限于"智育特定性"知识。而"教育"则涵括全面。因此，本书采用"教育学知识"术语来取代既有的"教学论知识"，这样一来，既可以表达"智育特定性"知识，也可以表达"教育全摄性"知识。此外，需要特别指出的是，这里的"知识"是宽泛意义上的知识，既是静态的人类认识的产品，也是一个动态的认知过程，是一种实践、操作甚至是介入。在后一个方面，"知识"就是以"行动者网络"为表征的。

（一）教师作为知识主体的解放

教师作为知识主体的解放其前提条件有二：其一，作为知识主体的教师受到了压迫，这使得教师解放变得必要；其二，教师能够创造和享用知识，从而成为真正的知识主体，这成为教师得以解放的可能性条件。这二者共同指向于"教育学知识"这一特殊的文化世界。只见专家学者身影而未闻教师声音的"教育学知识"是束缚教师的羁绊，唯有承认教师创造教育学知识的可能，探索教师创造教育学知识的各种途径，教师作为研究者的知识主体地位方可确立，并最终走向真正实现教师自我解放的道路。回望教育学知识发展的历史，从价值主体、认知逻辑和研究假设等方面予以全面反思，我们发现，教师作为知识主体的解放具有深厚的历史条件和逻辑基础。再考察当下的教育学知识研究世界，不管是从教育学理论发展的需要着眼，还是从教师专业发展的诉求出发，教师开发和创造教育学知识都是必要的、可能的，甚至是根本的。

1. 教师解放的历史条件和逻辑基础

教育学知识发展的历史昭示我们，教师是教育学知识真正的价值主体。深入这类知识的认知逻辑基础考察，内在主义和外在主义真理观的局限为"直觉实在论"提供了生存土壤，教育学知识需要面向教师实践。而且，教师作为研究主体地位的确立，要求开发新的研究方法，而整体主义行动研究方法论是必要基础。

（1）教育学知识的价值主体批判与重构

当前的教育学知识常被指责为本质主义的产物，其玩弄的是"逻辑魔术"，通过概念的推演再生出各种各样的教育学知识。以教学论知识为例，"人们声称，要从纷繁的教学现象中抽象出一个具有高度包容性的概念作为教学论的'逻辑起点'，然后运用'从抽象到具体'的方法，经由'逻辑中项'，渐次构建一套范畴体系，以达到对全部教学逻辑图景的揭示。"[①] 在这一目标的指引下，现有的教育学研究通过专家们的学术研究范式，建构起以"学术概念"为基本话语体系、以学术逻辑为基本框架的特殊文化世界。这一丰富的文化世界自然成就了一批专家、学者，使得他们以现有的习惯研究路径，乐此不疲地追求具有宏大体系的理论之确定性、普遍性，并陶醉于自己独有的话语系统中，不断实现着自我价值。然而，考察历史便可知，教育学

---

① 郭晓明.论教学论的实践转向[J].南京师范大学学报（社会科学版），2002（2）：71.

知识从诞生之日起，就是指向于"教师"的，为"教师"服务的，它真正的价值实现主体是"教师"。

堪称"教育学鼻祖"的夸美纽斯在《大教学论》中就开宗明义提出，此书的主要目的在于："寻求并找出一种教学的方法，使教员因此可以少教，但是学生可以多学。"①足可见，教育学知识从一开始就是为了满足"帮助教师改善教学现状，提高教学效率"这一基本文化需求而产生的。此后，循此路径，教育学知识不断发展，形成了以帮助教师认识教育学的研究对象、基本问题、基本结构和基本范畴的教育学基础知识，指导教师在日常工作中转化理论和实践操作的教育教学方法和策略，以及为教师反思与行动提供方法路径的教育学思维三位一体的知识体系。随着各国教育事业的蓬勃发展，学校教师的培训需要扩张进一步刺激了教育学知识的发展。作为职前教师培训的基础课程，教育学知识从帮助教师改善教学实践之用拓展为培养教师之用。在这个层面上的教育学知识更多地以"学习内容"的形态而存在，成为职前教师的必需。但是，不管是直接面向在职教师的操作形态教育学，还是用于培训职前教师的学习内容形态教育学，总而言之，教育学知识都是为教师而服务的，它因"教师"而产生，为"教师"而存在。

基于行动者网络理论，一般个体一旦被卷入"教学"这样一个特殊的行动者网络（actor network）中，他/她便被赋予了新的主体地位——"教师"。这一特殊主体一方面要求"教师"为了自己的价值实现不断地形塑（shaping）这一行动者网络，另一方面，行动者网络又反过来影响"教师"，建构"教师"的特殊化自我价值心理与观念。正如范梅南（Van Manen, M.）所言，"教育学就存在于我们每天与孩子说话的情境中，教育学就存在于我们与孩子在一起的方式之中"②。在这样的行动者网络里，教师逐渐体验到学生发展的生命感，自我发展的价值使命感，进而获得精神伦理上的享受。如此一来，教育学知识的发展过程就是教师教学实践活动的自我超越过程，它既会历史地扬弃已有的实践方式、实践经验和实践成果，同时还创造新的实践方式、实践经验和实践成果。简言之，教师学习和享用教育学知识的过程，本质上就是超越自我的实践过程。更深层次的，教师本身就拥有了从事教育学知识创造的可能性，因为他们不但可以检验他人的假设，而且也能在行动

---

① ［捷克］夸美纽斯. 大教学论［M］. 第2版. 傅任敢, 译. 北京：人民教育出版社, 1984：译文序, 8.

② ［加］马克斯·范梅南. 教学机智——教育智慧的意蕴［M］. 李树英, 译. 北京：教育科学出版社, 2001：43.

中提出自己的理论假设。"教师最大限度地负责提出、发展和公开传播关于教学理论的认识。实践表明只要给予他们思考的机会，他们也能够发现和发展隐藏在教学实践背后的某些教学理论。"① 由此，对教育教学行为的不断改进，对教育教学意义的不断追问，对教育教学境界的不断重塑，能够使教师真正成为教育学知识的创造者，拥有自我改变、自我超越与自我实现的内在的推动力，从而实现个人的教育学人生之价值与意义。基于这样的认识，我们可以说，教育学知识不仅是基于"教师"，服务于"教师"，更能成就无数"教师"。

总之，作为行动者的"教师"是在不断地抗争、协商、妥协以及温情关爱的"教学"网络中存在②，在影响他者的同时也获得实存空间。更为重要的是，"人只有从有意义的文化世界获得意识，才具有主体性，只有意识到自己的存在及外部世界存在对自己的价值，才能成为意识到的价值主体的存在。"③ 因此，教师也只有在意识到自己作为知识主体后才可能成为教育学知识真正的价值实现主体。

（2）教育学知识的认知逻辑批判与重构

随着教师作为知识主体的觉醒，反思已有教育学知识的认知逻辑已成必然。截至目前，教育学知识主要表征为以命题为基本内容的专家的各种教育学论著。它主要来源于专家、学者们的"文本式研究"，他们大多"在理性主义观念影响下，采用理性思维和哲学思辨方式，陶醉于教学理论的探讨和理论体系的建构，注重对已有的理论和文献的再研究，研究者不愿意亦不可能走出书斋进行实践探索"④。这样一种研究范式其背后的认识论基础是传统的，它将真理性的知识假定为主观认识与客观对象相符合的结果，并未去深入追问知识的本质到底是什么这一问题。而在马克思看来，"人的思维是否具有客观的真理性，这不是一个理论的问题，而是一个实践的问题。人应该在实践中证明自己思维的真理性，即自己思维的现实性和力量，自己思维的此岸性。"⑤ 而且，"全部社会生活在本质上是实践的。凡是把理论引向神秘主

---

① ELLIOTT J. Action Research for Educational Change [M]. Philadelphia: Open University Press, 1991. 41.
② HARMAN G. The importance of bruno latour for philosophy [J]. Cultural Studies Review, 2007, 13 (1): 37.
③ 司马云杰. 文化主体论 [M]. 济南: 山东人民出版社, 1992: 12.
④ 纪德奎. 当前教学论研究: 热点与沉思 [J]. 教育研究, 2007, 28 (12): 73-78.
⑤ [德] 马克思. 关于费尔巴哈的提纲 [C] //中共中央马克思恩格斯列宁斯大林著作编译局. 马克思恩格斯选集 (1)（第2版）. 北京: 人民出版社, 1995: 55.

义的神秘东西，都能在人的实践中以及对这个实践的理解中得到合理的解决。"① 也就是说，人类一切知识的本质特征就是生存实践活动。离开了人的实践活动，任何知识都是没有意义的。在此意义上，真正的教育学知识也应该是返回到教育教学实践活动中，符合其价值主体需要的知识。

此外，现有的教育学知识所持真理观大多是内在主义的（包括基础主义和融贯主义），或采用由无须确证的基础信念出发来确证与之相关的非基础信念从而获得知识，又或是从信念系统内部出发，通过系统中信念之间的相互可导出性来确证并获得知识。由此，教育学知识的逻辑起点便成为整座教育学知识大厦的基石，而这既是现有教育学知识得以成立的前提条件，同时也成为它的"软肋"。毕竟主导这一认知逻辑的哲学观主要是逻辑经验主义的，它强调站在教学文化的外部世界，通过考察、认识、推理已被抽象了的各种教学世界的概念，从而获得相应的命题性知识。这样的命题性知识显然将知识与知识的基础——教学实践活动分离开来，它更多的体现为一般化的教学法知识、学科内容知识。对此，外在主义（包括可靠主义和概然主义）开始乘虚而入，不过外在主义对认知主体的认知内在状态的忽视又为肯定直觉合理性的"直接实在论"开启了一扇大门。这种新的认知逻辑承认人们通过感知觉直接经验获取知识的可能性。再加上，"认识到一个'与个人无关的主张'是词语上的自相矛盾。"② 也就是说，任何知识实际上都是个人的，是客观性与个性化的结合。基于这样的认识，为教师所存在，为培训教师所用的真正的"教育学知识"也应由他们自己在教育教学实践中来认识、理解、评价和创造。正如范梅南所提出的教育感知力（pedagogical perceptiveness）一样，它部分来自某种无言的直觉的知识，教师可以从个人经历或者通过见习某个有经验的教师来获得这种知识。③

再来审视为培训教师之用的教育学知识，我们发现其具有两个基本的前提假设：第一个是知识是可以通过文本或言语来传递的，第二个就是命题性知识可以直接转化为技能，促进教师的教育教学行为。就前者而言，事实上，"可传递的知识应该只限于事实知识，只限于可以用语言来表征的知识，诸如

---

① [德] 马克思. 关于费尔巴哈的提纲 [C] //中共中央马克斯恩格斯列宁斯大林著作编译局. 马克思恩格斯选集（1）（第2版）. 北京：人民出版社，1995：56.
② [英] 迈克尔·波兰尼. 个人知识——迈向后批判哲学 [M]. 许泽民，译. 贵阳：贵州人民出版社，2000：391.
③ [加] 马克斯·范梅南. 教学机智——教育智慧的意蕴 [M]. 李树英，译. 北京：教育科学出版社，2001：273.

专家知识那样的不能用语言来表征的知识是不能通过证词来传递的。再有就是身体化的知识,也是不能通过证词来传递的。"① 因此,教育学知识并不只限于文本式或言语式的两种客观表现形态,还包含了不易陈述的、非公共性的主观知识。对于后者,我们应该看到教师不仅是知识的接收者和应用者,同时也是知识的建构者和创造者。作为识知者的教师,通过学校与课堂行动的识知活动,将教材知识、一般教育学知识和情境知识等进行互动性转化后可生成新的知识。②总之,在培训教师建制化后,一部分教育学知识被遮蔽,甚至被彻底遗弃,与此同时也将教师作为知识主体的权力一同抛弃了。

(3) 教育学知识的研究假设批判与建构

长期以来,教育学知识的话语主导权始终掌握在专家、学者们的手中,随手翻开一本教育学教材或专著,我们都会发现教育学的研究主体鲜有提及,这已经是约定俗成的假设了。长此以往,真正的教育学知识主体——教师则被遮蔽。自然,教学专业化自主也往往成了一句空谈。造成这一困境的主要"原因在于我们(专家组)一直不肯放弃对教育理论的控制""我们把教育理论视为我们的领地,因而最后限制了教师自主地发展他们的教学理论"③。在此意义上,我们可以说,教育学知识要想继续发展,充分发挥教师的研究主体地位是十分重要的。

20世纪70年代起,斯滕豪斯(Stenhouse, L.)就宣称:"课程研究与发展应由教师来完成。"因为所有的课程与教学研究,最根本的基石在于课堂教学研究,而课堂教学研究又主要靠教师来完成。④ 教师就是课室的负责人,从实验主义者的角度来看,课室正好是检验教育理论的理想实验室。对于那些钟情于自然观察的研究者而言,教师是当之无愧的有效实际观察者。无论从何种角度来理解教育研究,都不得不承认教师充满了丰富的研究机会。因此,教师拥有了开展教育教学研究的最佳条件。教师成为教育学研究主体不仅能使教师重新获得教育学文化世界的价值主体地位,养成自主反思、追问和批判的自主意识和能力,更能推动其不断创新文化知识,追求教育生命的不断

---

① 徐献军,丛杭青. 知识可以传递吗?[J]. 自然辩证法研究, 2005, 21(4): 39.
② 黄甫全. 开发实验课程与教学:教师教育改革的新路向[J]. 教育发展研究, 2009 (18): 50.
③ ELLIOTT J. Action Research for Educational Change [M]. Philadelphia: Open University Press, 1991: 26.
④ STENHOUSE L. The Teacher as Researcher [M] // An Introduction to Curriculum Research and Development. London: Heinemann, 1975: 142-143.

优化。反过来，这样的自觉研究也将推动教育学理论与实践的不断深化与发展。更为根本的是，教师的教学专业化成长将会内在地促进对学生的培养，进而实现教育学文化世界的终极目的——促进人的全面发展。

已有的研究范式由于主体的限制，主要是以在书斋中采取逻辑演绎的思辨研究或者在实验室内开展严谨的实证研究为主。研究主体与研究场域的转换自然对研究范式提出了新的挑战，它内在地要求创新已有的教育研究方法。当前，以行动研究为基本表征的实践研究方法正在普及，它的本性是"实践"的，要求在实践中思考人的行为决策过程，且基本上都是遵循着"考察—反思—计划—行动—考察—反思"的螺旋循环路线来展开。不过，它的价值追求是多元的，"行动革新与知识生成融合为一体，同时就形成了合力，促使作为历史具体存在的人们亦即行动者们，彻底捐别自身的集群主体性，努力实现真正的基于充分的个人主体性基础上的类主体性。"[①]而这样一种整体主义的行动研究方法论恰恰为网络化学习研究中实现教师作为知识主体的解放奠定了方法学基础，它内在地要求教师"在行动研究中'将教育工作发展为教育研究'"[②]，意即"将有效的教育教学工作方法发展为适用的教育教学研究方法。"[③] 例如，将学校或班级管理工作方法发展为"预见式行动研究"；将日常的谈心方法发展为"交心研究"；将普通的作业方法发展为"作业研究"；将个别教育方法发展为"个案叙事研究"；将常规的听评课发展为"反思型观察研究"；将一般的调查反馈方法发展为"参与式调查研究"，如此等等。

2. 教师解放的途径探析与策略建构

教师的确需要解放，因为他们长期被束缚在形式教育学知识（formal pedagogical knowledge）的时空中。从教育学知识的内在视角出发，形式教育学知识需要开发情境教育学知识（vernacular pedagogical knowledge）来予以补充，共同满足有效教与学的需要；而就"教"或"学"这一活动本身而言，将它们"学术化"则是促进教师专业发展的重要举措；最引人注目的是，在网络技术迅猛发展的今天，网络化教育学知识的探索也必将回归教师主体，还教

[①] 黄甫全，左璜. 当代行动研究的自由转身：走向整体主义[J]. 教育学报，2012，8(1)：40-48.

[②] 黄甫全. 师生主体、知识价值与整体方法——文化教学认识论纲[J]. 教育发展研究，2010，30 (22)：36.

[③] 黄甫全. 师生主体、知识价值与整体方法——文化教学认识论纲[J]. 教育发展研究，2010，30 (22)：36.

师以自主创造和开发知识的权利,拓展教师专业发展的空间,并最终促进教师作为知识主体的全面解放。

(1)促进情境教育学与形式教育学的融合

情境教育学(vernacular pedagogy)这一术语是英国杜伦大学(durham university)教育学院的麦克纳马拉(McNamara, D.)教授提出来的,它用于指称那些由教师通过经验而开发的实践教育学知识。与之相对的是形式教育学(formal pedagogy),它所指代的是通过系统而严格的研究而产生的教育学知识。[1] 这两类教育学知识统一于促进有效教与学并最终促进人的全面发展这一根本旨趣上。

事实上,麦克纳马拉在回顾教育学的发展历程时发现,无论是西蒙(Simon, B.)眼中的扮演课程与方法论双重角色的教育学(pedagogy)[2] 还是斯通斯(Stones, E.)所谓的心理教育学(psychopedagogy)[3],也不管是高尔顿(Galton, M.)基于严谨的教师培训项目而开发的教育学[4],还是舒尔曼(Shulman, L. S.)所强调的教师知识开发[5],所有这些教学研究都持有两大基本假设:第一,教育的根本目的就是将学科内容传递给学生;第二,对教育的系统研究是为了促进教与学。前者导致已有的形式教育学研究特别重视内容的教学,而一旦国家课程被引入教学后,教育学的研究则转而强调教师对教学方法的选择和开发,进而促进有效教与学。在此,教育学研究特别强调反思性教学,它主要关注以下几大问题:①教师自己对教学内容的理解程度如何?他们不仅需要了解有关学科的知识,更要学会如何将自己所知转译为可促进学生学习的形式;②压缩了内容的教材本质是什么?教师必须将这些内容,包括课本、工作表和计算机软件等呈现在学生面前;③要求学生完

---

[1] MCNAMARA D. Vernacular Pedagogy [J]. British Journal of Educational Studies, 1991, 39 (3): 298.

[2] SIMON B. Why no pedagogy in England? [M] // Simon, B. Does Education Matter? London: Lawrence and Wishart, 1985: 80.

[3] STONES E. Psychopedagogy: Psychological Theory and the Practice of Teaching [M]. London: Methuen, 1979.

[4] GALTON M. Primary teacher-training: a practice in search of pedagogy [M] // MCCLELLAND V A, VARMA V. P. (eds.). Advances in Teacher Education. London: Routledge, 1989: 34-57.

[5] SHULMAN L S. Those who understand: knowledge growth in teaching [J]. Educational Researcher, 1986, 15 (2): 4-14.

成的学习任务其质量和性质如何？这些任务是如何形成学生的理解的？① 无可厚非，在过去，这样的教育学研究的确在培训教师和指导教师实践中起着重要作用。② 然而，它的局限性也是昭然若揭。正如麦克纳马拉所指出的，无论多么系统而严谨的教育学研究也无法建立一个普遍的知识基础，我们不可能找到"一个跨越所有的课程领域和年龄阶段的全面的知识基础"③。而且，这样的教育学研究常常是保守的，往往滞后于教师的实际教学。更重要的是，形式教育学知识总是在编码成文字后才得以传递或传播到教师那里，因此，这样的文本化知识无法直接指导教师所面临的复杂多变的实践工作就不难理解了。还必须强调的一点是，这样的教育学研究始终都忽略了一个根本事实，那就是"教师本身已经是实践着的教育学专家了"④。

基于此，麦克纳马拉提出了由教师自己开发的"情境教育学"。这样一种教育学，首先肯定了教师的知识主体地位，确立了教师在课堂中应对紧急状况所产生经验的知识地位，而这种知识对于教师的教学具有十分重要的作用。所谓"情境（vernacular）"，它包含着以下几层含义：①它属于平民，而非某种特殊人群或精英群体所独有；②扎根于当地环境，即具有一定的情景性；③关心实践并带有一定的目的与适切性；④没有华丽的语言装饰。⑤ 这也是"情境教育学"具有的基本特征。那么，究竟该如何开发这种教育学知识呢？一方面，教育研究者必须听取教师的声音，回归教学实践发生的场所——学校，作为教师的普通同事一般来协作，共同探讨课堂中生命的质量、复杂性和丰富性。⑥ 另一方面，教师自身也要不断地收集情境教育学知识案例，并对其进行检视，最后再传递给职前教师和新教师。必须承认的是，不管是哪种教育学知识，只有当其被解码并记录下来时，传播和传递才成为可能。因此，情境教育学知识需要融入形式教育学知识之中，形成全面的教育学知识，最

---

① MCNAMARA D. Vernacular Pedagogy [J]. British Journal of Educational Studies, 1991, 39 (3): 300.
② MCNAMARA D. Vernacular Pedagogy [J]. British Journal of Educational Studies, 1991, 39 (3): 298.
③ MCNAMARA D. Vernacular Pedagogy [J]. British Journal of Educational Studies, 1991, 39 (3): 303.
④ MCNAMARA D. Vernacular Pedagogy [J]. British Journal of Educational Studies, 1991, 39 (3): 304.
⑤ MCNAMARA D. Vernacular Pedagogy [J]. British Journal of Educational Studies, 1991, 39 (3): 305.
⑥ EISNER E. The Primacy of Experience and the Politics of method [J]. Educational Researcher, 1978, 17 (5): 19.

终有效地培训教师和指导教师实践，促进教育教学质量的全面提高。

（2）推动教与学学术化运动的发展

学校教育中最根本的活动就是"教"与"学"。从这一活动本身来看，首先引起人们重视的是高等教育的"教学"问题。1990年，因敏感到大学教学被忽视进而导致学生学习质量下滑的问题，美国卡耐基促进教学基金会主席博耶（Boyer, E.）在其报告《学术水平反思：教授工作的重要领域》"*Scholarship reconsidered: priorities of the professorate*"中拓展了学术（scholarship）这一概念的含义，重构了学术的概念图谱，其中首次正式提出"教学学术（scholarship of teaching）"①这一概念。在博耶这里，将教的活动视为学术活动，其根本旨趣在于提高大学教学的地位，平衡"教学"与"科研"的关系。随后，在新一任主席舒尔曼（Shulman, L.）的领导下，博耶的"教学学术"得以推进发展。一方面，他们努力将"教学学术"推向实践；另一方面，他们又拓展了"教学学术"这一概念的外延，将其关注的焦点从教师的"教"转向学生的"学"，并正式使其知识化②。也就是在这个意义上，"教学学术"又可被称为"教育学知识"。正如哈奇（Hatch, T.）所说，教学学术（Scholarship of Teaching and Learning, SoTL）只有短暂的历史，却有着漫长的过去。若将其视为与各种形式的实践者探究同义，那么教学学术可以追溯到最早的教学研究，这自然比正式提出这一术语的年代要久远得多。③ 哈钦斯（Hutchings, P.）也曾指出，事实上，教学学术（SoTL）这一思想观念与许多研究领域都有渊源，包括舒尔曼早期的教师知识研究，教育学流派中的早期传统教育研究，麦基奇（McKeachie, W. J.）等人开展的学

---

① 严格意义上来说，在博耶报告中，"scholarship of teaching"应该只能被译成"教的学术"，因为它针对的主要是教授的"教"这一活动，正如博耶自己所说，教学学术最终是"为了激发教的活动保持学术生命的热情。"（参阅：BOYER E. L. Scholarship Reconsidered: Priorities of the Professorate [R]. Princeton, NJ.: The Carnegie Foundation for the Advancement of Teaching, 1990: 24.）

② 关于舒尔曼（SHULMAN L.）等人对"教学学术"概念的拓展，主要在两篇文献中得到体现。第一篇是舒尔曼发表在1999年《变革》（change）杂志第31卷第4期上的文章《严肃认真对待"学习"》（taking learning seriously），第二篇是舒尔曼与哈钦斯（Hutchings, P.）合撰的文章《教学学术：新阐释与新发展》（The Scholarship of Teaching: New Elaborations, New Developments），其发表在《变革》杂志1999年第31卷第5期上。

③ HATCH T. The Scholarship of teaching and web-based representations of teaching in the United States: definitions, histories, and new directions [J]. Educational Action Research, 2009, 17 (1): 66.

习与认知研究，K-12背景下的教师研究运动、学生评估运动，还有课堂评估实践和课堂研究，等等。尤其是受到了化学与作文教学领域中具有相当历史的教育学研究以及促进教师共同关注教与学的校本教学研究中心蓬勃发展的影响。在更加广泛的意义上，教学学术（SoTL）的诞生与行动研究的兴起以对实践者知识价值的重估也有关联。① 总的来说，不管是聚焦教师的"教"还是着眼于学生的"学"，"教学学术"的诞生都在某种程度上标志着教师作为知识主体的解放，它充分肯定教师教学工作的重要性，更重要的是确立了教师作为教育学知识的创造者和开发者地位。

当然，教师作为知识主体的解放不只是术语或观念的创新问题，更是一种实践的变革，还是文化的革新。因此，在这个意义上，教学学术（SoTL）不宜被狭隘地理解为一种独立的新模式或方式，而应被理解为一种思维习惯或一整套实践，它能创建出促进其他变革与进步繁荣的文化氛围。② 换言之，教学学术（SoTL）的出现，不仅是要改变教师个体自身的实践，从任何人都能做的常规工作③转变为学术性工作，还是各个学科和专业领域所有教师开展工作的根本观念，把教学从私人事务发展为公共事业，建立学术团体，更是校园文化的一种创新，真正营造解放知识主体的文化氛围。正如哈钦斯所指出的，教学学术（SoTL）要想持久对教育产生深远影响的话，必须走向整体主义（an integrative vision）④。只有更多地采用协作、跨领域的方式（cross-cutting approach）将所有参与教学学术运动的机构、组织、个人连结起来，包括参与的学生也必须动员进来从而形成更为强大的行动者网络，才能真正推动教学学术运动不断发展。

（3）探索网络化教育学知识的开发

伴随着网络技术的迅速发展，教育学知识的发展也面临着新的挑战和机遇。事实上，教师作为知识主体的解放，一方面需要肯定教师创造和开发教育学知识的地位；另一方面，也是更重要的方面，就是必须思考如何来开发和传播教育学知识。关于后者，哈奇指出，不管人们如何定义教学学术

---

① HUTCHINGS P. The Scholarship of Teaching and Learning: From Idea to Integration [J]. New Directions for Teaching and Learning, 2010, 2010 (123): 64.

② HUTCHINGS P. The Scholarship of Teaching and Learning: From Idea to Integration [J]. New Directions for Teaching and Learning, 2010, 2010 (123): 63.

③ BOYER E L. Scholarship Reconsidered: Priorities of the Professorate [R]. Princeton, NJ.: The Carnegie Foundation for the Advancement of Teaching, 1990: 23.

④ HUTCHINGS P. The Scholarship of Teaching and Learning: From Idea to Integration [J]. New Directions for Teaching and Learning, 2010, 2010 (123): 68.

(SoTL) 的概念，他们都必须思考这么两个基本问题：第一，教学何以能够从反映实践者视角，同时又保留其复杂性特质的方式来表征？第二，教育学知识的受众，尤其是新教师和其他教学经验不足的人们，如何才能学习这些复杂表征？① 简言之，教师作为知识主体的解放最终要落实到知识的表征这一问题上来，这与"学习即知识创造"这一隐喻强调中介人造物的创造在本质上是一致的，知识的创造与传播必须依赖知识的表征和中介。在此，网络技术的出现为表征那些用传统文本和印刷技术所难以表征的复杂性教学提供了可能。1997 年，舒尔曼与哈钦斯成立了卡耐基教学学术学会（the Carnegie Academy for the Scholarship of Teaching and Learning，简称 CASTL）。1998 年，该学会建立了知识媒介实验室（knowledge media lab）以专门鼓励教师们应用多媒体与网络技术来开展教学研究，并努力将研究成果公开化。到目前为止，该实验室已经在教学的网络化表征方面取得了一定的成效。第一代教学网络化表征主要是指一线教师将个人的教学研究成果在网站上呈现，比较有代表性的是哈钦森（Hutchinson, Y.）的"课堂解剖"网站②，之后教师教育者们则又将利用这些教学网络表征来开发教师教育课程，比较有代表性的是里歇特（Richert, A.）所开发的研究生课程"青少年发展"（adolescent development）③，斯坦福大学的格罗斯曼（Grossman, P.）所开发的"英语课程与教学"（curriculum & instruction in english）这门课程④。然而，由于这样的教学网络都是优秀教师所开发的，新手教师难以直接学习与迁移。因此，第二代教学网络表征则又融入了职前教师的网络表征，他们将自己学习之前的教学网络表征这一过程也进行网络化的表征，比较成功的有格罗斯曼的学生布里

---

① HATCH T. The Scholarship of teaching and web-based representations of teaching in the United States: definitions, histories, and new directions [J]. Educational Action Research, 2009, 17 (1): 64.
② HUTCHINSON Y D. A Friend of Their Minds: Capitalizing on the Oral Tradition of My African American Students [EB/OL]. http: //gallery.carnegiefoundation.org/collections/castl_k12/yhutchinson/. [2021-05-06].
③ RICHERT A. Learning About Adolescents From Teachers Who Teach Them Well [EB/OL]. http: //gallery.carnegiefoundation.org/collections/keep/quest/richert.html, (2006-09-14) [2021-05-06].
④ GROSSMAN P. How do we prepare teachers to lead student-centered, text-based discussions in their classrooms? [EB/OL]. http: //gallery.carnegiefoundation.org/collections/quest/collections/sites/grossman_pam/, (2006-09-20) [2021-05-06].

斯托尔（Bristol, T.）的教学网站"在十年级课堂上探索奥赛罗"①。总的来说，借助网络与多媒体技术，复杂的教学实践不仅能够得以表征，而且还可以更多的方式来进行传播。以网络表征为中介，在职教师、教师教育工作者、职前教师与新手教师等都被链接在一起，形成了具有巨大潜能的教育学知识网络。当然，仅仅将网络视为教学表征的中介，这大大地低估了网络化学习对于教育学知识发展的作用。在本森（Benson, R.）和布拉克（Brack, C.）等人看来，当前迅速发展的网络化学习所具有的内在信念系统、价值观和认识论假设将会是推动教师作为知识主体解放的深层动力，它与教学学术（SoTL）一样，都主张民主，强调知识的情境性与协商性。② 基于此，网络化学习与教学学术（SoTL）的相遇与融合，将催生出网络化教育学知识（networked scholarship of teaching and learning），它通过网络技术来表征，以网络的方式来进行传播与再创造，继而超越学科层面的教育学知识，超越传统面对面课堂教学中对民主的理解，走向更深层次的知识民主。可以展望，网络化教育学知识的开发、创造与传播将为推动教师教育的发展、全面提升教与学的质量以及解放学习中的知识主体作出重要的贡献。

（二）学生作为知识主体的解放

与教师相比，学生作为知识主体的解放因身份的特殊性而面临着双重困境。一直以来，在整体社会层面，学生作为天真可爱的"儿童"而存在与呈现，是等着"被照顾""被规训""被研究"的弱势群体；在学校层面，"学生"本身就扮演着特殊角色，他们都是"被教导""被管制""被认识"的"无知"者。换句话说，学生在教育内外都只是成年人呵护的弱者、教师们教授的对象、研究者们认识的客体。近年来，伴随着儿童赋权运动的兴起与儿童研究的不断深入，在教育中人们也开始大声疾呼"学生是学习的主体"。这显然在一定程度上解放了学校层面的"学生"，教师中心开始转向学生中心，以"生"为本、以"学"促教等新论说与实践如火如荼地展开。然而，深入检视"学生是学习的主体"这一命题，我们会发现，"学习的主体"借着"主体"这一概念却巧妙地遮盖了学生被知识霸权所深度控制、压迫和束缚的

---

① BRISTOL T. Exploring Othello in a 10th Grade Classroom [EB/OL]. https：//www.tc.columbia.edu/ncrest/teachers/bristol/，(2006-12-05) [2021-05-06].
② BENSON R. & Brack C. Developing the Scholarship of Teaching：what is the role of e-teaching and learning? [J]. Teaching in Higher Education, 2009, 14 (1)：73.

事实。因为在日常概念中,"学习"一词背后必然紧跟着"知识"这一对象,那么"学生是学习的主体"就演变为"学生是学习知识的主体"。于是,以"知识"为名义,专家、研究者、教师,甚至家长仍然牢牢地控制着学生,学生作为知识主体的权力被完全剥夺。时至今日,基于新的知识观以及知识与学习统一观,我们倡导学生应该作为知识主体①得以解放。那么,学生作为知识主体的解放何以可能?如何可能呢?

1. 学生作为知识主体解放的背景和基础

学生在社会中的地位变革以及在教育研究中的角色变化,推动了学生作为知识主体走向解放的进程。已有的心理学、社会学以及科学知识社会学研究成果从各个方面为学生成为知识主体奠定了坚实的理论基础,而当前各国正在热烈展开的学生参与、学生表达、学生作为研究者等运动则进一步将学生作为知识主体的解放事业推向实践。

(1) 学生作为知识主体解放的缘起与背景

作为知识主体的"学生"首先是作为"儿童(child)"存在而呈现的,因此人们如何认识和看待"儿童"便从根本上决定了"学生"在社会中的地位。在西方,从古代的"小大人说"到中世纪的"原罪说"再到卢梭(Rousseau, J. J.)等人提倡要尊重"儿童的天性","儿童"作为一种特殊的群体的确在逐渐地走入人们的视野。人们开始发现并努力发掘儿童世界,从不同的视角来揭示和认识儿童的本质。詹姆斯(James, A.)总结归纳了当前主要存在的四种"儿童本质观":发展儿童观(developing child)、部落儿童观(tribal child)、成人儿童观(adult child)和社会儿童观(social child)。②"发展儿童观"主要应用于心理学领域,它认为儿童总是在发展中,而成人专家则需要去理解并促进他们的成长。当前,在建构主义思想的影响下,儿童的发展观也开始承认儿童在自己发展中的主体地位。"部落儿童观"来自人类学领域,它假定儿童拥有自己独特的文化世界且是自治的,并且充分肯定儿童视角的存在和价值,即儿童眼中的世界与成人认识的世界是具有差异的。"成

---

① 本书所主张的"知识"既是静态意义上的认知结果,也是动态意义上的认识过程。因此,"知识"与"学习"在作为学生认识活动的层面得到了统一。基于此,学生的"知识"就包含了学生的"学习"。当然,在这个意义上所指称的"知识"更适合被称之为"识知"。不过,为了论述的方便,本书基本上都采用"知识"这一术语表达,个别之处为了强调会使用"识知"这一术语。

② JAMES A. Researching Children's Social Competence: Methods and Models [M] // WOODHEAD M, FAULKNER D, LITTLETON K. (Eds), Making sense of social development. London: Routledge in association with The Open University, 1999: 231-249.

人儿童观"主张在成人与儿童共存的世界中,儿童具有参与的能力。尽管这一能力较之成人而言,幼稚得不足为道,但目前这一观点正在极力打破年龄的限制而走向共同参与。"社会儿童观"主要产生自社会学领域,儿童被看作是社会中的一份子。在传统的社会儿童观念中,儿童是社会背景所建构的产物。然而,新的儿童社会学研究表明,儿童还是社会的积极建构者。① 随着各领域对儿童主体地位的认识不断深入,到20世纪80年代左右,西方兴起了一系列承认儿童权利和解放儿童的运动,诸如"学生赋权(student enpowerment)""学生权力(student rights)""学生参与(student participation)"等术语此时迅速流行,② 并很快引起了全社会的关注,世界各国开始致力于以政策和法律的方式来保障和推动儿童的社会地位。其中,影响最大的就是1989年11月联合国所颁发的《儿童权利公约》(Convention on the Rights of the Child)。该公约在第12、13条中特别指出,"缔约国应确保有主见能力的儿童有权对影响到其本人的一切事项自由发表自己的意见",且"儿童应拥有自由表达的权力,即不论国界,能够采取各种形式进行搜索、获取、传递信息和表达所有观点的自由"③。由此便掀起了世界范围内一系列鼓励学生表达、参与、展开研究的行动。

与此同时,在教育界,尤其是教育研究领域内,"学生"的角色与地位也一直在发生变化。在西方,中世纪"童年世界(childhood)"的遮蔽导致了"教育意识的缺失"④,直到卢梭时代,儿童世界才得以发现,对儿童的教育也逐渐受到重视。1880年,义务教育法(Compulsory School Act)的通过,儿童在教育中的地位被合法化。然而,一旦学校教育成为强制性的,对"学生"在教育中的地位的关注跟着变化,⑤ 人们就开始转而重视教育中学生的发展问题。20世纪初,受科学实证主义思潮的影响,教育领域内也兴起了关于学生

---

① PROUT A. Representing children: Reflections on children 5-16 programme [J]. Children and Society, 2001, 15 (3): 193-201. And JAMES A, JAMES A L. Constructing Childhood: Theory, Policy and Social Practice [M]. New York: Palgrave Macmillan, 2004: 23.
② Department of Education. Student Voice: A historical perspective and new directions [R]. Melbourne: State of Victoria, Paper NO: 10, 2007.
③ United Nations. Convention on the Rights of the Child [EB/OL]. http://www2.ohchr.org/english/law/crc.htm, 1989-11-02.
④ ARIèS, P Centuries of Childhood: A Social History of Family Life [M]. Translated by BALDICK R. New York: Alfred A. Knopf, 1962: 411.
⑤ KELLETT M. Children's Experience of Education [M] // LITTIETON K, WOOD C, STAARMAN J K. International Handbook of Psychology in Education. Emerald Group Publishing Limited, 2010: 467.

的系列量化研究，包括对学生智力的测量研究、对学生学习的行为实验研究等。在这样一种研究范式中，学生就是研究的客体。用詹姆斯的话来描述，"儿童就像实验室的老鼠一样，任凭外部刺激摆布，被动而顺从。"[1] 到20世纪后期，教育研究范式开始从量化的科学实证研究走向更具人文性的质性研究，扎根理论、田野研究等的出现推动教育研究开始重视倾听学生的声音，探索各种能进入儿童视界的研究方法。[2] 这一研究转向与儿童作为社会行动者地位的权力运动相遇，共同推动了学生在教育研究领域内角色的转变，他们正逐渐从被动的研究客体转变为合作研究者（co-researchers）乃至独立研究者（researcher）。据此，在研究作为知识生产途径这个意义上，学生也从知识的被动接受者开始转向知识的主动生产者和建构者。

（2）学生作为知识主体解放的理论基础

学生的知识主体地位得以确立，从学生的角度出发思考，其首要前提是认识到学生是自我知识建构的主体，新近的心理学研究结果已经为我们揭示了这一事实。其次是需要承认学生是社会的行动者。对此，新童年社会学（new sociology of childhood）的研究结果表明，学生的确能积极参与自身被形塑在其中的社会环境的建构。由是可以推知，作为知识主体的学生，也能积极参与影响其"识知"的各种环境与条件的建构。若从知识的角度出发，知识观的革新唤醒了一直被压制的学生这一特殊知识主体，而方法论的变革则为学生成为知识主体提供了可能。

众所周知，自皮亚杰（Piaget, J.）揭示儿童认知操作过程中的自主建构性以来，建构主义学习理论获得了广泛认同。认知建构主义认为，个体心理"前次建构的结果会成为下次建构的基础材料和架构。意义、结构和知识得以融合"[3]。总的来说，建构主义学习理论以及最新的脑科学都强调学生自主学习的重要性，即学生能主动决策他们所学的内容，决定其学习的方向。[4] 尤其是，当前的认知心理学研究发现，在学生学习过程中有效的认知与元认知技

---

[1] JAMES A, PROUT A. Constructing and Reconstructing Childhood [M]. 2nd ed. Basingstoke: Falmer Press, 1997: 13.

[2] KELLETT M. Children's Experience of Education [M] // LITTLETON K, WOOD C, STA-ARMAN J K. International Handbook of Psychology in Education. Emerald Group Publishing Limited, 2010: 471.

[3] ERNEST P. Reflections on Theories of Learning [J]. Zentralblatt für Didaktik der Mathematik, 2006, 38(1): 3-7.

[4] Department of Education. Student Voice: A historical perspective and new directions [R]. Melbourne: State of Victoria, Paper NO: 10, 2007.

能是非常重要的，学习并不是简单的搭积木的过程，而是非线性的复杂心理操作过程。迪特尔（Dietel，R. J.）等人指出，学习者要想成为优秀的思考者和问题解决者就必须做到：①思考并积极建构持续进化的心智模型；②能够解释自我接收到的信息并将其与已有知识建立联系；③成为自己学习的主动参与者。[①] 总之，心理学的研究成果完全支持，学生是学习的自主建构者，这在个体认知的层面确立了学生的知识主体地位。

学生与社会的关系问题则主要交由社会学来研究。20世纪90年代初，以普劳特（Prout，A.）、詹姆斯和詹克斯（Jenks，C.）等为代表的新童年社会学研究，要求重新思考儿童的社会地位，并强调在伦理与法律框架下的儿童权利和责任。[②] 以儿童身份存在的学生对于社会的积极建构作用，在这一理论思潮的推动下逐渐获得认同。一方面，学生这一特殊群体成为社会的重要组成部分，他们所具有的独特儿童视角将进一步拓展我们对社会世界的理解，丰富人类的知识；另一方面，学生参与影响自己生活与"识知"的社会环境建构不仅有助于激发个体的主动性，培养责任感，还能反过来帮助提升"识知"环境与社会环境的建设，这是一个互促互荣的过程。

与此同时，在知识世界内部，新近的科学知识社会学研究彻底打破了科学知识与日常经验之间的界限，以行动者网络理论为代表，它们揭示了知识霸权的谬误，给予了寻找普遍知识的幻想致命一击。从而，曾被奉为学生学习对象的圣谕式知识观开始动摇，与此同时，作为行动者的学生可以成为知识的参与者与建造者的新知识观则得以确立。在"知识"这样一个"行动者网络"中，学生不仅参与其中，还是十分重要的转译者，成为网络中不可缺少的节点。此外，主张在行动中展开认识、描述、联结、合成的"行动者网络"作为方法，也为学生成为知识生产者提供了方法论的保障。事实上，前文早已揭示的"学习即知识创造"这一隐喻，也揭示了在个体与群体层面学生作为知识生产者的合理性。

（3）学生作为知识主体解放的现实可能

当然，承认学生是知识主体是一回事，而让学生真正成为知识主体是另一回事。究竟学生作为知识主体解放是否具有现实可能呢？事实上，一直以来人们都在质疑这一点：学生是否具备了这样的能力呢？他们拥有生产知识

---

① DIETEL R J, HERMAN J L, KNUTH R A. What Does Research Say about Assessment? [R]. Oak Brook: NCREL, 1991.
② 张盈堃. 儿童/童年研究的理论与实务 [M]. 台北：学富文化事业有限公司，2009: 304.

<<< 第二章 新美诺悖论：从网络化学习到网络化识知

的技能或方法吗？面对丰富的人类认识已有成果，学生是否还有必要去创作新知识？他们有足够的时间和精力吗？……无疑，这些问题都需要我们进一步思考。对此，国内外许多学者也纷纷做出了自己的回应。国内学者还主要停留在学理的辨析层面，而在西方，则已经开始了各种各样的行动研究与实证研究，其中凯利特（Kellett，M.）、奥尔德森（Alderson，P.）、库什曼（Cushman，K.）等人是有名的代表。

首先，人们总是强调学生的年龄太小，他们缺乏创作知识、主导研究的能力。然而，奥尔德森等人在最新的儿童研究中发现，社会经验是能力更为可靠的衡量标准。[1] 我们无法否定，学生拥有特有的社会经验。同时，克里斯坦森（Christensen，P.）和普劳特通过研究也指出，儿童能力与成人之间的差距并不是量多量少的问题，因为我们无法使用同样的量表来测量他们的能力。[2] 因此，我们不能因为说学生比成人能力小就否定其对知识所具有的主体地位。更为重要的是，随着人们鼓励学生参与研究、主导研究这一实践的不断深入，愈来愈多的事实表明，年龄小根本不能成为否定学生成为知识生产者和研究者的可能。2004 年，凯利特指导 10 岁的学生福里斯特（Forest，R.）、登特（Dent，N.）和沃德（Ward，S.）各自独立展开研究，并合作发表成果，他们共同署名在《儿童与社会》（*Children & Society*）杂志上发表了题为《"只要告诉我技能，剩下的我来完成"：赋权 10 岁学生作为主动研究者》的文章。[3] 2009 年，她又报告了其学生对识读能力影响因素的独立研究成果。[4] 克拉克（Clark，A.）则更让人惊讶，他让 3 到 4 岁的幼儿参与研究，采用马赛克方法（mosaic approach）成功地促进幼儿探索了儿童早期对周围环

---

[1] ALDERSON P. Children as Researchers: Participation rights and research methods [M] // CHRISTENSEN P., JAMES A. (Eds). Research with Children: Perspectives and Practices (2nd ed.). London: Routledge, 2008: 276-290.

[2] CHRISTENSEN P, PROUT A. Working with Ethical Symmetry in Social Research with Children [J]. Childhood, 2002, 9 (4): 477-497.

[3] KELLETT M, FORREST R. (aged ten), DENT N. (aged ten), ET AL. 'Just teach us the skills please, we'll do the rest': empowering ten-year-olds as active researchers [J]. Children and Society, 2004, 18 (5): 329-343.

[4] KELLETT M. Children as researchers: what we can learn from them about the impact of poverty on literacy opportunities? [J]. International Journal of Inclusive Education, 2009, 13 (4): 395-408.

境的感知。① 这种种事实都证明，学生是具有成为研究者的潜能的，同时他们还拥有任何成人都无法复制的亚文化知识等待着去开发。

其次，关于学生创作知识的技能或者方法，也一直困扰着人们。不可否认，技能与方法是实现知识创作的必要条件，而技能也是可以通过训练而形成的。考虑到学生研究技能与方法的缺乏，人们至多鼓励学生参与到成人的研究中，成为合作的数据收集者。这样的小心翼翼实际上反映了人们始终都以科学家、专家学者、成年人们所拥有的技能和采取的方法作为参照标准。对此，英国开放大学（Open University）的儿童研究中心（the Children's Research Centre, CRC）大胆尝试了对学生进行研究技能的培训，并开设了相关课程。该课程以训练学生开展实证研究的关键技能为目标，采用分化知识迁移、活动和游戏等方式进行训练，内容主要包括：研究的性质；设计一个研究问题；普通数据收集的技巧；简单的质性和量化分析；发布结果；演讲技能。② 显然，这样的培训课程不仅是想让学生作为研究的辅助者或参与者，更想帮助其变成真正的自主研究者。

至于学生的时间与精力分配问题，也是十分重要的。事实上，学生成为知识主体并非要否定和排斥学生对人类已有认识成果的创造性继承，而这恰恰也是学生作为知识主体的一个重要方面。它强调学生不是被动接受静态知识的灌输，而是主动地参与到"识知"过程中，成为自我有意义知识的开发者、创造者。与此同时，学生还能参与到选择"识知"对象和"识知"方法的过程中，与"识知"环境积极互动。至于在研究的层面，学生可以通过合理分配时间来获取研究技能，并展开适当的自主研究。英国开放大学儿童研究中心的做法在这方面可值得借鉴，他们开发了四种模式以协调好学生的时间分配问题：①建立"研究俱乐部"；②在学校班级中直接对研究小组进行培训；③将训练课程分解后举行分日的工作坊；④集中训练并开展小范围研究课题。③

当然，学生作为知识主体的解放是一项永恒的事业，它需要我们不断地

---

① CLARK A. The mosaic approach and research with young children [M] // LEWIS V, KELLETT M, ROBINSON C, ET AL. The reality of research with children and young people. London: Sage, 2004: 142-156.
② KELLETT M. Empowering Children and Young People as Researchers: Overcoming Barriers and Building Capacity [J]. Child Indicators Research, 2011, 4 (2): 208.
③ KELLETT M. Empowering Children and Young People as Researchers: Overcoming Barriers and Building Capacity [J]. Child Indicators Research, 2011, 4 (2): 209.

去面对和克服各种问题,并在理论和实践中去不断推进。

2. 学生作为知识主体解放的途径与挑战

由于"知识"本身所具有的双重含义,学生作为知识主体也包含着两个基本层面:他们首先是"识知"的主体,即一般意义上的学习主体。这一层面又包括两个方面:一是发生在学生个体内部世界中,学生作为个人认知发展的主体;二是发生在学生个体与外部环境之间,它强调学生有权参与影响个体知识活动的条件选择与建设。其次,在另一个层面学生还可作为人类知识建构的新的主体而存在。当前,在西方各国,已经展开了解放作为知识主体的学生的各种活动。在第一个层面出现了学习自主与"学生表达(student voice)"的理论与实践,在第二个层面则体现为"学生作为研究者(student as researchers)"。

(1) 学习自主与学生表达(student voice)

随着建构主义学习理论的兴起,各种各样强调学生学习自主性的学习方式也随之兴盛,如自我调节学习(self-regulated learning)、自我导向学习(self-directed learning)、活动学习(activity learning)等,尽管这些学习方式侧重点有所不同,具体的实施步骤也有差异,但它们总的来说,都充分肯定并确立了学生作为自己知识的主体地位。近年来,关于元认知技能的发现与研究,也在理论上证明了学生具有可以监控、判断和管理自己的"知识"(包括认知与知识)的主体性。当然,随着学生参与社会建构权力的进一步解放,学生作为自我知识的主体其外延也得到拓展,他们可以成为"识知"环境的参与设计者。在此,学生知识的个体层面与社会层面被沟通,二者彼此影响,并相互促进(参见图 3.6)。

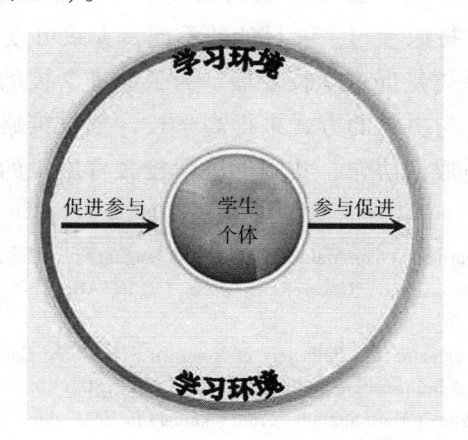

图 3.6 学生学习参与环境设计的互动

关于学生参与学习环境的设计研究，在西方主要表现为学生表达（student voice）的相关理论与实践研究。什么叫作"学生表达（student voice）"？首先必须清楚的是，"表达（voice）"在此并非简单地指称交流观点和看法的机会，而是指拥有影响变革的权力。① 因此，本质上，"学生表达"是鼓励让学生参与设计、决策并影响变革的赋权行动，是解放作为知识主体的学生的一种途径。2000年，兰森（Ranson，S.）专门提出了表达教育学（pedagogy of voice），这一理论主要是从学生自我出发，强调让学生去探究自己和建构身份，拓展自我理解与增强自尊感，努力提升学生的主体性和能力，激发其潜能。② 更多的"学生表达"还是强调学生的参与。"参与"在此指的是真正进入影响学习或学习环境的决策过程。学生有意义的参与就表明了，他们有权表达自己的观点、意见，尤其是关于学习本身的经验。这是实现教育民主的重要途径，也是最终实现社会民主的重要方式。然而，必须清楚的一点是，"想要理解民主的参与，以及拥有参与的自信和能力，这一目标是无法通过抽象的教导来实现的，只能是通过实践来逐渐达成。"③

当前，以澳大利亚的维多利亚州为代表，他们所倡导的"学生表达"，重点关注的是通过让学生发表意见和看法来设计、促进与提高学习。④ 换言之，"学生表达"从过去的仅仅重视学生的赋权走向了聚焦学生的知识活动。随着网络技术的发展，"学生表达"则有了新的发展空间。维基（Wikis）、博客（blogs）以及推特（Twitter）等平台，加上多媒体技术的发展，为学生表达创造了各种可能，不仅丰富其表达方式，也创造了无限的表达空间。当我们真正重视倾听学生的心声时，会发现他们能在学习环境的方方面面发表看法，广泛参与各种设计。按照参与主要目的的不同，大致可以将"学生表达"归纳为两大类型：第一类是促进学校发展。为了促进学校的变革，学校可以通过让学生会参与讨论与决策的方式来提高学校计划与策略的有效性，同时还可以让优秀的学生与成人协作，共同促进学校教育质量的提高。第二类是促

---

① WEST L. The Learner's Voice Making Space? Challenging Space? [A]. From the Keynote Address, Canterbury Action Research Network (CANTARNET) Conference, 2004. The Enquirer, 2005: 5.
② RANSON S. Recognizing the Pedagogy of Voice in a Learning Community [J]. Educational Management and Administration, 2000, 28 (3): 263-280.
③ HART R A. Children's Participation: From tokenism to citizenship [M]. UNICEF International Child Development Centre, 1992: 5.
④ MITRA D L. The Significance of Students: Can Increasing Student Voice in Schools Lead to Gains in Youth Development? [J]. Teachers College Record, 2004, 106 (4): 651-688.

进学生学习。这方面的"学生表达"又主要表现为三个方面：促进教学、改善课堂以及改进课程。恰如博维尔（Bovill, C.）等人的研究结果所表明的一样，学生完全可以成为教学方式、课目设计（course design）① 与课程开发（curriculum design）的合作伙伴。② 具体而言，让学生参与教学方式的选择与设计，布林莫尔学院（Bryn Mawr College）启动了"作为学习者与教师的学生"（Student as Learners and Teachers, SaLT）的项目。该项目为教师建立了两个相关的论坛，一个采用不完全开放的博客来听取学生的心声，每两周举行一次讨论会，期末建立总评档案；另一个则是与学生咨询者建立伙伴关系。当然，作为咨询者的学生不是参与了设计的教学的对象。项目不仅促进了教师的教学设计，也增强了学生的学习责任感，此外还帮助师生建立起了正常师生关系之外的另一种伙伴关系。关于学生参与学校课程的设计与开发，新西兰的南桥小学（Southbridge School）在 2007 年新西兰学校课程修订方案的推动下，采取了具有前瞻性的、大胆的设计，让家长和学生都参与到校本课程的开发过程中来。他们通过与学生讨论学习，开设学生参与学校发展日以及各种对学生的访谈来让学生表达，真正培养其学生对学校以及自己学习的责任感，最终促进学生的发展。③ 可见，不仅是大学生、高中生，小学生也可以参与课程的设计与开发。在此，还必须指出的是，学生表达与参与是逐步推进的。哈尔特（Hart, R. A.）为评估学生表达的水平而提出"参与阶梯（ladder of participation）"理论④。在哈尔特看来，学生的参与一般存在着八种水平：被操控（manipulation）、修饰（decoration）、象征主义（tokenism）这三种水平可以说不是真正的参与，而被分配角色但需知情（assigned but informed）、被公开咨询（consulted and informed）、成人发起并与学生共享决策（adult-initiated, shared decisions with children）、学生发起并主导（children initiated and directed）、学生发起并与成人共享决策（adult-initiated, shared de-

---

① 之所以在此将"course"翻译成"课目"，是为了与"课程（curriculum）"区别开来。原文中的"course"主要指的是学期的教学设计，与重新开发新的"课程（curriculum）"是不同的。

② BOVILL C, COOK-SATHER A, FELTEN P. Students as co-creators of teaching approaches, course design, and curricula: implications for academic developers [J]. International Journal for Academic Development, 2011, 16 (2): 133-145.

③ LOVETT S. Students as Partners in Cyclic Continuous Curriculum Design [C]. Presented to the Collaborative Action Research Network Conference, Athens, 2009.

④ HART R A. Children's Participation: From tokenism to citizenship [M]. UNICEF International Child Development Centre, 1992: 8.

cisions with children）这五种水平则描述了不同程度的学生表达与参与。由此可见，在实践中，学生表达和参与可以有各种表现形式和水平层次。只要我们更新已有教育观念，赋予学生应有的权力，作为知识主体的学生就会不断获得解放。

（2）学生作为研究者（student as researchers）

学生作为知识主体的另一重要表现就是学生作为研究者（student as researchers）。在西方，"学生作为研究者"并非新生事物，然而近年来在"儿童赋权"运动的推动下，正在蓬勃发展。学生也正从合作研究者（co-researchers）逐渐成长为独立的研究者（researcher）。越来越多的人们意识到，"作为研究者的学生可以获得新的识知与生产知识的方式，这往往会挑战大多数人都习以为常的那些有关现实的常识观。"[1] 不仅如此，"在这种新的觉醒状态下，批判性的学生研究者开始把学校看作是有意义的人造品，在其表面之下潜藏着诸多可能。这样的一种理解力便促使他们进入了一种新的意识水平——在这一新的认知领域中，知识与道德准则相互交织，引发出一系列过去无法想象的行动。"[2] 简而言之，学生作为研究者，不仅会挑战传统的认识，拓展人类的认识，还会促进学生自身的发展，同时还是学生赋权的一条重要途径。当然，学生作为研究者基于已有的研究标准，必须回应三个基本问题：学生能研究什么呢？如何来开展研究？研究伦理怎么保障呢？

我们无法否认，学生是一个特殊的群体。从文化的视角审视，他们拥有属于自己的亚文化世界。之前，成人总习惯于从自己的视角出发来想象和描述这个世界，专横地代替学生来做选择和判断，结果产生了诸多误解。[3] 如今，我们必须承认，学生是他们自己生活的专家，他们对自己亚文化世界的理解以及所拥有的知识是其他人所无法复制的。因此，学生作为研究者可以深度发掘并公开自己的亚文化世界。例如，前面所提到的克拉克指导3~4岁幼儿对自己的环境观所展开的研究。这些羽翼未丰的孩子们通过画画、拍照

---

[1] STEINBERG S R, KINCHELOE J L. Students as Researchers: Creating Classrooms that Matter [M]. London: the Falmer Press, 1998: 2.

[2] STEINBERG S R, KINCHELOE J L. Students as Researchers: Creating Classrooms that Matter [M]. London: the Falmer Press, 1998: 3.

[3] FIELDING M. Students as Radical Agents of Change [J]. Journal of Educational Change, 2001, 2 (2): 123.

等方式收集资料，最终以马赛克拼图的形式呈现自己的研究成果。① 又如凯利特指导学生所开展的识读能力影响研究。学生在经过凯利特专门的研究技能培训后，对不同社会经济地位学生的识读能力展开了具体的研究。研究结果发现，识读能力的高低不仅需要公开的信心，更需要私底下的信心。而社会经济地位高的学生之所以识读能力强，是因为他们拥有更多的私下练习机会。这一研究成果的确出乎人的意料。② 从社会的视角考察，学生作为社会行动者，具有自己独特的观察视角。站在学生的视角来观察、反思已有社会现象，这既是可能的也是必要的。尤其是围绕着学生所建构起来的社会环境，它的根本旨趣就在于促进学生发展，因而这更需要学生的研究。此外，从教育的视角来考察，每个学生都拥有自己对教育的经验，这些经验的价值都是十分宝贵的。我们完全有必要通过鼓励学生作为研究者，充分发现、描述并表达这些经验，这将大大丰富已有的教育学知识。

　　学生究竟该如何展开研究呢？对此，主要存在着两大挑战：一是要发展学生的研究技能；二是要开发各种适合学生的研究方法。关于前者，凯利特所主持的儿童研究中心进行了大胆的尝试，并取得了一定的成效。他们开发了专门的研究技能培训课程，同时成功地促进学生展开了各种研究，发表了一系列成果。③ 与之不同的是，斯坦伯格（Steinberg，R. S.）等人则努力去开发各种适合学生的研究方法，如基于解释学理论的自传研究，让学生"书写自我和不满"；基于人种学的拟剧法（dramaturgy），等页下注网址换为英文网站名，日期放其后等。④ 此外，还有克拉克所开发的马赛克法（mosaic ap-

---

① CLARK A. The mosaic approach and research with young children [M] // LEWIS V, KELLETT M, ROBINSON C, ET AL. The reality of research with children and young people. London: Sage, 2004: 142-156.

② KELLETT M. Children as researchers: what we can learn from them about the impact of poverty on literacy opportunities? [J]. International Journal of Inclusive Education, 2009, 13 (4): 395-408.

③ Hey, I'm nine not six! A small-scale investigation of looking younger than you're age at school by Carlini and Barry (2003); How are nine-to-eleven year-olds affected by their parents' jobs: A small-scale investigation by Forrest and Dent (2003); Gender differences in Year 5's use of computers by Cole and Graham (2003); The social nature of TV viewing in nine and ten year-olds: A small-scale investigation by Ward (2003). All available at http://childrens-research-centre.open.ac.uk.

④ STEINBERG S R, KINCHELOE J L. Students as Researchers: Creating Classrooms that Matter [M]. London: the Falmer Press, 1998: 111-115.

proach）以及萨姆斯（Sams，A.）等人所提出的翻转课堂法（flipped class）①，等等。

至于学生作为研究者的伦理问题，主要包括两个方面：一是学生自己的伦理责任，二是支持者的伦理责任。关于前者，学生必须被教导，意识到研究的伦理责任。它主要包括以下几个方面：设计道德的研究问题；取得知情权并获得同意；不能造成对他人的伤害；不能欺骗参与者；要保证信息的安全存储；任何时候都要尊重参与者；最后能与参与者分享研究结果。② 与此同时，由于学生作为未成年人是需要保护的对象，因此作为支持者的成年人有责任去保护他们的安全，但尽量不要去干涉其研究过程。具体来说，成人支持者的研究伦理包括：帮助学生研究者设计道德的研究问题；拒绝对不道德研究问题的支持；不能随意许下无法实现的承诺；在帮助学生完成研究过程中尽量保护他们的自尊；任何时候都要确保学生的健康；保护学生研究者的安全；帮助其保管好数据资料；检查学生是否确知万一发生泄露要如何处理。③ 总的来说，在鼓励学生成为研究者的同时，我们绝对不能只重视研究的结果与价值而忽略对其道德伦理的指导。

综上所述，不管是让学生表达，还是鼓励学生成为研究者，这都在一定程度上解放了作为知识主体的学生。最后还必须要指出的是，学生基于对自己以及同伴学习活动的观察产生了丰富的学习经验。④ 这些学习经验、体会与感受将有可能为学习论的发展提供一条新路向。事实上，库什曼等人的《点燃心中的火把》（*Fires in the mind*：*What Kids Can Tell Us About Motivation and Mastery*）已经在这方面做了十分有意义的尝试与探索。从学生作为知识主体这一点出发，未来的学习理论完全应该为学生对自己学习的研究开辟一方领地。

---

① SAMS A. Setting The Flip Straight［EB/OL］. https：//www.rcboe.org/cms/lib/GA01903614/Centricity/Domain/15451/Flip_ Your _ Classroom.pdf，（2012-06-20）［2021-05-06］.
② KELLETT M. Empowering Children and Young People as Researchers：Overcoming Barriers and Building Capacity［J］. Child Indicators Research，2011，4（2）：214.
③ KELLETT M. Empowering Children and Young People as Researchers：Overcoming Barriers and Building Capacity［J］. Child Indicators Research，2011，4（2）：214.
④ CAMPBELL A，GROUNDWATER–SMITH S. An ethical approach to practitioner research：dealing with issues and dilemmas in action research［M］. Oxon，Abingdon：Routledge，2007：116.

当然，将教师和学生称作"知识主体"是我们迫不得已的选择，毕竟"主体"概念必定会设下"客体"的陷阱，这也必定在另一处埋下反民主的种子。因此，基于行动者网络理论，在此，我们更愿意称呼教师和学生为行动者。

第三章

戈尔迪之结：从网络化学习到网络化学习行动研究

在古希腊神话中，有一位名叫戈尔迪（Gordius）的农民，因一只鹰意外地落在了他正在耕地的牛轭上，而后便在神谕昭示下幸运地成为了弗里吉亚（Phrygia）国的国王。登基后，戈尔迪为了感谢神恩，便把那辆给他带来好运的牛车献给了宙斯神庙。他用极其复杂的绳结把牛轭牢牢地系在牛车上，这就是所谓的戈尔迪之结（the Gordian knot）。此结分辨不出头尾，十分难解。然而，神示说：谁能解开此结，谁就可以统治亚洲。于是，它吸引并挑战了无数的有志之士："究竟有什么样的方法能解开它呢？"直到马其顿将军亚历山大的出现，他挥剑将"戈尔迪之结"砍成两半，"结"才得以解开。此时，人们才恍然大悟：原来，解结的方法不一定要遵循"先找到绳结两端"的这一原则，方法并非在方法之内，而在于方法论的创新。

这一传说带给人们更多的是方法论的启示，任何知识领域的发展最终都归结于方法论的发展。传统的社会科学方法论研究总是在不经意间就陷入了事实与价值的关系辩论中，这都是因为人们太过于专注与自然科学的亲密。事实上，黑格尔曾指出："方法并不是外在的形式，而是内容的灵魂和概念。"[1] 这意味着，社会科学方法论的研究不能只将希望寄托于外部关系的建立上，更应该由外向内，深入理解和把握学科本身的特征，体认自身研究的限度，从而开启另一条方法论创新之路。

当前，知识社会的降临彻底改变了知识的命运，知识的本质发生了根本的变化——从"求真（Is it true?）"走向"何为（What can it do?）"[2]，而

---

[1] ［德］黑格尔. 小逻辑［M］. 贺麟，译. 北京：商务印书馆，1996：427.
[2] GIDDENS A. Runaway World: How Globalization is Reshaping Our Lives [M]. London: Profile, 1999. Quoted from: CONOLE G, OLIVER M. Contemporary perspectives in E-learning Research: themes, methods and impact on practice [M]. London and New York: Routledge, 2007: 23.

242

生产、储存和传播知识的方法自然随之发生变化。当知识能以计算方式表征时，知识便与技术相互交织，而知识技术又反过来改变着整个社会的图景。由此，知识、技术、社会相互缠绕在一起，形成了难以解开的新"戈尔迪之结"。此时，以网络化存在为本体论承诺，以瓦解知识等级制为认识论追求的网络化学习置身其中，能采取什么方法来解开此结呢？是执着于找出"绳头"以解开结子呢？还是深入网络化学习内在世界，重新反思方法背后的世界观和知识论立场，从而探寻出新的方法论之路呢？

第一节 网络化学习的方法论困境与生机

诞生于知识社会中的"网络化学习"需要满足史无前例的知识生产与消费的需求，这就带来了方法论的危机。假如，我们一如既往地遵循从前的方法论规则与程序，"知识"始终都无法逃脱"滞后""保守""黑箱化"的命运，更难以满足人们对物质财富和精神财富的需求。由此，"网络化学习"有必要回到知识、技术与社会相互缠绕之间的关系世界中，重新审视已有的方法，并深刻地反思其关联的本体论、认识论和价值论立场。必须清楚的是，"网络化学习"只有在根本上改变信念，才能真正创造出方法论的生机。

一、网络化学习方法论的系统扫描

方法论的问题是任何学科或任何领域的研究发展之首要问题，没有方法论指引的学科或研究甚至实践都可能走入死胡同。无怪乎黑格尔会说："哲学的真正的实现是方法的认识。"[1] 然而，当前关于"方法论"这一概念的理解异彩纷呈，难以展开对话。"方法论"的英文表述为"methodology"，它是由"方法（method）"和后缀名"-学或-论"（-ology）组合而成。"方法"一词起源于希腊文 μέθοδος，拉丁文为"methodos"，它指的是行动的一种方式（a mode of proceeding）。[2] 而后缀名"ology"则源自拉丁文"logia"，作后缀时它包含着三个层面的意思：①口头或书面表达。如措辞（phraseology）；②信条、理论或科学。如社会学（sociology）；③论述、论著等。如昆虫学（insec-

---

[1] 冯契. 哲学大辞典（分类修订本）[K]. 上海：上海辞书出版社，2007：347.
[2] Oxford Latin Dictionary [K]. London：Oxford University Press，1968：1105.

tology)①。如果单从词语组合的意义上来说，方法论（methodology）指的就是关于方法的口头或书面表达，是关于方法的信条、理论和科学，还是对方法的论述和论著。事实上，随着文化的发展，方法论这一术语的涵义也在不断地丰富。但不管有多少种表述方式，也无论从哪个视角予以考察，它始终都存在着这三个基本层次：方法的描述、方法的信念、方法的学科。第三层次的方法论已然超越自身并达致了自我意识的最高层面，但它并非本论文所能及的。在此，本论文将主要在前两个层面上对"网络化学习"的方法论展开较为全面的探讨：在全面扫描已有网络化学习研究方法的基础上，进一步深入地展开信念层面的方法论反思。

论及方法，它必定是某一具体问题或学科的方法。离开了内容本身，方法也就成了无源之水、无本之木了。因此，关于网络化学习的方法论探讨，无法脱离对网络化学习本身的研究。而当前关于网络化学习的研究都围绕着"知识—技术—社会"这个结而展开，正如卡斯特所说，此结也是网络化学习领域内最有趣的一个方面。② 以此结为逻辑起点，已有的网络化学习研究方法大致可分为两个层面：学习与技术以及学习与社会。具体而言，每一个层面又处于不断地动态发展中，在不同的阶段有着不同的问题，方法也随之发生变化；相应地，方法的创新又推动着每一个层面迈向新的阶段。

（一）学习与技术：从单向度走向双向互动

自信息通信技术渗入并影响学习后，网络化学习研究的问题大多聚焦于学习与技术的关系上。过去，人们几乎都采用单向度研究范式来探寻技术介入后对学习所造成的影响这一简单因果问题。随着人们对网络化学习认识的不断深入，学习与技术的双向互动关系逐渐获得认可，由此也推动了网络化学习研究方法论的发展：从单向度走向了双向互动。

1. 单向度的研究范式

追溯网络化学习研究的原初，受传统科学实证主义以及行为主义学习理

---

① GOVE P B. & THE MERRIAM-WEBSTER EDITORIAL STAFF. Webster's Third New International Dictionary of the English Language Unabridged [K]. Springfield：Merriam-Webster Inc., 1986：1331.

② 参阅：CASTELLS M. Flows, networks, identities [M] // CASTELLS M., FLECHA R., FREIRE P., GIROUX H., MACEDO D, WILLINS P. (eds). Critical Education in the New Information Age. Lanham, MD：Rowman and Littlefield, 1999. Quoted from：CONOLE G, OLIVER M. Contemporary Perspectives in E-learning Research [M]. London and New York：Routledge, 2007：21.

论的影响,以美国斯坦福实验室的程序教学实验为开端,开启了技术对学习影响的单向度研究范式。深入考察这一研究范式,方法论的个人主义(methodological individualism)主导其价值取向,并形成了一系列简单的因果关系问题。

"方法论的个人主义可以被认为始于霍布斯在政治哲学意义上的个人概念,但笛卡儿的我思所建立的知识论上的主体性对个人主义其实也有重要的奠基意义,对方法论的个人主义的'科学'说明则是韦伯的贡献。"[1] 它与价值论的个人主义共享着基本假设,即基于个人理性和排他利益最大化的优先地位。这种个人理性和排他利益最大化进一步便演化为人类理性与排他利益的最大化。正是基于这样的假设,单向度的网络化学习研究往往情不自禁地把学习与学习者抬高至不可撼动的地位,以至于技术沦为工具。事实上,这里还深层地潜伏着人类中心主义(anthropocentrism)的危机。所谓人类中心主义就是认为人类的价值在本质上高出任何其他事物。[2]

回望网络化学习研究的发展初期便不难发现,在该时期,围绕着技术如何促进学生的学习这一核心问题,一系列简单因果关系问题得以生成。首先,根据研究目标的不同,主要可以分为两大类问题:干预评价类与描述理解类。前者常常"将研究对象看作一个单一的实体,而这单一实体又受着某一个或某几个因素的影响"[3]。因而,其研究的基本问题表述为"信息通信技术(ICT)对学习产生了什么影响?(What is the impact of ICT on learning?)"。当然,这里的信息通信技术并不是抽象的表述,而是具体的表现为各种各样的学习程序、软件以及学习环境,等等,因此从基本问题出发,又衍生出"与传统学习相比,网络化学习是否能产生积极的效果?""如何才能有效地利用技术?""如何能够提高网络化学习的质量?"等等。提高网络化学习质量的问题又直接导致产生第二类研究,即描述理解类。因为只有正确地描述网络化学习,理解网络化学习发生的方方面面,才可能把握网络化学习的特征与本质,进而促进学习技术的发展,并最终提高学习的质量。这一类的研究其

---

[1] 赵汀阳. 深化启蒙:从方法论的个人主义到方法论的关系主义 [J]. 哲学研究, 2011 (1): 92.

[2] MURDY W H. Anthropocentrism: A Modern Version [J]. Science, 1975, 187 (4182): 1168.

[3] ANDREWS R, HAYTHORNTHWAITE C. Introduction to E-learning Research [M] // Andrews, R., Haythornthwaite, C. The SAGE Handbook of E-learning Research. London: SAGE Publications Ltd, 2007: 33.

基本问题表述为"网络化学习是如何发生的?"其次,根据研究范围的不同,又可以分为个人与组织两个基本层面。个人层面的干预评价类研究,主要采用的是心理学常用的真实验研究方法(true experimental design),它通过创设一定情境,操作或控制某一变量,从而观察变量之间的关系,其基本目的在于研究并揭示变量间的因果关系。[1][2] 具体来说,就是创设学习情境,控制技术类的变量,从而观察到技术对个体学习所带来的影响。相应地,组织层面的干预评价类研究,则主要采用教育学常用的准实验研究方法(quasi-experimental design),它一般不采用随机取样,且对无关变量的控制不如真实验研究充分和广泛。总之,单向度的网络化学习研究基于干预评价目标时,其采用的主要方法就是实验研究法。

在科恩(Cohen,L.)等人看来,因果关系处于实验研究的核心。[3] 而在网络化学习研究中,其因果关系主要考察的是"技术"这一自变量对"学习"这一因变量所产生的影响关系。虽然目标一致,但因条件的不同可以选择不同的实验研究设计。翁库(Oncu,S.)和卡基尔(Cakir,H.)在综合弗伦克尔(Fraenkel,J.R.)与科恩等人的观点后将实验研究设计的类型进行了归类(参见表4.1)。

表4.1 主要的实验研究设计[4]

弗伦克尔和沃伦	科思等	设计		
案例研究一次设计			X	O
单组前后测实验设计	前实验设计:单组前后测	O	X	O
组间对比实验设计		E	X_1	O

---

[1] FRAENKEL J R, WALLEN N E. How to design & Evaluate research in education (4th ed.) [M]. Boston: McGraw-Hill, 2000. Quoted from: ONCU S, CAKIR H. Research in online learning environments: Priorities and methodologies [J]. Computers & Education, 2011, 57 (1): 1103.

[2] 董奇. 心理与教育研究方法 [M]. 北京:北京师范大学出版社, 2004:221.

[3] COHEN L, MANION L, MORRISON K. Research methods in education [M]. 5th ed. London: Routledge Falmer, 2000. Quoted from: ONCU S, CAKIR H. Research in online learning environments: Priorities and methodologies [J]. Computers & Education, 2011, 57 (1): 1103.

[4] ONCU S, CAKIR H. Research in online learning environments: Priorities and methodologies [J]. Computers & Education, 2011, 57 (1): 1104.

续表

弗伦克尔和沃伦	科思等	设计			
		C		X_2	O
对比组前后测实验设计		E		O	X_1	O
		C		O	X_2	O
随机取样单后测控制组实验设计		E	R		X_1	O
		C	R		X_2	O
随机取样前后测控制组实验设计	真实验设计：前后测控制组	E	R	O	X_1	O
		C	R	O	X_2	O
随机取样所罗门四组实验设计		E	R	O	X_1	O
		C	R	O	X_2	O
		E	R		X_1	O
		C	R		X_2	O

[a] E＝实验组；C＝控制组；R＝被试的随机分配；X＝实验处理；O＝观察

在表4.1中，前三种实验设计主要用于组织层面的干预评价研究，其多属于准实验研究，而其他则是真实验设计。当然，不管是以哪种实验设计来展开研究，一般来说，实验研究都需要采用测验法、问卷法、访谈法和观察法等来进行数据的收集，然后进行统计分析，从而获得单向因果关系的量的理解与描述。值得一提的是，实验研究在干预评价类网络化学习研究中始终都占据一席之地，到目前为止它仍然是极具有公信力的一种研究方法。例如，纳穆瓦尔（Namvar, Y.）等人在专门研究基于问题式网络化学习对于学生反思性思维的影响时，就采用了对比组前后测实验研究设计。研究者设置了控制组和实验组，每组15名学生，实验处理后采用由肯伯（Kember, D.）等人开发的反思性思维问卷来进行评价。统计分析结果显示，基于问题式网络化学习对学生的反思性思维发展产生了影响，且是显著的。[1] 又如，谭（Tan，Y. L.）等人就群组智力软件对研究型学习的影响展开专门研究时，主要采用的案例研究一次设计。研究者让学生使用商业标准化的名叫创意坦克（ThinkTank）的群组智力软件一个学年，其间采用问卷、访谈等方式来对学生的创造性、参与度、生产能力、投入以及理解程度等进行多次的评价。全面的数据分析表明，学生的生产能力和创造性都有所提高，且对自己所开展的工作有更深的理解，只不过他们的参与态度在项目开展早期有些变化。[2]这样的实验研究虽然只能算是准实验研究，但它同样是通过干预后评价产生的效应来揭示二者之间的因果关系，并予以描述。

关于描述理解类的网络化学习研究，因存在多元的视角而显得更加复杂。一般来说，这类研究主要采用的是人种志研究方法。这种方法主要是基于第一手观察资料而对人类行为和组织文化的系统描述，它属于质性研究。[3] 当前，人种志研究方法已经被广泛应用于研究网络化学习现象。例如，莱斯-莱弗利（Rice-lively，M. L.）对网络化课堂专门展开了人种志研究。结果表明，运用人种志研究方法能够促进对课堂学习共同体文化的观察和描述。[4] 而海因（Hine，C.）专门针对因特网（Internet）这一虚拟世界而提出了虚拟人种志（virtual ethnography）方法。作为人种志的一种新形式，其主要用于研究计算机网络等电子通信所形成的共同体。[5]霍华德（Howard，P. N.）则基于网络结构观而提出了网络化人种志（network ethnography）研究方法。所谓网络化人种志，指的是通过社会网络分析法来选择案例或场所，而后对其展开人种志田野研究的过程。[6] 在霍华德这里，网络化人种志研究方法强调采用社会网络分析法，从而帮助研究者设法进入实践共同体中，并能选取某一社

---

[1] NAMVAR Y, NADERI E, SHARIATMADARI A, SEIFNARAGHI M. Studying the Impact of Web-Based Learning (Weblog) With a Problem Solving Approach on Student's Reflective Thinking [J]. International Journal of Emerging Technologies in Learning (iJET), 2009, 4 (2): 33.

[2] TAN Y L, MACAULAY L A. The impact of Group Intelligence software on enquiry-based learning [J]. International Journal of Learning Technology, 2011, 6 (1): 84.

[3] HOWARD P. Network ethnography and the hypermedia organization: new media, new organizations, new methods [J]. New Media and Society, 2002, 4 (3): 553.

[4] RICE-LIVELY M L. Wired Warp and Woof: An Ethnographic Study of a Networking Class [J]. Internet Research, 1994, 4 (4): 20-35.

[5] HINE C M. Virtual Ethnography [M]. Los Angeles: Sage Publications Ltd, 2000: 192.

[6] HOWARD P. Network Ethnography and the Hypermedia Organizations: New Media, New Organizations, New Methods [J]. New Media and Society, 2002, 4 (4): 561.

网络中的重要节点来深入研究。一方面，相对于已有的人种志研究方法，它在样本选择方法上有所突破，此外，更重要的是为网络化学习研究开发了新的研究方法。正如霍华德所指出的，网络化人种志打破了技术或组织等宏观决定论与社会文化构成的微观主体论之间的平衡，促进了研究者在超媒体组织中选择研究场所与对象的合法化，更重要的是它超越了传统的社会科学研究方法，既能产生将民主观念深入技术设计中的理论，还能在更广泛的社会背景中检验技术设计何以能持久保持这种观念。① 不过这种方法还处于起步阶段，且在深层意义上它也并未走出单向度的研究范式。

2. 双向互动的研究范式

随着网络化学习研究的不断发展以及技术哲学的推进，所谓的技术影响学习、促进学习的单向度研究范式遭到质疑，人们更倾向于承认学习与技术之间互相影响，它们是"共生（symbiotic）"的关系。基于此，愈来愈多的研究范式开始转变思维模式，从单向度的影响研究转向学习与技术的相双向互动研究。深入考察这一研究范式，方法论的关系主义（methodological relationalism）主导其价值取向，并产生了许多新的研究问题。

"方法论的关系主义以关系作为基本单位去分析人类行为和价值观，思考重心不在个人而在关系，但并非否定个人利益，而是优先确保关系安全和关系利益，以便更好保证各自利益，优先考虑关系的最优可能性以求开拓更大的可能利益和幸福。"② 这样一种价值取向的基础是共在本体论，它坚信各种冲突和矛盾都能于"共在"之中解决。正是基于这样的价值观，网络化学习研究重新审视已有的学习与技术的关系，打破技术工具主义或技术决定论，尝试着从二者的关系出发，通过寻求关系的最优可能性进而促进学习与技术的共同存在与发展。

基于共在论，网络化学习研究的问题也在渐渐发生变化，从简单的因果关系问题转向了学习与技术的互动关系问题。与单向度研究范式类似，这一范式下的研究也可分为干预评价类与描述理解类，其基本的核心问题常常表述为"学习与信息通信技术（ICT）之间是如何相互影响的？"所有双向互动的研究其思考的逻辑起点已不再是学习或技术的其中一个，而是二者之间的关系。那么二者究竟是什么关系呢？哈斯（Haas, C.）通过对读写教育的研

---

① HOWARD P. Network Ethnography and the Hypermedia Organizations: New Media, New Organizations, New Methods [J]. New Media and Society, 2002, 4 (4): 569.

② 赵汀阳. 深化启蒙：从方法论的个人主义到方法论的关系主义 [J]. 哲学研究, 2011 (1): 91.

究提出了信息通信技术与读写教育发展之间存在着"共生（symbiotic）"关系。① 依此推理，技术与学习之间的关系就是这样一种双向互动的关系，即不仅技术会影响学习，同时学习也会影响和促进技术的发展。然而，这仅仅是在静止化的状态下来考察二者的关系。必须意识到的是，技术与学习这两种现象都是变化着的，是动态发展的。考虑到这一点，安德鲁（Andrews, R.）等人发展起了网络化学习研究的共同进化理论模型（co-evolutionary model）。该模型大致可分为四个阶段，为了能更清晰地予以描述，安德鲁等人采用了图表的形式。第一阶段是基础阶段，技术与学习既相互影响，同时又在时间维度上发生着变化（参见图4.1）。

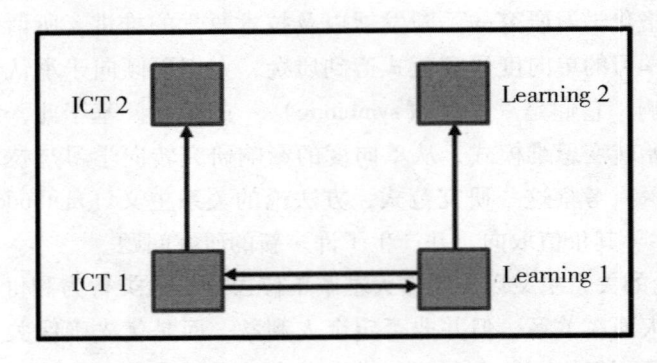

图4.1　学习与技术共同进化模型阶段一②

如图4.1所示，学习一旦与技术相遇，双方会互相影响。与此同时，技术的发展从未停歇，而学习的方方面面（包括课程、课堂教学等）也在不断变化着。由此看来，要研究学习与技术或网络化学习与技术之间的关系，我们既需要具有辩证思维，还需要考虑到时间的要素。当新的技术与新的学习都发生后，它们之间又会相互影响。不仅如此，更重要的是它们还会产生逆效应（backwash influences）与延迟效应（delayed influences）。这就进入了学习与技术共同进化模型的第二阶段（参见图4.2）。

---

① HAAS C. Writing Technology: Studies in the Materiality of Literacy [M]. Hillsdale, NJ: Lawrence Erlbaum, 1996: 205-232.
② ANDREWS R, HAYTHORNTHWAITE C. Introduction to E-learning Research [M] // ANDREWS R., HAYTHORNTHWAITE C. The SAGE Handbook of E-learning Research. London: SAGE Publications Ltd, 2007: 36.

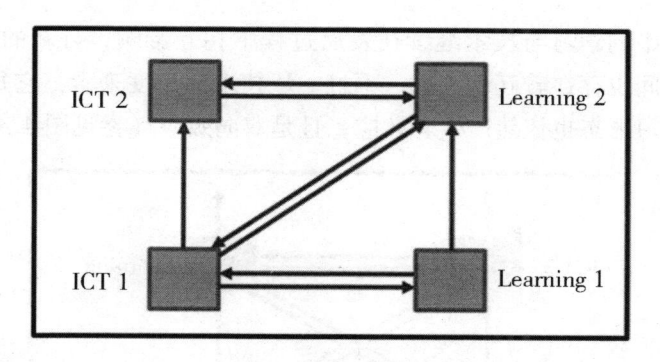

<<< 第三章 戈尔迪之结：从网络化学习到网络化学习行动研究

图 4.2 学习与技术共同进化模型阶段二①

从第二阶段的图示中可以看到，这样一种滞留、回溯以及巩固对于技术与学习的共同发展都是十分重要的。由此，旧的技术并非被新技术完全取代，而是与新的学习形式有一定关联。出于节约的经济目标，旧技术还拥有自己的一席之地，甚至还会影响到新的网络化学习。当技术与学习继续发展时，更为复杂的阶段出现了（参见图 4.3）。

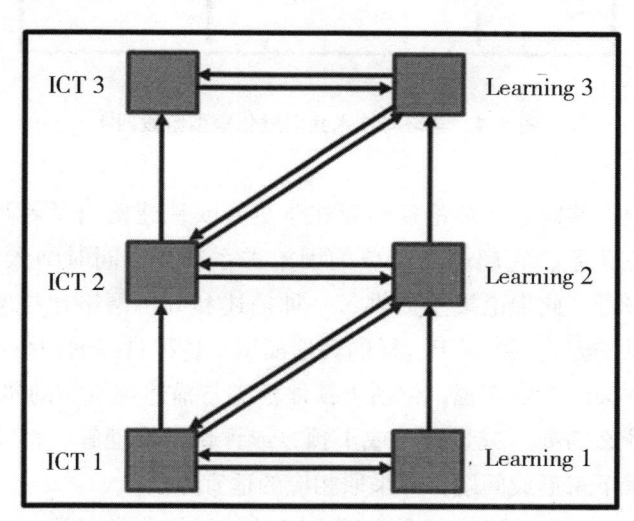

图 4.3 学习与技术共同进化模型阶段三②

---

① ANDREWS R, HAYTHORNTHWAITE C. Introduction to E-learning Research [M] // Andrews, R., Haythornthwaite, C. New York: The SAGE Handbook of E-learning Research. SAGE Publications Ltd, 2007: 37.
② ANDREWS R, HAYTHORNTHWAITE C. Introduction to E-learning Research [M] // Andrews, R., Haythornthwaite, C. New York: The SAGE Handbook of E-learning Research. SAGE Publications Ltd, 2007: 38.

此阶段中的学习与技术继续在发展过程中相互影响，且新的学习形态与旧的技术之间也存在着互动关系。不过，从技术的角度来看，它每前进一步，对原来的学习形态也依然产生着效应，且是双向效应（参见图4.4）。

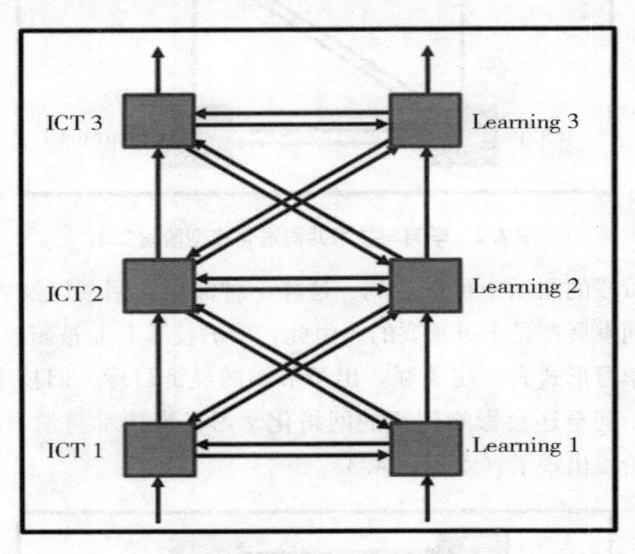

图4.4 学习与技术共同进化模型阶段四①

总的来说，共同进化理论模型旨在于更真实地建构出学习与信息通信技术之间的动态关系，它超越了简单的因果关系描述，同时纳入了时间维度。从研究方法来看，此理论模型提供了一种描述和分析网络化技术与学习之间辩证发展关系的方式。② 基于这样的理论模型，各种具体的网络化学习研究问题都会在其框架内予以审视，包括干预评价类与描述理解类的研究。换言之，不管是出于什么需要，或设计，或干预，或评价，或理解，都需要在共同进化的理论背景下来形成问题，并采取相应的适宜方法。

与单向度研究范式不同的是，双向互动的网络化学习研究并不把网络化学习看作单一或独立的实体，而是置身于各种社会文化背景中。因此，双向

---

① ANDREWS R, HAYTHORNTHWAITE C. Introduction to E-learning Research [M] // Andrews, R., Haythornthwaite, C. New York: The SAGE Handbook of E-learning Research. London: SAGE Publications Ltd, 2007: 38.
② ANDREWS R, HAYTHORNTHWAITE C. Introduction to E-learning Research [M] // Andrews, R., Haythornthwaite, C. New York: The SAGE Handbook of E-learning Research. London: SAGE Publications Ltd, 2007: 39.

互动研究范式常常需要采用控制论与系统思维方式。基于系统思维,网络化学习的共同进化理论模型中还需加入外界的影响要素,考察的基本问题可表述为,"网络化学习的共同进化还受哪些因素的影响呢?"针对这样的问题,帮助理解负责系统的控制论与系统思维往往能发挥作用。当前,控制论已经应用于网络化学习研究之中了。例如,利贝尔(Liber,O.)基于控制论,吸收了伊利奇(Illich,I.)和比尔(Beer,S.)二者的思想,为描述网络化学习环境与系统提供了新的描述方式。[1]而坎托尼(Cantoni,V.)等人则采用系统思维的方法对网络化学习展开了研究,提出了以"多维"隐喻和视角连接为基础的互动新模式,它将开启走向更加自然而有效的学习经验的新方向。[2]当然,系统思维与控制论还并非具体的研究方法,它们更多的是一种研究思维。基于这样的思维,面对着网络化学习这一研究对象,还有更多的具体方法等着我们去创新。

显然,双向互动的研究范式较之单向度研究范式要更为复杂,它能考察更多的元素,同时也能更加真实地反映出网络化学习中学习与技术的关系。只不过,这也只是一种理想,它尽可能无限接近,但绝不可能完全地反映出这一复杂的现象。这是我们必须体认的研究限度。

(二)学习与社会:从"学习"[3] 到行动

在某种意义上,我们可以把"网络化学习"视为信息时代来临的社会产物。一方面,借助信息通信技术,人类突破了线性学习的传统方式,实现了网络化学习(networked learning);另一方面,网络社会的崛起呼唤对人类的网络化生存这一根本问题予以关照,终而在更深层意义上孕育了网络化学习。在此,网络化学习与其说是一种认识方式,不如说其是一种存在方式。实际上,不管是朗格朗(Lengrand,P.)笔下的终身教育(lifelong education)还是哈钦斯(Hutchins,R. M.)眼中的学习型社会(the learning society),都是把学习与社会紧密联系在一起的产物。在这一思潮的推动下,网络化学习也

---

[1] LIBER O. Cybernetics, E-learning and the education system [J]. International Journal of Learning Technology, 2004, 1 (1): 127.

[2] CANTONI V, CELLARIO M, PORTA M. Perspectives and challenges in E-learning: towards natural interaction paradigms [J]. Journal of visual languages and computing, 2004, 15 (5): 333.

[3] 必须说明的是,这里的"学习"指的是传统意义上,以接受和传承知识为根本目的的认识活动。

逐渐走出了学校这一小"社会",走向了知识引领的大"社会"。与之相应的,"学习"观也发生了根本的转变,从过去的知识传承与储存转变为知识创新与生产,因而网络化学习研究的范式也随之发生变化:从顺应型研究范式走向了改造型研究范式。前者从"学习"出发,关注学生学习的方方面面,最终又回归到"学习"的目标上,这里的"学习"更多强调的是对"知识"的了解、认识、理解与接受;后者则从"行动"出发,关注学生学习与社会行动之间的联系,在促进学习的同时也推动社会的发展,而这里的"学习"则更多强调对"知识"的创造与发展。

1. 适应型研究范式

"知识"是沟通与联结网络化学习与社会的中介。因此,从"知识"的视角切入,对学习与社会的关系持有观点的不同,便会影响到网络化学习研究的基本价值取向,进而形成不同的问题域,并采用不同的方法。

在过去相当长的一段时间内,学习的文化功能被局限为传承知识,甚至于"心智的培养(都)被等同于知识的获取"[①]。学习与知识创造之间被断然割裂,它造成了当今"教学"与"研究"的分离。前者主要负责传递知识,后者则专门掌控知识的创造。这一分离对立深层演绎着"学习"与"社会"关系的疏远。"学习"被隔离在高高的院墙之内,承担着知识传递的社会角色。从这一立场出发,网络化学习研究聚焦于"学习",这样的"学习"是缺乏"知识创造"功能的。与此同时,这样的研究紧紧围绕着学生的"学习"活动而展开,始终与"社会"保持着一定的距离。正因如此,我们把这一类网络化学习研究称之为"适应型研究范式"。所谓"适应型研究范式",主要包括三个层面的内涵:其一,它强调学习的文化传承功能,忽视甚至遮蔽学习的文化创造功能;其二,它重视对学习本身的研究,而忽略从学习与社会的关系出发来展开研究;其三,在理论与实践的关系问题上,这一范式主张二者分离,先理论后实践。

"适应型研究范式"所研究的问题主要围绕着"学习"而展开。换句话说,它关心的问题主要是"如何才能促进网络化学习?"对此,许多研究者纷纷提出了自己的观点。比方说,希勒(Shearer, R.)专门从远程教育这个角度指出,网络化学习研究应该主要关注以下四个方面的问题:学习者自治问

---

① [英]约翰·亨利·纽曼. 大学的理念[M]. 高师宁, 等译. 贵阳:贵州教育出版社, 2003:126.

题、互动问题、访问网络以及网络代价的问题。① 古纳瓦德纳（Gunawardena, C. N.）等人则从"学习"出发，指出研究者应重视学习成就、学习动机、学习损耗以及学习控制等四个方面的问题。② 翁库等人在综合各种观点之后，提出了网络化学习研究的四大首要目标：促进学习者参与和协作；提高有效性支持；发展评价技术；开发促进职员发展的项目（programs）③。而这四大研究目标同学习者的成就、学习参与度以及保持度都直接相关。由此可见，适应型研究范式其主要以"学习"为中心，以促进"学习"为首要的研究旨趣。

　　围绕着这些核心研究目标，适应型研究范式囊括了各种具体的研究方法。其中，与学习相关密切且比较常见的研究方法有两个：形成性研究（formative research）和发展性研究（developmental research）。形成性研究起源于教学设计与课程开发领域，它首先是作为一种提高教学产品和课程的方法而存在。随后赖格卢特（Reigeluth, C. M.）和弗利克（Frick, T. W.）则将这一方法应用于开发和完善教学设计理论或模型。那么，形成性研究究竟该如何展开呢？赖格卢特他们提供了一个通用指南④：首先，选取一个现存的教学设计理论或者提出一个需要开发的新教学设计理论；然后，创设一定的教学情境来应用这一理论或模型，从而发掘出该理论的优缺点。在应用这一理论的过程中，研究者需要收集"产生作用"和"没有产生作用"这两个方面的数据资料。一般来说，主要采用的收集数据的具体方法是开放式结构性访谈、聚焦小组会议、有声思维以及问卷调查等。最后，基于这些数据的分析，研究者修订和改进最初的教学设计理论。虽然赖格卢特他们只是关注了教学设计理论的研究，但形成性研究这一方法是可以运用于上面所提及的网络化学习研究的四大目标的，尤其是用于开发网络化学习的评价方法。当然，形成性研

---

① SHEARER R. Instructional design in distance education: an overview [M] // MOORE M. G., ANDERSON W. G. (Eds.). Handbook of distance education. Mahwah, NJ: Lawrence Erlbaum Associates Inc., 2003: 275-286.
② GUNAWARDENA C N, MCLSAAC M S. Distance education [M] // JONASSEN D. H. (Ed.). Handbook of research for educational communications and technology (2nd ed.). Mahwah, NJ: Lawrence Erlbaum Associates Inc., 2004: 389.
③ ONCU S, CAKIR H. Research in online learning environments: Priorities and methodologies [J]. Computers & Education, 2011, 57 (1): 1099.
④ REIGELUTH C M, FRICK T W. Formative research: a methodology for improving design theories [M] // REIGELUTH C M. Instructional-design theories and models: A new paradigm of instructional theories (Vol. 2). Mahwah, NJ: Lawrence Erlbaum Associates Inc., 1999: 633-651.

究作为方法，其信度、效度以及可推广度等方面是值得我们进一步推敲和发展的。

与形成性研究相似，发展性研究也同样能被用于改进教学设计理论。不仅如此，它还能改善设计的过程，促进教学设计每个阶段的发展。与形成性研究最大的不同就是，发展性研究更侧重于开发普遍性的设计过程原则。简言之，发展性研究比形成性研究更注重设计应用的过程，而非理论本身。在回顾大量的发展性研究文献后，里奇（Richey, R. C.）等人总结出，通过发展性研究主要可以实现以下四大目标：①验证某一设计技术或教学设计模型的有效性；②发现实施某一教学模式或过程的关键性因素；③探寻实施过程中发挥作用与未起作用的方面是什么；④产生新的模式或过程，改善已有的教学模式或过程。① 在发展性研究中，用于数据收集和分析的方法常常有专家评论、文献分析、焦点访谈以及调查研究等。这一研究方法也同样可以用于实现网络化学习研究的四大目标，尤其是第四个目标，即促进教职员发展，而教职员的发展最终还是落脚于促进学生学习的发展。

总的来说，形成性研究与发展性研究都是围绕着网络化学习活动本身而展开的具体化研究方法，他们既能开发新的理论模式，也能改进已有理论模式；不仅关注理论的生成，也关注学习过程的改善。尽管这两种研究方法都试图在超越传统的量质之争，但它们却仍然演绎着线性的因果思维方式，依旧将学习与社会隔离，把学习的本质视作知识传递。

2. 改造型研究范式

从学习与社会的关系出发，改造型研究范式试图跳出"学习"的小圈子，迈向社会的大世界。当人类迈入信息时代，"知识的问题比过去任何时候都更是统治的问题。"② 在知识商品化的今天，"截然分开知识的生产和传递……是有害的。"③ 基于这样的认识，利奥塔尔主张教学与研究互补，教学不能再是"简单"再生产，而更多的需要"扩大"再生产。

毫不夸张地说，在这个时代，知识的传递（传统的学习）以及知识的生

---

① RICHEY R C, KLEIN J D, NELSON W A. Developmental research: Studies of instructional design and development [M] // JONASSEN D H. (Ed.). Handbook of research for educational communications and technology (2nd ed.). Mahwah, NJ: Lawrence Erlbaum Associates Inc., 2004: 1099-1130.
② [法] 让-弗朗索瓦·利奥塔尔. 后现代状态：关于知识的报告 [M]. 车槿山, 译. 北京：生活·读书·新知三联书店, 1997: 14.
③ [法] 让-弗朗索瓦·利奥塔尔. 后现代状态：关于知识的报告 [M]. 车槿山, 译. 北京：生活·读书·新知三联书店, 1997: 110.

产（研究）紧密融合在一起了，它们共同影响并推动着社会的发展。由此，学习的文化功能得以拓展，它不仅需要保存和传递知识，还需要创造和发展知识。在此意义上，学习与社会联系得更加紧密。随着人们这种意识的不断增强，网络化学习研究就不再仅仅关注"学习"本身了，而是从学习与社会的关系这一逻辑起点出发。若从学习即知识创造这一隐喻出发，网络化学习直接影响着社会。正因如此，我们把这一类网络化学习研究称之为"改造型研究范式"。所谓"改造型研究范式"，它主要包含了以下三个方面的内涵：其一，它强调将学习的知识传递功能与知识创造功能统一起来；其二，它重视学习与社会的关系，以关系为出发点来开展具体的研究；其三，在理论与实践的关系问题上，它主张二者应该从分离走向对话。还必须指出的是，这里的"改造"一方面是指学习者对知识的创造，另一方面指的是学习这一活动对社会的改造。

从这样的价值取向出发，改造型网络化学习研究主要考察的问题不再单一地围绕着"学习"来提出，而是基于方法论的关系主义，从学习与社会的关系出发来提出。其关心的主要问题是"如何在提高学习质量的同时也促进社会的发展？"这一问题驱使人们反思过去的研究模式——"研究—发展（开发）—推广（research，development，diffusion，RDD）"的模式，即先研究产生理论而后再推广理论。这种研究思路明显是适应式的。改造型研究要求我们将研究、知识创造与社会变革沟通起来，开发新的研究方法来实现改造。

当前，在网络化学习研究中，能够基本实现这一目标的主要研究方法是行动研究（action research）。起源于20世纪初期的社会开发领域并复兴于20世纪60年代教育界的行动研究，从一开始就与社会行动联系在一起。当前，它正处于蓬勃的发展过程中，不仅成为变革社会、帮助解决实际社会问题以及促进个人专业发展的有效途径，是十分有力的社会科学研究方法，同时它也与系统科学相遇，成为有效的软系统方法论。切克兰德（Checkland，P.）经过多年的努力，总结并提炼出了一套十分有效的行动研究方法论，它可分为七个阶段：①无结构的问题情境（problem situation）；②表达问题情境；③各个相关系统的根定义（root definition）；④构造多个概念模型；⑤检验系统模型；⑥可行的、合乎需要的变革；⑦改善问题情境的行动。[1] 不管是社会科学领域内的行动研究还是切克兰德等人所倡导的软系统方法论，它们都在演

---

[1] ［英］P·切克兰德. 系统论的思想与实践［M］. 左晓斯，史然，译. 北京：华夏出版社，1990：203.

绎与归纳思维的不断迭代（iterative）这一点上是一致的。由此看来，行动研究具有极强的包容性。因此，在网络化学习研究中，它被广泛应用，不仅能够通过改进网络化学习从而改善个人生活与社区生活，而且也能推动"行动者向研究者进化，研究者通过创造学术知识而拥有了智慧的学术生涯，行动者通过创造情境知识或地方知识也将过上智慧的自主生活"①。在行动研究展开的过程中，它倡导采用多种方式来进行数据收集与分析，量化的与质性的都需要。总的来说，行动研究方法立足于"知识与行动"关系之上，拥有"多元和谐的价值追求"，在既促进学习又改变社会的这个意义上，它属于改造型研究范式。

综上所述，从网络化学习研究对象中的"学习—技术—社会"这一戈尔迪之结出发，已有的研究方法论大致沿着两条路向展开。围绕着"学习与技术"这一线路，研究方法已经从过去的单向度研究范式逐渐走向双向互动的研究范式；而围绕着"学习与社会"这一线路，研究方法则从之前的适应型研究范式逐步迈向改造型研究范式。必须指出的是，这些不同的研究范式只是为了方便论述而在思想上所做的划分，它们并不完全是库恩意义上的范式，即后者一定取代前者。我们主张，这样的研究范式是累积式的，它们完全可以在同时代共在。

二、网络化学习方法论困境的深层反思

正如上面所描述的，研究网络化学习的方法和范式各式各样，一方面，它们的选择与研究的问题直接相关；但另一方面，它们却与深层的信念有着内在的关联。事实上，在著名的网络化学习专家科诺利看来，"方法是用于收集和分析数据的技术，而方法论则与不同的认识论信念及世界观结盟。"②因此，在回顾已有网络化学习研究方法的基础上，对其内在隐含的本体论与认识论信念进行反思，不仅有利于我们更深刻地理解各种研究方法，更有助于推动研究方法的创新及其发展。

---

① 黄甫全，左璜. 当代行动研究的自由转身：走向整体主义 [J]. 教育学报，2012，8(1)：40-48.
② CONOLE G. Theory and methodology in Networked learning [EB/OL]. https：//www.slideshare.net/grainne/theory-and-methodology-in-networked-learning，(2010-07-03) [2021-05-06].

（一）本体论承诺的尴尬

早在古希腊时期，哲学思想中就已经出现了将世界分为现象与本质的观点。自此，世界一分为二。这一世界观对人类产生了深远的影响，直到今日的科学实证主义。不能否认，二元世界观及其所产生的方法论为促进人类对世界的认识、丰富人类的知识作出了不可磨灭的贡献，但它与生俱来的局限性同样可能对人类认识的发展产生消极甚至阻碍作用。与此同时，二元世界观也在不自觉中凸显了构造世界的空间维度，以至于方法论常常把时间维度遗忘了。进入世界内部进行考察，其深度的二元世界观又造成了现实世界中的种种不对称现象，主要表现在已有方法论使得多数人的主体地位沦丧以及"非人（non-humans）"的缺席。

1. 二元世界观的幻象

从巴门尼德提出"存在"这一概念起，流动多变的现象世界便与真实完满的本质世界开始分离，二元世界观也由此得以确立。基于这种世界观，人们对世界的认识也开始分化，一面是感知现象，另一面则是认识本质。前者演化为经验主义，后者则发展为理性主义。这样一种二元世界观深深地影响着人类理智的进化。到了近代的科学实证阶段，人们更是十分习惯于将研究主体与客体分离进而对立起来，且不自觉地就将主体限定为具有主观思维能力的人，而将客体则局限于非人格化的事物。如此一来，世界被简单二分为主观世界与客观世界。然而，随着现象学对多层世界观的揭示，二元世界观的幻象开始逐渐破灭。现象学阐明：世界是多层结构的，在物理世界与精神世界之外，还存在着"经验与意识世界"。在上述的网络化学习研究范式中，不管是单向度的还是双向互动的，也无论是适应型还是改造型，它们几乎都无一例外地忽视了对"经验与意识世界"的探索，将问题都集中在学习与技术、学习与社会的相互关系之上，而其中的参与者却难见踪影。这一缺憾的出现，二元世界观难辞其咎。随着人类的实践发展和文化积累，批判理性主义开始深入探讨人类认识机理。它超越传统的"人与环境"二分的世界观和"主客"二分的认识观，发现并阐述了世界的多层结构原理。波普尔秉承柏拉图"客观精神"的知识立场，创立了"三个世界理论"。他揭示，可以区分出"第一，物理客体或物理状态的世界"和"第二，意识状态或精神状态的世界"以及"第三，思想的客观内容的世界"，而且"在人类的水平上，可称为第二世界（即精神世界）的那些东西，越来越变成第一世界和第三世界的中间环节"。① 与此同时，针对唯科学主义所导致的笼罩人类的"理性异化"难题，哲人们以非凡的时代洞察力，毅然将传统认识论"主客分立"的"人是如何认识世界本质的"问题悬置起来，提出了现象学"主客同一"的"人认识世界本质是如何可能的"问题。现象学确认，人们面对三个层面的世界：第一层面的世界（first order world），是客观现象本身；第二层面的世界（second order world），是人对客观现象的反应，即人在与第一层面世界相互作用的活动中所形成的对客观现象的看法或观念，也就是人的经验世界；第三层面的世界（third order world），是现象学世界或洞察性世界，可能属于人类特有的精神现象世界。而实际上，这三个层面的世界又是相互影响与交织在一起，浑然天成为现实世界的。这样一种多元世界观打破了二分世界的传统，沟通了主观与客观，使自然、人类、知识等纠葛已久的纷繁复杂关系获得了认可。对此，科学史家萨顿（Sarton, G.）一语破的，他说："自然的统一性、知识的统一性和人类的统一性只是一个实体的三个面。"② 于是，那种奠基于主客符合真理观基础上的认识论开始动摇，对不同层面世界的认识应该存在多种方法，其真理的标准也是不同的。事实上，我们不仅需要立足第一层面的世界，进行第一层面视角（first order perspective）的客观现象研究，也需要关照第三层面视角（third order perspective）的精神现象研究，更需要树立第二层面视角（second order perspective）对人的经验或世界的观念存在开展研究，以促进认识更加全面充分；进而需要树立三个层面交互视角，对三个世界开展关联性研究，以揭示和把握现实世界的复杂性图景。

2. 时间的暂时遗忘

事实上，二元世界观还会在不经意将空间意识凸显，以至于人类在认识世界时只关心自己身处何处，思考自己与世界是什么关系，常常遗忘时间的存在。时间究竟是什么？它是康德展开认识论可能研究的中介。康德把时间看作是内感的形式条件，"一切表象必须在时间中被整理、联结和带入关系中。"③ 它是海德格尔追求人的"本真"存在的中介。海德格尔哲学思想是依凭"时间"而展开的，"时间"是人开始生存与归入本真状态的媒介。"绽出的时间性源始地敞明'此'。绽出的时间性首要地调整着此在本质上具有的一

---

① [英] 波普尔. 客观知识——一个进化论的研究 [M]. 舒炜光，卓如飞，周柏乔，等译. 上海：上海译文出版社，1987：159.
② [美] 萨顿. 科学的历史研究 [M]. 刘兵，陈恒六，仲维光，等译. 北京：科学出版社，1990：15.
③ [德] 康德. 纯粹理性批判 [M]. 蓝公武，译. 北京：商务印书馆，2009：122.

切生存论结构的可能统一。"① 宏观地看,时间是世界存在的根本,微观而言,它则是人与万物存在的条件。绝对地说,时间就意味着运动;相对而言,时间是空间的否定之否定。可以说,时间是存在的意义,是生命本真的状态。正因为如此,人们就会像批判他人就会忘记自己是人一样,在认识世界时就常常遗忘时间的存在。而一旦这种思维成为一种习惯,它就会阻碍认识的发展。

此外,遗忘时间也受人类思维的特点所限。从古至今,人们总是在努力寻求一种"终极本原",认为只有找到这一终极存在,人类的认识才算是完满。世界常被看作某一实体,社会则被视为结构的存在,等等。这样,认识对象在人类的思维结构中总是趋向于静止化。基于这样的认识,传统的研究方法也总是暂时将时间遗忘,假定外在客观世界是静止和稳定的。不过,必须清楚的是,所谓的"终极本原"并不是自在之物,它只不过是一种概念建构。但概念与感知觉是连续而不可分的,我国学者张东荪认为,"感觉是混合,知觉是配合,概念是凝合。"②只有回溯到感知觉阶段,才可能找到遗忘的时间,才能走出人类已有的观念幻象,获得更高的自我意识。

新近兴起的科学知识社会家们发现,"社会"并不是一种实体,一个稳定的本体论概念,而是"处于构造过程之中的一种运动"③。任何事物都是网络化的。而网络并不是静态的空间结构意义上的"网络",而是包括了动态联结在内的时间意义上的"网络",简言之,网络是处在永恒变化之中的时间之网络。把时间召回认识的世界,可能会促使研究方法论重新反思已有的研究—发展(开发)—推广(RDD)模式,也会从寻找终极本原的认识路径上回归到日常时间性的经验描述中。

3. 主体地位的沦丧

前文已述及,因技术的飞速发展催生了网络化学习,使得网络化学习的本体论视域中总是存在着学习与技术、人与技术的二元世界观,且技术发展势头愈来愈猛,大有凌驾于学习及学习者之上的趋势。从知识的视角来看,技术能够选择和固化知识,进而封装黑箱。当技术介入学习后,可以想象,更多的知识被遮蔽了。这里的"遮蔽"有两个层面的含义:其一,技术因为

---

① [德]马丁·海德格尔. 存在与时间[M]. 陈嘉映,王庆节,译. 北京:生活·读书·新知三联书店,2006:399.
② 张东荪. 知识与文化[M]. 北京:商务印书馆,1946:19.
③ LATOUR B. Reassembling the Social: An Introduction to Actor-Network Theory [M]. Oxford: Oxford University Press, 2005:1.

选择了部分知识而遮蔽了其他的知识。它表现为，一旦"某项或某些科技黑箱的技术标准占据主导甚至垄断地位，其他科技黑箱就必须与之兼容，否则就无法应用"①。其二，技术所选择的这部分知识因技术而被遮蔽。技术黑箱集成并封装了知识，而后以简便易用的方式传播到学习者那儿，学习者根本不必知晓、理解和学习其中的技术知识。很明显，这部分被遮蔽的知识无形中把一种权力让渡给了技术专家，事实就是，现在只有极少部分的人在互动、在研究，而绝大多数人却是被互动、被研究、被网络化，他们大都已经习惯了这种简化的生活，将记忆"外包"给机器，把深度思维让渡给了技术以及从事技术设计的人，结果就像一群智力蜉蝣生存在网络社会中。

此外，自古希腊时期起，人们就将实践（praxis）与理论（theoria）看作两种不同的生活方式，而且这两种生活方式是有等级差异的。在柏拉图、亚里士多德等人看来，理论（theoria）就是一种更为高尚的生活方式，它能使人类接近神圣。② 由此，理论研究长期占据着优越地位，这也就造就了后来的知识等级体系。只有理论研究才有资格产生知识，实践产生的只能算是经验、最多是意见。由此，在网络化学习中，如前文所述，部分知识主体被遮蔽。在这个意义上，我们可以说，只适合部分特殊知识主体的研究方法并不是完善的方法。方法论亦如此。

4. "非人（non-humans）"的遮蔽

二元世界观的深度结构还影响着批判实在论（critical realism）的形成。作为科学实证主义方法论的本体论基础，批判实在论拥有自己的独特立场。埃尔德-沃什（Elder-Vass, D.）指出，批判实在论所持有的本体论立场主要包括三个方面③：第一，实在是独立于科学和科学家而存在的；第二，社会是结构的；第三，人类主体是身份与因果权力的唯一拥有者，因此有必要将他们与其他非人类物区别对待。对于人文社会科学研究来说，如何看待人类主体及其与其他非人类物之间的关系这一问题是核心。因而，英国学者阿彻（Archer, M. S.）在后现代思潮冲击人类中心地位时挺身而出，力挽狂澜，要求抵制人类（humanity）的消解，她强调"人类是社会生活或社会文化结构的终极本源（fons et origio 拉丁语：本源），而不是将其看作社会力量的附

---

① 吕乃基. 技术"遮蔽"了什么？[J]. 哲学研究, 2010（7）：89.
② HAMMERSLEY M. Action Research: A Contradiction in Terms? [J]. Oxford Review of Education, 2004, 30（2）：167.
③ ELDER-VASS D. Searching for realism, structure and agency in Actor Network Theory [J]. The British Journal of Sociology, 2008, 59（3）：455-456.

<<< 第三章 戈尔迪之结：从网络化学习到网络化学习行动研究

带现象从而压制人性"①。可见，人类中心主义的地位始终难以撼动。正因为如此，在已有的网络化学习研究中，各种各样的非人类物，如"游戏世界、数码产品等，一般都是我们生活于其中的社会政治图景的合作者，然而在我们已有的教育研究基础中，却难以找出充分的理论术语来解释和说明这些非人类社会行动者的角色"②。而现实却是，我们的网络化学习中处处都存在着事物：课本、实验器材、教学媒体、政策文件，等等。无法想象，没有这些"非人"的存在，网络化学习何以能够存在？然而，正如华尔兹（Waltz, S. B.）所言，"尽管'物'在学习过程中不可缺席，然而已有教育基础却完全忽视去建立一个能将其融入在内的理论框架。"③ 这一发现，警醒人们开始转而关注长期被边缘化甚至被遮蔽的"物"。例如，达纳（Tatnall, A. D.）在研究澳大利亚某大学的资讯系统（information systems）课程变化过程中，将课程变化视作创新过程，并把人类行动者（包括学者、学生和职工等）与"非人类物"行动者（例如计算机、程序语言和大学基础设施等）的贡献都同时考虑在内，重新解读课程的变革。④

（二）知识论立场的两难

从方法论的角度来说，知识论立场与本体论承诺一样，起着决定性的作用。也就是说，不同的知识论立场，就会形成不同的研究方法。在某种意义上甚至可以说，一部方法论史实质就是一部知识论史。回顾研究方法论的发展历程可以发现，其主要围绕着"什么是知识以及如何获得知识"这两个核心问题而展开。由此也开启了方法论史上科学主义与人文主义、经验主义与理性主义、事实与价值、量化与质性等一系列的二元之争，双方此消彼长的争论演绎出了一部方法论的精彩历史。然而，这样的二元之争要到何时才是

---

① ARCHER M S. Being Human: The Problem of Agency [M]. Cambridge: Cambridge University Press, 2000: 18.
② WALTZ S B. Nonhumans Unbound: Actor-Network Theory and the Reconsideration of "Things" in Educational Foundations [J]. Journal of Educational Foundations, 2006, 20 (3/4): 52.
③ WALTZ S B. Nonhumans Unbound: Actor-Network Theory and the Reconsideration of "Things" in Educational Foundations [J]. Journal of Educational Foundations, 2006, 20 (3/4): 52.
④ TATNALL A D. Using Actor-Network Theory to understand the process of information systems curriculum innovation [J]. Education and Information Technologies, 2010, 15 (4): 239-254.

尽头呢？尽管有不少哲学家都在为消解二元对立而努力，但只是理论的辩说并不能达致目的，因为这种二元之争已经扎根于人类思维结构的深处，一个不小心它就跑出来指导着研究方法的选择与开发。而已有网络化学习研究中的方法论也同样难以逃出这样的思维怪圈，陷入两难的境地：或者是技术占据主导，一昧地发展技术并努力将其应用于学习活动中，如各种各样的网络学习工具、软件包的设计，计算机支持的协作学习（computer-supported collaborative learning，简称 CSCL）环境以及一对一无线数位学习环境（one on one wireless learning environments）的开发，支持网络化学习的技术发展，从个人电脑（computer）发展到因特网（Internet）再到信息化基架（cyberinfrastructure）；或者是强调各种学习方式和教学设计模式的创新和应用，从网路学习（E-learning，web-based learning）到移动学习（mobile learning），混合学习（blended learning）再到如今的泛在学习（ubiquitous learning），它们都似乎变成了实践中的一种时尚标志。显然，这样的研究始终都逃脱不了二元对立思维逻辑的桎梏，理论的研究者与实践的行动者之间的鸿沟也则愈来愈深，不得不引发我们的深思。

1. 事实与价值

当休谟提出不能从"是"推出"应当"时，事实与价值便开始分离。在休谟看来，"我们所确实知道的唯一存在物就是知觉……除了知觉以外，既然从来没有其他存在物呈现于心中，所以结果就是，我们可以在一些差异的知觉之间观察到一种结合或因果关系，但是永远不能在知觉和对象之间观察到这种关系。因此，我们永不能由知觉的存在或其任何性质，形成关于对象的存在的任何结论。"[①] 这种观点导向了不可知论，与此同时也遗留下了事实与价值分离的后患，由此也开启了方法论上的人文主义与科学主义之争。科学主义把事实与经验作为研究的对象，而人文主义则把价值和意义视为研究范畴，科学实证研究方法强调价值无涉，以经验为基础，以确定性的科学知识为基本价值追求；而人文主义研究方法强调纯概念和纯理论的思考，以理解为基础，以探寻事物应然状态为基本价值追求。一方是讲求严谨而精确的中规中矩，另一方则是崇尚理性与直觉的罗曼蒂克，二者之间的鸿沟在方法论中得到放大。在人文社会科学研究的方法论中，也始终存在着彼此之间形成一股张力的两种基本取向。以马克斯·韦伯和迪尔凯姆为代表，他们强调社会科学的方法要追求客观性，保护价值中立。尤其是马克斯·韦伯，他强调

---

① [英]休谟. 人性论（上）[M]. 关文运，译. 北京：商务印书馆，2010：239-240.

<<< 第三章 戈尔迪之结：从网络化学习到网络化学习行动研究

要将价值与事实区分开来，不过他又主张"理解固然是一种主观的活动，是一种难以外化的内在状态，但是，这并不妨碍它是一个明显的事实"[1]。承担价值判断的任务交由文化科学，而社会科学则需要坚持价值无涉，保持客观性。简言之，韦伯坚持价值与事实的严格区分，在不放弃价值判断的基础上强调认识的客观性。而以狄尔泰等为代表，则有学者同样坚持价值与事实二分，却主张追求主观性的原则。尽管这些学者都意识到了价值与事实的二元对立思维存在，也试图去调和，但他们的工作亦不过是在更深层次上演绎着同样的二元对立。

回到我们的网络化学习研究方法论上进行检视，单向度研究范式以及适应型研究范式在一定的程度上都演绎着同样的逻辑，或将学习与技术对立，或将学习与社会分离，而具体采用的方法中，如实验方法，又主张事实与价值的分离。如果我们意识到，世界是多层且复杂的，网络化学习中的各种世界之间的关系也是多层与复杂的，那么我们的研究方法论可能会对如何看待事实与价值的关系问题做出了新的回答。价值可以被当作"事实"来研究，而在"事实判断"的基础上也是可以推出价值判断的，二者既是辩证的也是综合的。这一思想演绎到网络化学习中，就意味着网络化学习既可能以实体的"事实"出现，也是存在于观念的"价值"之中，这二者统一于真实的学习活动之中。因而我们需要走进具体的研究对象之中，在事实判断的基础上进一步探寻认识主体与客体的关系，即价值。用韦伯的话说，那就是"方法论始终只能是对在实践中得到的检验手段的反思"[2]。

2. 还原与整体

孕育并催生西方科学发展的还原思想，认为某一现象可以归结到另一更低层或更深层的现象领域来加以理解，"某一给定实体是由更为简单或更为基础的实体所构成的集合或组合；或认为这些实体的表述可以根据更为基础的实体的表述来定义。"[3] 具体而言，它包括组成的还原论、解释的还原论、理论的还原论。在自然系统中，高层次事物是由低层次事物构成的，这是组成

---

[1] [德] 马克斯·韦伯. 社会科学方法论 [M]. 韩水法，莫茜，译. 北京：中央编译出版社，1999：汉译本序，13.

[2] [德] 马克斯·韦伯. 社会科学方法论 [M]. 韩水法，莫茜，译. 北京：中央编译出版社，1999：汉译本序，24.

[3] "Reductionism" from Encyclopedia dia Britannica 2007 Ultimate Reference Suite [Z]. 2007. 转引自：刘劲杨. 还原论的两种形相及其思维实质 [J]. 自然辩证法通讯，2007，29（6）：25.

的还原论;而根据较低水平上事物的性质解释和预言高层次事物的性质,属于解释还原论;当认为不同科学分支描述的是实在的不同水平,但最终都可建立在关于实在的最基本水平的科学——物理科学之上时,就是理论的还原论。① 不管是哪种类型的还原论,它的基本思想就是分割、简化与构成。不可否认,脱胎于人类思维割裂本性的还原"情结"已随着近代科学的发展成为一种文化、一种意识形态根植在人们的心中。正如卡普拉所指出的,"这种还原论态度根深蒂固地渗透到我们的文化之中,以至于经常被看作是科学的方法。其他科学也接受了这种古典物理学的力学观和还原论,把它们看作是对实在的正确描述,并以此来构造自己的理论。每当心理学家、社会学家或经济学家希望自己是科学的,他们总是自然地转向牛顿物理学的基本概念。"② 从19世纪下半叶起,当还原论在面对日益复杂的问题时,充分暴露了自己的不足,随之而起的便是整体论的思潮。从贝塔朗菲的系统论到切克兰德的软系统论以及埃德加·莫兰的复杂性理论,它们强调综合、整合与总体性。正如莫兰所说:"复杂性的方法要求我们在思维时永远不要使概念封闭起来,要粉碎封闭的疆界,在被分割的东西之间重建联系,努力掌握多方面性,考虑到特殊性、地点、时间,又永不忘记起整合作用的总体。"③ 然而,以系统科学与复杂性研究为核心的整体论研究当前也遭遇了困境,其突出的问题就是所谓整体论思想的"架空"。④ 一方面,系统论在解决具体问题过程中,分析方法依然占据主导;另一方面,它又趋向于以线性思维为基础的种种数学方法,整体性难免被架空。更深层的问题是,整体论是以"超越还原论"为方法论纲领,因而从一开始它就没有想要摆脱"还原论",只不过是对其做一些修正和调整。他们自己也宣称,"我们绝不反对还原的方法,没有足够的证据我们绝不轻言'不可还原'。"⑤ 因此,从更广泛的意义上说,宣称"超越还原论"的整体论仍旧是还原论的。

归根结底,还原论与整体论都没有彻底抛弃因果性。如董春雨所言,"无

---

① 李建会. 与真理为友——现代科学的哲学追思 [M]. 上海:上海科技教育出版社,2002:72-73.
② [美] 弗里乔夫·卡普拉. 转折点——科学、社会和正在兴起的文化 [M]. 卫飒英,李四南,译. 成都:四川科学技术出版社,1988:29.
③ [法] 埃德加·莫兰. 复杂思想:自觉的科学 [M]. 陈一壮,译. 北京:北京大学出版社,2001:151.
④ 董春雨. 从因果性看还原论与整体论之争 [J]. 自然辩证法研究,2010,26(10):24.
⑤ 张华夏. 在兼容与超越还原论的研究纲领——理清近年来有关还原论的哲学争论 [J]. 哲学研究,2005(7):121.

论是还原论还是整体论，它们在人们理解世界的企图上是一致的，只是因果观念的不同表现而已。"①

因此，在当下的网络化学习研究方法中，以实证主义为基础的研究方法，不管是以上行因果为思维路径的还原论方法，还是以下行因果为思维路径的系统方法，其最根本的特征就是简化已有问题，忽略问题发生的情境，因为只有这样，它们才能获得客观的、精确的数据来进行分析，从而验证理论假设。然而，网络化学习研究与以往的教育研究一样，是具有独有的特质的。勒温（Levin，J. R.）和奥唐纳（O'Donnell，A. M.）就此指出，教育研究至少具有三大特点：①应用性（直接指向于学校教育的问题）；②多样性（学科综合的）；③复杂性（多维度的）。② 显然，已有的研究方法并不能完全满足研究对象的需求。

3. 量化与质性

从知识的角度来看，方法论争论的核心问题就是，"识知者能与其所知分离吗？"对此问题的不同回答，就产生了两种不同的方法论。认为认识对象——存在是客观的，与识知者分离的，就支持以假说—演绎论（hypothetico-deductivist theory）为方法来获得知识，在方法论层面被称为"实证主义（Positivism）。正如斯科隆（Scollon，R.）所指出的，"假说演绎方法的核心部分就是其坚持知识是由一系列通过各种程序协定的规则而进行了真理测试的命题所组成的这一认识论，以及承认知识是外在于假设推理过程的这一本体论。"③ 与实证主义相对的是社会视角④，它主张知识对象并非客观地"在那儿（out there）"，而是与识知者在一起，它就"在这里（in here）"，认为知识是从社会实践中产生的，因而与其说是去"发现"知识，不如说是去"建构"知识。近年来，建构主义成为这一视角的主打思想，它在网络化学习研究中也逐渐占据主要地位。⑤

此外，这两种知识论立场在已有的网络化学习研究中还具体反映为量化

---

① 董春雨. 从因果性看还原论与整体论之争 [J]. 自然辩证法研究，2010，26（10）：27.
② LEVIN J R, O'DONNELL A M. What to do about educational research's credibility gaps? [J]. Issues in Education, 1999, 5（2）：177-229.
③ SCHOLLON R. The Dialogist in a positivist world: theory in the social sciences and the humanities at the end of the twentieth century [J]. Social semiotics, 2003, 13（1）：71-88.
④ 在斯科隆看来，把它称之为"视角（perspective）"更为贴切，具体可参阅其著作：SCOLLON R. Mediated Discourse as Social Interaction [M]. London: Longman, 1998.
⑤ CONOLE G, OLIVER M. Contemporary perspectives in E-learning Research: themes, methods and impact on practice [M]. London and New York: Routledge, 2007: 27.

研究与质性研究之争。这场旷日持久的论战的焦点主要来自两个层面。最浅层的争论之点在于数据的性质差异：量化的数据基于外在主义的知识论，它需要足够大的样本容量，强调数据的客观性；而相对地，质性的数据基于内在主义的知识论，它需要足够深入的语言分析，重视数据的主观性。显然，在这个层面的量质之争完全能够在同一研究中相互补充、相得益彰，共同提升研究的质量。更深层次的量质之争乃来自哲学取向的差异，量化研究基于实证主义哲学，它以物为本、重视经验、客观至上，通过简化、控制来获得普遍性的真理，而质性研究则奠基于解释学、现象学等后实证主义、批判理论和建构主义等①之上，它以人为本、崇尚理性、主观至上，相信客观实在只是现象、解释，只能通过交往、对话来获得更合理的理解。在这个层面上，当前依然存在着两种取向，一种观点坚持质性研究与量化研究之间存在不可公度性，两者的认识论立场以及认识路径是截然相反的。因此，"二者恐怕不能研究同一现象，无法实现交叉验证或三角互证。不过倒是可以让二者的研究目标相互补充。"② 更多的人还是像西克里斯特（Sechrest, L.）所主张的，两种方式并不矛盾，它们完全可以在同一点上来运用以组成三角互证从而更加接近真实。我们需要倡导的应该是方法的多元主义（methodological pluralism）。③ 如此看来，量化之论战在方法论的发展史上将可能会迈入一个新的时代，无论是在数据性质层面还是深层的认识论取向上，都会转而互相学习与趋同，并努力在科学研究规范上寻找一致性。二者的交融与整合在网络化学习研究领域也获得了生长的空间，同时也为新的研究方法论之诞生做好了准备。

4. 学习与研究

就方法本身而言，网络化学习中常常面临的一个困境就是学习方法与研究方法的严格区分与割裂。造成这种困境的深层原因依然是来自认识论领域的核心问题：什么是知识以及如何获得知识？长期以来，受科学主义精神的支配，在诸多的话语中，所谓的"研究"实质上就是"科学"的代名词。它坚持知识是客观的、确定性的，主张价值无涉，相信科学知识及其方法是普世的，并努力寻求程式化的方法。基于这样的认识，"研究"也就成了科学家

---

① 陈向明. 质的研究方法与社会科学研究 [M]. 北京：教育科学出版社, 2000：14-16.
② SALE J E M, LOHFELD L H, BRAZIL K. Revisiting the Quantitative-Qualitative Debate: Implications for Mixed-Methods Research [J]. Quality and Quantity, 2002, 36 (1)：43.
③ SECHREST L, SIDANI S. Quantitative and qualitative methods: Is There an Alternative? [J]. Evaluation and Program Planning, 1995, 18 (1)：77-87.

们、学者们的专利,他们才是真理的代言人,只有"研究"所产生的理论才能称得上是知识,是学习者应该想办法去记忆牢固的圣谕。这无形之中便贬低甚至遮蔽了除"科学"之外的其他所有认识,就像生物学家在实验室得出的结论就是知识,而农民在田野上总结出的经验则不是一样,学生所从事的认识活动永远都只能是作为"一种特殊的认识过程"① 而存在。这种在认识地位上的不平等及其所形成的话语体系,已经深深植根于现代文化之中。

然而,随着近年来科学与社会关系的变化以及知识观的变革,作为"科学"代名词的"研究"开始亲近社会,而作为特殊认识过程的"学习"也在反思性意识的促动下逐渐解放并获得作为知识主体的权力。曾经的"科学意味着确定性;而研究②则充满着不确定性。科学是冷冰冰的、直线型的、中立的;研究则是热烈的、复杂的、充满冒险的。科学意欲终结人们反复无常的争论;研究则只能为争论平添更多的争论。科学总是试图尽可能地摆脱意识形态、激情和情感的桎梏,从而产生出客观性;研究则以此为平台,以便使得其考察对象通行于世"③。在当今这个越来越复杂的世界中,许多人都认为科学的美梦已经破碎了。的确,"科学或许已经死了,但研究将永存。"④ 这里的"研究"是与社会不可分割的,它要求我们改造已有的认识论,捍卫认识论的平等效力原理⑤。其实,认识论对于一切事物都是平等的,正如戈德曼(Goldman, A. I.)所说,"除了人,其他具体的事件、关系,不同的实体都可以成为'真理制造者'。"⑥与此同时,作为认识主体的学生其反思性活动也为其成为知识贡献者准备了条件。因为"反思性有两层结构:一是将行动者从结构(结构反思性)中解放出来;且又包含了行动者终极的自治监控或是

---

① 王策三. 教学论稿 [M]. 北京:人民教育出版社,1985:114.
② 这里的"研究"在本质意义上已经不同于前面所述的"研究"了。简言之,传统话语系统中的"研究"是科学取向的,而此处的"研究"是社会取向的。因此,某种意义上,此处的"研究"相当于"社会建构"。
③ LATOUR B. From the world of science to the world of research [J]. Science, 1998, 280 (5361):208.
④ [法] 布鲁诺·拉图尔. 我们从未现代过 [M]. 刘鹏,安涅思,译. 苏州:苏州大学出版社,2010:中文版序言,4.
⑤ 具体可参阅本书的导论,导论中有专节对"认识论同等效力原理"进行了较为详尽的阐述。
⑥ GOLDMAN A I. Knowledge in a social world [M]. Oxford, UK:Clarendon Press, 1999:372.

反思（自我反思性）"①。这与文化认识论所揭示的"自然实践活动"与"自觉认识活动"之双重主体性是完全一致的。如此一来，作为特殊认识过程的"学习"与新近形成的与社会融合的"研究"在认识论的本质上实现了统一。可以说，这也就为网络化学习方法与网络化学习研究方法走向统一奠定了认识论的基础。

综上所述，已有的网络化学习研究及其方法在本体论与认识论方面暴露出了自己许多的不足，但同时也显现出了一些新的发展趋势，这些都指向于新的研究方法论的诉求。

第二节 巴斯德的实验室：网络化学习与"行动"

当法国化学家巴斯德（Pasteur）在微生物实验室中成功培植出炭疽疫苗后，这一实验室成为所有要祛除炭疽病灾难盟友们的强制轨道点。于是，为了招募更多的盟员，使他的炭疽疫苗得到农民的承认，即扩张他的"网络"，他将自己的实验室移到了农场。这样的行动获得了奇迹般的成功。巴斯德、他的实验室、细菌、政治和社会一道发挥作用以创作一种作为家畜疾病原因的新实在。② 换言之，巴斯德、炭疽杆菌、农民、兽医、内科医生，还有"实验室"，都是"行动者"，这些"行动者"联合在一起，共同建构了"炭疽疫苗"这一"行动者网络"。行动中的科学不在意谁是知识拥有者，谁具有权力，只在乎征募更多同盟者，建构起愈来愈强大的"行动者网络"与不同时空。这样的思想在网络化凸显为当代学习的基本存在形态后，将会给我们带来怎样的方法论启示呢？

一、作为方法的行动者网络理论

作为一种研究纲领诞生在科学知识社会学界的行动者网络理论是在卡龙、

---

① ［英］吉尔德·德兰逖. 社会科学——超越建构论和实在论［M］. 张茂元，译. 长春：吉林人民出版社，2005：135.
② DíAZ P G. Object-oriented philosophy and the comprehension of scientific realities Essay Review［J］. Athenea Digital, 2011, 11（1）：225-238.

劳以及拉图尔等人的共同努力下得以创生的，但其中当属拉图尔的思想影响最大。① 拉图尔借助"行动者网络"这一隐喻，将"事物"重新拉回本体论视域，从而走向了"事物为本哲学（object-oriented philosophy）"，并在此基础上创立了行动者网络理论（ANT）。20多年来，行动者网络理论作为新的方法论被广泛应用于社会科学的诸多领域，如社会学、技术学、女性主义、文化地理学、组织和管理学、环境规划学、卫生保健学、会计学等等。总的来说，作为方法的行动者网络理论其应用主要表现在以下三个方面：作为复杂性现象的描述、分析乃至评价方法；作为传统概念的批判性方法；作为抽象文化的微观实践研究法。

（一）行动者网络理论的方法论贡献

美国哲学家哈曼（Harman, G.）在深入研究拉图尔的形而上学思想后提出了"事物为本哲学（object-oriented philosophy，简称 OOP）"。作为行动者网络理论的形而上学基础，事物为本哲学借助"行动者"这一概念，重新联结起已被传统哲学所生生割裂的自然与社会、主体与客体、事实与形式、知识与存在等，在批判现代性的基础上否定了二元论世界观。与此同时，在承认行动者的动态性基础上召回了本体论的时间维度。此外，"行动者网络"在公平对待每一位"行动者"的同时也将曾被遮蔽的"非人（non-humans）"召回了本体论世界。在认识论方面，事物为本哲学主张"非还原论（irreduction）"以彻底逃离因果性的桎梏，主张真理寓居于连续的尝试与实践中，从而捍卫了认识论的同等效力原理，并以"行动者网络"消解事实与价值之矛盾，化解量化与质性之冲突。

1. 本体论的突破

事物为本哲学体系的基元本体（the tiniest ontological pieces）叫作行动者（actor/actant）。它用以指称宇宙中所有的事物。"行动者"概念所革新的人物之间、主客之间的存在关系直接导出了宇宙世界观的重构。从深入批判现代制度开始，拉图尔一针见血地指出了现代制度崩溃的深层原因在于它所依赖的世界观是建基于二元对立思维基础上的单维世界观，这一世界的一极是自然，另一极就是主体与社会；或者说一边是客体极，另一边则是主体极。在这种单维世界观指引下，人们常常容易将各种事或物纯化为自然定律或政治

---

① JUSTESEN L, MOURITSEN J. Effects of actor-network theory in account research [J]. Accounting, Auditing & Accountability Journal, 2011, 24（2）：164.

表征。然而，杂合体（hybrid）的出现为已有的世界观带来了新的挑战，不管是黑格尔等人所提倡的辩证法，还是现象学中的意向性（intentionality），也无论是哈贝马斯（Habermas, J.）所制造的不可通约性还是后现代人的超可通约性（hyper-incommensurability），它们都只是不断地增大了主客两极之间的鸿沟。因此，拉图尔借用了塞尔（Serres, M.）的"拟客体（quasi-objects）"概念，用于表征这些杂合体及其栖居的空间，并在原有的单维世界基础上增添了一个新的维度——非现代维度，从而勾勒出了由自然极、主体/社会极构成的现代维度，加上非现代维度而形成的三维世界观。基于此，我们就有了逃离那根植于人类思维深处的二元世界观的可能。

一般人都只强调"行动者"作为自然—混合本体论的概念基础，却忽略了其具有时间性的特征。在拉图尔看来，"时间并不是一个普遍的框架，而仅仅是实体之联系的一个临时产物。"① 要理解这里的"时间"，还必须回到"行动者"这里。一方面，它是高度自治且不可还原为别的东西的主体，但另一方面，它只有在与其他"行动者"互动中方才获得自己的实存空间。②。换言之，"一个行动者，即是说它在其他事物的迫使之下进行行动。"③ 就这样，"行动者"的时间性得以凸显。若我们能在此进一步把时间想象成螺旋线的而不是直线的话，那么，"我们最终就可以认识到行动是具有多重时间性的。"④ 一句话，时间性是"行动者"存在的基础，且"行动者"的行动又能建构起多重时间。基于这样的认识，所谓的"行动者网络"就完全冲破了空间的结构，走向了多维时空之中。它要求我们采用动态的视角去追踪行动者所留下的痕迹，进而在方法论上弥补了时间遗忘的缺憾，成为新的描述研究工作的主要方法论依据之一。

当然，"行动者"这一概念相对于传统哲学思想来说，其最大的突破还是在于其坚持反二元论思想，彻底打破本体论世界的等级区分以及自然社会两极化。因而，当我们要解释某一事物或现象时，不是先在地将其归结为自然极或主体/社会极，更不应匆忙地判断其是什么（排斥旧概念术语的影响），

---

① [法]布鲁诺·拉图尔. 我们从未现代过 [M]. 刘鹏，安涅思，译. 苏州：苏州大学出版社，2010：85.
② HARMAN G. The importance of bruno latour for philosophy [J]. Cultural Studies Review, 2007, 13 (1)：37.
③ LATOUR B. Reassembling the Social：An Introduction to Actor-Network Theory [M]. Oxford：Oxford University Press，2005：46.
④ [法]布鲁诺·拉图尔. 我们从未现代过 [M]. 刘鹏，安涅思，译. 苏州：苏州大学出版社，2010：86.

而是去追随行动者进而尽力描述其所建构的网络。而在这样的网络中,所有行动者在本体论意义上都是平等的。这就是事物为本哲学所倡导的民主本体论,它从根本上反对行动者内在存在着强弱之分,只承认行动者所形成的联盟的强弱,因此拉图尔表示,"一种力量通过使其他力量消极从而建立一种路径,进而通达原本不属于它的地盘,并努力将它摆弄成仿佛就是自己的……期望变得更强大的行动者可以说是创建了力量阵线,它们将其他行动者保持在同一阵线。"① 在此意义上,事物为本哲学要求去纯粹真理或精神观,这就瓦解了知识的等级制度,知识主体的阶级制度也开始崩塌。更为激进的是,行动者网络理论强调一切事物,不管是自然的还是社会的,不管是有生命的还是无生命的,不管是抽象的概念还是具体的技术物,它们在本体意义上都应被平等对待。由此,在方法论意义上,行动者网络理论激发了无数的研究开始重视曾被人类无情践踏甚至抛弃的"非人类物"。这不可谓不是一种本体论的突破。

2. 认识论的超越

面对已有认识论中的两难困境,行动者网络理论也提出了独特的解决思路。首先,针对还原论与整体论无法摆脱分割与分析的根本性问题,拉图尔的事物为本哲学主张非还原论(irreduction)。所谓非还原论,其涵指的是"就事物自身而言,没有一种事物是可还原或不可还原为事物的"②。这一理论背后所蕴含着的是一种事物本质观的革新。说事物不可还原为其他任何事物,其包含着至少三方面的含义:第一,"我们不能先验地断言特定的行动者比其他行动者更真实,只能说某些行动者强过于另一些。"③ 因此,不管是人或具体的人,物或具体的物,也不管是原子还是夸克,它们都只是参与了实在建构过程的行动者,没有等级优劣之分,也就无所谓谁还原为谁了。第二,不仅行动者是如此,其实"人类的各种活动中也不存在一种比另一种更客观、更卓越、更理论化或更哲学式,而是它们都在与世界的力量进行着同样的协商与抗争"④。故无论是外科医生还是母亲、生物学家还是农民,他们的对象

---

① LATOUR B. The Pasteurization of France [M]. London: Havard University Press, 1988: 171.
② LATOUR B. The Pasteurization of France [M]. London: Havard University Press, 1988: 158.
③ HARMAN G. The importance of bruno latour for philosophy [J]. Cultural Studies Review, 2007, 13 (1): 35.
④ HARMAN G. The importance of bruno latour for philosophy [J]. Cultural Studies Review, 2007, 13 (1): 35.

领域都立足于同一本体基础，无高低贵贱之分。正是在这个意义上，哈曼称拉图尔的形而上学为彻底民主化的，而海德格尔问题也在此遭到拉图尔的断然反叛。第三，对拉图尔来说，"行动者不能被还原为当前人们对它的认识，因为根本上行动者是阻抗的。它们不会总是听人指挥，而是有一定的自主性。"① 尽管行动者会抵抗各种还原，但只要做适宜的工作，仍然是可还原的。只不过这样的还原并不是将某一行动者还原为另一行动者，而恰恰是去跟随真实的行动者来追寻其抵抗的过程，因为任何一个行动者在抵抗的时候就已经包含了其假定的偶然事件与关系。说事物不是不可还原，是因为行动者在与其他"行动者"互动中可以获得自己的实存空间。所有"行动者"都凝结在不断抗争、磋商、妥协以及温情关爱等形成的网络之中。在这个意义上，事物的本质已不再是静态的实体，而是一种动态的联结，是一种内涵历史性与发展性的"关系质"。基于"非还原论"思想，行动者网络理论完全有可能发展为彻底打破还原论神话的方法论基础，它重视网络，但并非部分与部分相加所形成的整体，它强调行动者，但绝不是行动者的简单集合，因为网络的关键之处不在于它的节点，而在于各个节点之间的线。②

面对学习与研究的割裂，这样一种认识论深层的不平等，事物为本哲学从真理观的变革中找到了新的化解途径。在拉图尔看来，"识知某种事物，简而言之，就意味着通过将其适宜地转换为可接近的形式从而测试其强弱。"③ 换句话说，真理就存在于连续的尝试与实践中。拉图尔还进一步主张真理本身是一种回溯性效果。"一个句子并非因为它是真实的才粘合在一起，而是因为它粘合了我们才说它是'真实的'。"④ 事实上，波普尔的可证伪性和德里达（Derrida, J.）的分形都只不过是拉图尔思想的注脚而已，先前的真理理论也退居幕后而成为新真理观的背景。在这里，真理需诉诸于细心地在各种情境中去追溯转译的每一个步骤。于是，在不同情境中产生的知识在本质上都是一致的，不同的只是有的具有网络而已。既然如此，若将各情境中的行动者也截然区分并画上等级符号的话，显然是不妥的。就像巴斯德的实验室

---

① HARMAN G. Prince of Networks: Bruno Latour and Metaphysics [M]. Melbourne: Re-press, 2009: 158.
② 李雪垠，刘鹏. 从空间之网到时间之网——拉图尔本体论思想的内在转变 [J]. 自然辩证法研究，2009, 25 (7): 54.
③ HARMAN G. The importance of bruno latour for philosophy [J]. Cultural Studies Review, 2007, 13 (1): 44.
④ LATOUR B. The Pasteurization of France [M]. London: Havard University Press, 1988: 165.

一样,它之所以移入农场就是想征募更多的行动者,所有行动者都参与到这一知识建构的活动中来。这样一种认识论同等效力原理或许也能为重新联结学习与研究之间的鸿沟提供新的方法论基础。

在行动者网络理论的启示下,当我们把注意力从解释与说明、量化与质性的争论中拉回"行动者网络"时,所谓的争论将不再有意义,因为更为重要的事情出现了。那就是,我们需要的是跟随行动者去描述网络,从而解释事物的形成,同时也推动事物的发展。此时,当再回到"行动者"这一概念上来,我们赫然发现,原来所谓的"事实"与"价值"之辩也不复存在了,因为它们在某个层面都成了"行动者"了,都服从于增强移动性、稳定性和聚合性的"远距离行动"。由此,"远距离行动"又为方法论的创新带来了新的希望。

(二)行动者网络理论的概念构成

基于事物为本哲学,行动者网络理论很快便超越了科技实在研究领域,迅速地被广泛应用于社会科学研究领域。在辗转于多个学科之后,劳指出,"一系列将社会和自然世界中任何事物都视作它们所寓存的关系网持续产生的结果的工具、敏感力和分析方法都可以叫作行动者网络理论。它假设在关系之外,没有事物是真实存在和可以形成的。"[1] 可见,行动者网络理论并非一套固定了的方法体系或理论分析框架,它十分强调灵活性与开放性。正如芬威克与爱德华兹所言,"行动者网络理论在应用时不单是一种理论技术,更似一种敏感力,一种干扰或干预,一种感觉和亲近某一现象的方式。"[2] 即便如此,为了能更好地把握、认识和应用行动者网络理论,对于它的几个核心概念,我们始终都不能跳过。

1. 行动者(actor)

首先,行动者网络理论都建基于"行动者(actant/actor)"这一基本概念之上。要理解行动者,先必须弄懂实体(entity)[3] 的概念。实体指各种事

---

[1] LAW J. Making a mess with method [M] // OUTHWAITE W, TURNER S. P. (eds). The Sage Handbook of Social Science Methodology. London and Beverly Hills: Sage, 2007: 595-606. 595.

[2] FENWICK T, EDWARDS R. Actor-Network Theory In Education [M]. Oxen: Routledge, 2010: Preface, ix.

[3] 因为行动者的概念是建立在"实体"概念基础上,因此,根据翻译和行文的需要,下文中有些地方是将行动者与实体概念互用的,特此注明。

物，包括不同类型的物质性事物、非物质性事物（概念、道德、虚拟的）以及行动，且所有的这些事物都不是先验或先在的。① 在传统的行动者网络理论中，行动者有"actor"和"actant"之分，前者指正在起作用的实体，后者指被作用的实体。但当"actant"被转译为网络中实施作用的一部分时，就变成了"actor"。现在的行动者网络理论已不区分二者了，统一用"actor"来表征行动者。因此，行动者具有了更为丰富的内涵：静态意义上，它解放了非人类，重新赋予"物"以本体论地位；动态意义上，它既高度自治又在与其他"行动者"互动中存在着，既受他者作用，又影响和征服他者。拉图尔曾指出："事物不是原因，而是一种结果。"② 换言之，我们要认识事物，必须去追寻使其在场的网络。总之，行动者这一概念对社会科学研究的启示至少有两个方面：第一，必须重视曾被忽略、边缘化的"物"；第二，需要跟踪行动者去勾勒其形成网络，方能认识和解释事物。

2. 转译（translation）

行动者如何才能得以与他者相遇呢？其根本机制就是"转译"。要理解转译，首先需理解两个概念：中介者（intermediary）和转译者（mediator），前者是在不作用或改变事物的前提下来传送力量和意义，后者则在传播的过程中修正或改变了事物。当然，二者在一定条件下是会互相转换的，中介者置入一定情境后便可成为转译者，而转译者被打包封装成为黑箱或习惯化事物后，也可能变为中介者。如此一来，可以说，"如果一个信息被传播了，那就意味着它被转译了。"③ 本质上，转译就是联系，是普遍联系的内在机制。通过转译，行动者才能与其他行动者互动。借助转译，行动者都运转起来，开始交往、流动、变化，进而连接成空间与时间双重意义上的"网络"。必须清楚的一点是，"转译"既不是确定性的，也不是线性的，因为各实体（entities）聚集时其所作所为是不可预测的。④ 事实上，在拉图尔看来，任何实体在转译过程中都是要历经无数次的磋商与谈判的。在应用时，转译可以成为"描述当实体（包括人类与非人类）聚集和联合在一起，改变其他实体

---

① FENWICK T, EDWARDS R. Actor-Network Theory In Education [M]. Oxen：Routledge，2010：2.
② LATOUR B. The Pasteurization of France [M]. London：Havard University Press，1988：227.
③ LATOUR B. The Pasteurization of France [M]. London：Havard University Press，1988：181.
④ FENWICK T, EDWARDS R. Actor-Network Theory In Education [M]. Oxen：Routledge，2010：10.

以形成链接时这一过程"的方法。① 同时，借助这一概念，许多黑匣子都可通过追踪事物形成的转译过程来重新开启。当然，"转译"这个概念并不是那么容易掌握的，拉图尔曾经是这么定义的，"转译意味着取代、漂移、干预、中介以及新联结的创建。"② 它与"行动者网络"这一概念联系十分紧密，因为从根本上说，"转译"就是反对代理人/结构二元论，而认识任何行动者本身就是一个网络。当然，必须指出的是，这一概念就是行动者网络理论的其他概念一样，永远是开放的，是在不断发展着的。

3. 网络（network）

行动者们通过转译链接起来，从而形成物质聚合体，并具有特定的功能，这就是"网络"。其实，"网络"的概念在行动者网络理论的发展历程中在发生流变。早期，在拉图尔和伍尔加（Woolgar, S.）的实验室人种志研究中，网络指的是聚合在一起产生特定实践和行动者的异质性实体中所存有的流动而清晰的点。但随着网络技术系统的激增，网络这一隐喻开始混乱，它随时可能被用于指涉那些固定的点、平面线形的链环与封闭式的管道。故拉图尔在1999年发表的《重新召回行动者网络理论》一文中指出，"网络意味着一系列变革、转译和换能。"③ 基于此，网络不仅是具有一定功能的行动者聚合体，还是动态变化而富有政治色彩的。它具有三大基本特性：①联盟与联结愈多网络就愈强大；②虽经常变化但亦存在较有序而稳定的网络；③具有完整性，且"网络的要素通过它们在系列连接或关系中的定位来获得空间完整性，不过这种完整性又绝非是欧式大体积中的小体积这个意义上的，而是稳定链接的持存模式"④。如何才能发展成网络呢？一般来说都需要历经问题化（problematization）、介入（interessement）、招募（enrolment）和动员（mobilization）等阶段。具体到各社会科学的研究中时，"网络"既能作为本体论为重新考察环境等文化事物提供新视角，也能在认识论意义上创新研究知识与活动的新思路，甚至还能为实践中如何增强事物网络提供具体的操作方法。

---

① FENWICK T, EDWARDS R. Introduction: Reclaiming and Renewing Actor Network Theory for Educational Research [J]. Educational Philosophy and Theory, 2011, 43（1）: 4.
② LATOUR B. Pandora's Hope [M]. Cambridge, MA: Harvard University Press, 1999: 179.
③ LATOUR B. On Recalling ANT [M] // LAW J, HASSARD J. (eds). Actor Network Theory and After. Oxford: Blackwell Publishers, 1999: 15.
④ LAW J. After ANT: topology, naming and complexity [M] // LAW J, HASSARD J. (eds). Actor Network Theory and After. Oxford: Blackwell Publishers, 1999: 6-7.

4. 网络效应（network effect）

因为行动者网络理论坚持任何事物都是关系的产物，而关系的链接就是网络，因此，在某种意义上，任何事物又都可被视为"网络效应"。要理解和应用网络效应，至少需要把握以下几个概念：不变的运动体（immutable mobile）、强制轨道点（obligatory passage point，OPP）以及规模（scale）。不变的运动体是行动者网络理论所重构的非人类概念，它只有在特定的关系网中才可呈现。换言之，网络效应首先将会使事物在其历史、文化、行为关系网中被识别。其中有些"不变的运动体"常常会去规约并引起其他行动者的变化，这样的"不变的运动体"就叫作"强制轨道点"。至于规模，一般意义上规模越大网络效应就会越大，然而在行动者网络理论看来，规模并不指涉不同层面或区域，它取消了宏观与微观之分，只聚焦瞬间的行动，追踪行动者在多层面之间的循环。真正影响网络效应的是网络关系，辛格尔顿（Singleton，V.）的考察发现，相对稳定的网络取决于关系中的断裂、矛盾和冲突。[①] 这也将为社会科学中的关系研究带来全新的启示。

尽管在过去的三十多年里，行动者网络理论可以说成功地实现了华丽转身，成为诸多社会科学研究领域的新视角、新方法、新工具，但它也常常会陷入被固化、客观化为操作模式，从而滑向自己对立面的危险境地，因此，劳非常强调在应用行动者网络理论时的开放性、不确定性和可变性。他甚至建议，行动者网络理论不如被称作"唯物符号学（material semiotics）"，由是才能警醒研究者们，"谨防行动者网络理论文本假装全面的客观性。"[②] 基于此，行动者网络理论，在某种意义上，与其被视为一种新理论，一种普遍化的方法论，还不如"被视为理解世界复杂性及其问题的一系列实践"[③]。

（三）行动者网络理论的具体应用

基于反二元论、倡导非还原论的事物为本哲学，行动者网络理论迅速获得社会科学各领域的青睐，它作为新的方法论从 20 世纪 80 年代起便得到了

[①] FENWICK T, EDWARDS R. Actor-Network Theory In Education [M]. Oxen: Routledge, 2010: 20.

[②] LAW J. Actor network theory and material semiotics [M] // TURNER B. S. (ed.). The New Blackwell Companion to Social Theory. Chichester: Wiley-Blackwell. 2009: Pp: 141-158, 152.

[③] FENWICK T, EDWARDS R. Actor-Network Theory In Education [M]. Oxen: Routledge, 2010: Preface, viii.

广泛的应用。尽管行动者网络理论并非一套固定了的方法体系或理论分析框架，它十分强调灵活性与开放性，呼吁和倡导多样化的方法，但就目前文献所及，从其研究的目标与过程来分析，作为方法的它主要分为三大类型：作为复杂性现象的描述、分析乃至评价方法；作为传统概念的批判性方法；作为抽象文化的微观实践研究法。

1. 复杂性现象的研究

行动者网络理论之所以在社会科学研究领域迅速得以应用是由它的特性所决定的，因其主张"非还原论"，坚持以"行动者网络"来解读事物与现象，所以非常适合用于对复杂性现象进行描述、分析和评价。而社会科学领域的现象与事物恰恰就是复杂的，还原论和整体论都难以完满地对其进行解释、说明。基于此，"行动者网络理论"让社会科学研究者们看到了希望，很快便成为社会科学领域备受欢迎的研究复杂性现象的方法论。当然，因不同的研究者所认识到的"行动者网络理论"的差异，它在具体的应用过程中也就拥有了各种各样的形式：若侧重于"网络"这一基本概念，行动者网络理论则常用于分析类似于全球化等跨国性问题以及像教育改革等这样的复杂性现象；若聚焦于"转译"的过程，行动者网络理论则常被用于对某一项目展开的复杂过程进行描述或评价；若倾向于"行动者"本身，那么行动者网络理论则常被用于对技术系统等非人类物的跟踪、描述与解释。

首先，面对着当今世界的全球化问题以及各种复杂的社会现象，传统的研究方法显得疲软无能，而行动者网络理论却因坚持"网络本体论"而迅速崛起。在伊罗（Hiro, S.）看来，行动者网络理论是一种特殊的网络分析方法，它与其他方法有所不同，主要表现在三个方面：①聚焦于"非人类物"；②重视参与者的观点；③坚持"描述即解释"。基于这样的特点，伊罗坚持从行动者网络理论出发，对全球化主义（cosmopolitanism）展开了深入剖析，发现全球化主义主要包含三大因素：文化泛化、种族宽容与世界性政治。同时，作者还发现了全球化其网络化结构得以维持，是由于各个民族的人与非人类物互相依附而实现的。① 这样一种分析为全球化提供了坚实的理论基础，因而伊罗将其直接称为全球化行动者网络理论。从这一理论出发，伊罗又对国际化教育（cosmopolitan education）展开了基础性的研究，进而提出，国际化教育应该旨在培养学生的三大性情：①能将外国人和客体都视为自己的附属物；

---

① HIRO S. An Actor-Network Theory of Cosmopolitanism [J]. Sociological Theory, 2011, 29(2): 124-149.

②能够理解已嵌入他们生活中的跨国性联结；③能够对这些附属物以及理解施加行动，促使其影响跨国边界的变革。通过这三个层面的国际化教育，学生将成长为这样一种世界公民：他们能够凭借他们的跨界附属物、理解以及行动来对话性地穿越国界。① 在展开系列全球化问题研究后，伊罗还指出，行动者网络理论还将在全球化问题研究中大显身手，它将继续启发我们对"世界主义与民族主义之关系"问题进行深入思考；它还能帮助我们澄清和理解全球化的社会将是如何聚合的这一复杂过程；它更能引领我们超越已有的社会学视界来展开全球化问题的研究。② 从行动者网络理论与全球化之间关系来说，伊罗指出，"行动者网络理论"不是别的什么，而是一门"共同生活"的科学，它可以作为一种分析工具来帮助社会学家以及平民百姓来理解今日世界的主要问题，并领悟到这些问题的政治内涵。③ 例如，杨（Young, D.）等人就专门针对跨国性的"室内吸烟自由这一政策的进化过程"展开了具体的行动者网络分析。首先，杨等人从行动者网络理论中提炼出了分析的基本框架，它以连接与点为核心，包括了移动世界、建立联盟、观点的平衡与自动化（或者是制度化）的四个循环（参见图 4.5）。

基于这一分析框架，杨等人对允许吸烟的这一新政策形成过程展开了研究，结果发现新政策历经问题的自动化、解决方法的争辩与协商过程，最后才进入解决与实施阶段。其中，每一个阶段都包含着上述的四个循环。经过对烟草政策问题的研究，作者发现"行动者网络理论"并不是一个预测工具，而更多的是一种描述工具，能考虑到在不同情境中导致成功或失败的各种异质因素，辨识出那些关键的联结。总的来说，采用行动者网络理论进行分析，获得的不是"是什么"的知识，而是"怎么样"的知识。④ 正因为如此，行动者网络理论也常被用于分析种种复杂而变化的社会活动。例如，芬威克采用行动者网络理论对教育改革进行了多重解读。第一重解读是，作者采用行动者网络理论方法去跟踪所有行动者（包括人、非人实体以及被视为"教育

---

① HIRO S. Actor-network theory of cosmopolitan education [J]. Journal of Curriculum Studies, 2010, 42 (3): 333-351.
② HIRO S. An Actor-Network Theory of Cosmopolitanism [J]. Sociological Theory, 2011, 29 (2): 143-144.
③ HIRO S. An Actor-Network Theory of Cosmopolitanism [J]. Sociological Theory, 2011, 29 (2): 144.
④ YOUNG D, BORLAND R, COGHILL K. An Actor-Network Theory Analysis of Policy Innovation for Smoke-Free Places: Understanding Change in Complex Systems [J]. American Journal of Public Health, 2010, 100 (7): 1215.

<<< 第三章 戈尔迪之结：从网络化学习到网络化学习行动研究

改革"的实体），获得其进入在异质要素间彼此联系的途径；第二重解读则是聚焦于那些起作用和被分配的物质实践，同时也去留意那些不同的流动空间以及建构了网络但又试图逃离它的矛盾附属物，等等。经过研究，芬威克发现，行动者网络理论对于检视在这些动态过程中的复杂过程是十分有效的，因为它能够帮助我们揭示在教育干预中，通过瞬间社会物质连接而发生的有序和无序的运动，同时还能察觉出流动不居的社会空间，找到那些不稳定的因素，从而促进干预的创新。① 事实上，多纳（Tatnall, A. D.）也十分认可芬威克的观点，他在对课程变革这一创新过程展开研究过程中也运用了行动者网络理论，基于这一研究，多纳提出，"行动者网络理论应该成为一种深入理解创新过程的方法"②。

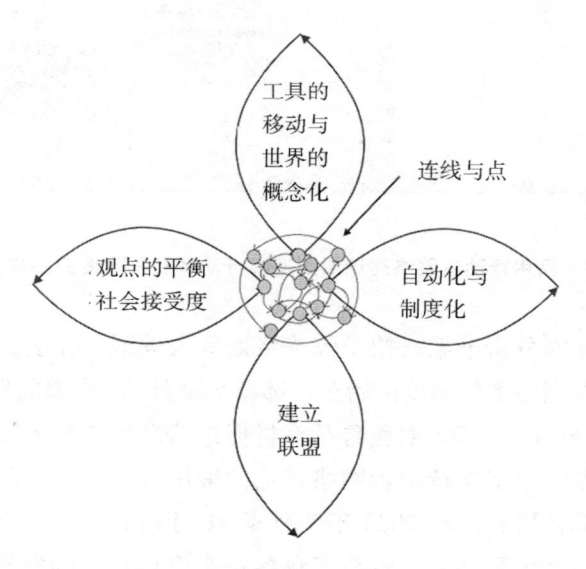

图 4.5 行动者网络理论分析的关键过程③

其次，基于"转译"这一概念，行动者网络理论对于分析各种大型项目

---

① FENWICK T. Reading Educational Reform with Actor Network Theory: Fluid spaces, otherings, and ambivalences [J]. Educational Philosophy and Theory, 2011, 43 (Suppl 1): 114-134.
② TATNALL A D. Using actor-network theory to understand the process of information systems curriculum innovation [J]. Education and Information Technologies, 2010, 15 (4): 239.
③ YOUNG D, BORLAND R, COGHILL K. An Actor-Network Theory Analysis of Policy Innovation for Smoke-Free Places: Understanding Change in Complex Systems [J]. American Journal of Public Health, 2010, 100 (7): 1209.

281

或工程的过程具有适切性。例如，希腊学者帕帕佐普洛斯（Papadopoulos, T.）等人采用行动者网络理论专门对希腊银行中实施商业智能化大型项目的过程进行了分析。该研究主要通过六个步骤来追踪项目展开过程中的行动者网络（参见图4.6）。

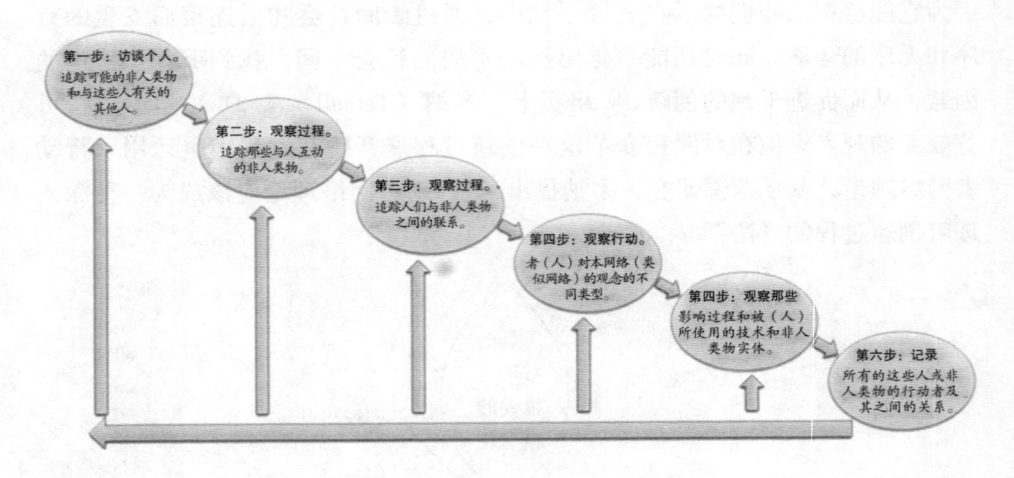

图4.6 采用行动者网络理论原则追踪行动者及其网络的基本步骤①

根据这一基本分析框架，帕帕佐普洛斯等人发现，在复杂性系统实施的过程中，其相关利益者的态度由始至终都相当重要。② 类似的研究还有安德雷德（Andrade, A. D.）等人对秘鲁某乡村促进信息通信技术发展的项目所展开的研究。这是一个基于行动者网络理论，采用跨部门数据收集方法而展开的整体多样化案例研究。在2005年7月至11月期间，研究者们通过深度访谈、田野日志以及摄影等方式收集了秘鲁三个农村社区的资料，再加上人种志资料以及该项目赞助者所提供的背景资料报告，最后将所有数据都置于行动者网络理论的视域中来展开分析。结果发现，当所有行动者的兴趣并不一致时，并且当地居民并不熟悉来自项目发起者所定义的网络化程序，这就导致了网络形成的失败。在方法论上，本研究认为，行动者网络理论对于分析

---

① PAPADOPOULOS T, KANELLIS P. Understanding the role of stakeholders during business intelligence implementations: an actor-network theory perspective [J]. International Journal of Information and Decision Sciences, 2011, 3 (1): 90.

② PAPADOPOULOS T, KANELLIS P. Understanding the role of stakeholders during business intelligence implementations: an actor-network theory perspective [J]. International Journal of Information and Decision Sciences, 2011, 3 (1): 85.

乡村远程计算机中心发展这样的项目是非常有效的。① 当然，行动者网络理论不仅能应用于分析复杂性的项目，同时也能发展成为评估大型项目的新方式。例如，特莱斯（Teles，A.）等人采用行动者网络理论方法专门对巴西某市政府所开展的数字化覆盖工程进行了全面的评估。通过市政府对项目实施过程物质分配的具体报告以及研究者对部分居民、管理者商人的访谈后进行综合评估，结果显示该项目成功地发展为了该市的一个实体，但还存在着不能平等惠及社会所有部门的问题。② 总的来说，行动者网络理论在面对着复杂的项目时，它既能成为描述项目的工具和方法，还可以是综合评估项目的新方式。

最后，当研究者比较重视"行动者网络理论"中"行动者"这一概念时，所有之前被边缘化的"非人类物"开始走进研究者的视野中，从此也开辟了一方研究的新领地。例如，塞奇（Sage，D.）等人在回顾已有的复杂性项目研究后发现，当前的复杂性项目研究中"非人类物"被严重忽视。因此，塞奇等人根据"网络化"的四个步骤——问题化（problematization）、干预（interessement）、征募（enrolment）、移动（mobilization）——对历史上的英国斯凯岛大桥（Skye Bridge）这一路桥项目展开了行动者网络理论视角的分析。结果发现，行动者网络理论在弥补遗忘"非人类物"方面是复杂性研究方法的补充。行动者网络理论通过强调非人类物在影响实践者如何注册、反映和稳定项目充分地展现了项目的复杂性。类似的研究还有克雷斯韦尔（Cresswell，K.）等人对医疗保健中的电子健康记录系统这一信息技术展开了专门的研究③，维克勒马辛哈（Wickramasinghe，N.）等人对保健组织中所应用的图片存档及通信系统（picture archiving and communication system，PACS）所展开的专门研究。④

已有的文献回顾都充分显示了，行动者网络理论作为研究复杂性现象新

---

① ANDRADE A D. The affordances of actor network theory in ICT for development research [J]. Information Technology and People, 2010, 23 (4): 352-374.
② TELES A, JOIA L A. Assessment of digital inclusion via the actor-network theory: The case of the Brazilian municipality of Piraí [J]. Telematics and Informatics, 2011, 28 (3): 191-203.
③ CRESSWELL K, WORTH A, SHEIKH A. Implementing and Adopting Electronic Health Record Systems: how Actor-Network Theory can support evaluation [J]. Clinical Governance: An International Journal, 2011, 16 (4): 320-336.
④ WICKRAMASINGHE N, ET AL. Using Actor Network Theory ANT as an analytic tool in order to effect superior PACS implementation [J]. International Journal of Networking and Virtual Organizations, 2007, 4 (3): 257-279.

方法的适切性与有效性。展望未来，在复杂性现象研究这一专门领域中，行动者网络理论还可能与其他各种各样的方法整合甚至融合，开创出更多的更实用的方法，丰富复杂性研究的方法论图景。

2. 传统概念的批判性研究

理查德·罗蒂（Rorty, R.）曾称赞拉图尔的工作说，"如果您喜欢一种反二元论式的哲学讨论，如果您想打破在诸如主体与客体、心灵与身体、语言与事实之间的分裂，那么，您肯定会喜欢上拉图尔……目前而言，在打破制造与发现、自然与历史之间的割裂以及前现代、现代和后现代之间的分裂上，拉图尔的工作是最出色的。"① 而拉图尔工作中最核心、最卓越的贡献就是行动者网络理论。因此，可以说，行动者网络理论从诞生起便带着反二元论的批判性。从这一阿基米德点出发，行动者网络理论很快在社会科学研究领域受宠，成为批判性研究理论工具中的又一颗新星。事实上，因与生俱来的批判性特质，在某种意义上，我们可以说，只要是采用行动者网络理论作为方法论基础的，它本质上就是一种批判性的研究，至少是对传统研究方法的一种批判。当然，行动者网络理论作为批判性研究的理论工具，更主要的还是表现在其对传统概念的研究中。

在我们的社会科学研究领域中，已经存在着大量的诸如"教育""学习""管理""政策""标准"等宏大而抽象的概念，它们历经文化的打磨与历史的冲刷，并最终根植于人们思维的深处。人们在研究和思考问题时，这些概念常常被不加检视地使用，以至于各个领域的研究都渐渐地被卷入了纯概念的逻辑魔术世界中以及纯理论的宏大叙事空间里。此时此刻，行动者网络理论犹如一阵清风徐徐吹来，它让人们开始反思：究竟我们对这些概念的理解是不是百分之百正确呢？例如，在管理学领域内，穆尔卡尼（Mulcany, D.）和佩里洛（Perillo, S.）以行动者网络理论的视角去重新考察"教育管理"这一概念后指出，教育管理不应被看作是管理者和领导者的内在能力或潜质，而是管理的实施过程。在此基础上，"教育管理"的概念被重构，它指的是一个由人与非人类物所组成的复杂网络偶然起作用而形成的实践领域。教育管理的本质从个人属性转向偶然运作，这一转向将促使教育管理研究的转向，

---

① [法]布鲁诺·拉图尔. 我们从未现代过[M]. 刘鹏, 安涅思, 译. 苏州：苏州大学出版社, 2010：封底.

更多关注管理的具体内容，包括管理是如何运行而生成的这一过程。[1] 又如，托内利（Tonelli, D. F.）等人采用行动者网络理论这一研究视角分析企业家精神（entrepreneurship）这一概念。文献回顾发现，已有的企业家精神研究主要有两大取向：主观主义和客观主义。前者强调企业家的个人及其能力，后者则强调物质环境。若简单整合二者，仍是无法回避初始视角的二分。因此，行动者网络理论开创了新的理解方式，在行动者网络理论视域中，"企业家精神"指的是移动围绕着自身的各种集合体，聚集各种联盟，使它们成为协商运动和兴趣转译的一部分。它涉及政治、社会、经济、文化、科学和技术要素，以及"企业家"这一主角本身。[2] 在教育技术学领域，"功能可见性（affordances）"是比较常见的概念，从行动者网络理论切入，能够帮助我们更好地理解这一概念，它要求研究者更多地关注真实和日常的情境。[3] 概言之，天生具有批判性的行动者网络理论开启了重新检视已有概念的新研究方向，而概念重构的同时也会开辟出一片崭新的问题域，深化各个领域的研究。

3. 文化研究的微观实践分析转向

当行动者网络理论被社会科学广泛接受时，它就给文化研究[4]带来了冲击。不管是作为一种具体的分析工具、描述方法还是评价手段，也不管是提供了理论基础还是新的概念术语，行动者网络理论无疑都掀起了文化研究的另一种运动。它以反二元论为基调，以"描述即解释"为基本假设，也为文化研究开启了一扇通往微观实践分析的大门。从研究视角来看，行动者网络理论所开启的微观实践分析主要包括两大类型：一种是对研究对象所展开的微观实践分析，另一种则是对研究者自身所进行的微观实践反思。

首先，行动者网络理论为深入具体文化而展开微观实践分析提供了方法论基础。例如，阿纳博尔迪（Arnaboldi, M.）等人在回顾已有的旅游文化研

---

[1] MULCAHY D, PERILLO S. Thinking Management and Leadership within Colleges and Schools Somewhat Differently: A Practice-based, Actor-Network Theory Perspective [J]. Educational Management Administration & Leadership, 2011, 39 (1): 122-145.

[2] TONELLI D F, DE BRITO M J, ZAMBALDE A L. Entrepreneurship from the actor-network theory perspective: exploring alternatives beyond the subjectivism and objectivism [J]. Cadernos EBAPE. BR, 2011, 9 (Special 1): 586-603.

[3] WRIGHT S, PARCHOMA G. Technologies for learning? An actor-network theory critique of 'affordances' in research on mobile learning [J]. Research in Learning Technology, 2011, 19 (3): 247-258.

[4] 这里所谓的"文化研究"指的是以"文化"为对象而展开的研究。因为"文化"的概念纷繁复杂，而本书无意于对"文化"概念作深入的辨析，故此处的"文化"取较为常用的观点，认为文化是一种社会现象，是人们长期创造形成的产物。

究文献时发现，尽管当前已有研究注意到了，与其他利益者建立价值链的重要性，但缺乏实质性的研究，尤其是缺乏对旅游文化系统中相关利益者互相协作的微观动态知识。因而，阿纳博尔迪等人采用了行动者网络理论这一方法，追踪并描述了"文化特区（cultural district）"概念化过程中各相关利益者之间的微观互动情况。经过分析，作者提出了以行动者网络理论为基础的新研究原则：征募行动者、建构事实以及传播"转译"。而这三大基本原则形成了"文化特区"概念化的"条件路径"。基于此，阿纳博尔迪等人将其生动形象地称为"行动中的概念化（conceptualization in action）"。具体来说，征募行动者（enrolment）包括了预防问题的发生以及调节矛盾冲突等；建构事实（fact building）则主要针对不正常的协作与非现实的期待等问题而展开，前者主要通过平衡权力与新价值创造这一"行动者征募"与选择兴趣一致的行动者的"事实建构"之间的互动来实现，而后者则以刺激投资和资金流量为解决方案；最后就是传递"转译"，它通过加强利益相关者之间的联系与及时通报相关利益者的最新进展情况等方式来实现"概念化"。[1] 总的来说，阿纳博尔迪等人的微观互动研究结果发现，只要冲突、矛盾或问题出现时，具体的行动就得以产生。此外，在管理学研究中，有关资源组织这一问题的研究一直未有突破，行动者网络理论则提供了新视角。对此，斯蒂恩（Steen, J.）首度进行了尝试性研究，发现资源形成可以被看作是偶然的人、文件以及技术之关系的稳定化。[2] 在教育政策研究中，芬威克也打破了传统的"标准"研究模式，从微观的视角切入展开分析，发现了教育标准主要包括四个方面的现象：通过"不变的运动体"来使实践有序化、本体普遍化、预测网络并协商网络之间的张力、同一标准的不同共存本体形式。[3] 另外，当前是女性主义研究兴盛的时期，亨特（Hunter, S.）则采用行动者网络理论对探索女性如何获得平等权力的问题。本研究是以行动者网络理论为理论基础而展开的一个案例研究，案例中的女主角是一个黑人女子，她在监狱中从事过教育工作。研究探索了该女子与一系列人、非人类物互动并挑战种族主义的过程。结果发现，这名来自边缘化地界的黑人女子，在为平等权力而工作时，

---

[1] ARNABOLDI M, SPILLER N. Actor-network theory and stakeholder collaboration: The case of Cultural Districts [J]. Tourism Management, 2011, 32 (3): 641-654.
[2] STEEN J. Actor-network theory and the dilemma of the resource concept in strategic management [J]. Scandinavian Journal of Management, 2010, 26 (3): 324-331.
[3] FENWICK T J. (un) Doing standards in education with actor-network theory [J]. Journal of Education Policy, 2010, 25 (2): 117-133.

便使自己成为"平等与多样化"这一新网络的中心。通过这个案例，它为将来的争取平等和多样化工作化解冲突、矛盾等问题提供了典范。这一研究显然为女性主义研究提供了新的研究视角，正如亨特本人所说，行动者网络理论是一种新的探索微观实践的方式。①

其次，行动者网络理论为研究者自身的微观实践分析也提供了有力途径，这在一定的意义上也促进了研究方法本身，尤其是质性研究方法的效度。作为研究者的希恩（Sheehan, R.）深深明白，当前的研究方法越来越强调反身性的问题。因此，他在从事人种志研究的过程中，努力关注"小型"网络以及自我和其他行动者之间的联结，保证了人种志研究的效度。因此，他主张，行动者网络理论可以作为一种研究的反身性工具。②

综上所述，行动者网络理论基于"网络""行动者""转译"等新概念为研究复杂的社会想象提供了新的研究视角；基于批判性特质，为概念重构提供了理论基础；基于"行动者网络"的实践特性，为文化研究提供了微观实践分析的方法。展望未来，作为方法的行动者网络理论必将继续在人文社会科学研究领域内激起一波又一波的浪潮，谱写出各领域研究发展历程中的新篇章。

二、网络化学习在"行动"

随着行动者网络理论在人文社会科学领域的广泛应用，它当前在西方也已逐渐引起了网络化学习研究者的兴趣与关注，无论是作为一种新的认识论视角，还是作为一种复杂对象的理论分析方法，抑或是一种干预、一种实践，行动者网络理论都为网络化学习研究提供了以往研究范式所无法提供的新视野：它将全面变革网络化学习研究的基础，重构已有网络化学习的基本概念，拓展研究问题域，并最终实现研究方法的创新。

（一）变革网络化学习研究的基础

长期以来，网络化学习研究一直受基础主义（foundationalism）这一哲学信念所主导，以某种先在的基础与逻辑范畴规定网络化学习认识及其发展路

---

① HUNTER S, SWAN E. Oscillating politics and shifting agencies: equalities and diversity work and actor network theory [J]. Equal Opportunities International, 2007, 26 (5): 402-419.
② SHEEHAN R. Actor-network theory as a reflexive tool: (inter) personal relations and relationships in the research process [J]. Area, 2011, 43 (3): 336-342.

径，以至于网络化学习活动中那些难以容纳进逻辑结构中的、偶然的、可变的要素完全缺席，进而导致网络化学习研究远离真实而丰富的网络化学习实践活动，沾沾自喜于那套可供思辨推理的抽象的、独立的、自足的网络化学习理论体系。行动者网络理论恰恰是建立在彻底批判基础主义的立场之上的，它反对还原论的认识论取向，努力破除二元对立的思维惯性。正如内什波尔（Nespor, J.）所描述的，行动者网络理论就是一种腐蚀"还原论解释"的本体论酸，它推动我们走向与证据为伍。[①]

首先，"行动者网络理论是一系列破除关于知识、主体性、自然世界与社会世界的核心假设的分析方式和思考。"[②] 换言之，行动者网络理论取消了所有事物的先在性，包括网络化学习研究中已存在的"人""社会""主体性""本土""心智""结构"等基本范畴。基于这样的认识，许多网络化学习理论都需要重新予以检视。毕竟只要预设了"人""社会""主观性""本土""心智""结构"等基本范畴的先在性，那么网络化学习研究就难逃"人与非人""社会与自然""主观与客观""本土与全球""心智与情感""结构与非结构"等二元对立思维的怪圈。于是，网络化学习研究领域到处充斥着矛盾、冲突与霸权：如人与非人的对立致使长期以来网络化学习活动的"物"沦落为工具、手段，典型表征为技术工具主义取向；又如心智与情感的对立导致网络化学习研究中长期对情感的漠视，智力开发则一直霸居其中心地位。

其次，在行动者网络理论看来，一切人类活动都是平等的，故无论是外科医生还是母亲、生物学家、农民，他们的对象领域都立足于同一本体基础，无高低贵贱之分，所以拉图尔承认巴斯德关于炭疽引起家畜疾病的知识与农民关于家畜疾病的知识具有相同的可靠性。这一认识论的同等效力原理，重新确立了网络化学习研究中不同层次的认识主体地位，意即网络化学习研究并不只是专家、学者的特权，教师、学生同样可以成为研究者。在此意义上，行动者网络理论将有望沟通网络化学习专业化知识与其他公共知识之间的关系，树立起学习的公众角色，从而发展起化解学习与社会矛盾和冲突的新路向。

最后，行动者网络理论认为，理论化不是去抽象和表征，而是干预和实

[①] FENWICK T, EDWARDS R. Introduction: Reclaiming and Renewing Actor Network Theory for Educational Research [J]. Educational Philosophy and Theory, 2011, 43 (1): 2.

[②] FENWICK T, EDWARDS R. Introduction: Reclaiming and Renewing Actor Network Theory for Educational Research [J]. Educational Philosophy and Theory, 2011, 43 (1): 1.

验。因此,"对我们而言,行动者网络理论不是简单的一种表征学习①的方式,而是一种干预或干扰学习的方法。"② 可见,行动者网络理论在网络化学习中的应用还将促进网络化学习研究的目的发生根本性变化,从追求高度抽象、纯化的网络化学习知识转向关注真实而纷繁芜杂的网络化学习活动,切实聚焦于网络化学习活动中的社会—物质关系,考察并勾画出事物(objects)之间不断磋商、组合、关联以形成动态网络的新网络化学习图景。

(二) 重构网络化学习基本概念

网络化学习虽然很年轻,但其所赖以存在的理论基础学科——教育学却已积淀起一整套的概念体系。这些概念的涵义尽管会随着时代的变迁而发生变化,但其基本内涵却是深入人心,难以改变。行动者网络理论携同其崭新的本质观走入网络化学习研究领地后,必然会给这些概念带来革命性的冲击,不管是抽象的活动概念,还是物的概念,抑或是网络化学习中"人"的概念。

首先,行动者网络理论把网络化学习研究中的常见概念,包括课堂、教学、学生、知识生产、课程、政策、标准化测试、不公平、学校改革等等,都看作实体,它们本质上都是由规定和管理网络化学习实践的系列事物组合而成的聚合体。③ 因而许多抽象的概念在这儿都必须要重新接受检验。例如,行动者网络理论开启了对网络化学习的动态性及其宗旨新的思考与观念。芬威克与爱德华兹提出,我们应该在更广泛的意义上来理解"教育(education)"这个概念,它实质就是指向知识生产、实践、有意向的主体性以及教学方法的这样一种有意识的过程。④ 显然,这样一种关于"网络化学习"的概念解读不再是以"人"为中心,其所涵摄的内容十分丰富,纳入了物质性的实践、复杂的教学法以及意向性主体。又如,"学习"这个基本概念在行动者网络理论的视野中,"任何变化,包括通过关系互动后出现的新观

---

① 原文用的单词是"education",按照一般的翻译原则,应该译成"教育"。但是,由于本书坚持学习化的教育取向,因此,此处将"education"译成了"学习"。特此说明。
② FENWICK T, EDWARDS R. Actor-Network Theory In Education [M]. Oxen:Routledge, 2010. 5.
③ FENWICK T, EDWARDS R. Introduction:Reclaiming and Renewing Actor Network Theory for Educational Research [J]. Educational Philosophy and Theory, 2011, 43 (1):3.
④ FENWICK T, EDWARDS R. Actor-Network Theory In Education [M]. Oxen:Routledge, 2010:Preface, ix.

念、创新、行为变化、改革等等,并以盘根错节的各种网络得以表征,都是学习。"① 福克斯(Fox, S.)以行动者网络理论对高等教育中的学习过程进行分析后发现,学习的过程实质是组成网络的技术、事物与变化的知识等力量关系之间的相互作用在持续搏斗的过程。② 因此,学习不再是个人的认知心理过程,也不是简单的社会成就,而是一种网络效应。③

其次,行动者网络理论将曾经被漠视和边缘化的"物"被重新召回网络世界,重构"物"的概念,它们都是"不变的运动体",有些还是"强制轨道点",在网络形成的过程中起着不可忽视的作用。基于此,网络化学习实践活动中的种种"物",也都需要重新追踪,重释其义。例如,芬威克在研究公立学校的教师生活时发现,普通的钥匙(课室的、教师休息室、储物柜等等)会对教师的自我感觉以及工作效能感都产生影响。因此,钥匙不再只是打开锁的工具,而是一个连接点,它通过转译将学校政策管理、教师教学行为需要、教师责任期待等网络联系起来。④ 又如,华尔兹(Waltz, S. B.)对学校操场的研究表明,操场将学生的行为、活动、学校政策等联系起来行动者网络,同时操场自身也是行动者,会产生出恐惧、政策、游戏规则,甚至性别角色期待等。⑤ 从行动者网络理论视角出发考察,教师的课程指南本质上是"强制轨道点",因为教师的教案,对文本内容和作业的选择都必须符合它,甚至组内其他教师、咨询者、管理者还有出版商都必须经过它。

至于网络化学习中的"人",不应是抽象而普遍的人,而应指涉具体化的正在开展着某项活动的教师或学生等。基于行动者网络理论的关系本体论,"教师"便不再是一个独立于其活动之外的实体,他/她的"教师性(teacher-iness)不是按照序列事先赋予的,而是在这些活动的各种异质性关系中产生的。借助行动者网络理论,麦格雷戈(McGregor, J.)深入科学课堂中对"教师"进行观察与追踪,他指出,"科学教师就是那个正在给某班级教学某

---

① FENWICK T, EDWARDS R. Actor-Network Theory In Education [M]. Oxen: Routledge, 2010: 22.
② FOX S. An actor-network critique of community in higher education: implications for networked learning [J]. Studies in Higher Education, 2005, 30 (1): 95-110.
③ FENWICK T, EDWARDS R. Actor-Network Theory In Education [M]. Oxen: Routledge, 2010: 4.
④ FENWICK T. Managing space, energy, and self: beyond classroom management with junior high school teachers [J]. Teachers and Teacher Education, 1998, 14 (6): 619-631.
⑤ WALTZ S B. Nonhumans unbound: actor-network theory and the reconsideration of "things" in educational foundations [J]. Journal of Educational Foundations, 2006, 20 (3/4): 51-68.

科学主题的教师,因为她就在一个物质性异构网络中的恰当地点。"① 在行动者网络理论看来,所有关系都必须被放置在某个地方,而承载这一任务的事物就被称为"识知场所(knowing location)"。因此,麦格雷戈的研究结果表明,教师(包括学生)就是这样一个"识知场所"。

(三) 拓展网络化学习研究问题域

网络化学习独特的复杂性是公认的,但还原论的认识方式必然导致网络化学习研究化繁为简、去"芜"存"精",这种削足适履的做法在后现代思潮的冲击下日趋暴露出了其局限性。而行动者网络理论立足对还原论的反拨,为网络化学习研究开辟出了另一片新天地。尼兰(Neyland, D.)在运用过行动者网络理论后兴奋地宣布,"它对网络化学习学最大的贡献就在于提供了能更好地理解网络化学习中的平常物、聚合物、物质性、异质性、流动性等方面的突破口。"② 与此同时,行动者网络理论的语言系统也能为许多网络化学习主题中所产生的矛盾、混乱、多样性和冲突提供更为丰富的方式去感知和认识。

首先,行动者网络理论的核心假设是人类与非人类在本体论上是平等的,不能区别对待,因为"没有非人类的存在,人类是片刻不能存留的"③。这样一种立场的转换立刻就将一度被忽视了的"物"拉回了网络化学习研究的视域中。事实上,"物"在我们的生活中具有不可估量的作用,把"物"仅仅看作人们设计的产物或是人类可控的工具,都会低估其力量与贡献。以"教材"为例,以往的网络化学习研究总将其视为知识的载体,是教师的教学工具,即使在批判网络化学习学视域中,它也依然只是负载意识形态的工具而已。但是在行动者网络理论视域中,教材便成了一系列人与物联系起来的关系聚合物,它设计、选择和凝固了一连串会议、声音、探究、冲突等,它穿越广阔的空间,链接了课程开发网络、出版发行网络以及学校与课堂教学网络等。在教学论意义上,它是激发特殊学习活动的内容序列;在认识论意义

---

① MCGREGOR J. Spatiality and the place of the material in schools [J]. Pedagogy, Culture and Society, 2004, 12 (3): 366.
② FENWICK T, EDWARDS R. Actor-Network Theory In Education [M]. Oxen: Routledge, 2010: 23.
③ LATOUR B. Politics of Nature [M]. Cambridge, MA: Harvard University Press, 2004: 91.

291

上，它又是系列观点、假设和关系的知识客体。①

与此同时，行动者网络理论的网络本体论将拓展和丰富已有的网络化学习环境研究，因为在它看来，环境并非只是人们可移动其间的固定地点和距离，而是由物质实践的折叠和重叠所表现或持续形塑的。在这里，空间的概念转变为内含流动且多样化网络关系的众多实体。② 其中，权力（power）是理解网络化学习环境的核心术语，因为在网络化学习场域中，力量关系的沉淀及其持续影响是无所不在的。以"大学演讲厅"为例，它不只是拥有大舞台、巨大屏幕和固定座位以让人直面某种特殊形式的知识、学习实践和身份是如何产生的，还是历史文化的产物，历经中世纪大学时期到当前新技术时代的变化与发展。当坐满学生时，演讲厅又成了打瞌睡、丢书、发短信、敲键盘……的场所。总之，网络化学习环境中存在着重建空间与权力关系的系列转译。

最后，行动者网络理论启示网络化学习研究转换其提问的基本方式。过去的研究总是关注对象本身，试图探寻其本质、本原，对其做出终极解释，因此常常问"是什么？"的问题；但行动者网络理论探究的是对象正在做的是什么，所以会问"做什么？"的问题。以"教学"为例，如果我们总是去追问"教学"是什么，一不小心就会陷入"名""实"之争的本体陷阱中，落入"语词"和"世界"之间的循环参照内，因而行动者网络理论反对实在论与社会建构论其假设物质与表征之间的分裂，直接奔向事物的真实生活世界。据此，"教学"包含着"教"与"学"，前者是集体成果，后者是情景活动，它们都是一系列的人类与非人类联合、结盟的关系聚合物。完全可以想象，这一重新阐释的背后隐含着无限丰富的研究主题和内容。

（四）创新网络化学习研究方法③

虽说行动者网络理论不宜被视为一套固定的理论与模式，但具体到对象的分析时，其依然还是拥有一定的可遵照和参考的操作步骤、原则和策略，只有这样，也方能将行动者网络理论与其他的关注社会－物质关系的相关理论，如后结构主义地理学、复杂性理论和文化历史活动理论等，区别开来。

---

① FENWICK T, EDWARDS R. Actor-Network Theory In Education [M]. Oxen：Routledge，2010：18.

② FENWICK T, EDWARDS R. Actor-Network Theory In Education [M]. Oxen：Routledge，2010：13.

③ 关于网络化学习研究方法的创新，在本章第三节中还有更为详尽的阐述，请参阅。

<<< 第三章 戈尔迪之结：从网络化学习到网络化学习行动研究

作为一种具体的网络化学习研究方法，行动者网络理论分析其关注的主要问题分为两大类，一类是去描述与展开"行动者网络"其产生的过程，其间需要竭力去揭示事物的瞬间磋商（minute negotiations），还原事物彼此劝说、强制、引诱、抵抗和妥协的事实；另一类则是解释与创作"行动者网络"，拷问事物之间产生的连接或联结有哪些？这些不同的连接产生的网络有哪些类型？不同网络所产生的结果会是什么呢？①

基于这样的问题，行动者网络理论分析大致可分为以下几个步骤和环节来展开：第一步，寻找"行动者"。在此，广义对称性原则必须坚持，即不管是人的、物质的还是文本的，都可以成为"行动者"。例如，以"学校材料保管室的钥匙"为行动者展开研究；第二步，追踪行动者的关系，即描述网络，这里需要探究的问题是：这个行动者依靠什么得以存在呢？因此，这把钥匙靠什么存在着呢？依此，我们可以得到它的第一个网络关系（参见图 4.7）。

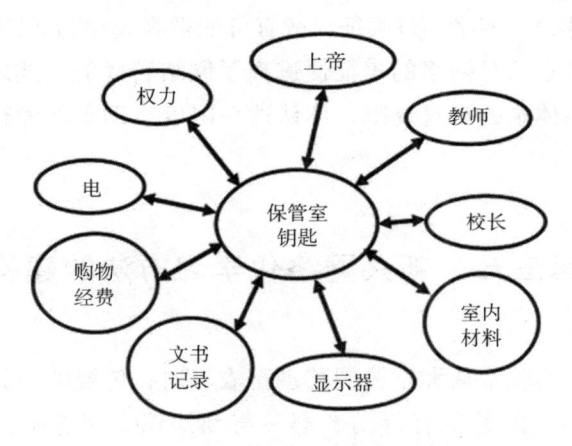

图 4.7 保管室钥匙的行动者网络

由图 4.7 可以观察到，钥匙通过转译将各种事物链接了在一起，它转译保管钥匙的教师行为使其转换角色为"保安"，它转译学校资金管理的需要，还转译校长控制资源的管理策略，甚至还转译了教师开展与材料室中材料有关的教学活动，等等。

当然，上图的"行动者网络"彼此之间都是联结着的，是否也存在一些断裂的联结呢？显然，保管室钥匙必须要放置在安全地方，方便拿取，但又

---

① FENWICK T, EDWARDS R. Introduction：Reclaiming and Renewing Actor Network Theory for Educational Research［J］. Educational Philosophy and Theory，2011，43（1）：2.

293

不是任何人都可以使用。因此，它又建构起一个必须要阻碍的网络，那么，行动者又反过来被这样的网络所建构。例如，为了不让任何人随意拿取钥匙，必须要建立一定的规章制度；为了防止小偷，钥匙必须被放在安全的地方来保管，等等。这也是行动者网络理论分析的第三步，互相调整阶段，关系也会建构行动者。

至此，基本上完成了"行动者网络"的分析，但是由于行动者网络理论本身所具有的一些局限性，因此，在具体的运用过程中，还需要把握以下原则：①灵活性原则。前面已提及，后行动者网络理论十分反对将行动者网络理论固化为几个术语或者一套死模式，因为一旦固化，它就无法实现行动者网络理论所追求的复杂现象研究目标；②多样性原则。毕竟，网络是不稳定的，它有无数种可能性，可以跨越广阔空间，甚至长时空地扩展，但也有可能会瓦解、消失，甚至被弃绝。① 因此，研究过程中要尝试多种可能性；③尽力避免反身性悖论。网络一旦表征，就有可能被客观化为研究者眼中的对象，从而使得研究者自己对网络的表征便逃离了网络转译的描述之中，这种反身性悖论是网络本体论的自身局限，体认这一限度有助于保障行动者网络理论分析的效度。

第三节　新兴网络化学习方法的建构

当巴斯德的实验室从大学校园移动至农场时，传统的知识生产霸权便开始瓦解，随之而来的是所有行动者都参与到知识生产链中，共同建构起以"网络"为内在表征的知识形态。这昭示着，生产知识场所的壁垒一旦被冲破，生产知识的方法也会随之发生变革。在这个由网络、知识、学习主导的时代，网络化学习成为人们普遍的基本生存方式，而知识也正慢慢褪去其神秘的外衣，向一切正在学习的人们敞开自我。这一切都指向于方法的变革与创新。怎样的方法才能满足网络化学习发展的需要呢？在行动者网络理论的推动下，新近兴起的网络化行动研究将启迪我们走向网络化学习行动研究。

---

① FENWICK T, EDWARDS R. Introduction: Reclaiming and Renewing Actor Network Theory for Educational Research [J]. Educational Philosophy and Theory, 2011, 43 (1): 2.

一、从行动研究到网络化行动研究①

长期受"科技理性"支配的社会科学研究方法在近几十年里遭遇了后现代思潮的冲击,与之相关的传统认识论(epistemology)开始瓦解与转化。一种试图抹平本体论与认识论之差异,并引入价值观念和权力向度的新型研究文化正悄然兴起。行动研究以科学实践观为哲学基础,强调反思理性,将改善社会实践、发展科学知识及推行民主政治融于一体。② 在历史的长河中几经沉浮,具有深切现实情怀的行动研究际遇变迁时代中产生的网络社会,催生出了"网络化行动研究"(network action research, NAR),并得以迅速发展与应用。

(一)行动研究际会网络社会

随着传统认识论话语体系的解构,对知识的追求逐渐转向关注人的生存实践与实用价值,尤其在直接观照人类社会生活现实的社会科学中,研究旨趣更是径直指向道德实践的善与生活取向的美。这无疑为已有的量化研究以及质性研究设置了合法性难题,并提出了严峻挑战。对此,社会科学家的回应是创新以实用为核心价值的更具包容性的"行动研究"。

行动研究肇始于社区开发的呼唤,繁荣于技术社会革新中的个人专业发展需求。文献显示,最早使用"行动研究"一词的是莫雷诺(Moreno, J. L.)。1913年,他采用集体参与和合作研究的方式在维也纳开展了社区开发的研究。③ 1939年,美国社会心理学家勒温(Lewin, K.)在帮助一家新的制造厂解决产量低下的问题时也采用了将自己变成工厂员工的"行动研究"。在勒温看来,行动研究是一个螺旋上升的过程,其中包括计划、行动、发现事实、监察、再修订、评价等环节,通过这样的螺旋上升而慢慢接近解决实际

---

① 本部分的主要论述已经发表在《学术研究》2012年第2期,论文题目为《关照社会性世界的网络化生活——国外新兴网络化行动研究述论》。
② HAMMERSLEY M. Action research: a contradiction in terms? [J]. Oxford Review of Education, 2004, 30 (2): 166.
③ MCTAGGART R. Reductionism and action research: Technology versus convivial forms of life [C] // BRUCE C, RUSSELL A L. Transforming tomorrow today: proceedings of the second world congress on action learning: reflecting the philosophy of collaborative change in government, industry, education and the community. Brisbane: ALARPM, 1992: 47-61.

问题的最为理想的方法。① 其实，不管是谁在哪个具体时间提出这个概念，它都只不过是因捕捉到了科学实证研究方法论无法满足现实文化需要这一信息而做出的努力。因此，行动研究的诞生实际上就是为了满足一种文化需要，它有感于科学实证主义粗暴的简化论或还原论在复杂社会问题面前的无奈，从而创新和发展起了这种以复杂多变的问题情境为研究对象的方法。这与行动者网络理论其方法论旨趣是一致的。

虽然行动研究很快就证明了它在实践过程中的即时效应，不过，在科学实证全盛的时代，传统知识论的检视和科学主义的质疑使其因缺乏严谨的实证基础而很快淡出了研究者们的视线。这次骤然的跌落并未使行动研究从此一去不复返。二战后，经英国伦敦塔维斯托克人文关系研究所的发展，行动研究得以复苏，它成为在监狱和战场中处理社会和心理问题的一种新兴研究方法。② 再次现身的行动研究在科学实证方法的刺激下变得更为成熟，已然寻觅到了自己的知识论与世界观基础。它批判传统知识论忽视知识的真实前提，漠视人的生命实践，从而堕入只见理智不见人的冷冰冰的科技世界。行动研究则直奔生命主题，将知识、理论奠基于人的生存实践活动之上。当代西方哲学中的存在主义、生命哲学、语用学以及知识社会学等，也都成为行动研究的理论注脚。当然，更值得一提的是，这样的批判并非完全抛弃和否定科学实证方法，而意在对其进行合理的改造与发展。

至20世纪60年代后期，斯滕豪斯（Stenhouse, L.）和埃利奥特（Elliott, J.）等人倡导"教师即研究者"，使得"行动研究"又在教育研究领域内获得了蓬勃发展。随后经凯米斯（Kemmis, S.）、尼克森（Nixon, J.）和怀特海（Whitehead, J.）等人的发展，"行动研究"发展成为变革社会、帮助解决实际社会问题以及促进个人专业发展的有效途径。

透视"行动研究"发展的历程，里面内隐着一种文化演进：从主客二分走向主客一体，从纯粹的求知走向关注实际生活，从热衷于"话语霸权"到打破权力—知识的等级结构而走向民主。在文化的视野中，"行动研究"实际就是历史长河里社会研究范式进化生成的当代研究形态，不仅是包容性的而且是累积性的，它以实用主义为目标消解了重在解释的量化研究与旨在理解

---

① HAMMERSLEY M. Action research: a contradiction in terms? [J]. Oxford Review of Education, 2004, 30 (2): 166.
② KOCK N. The three threats of action research: a discussion of methodological antidotes in the context of an information systems study [J]. Decision Support System, 2004, 37 (2): 266.

<<< 第三章 戈尔迪之结：从网络化学习到网络化学习行动研究

的质性研究之间的不可通约性，发展为一种认识世界、解释世界、理解世界和改造世界相结合的特殊的民主活动。从操作的意义上，"行动研究则指的是一种实现了理解人和发展实践知识双重目标的参与式过程。它整合了行动与反思，跨越了理论与实践的鸿沟，强调与他人合作，重视实践问题的解决，进而促进个人与社会的共同发展。"① 文化的理想，将深切的现实情怀赋予了"行动研究"。于是，行动研究关怀现实社会进步，关怀现实个人发展，关怀被历史张力投入社会转型漩涡和崭新而陌生世界里的无数"渺小"个人的生活际遇。随之，一般化的合作式行动研究已逐步发展为参与式行动研究，并正在继续繁衍出多样化的更为具体的个性化行动研究。

恰逢此时，技术创新已为新型"网络社会"的诞生奠定了物质基础。信息网络技术借助数字化媒介创生出虚拟的日常生活世界，将活生生的现实人与物转化为"数字符号"与网络节点，打破了传统的时空观，网络社会演变为公域与私域并存、有序与无序共在的复杂性世界。过去的人与自然之间的关系钟摆常常往来于"人依赖自然"与"人主宰自然"之间，但信息通信技术的革命性介入突破了这一窠臼，创生了新的自主性文化，使得人与自然的关系演变为人与文化的关系，进而使分离对立的"个人世界"与"自然世界"走向整合，从而创生了"社会性世界"，即当今的"网络社会"。

"网络社会"的指涉大致可以归纳为两大类：作为一种新社会结构形态的"网络社会"(network society) 和基于互联网架构的电脑网络空间(cyberspace) 的"网络社会"(cybersociety)。这就意味着，广义上的"网络社会"泛指信息化社会的社会结构形态，而狭义上的"网络社会"则仅指涉基于互联网架构的虚拟社会。事实上，"网络社会"就应该包含日常现实空间中的社会形态和基于互联网架构所形成的虚拟空间中的社会形态，它们是信息化社会中的不同层面的"现实"。②

在网络社会里，技术与社会的关系已凸显为一个核心问题。针对这一问题，存在着"技术决定论"和"技术的社会建构论"两种倾向。"技术决定论"认为，技术尤其是信息网络技术是解决一切问题的工具。与之相反，"技术的社会建构论"则强调社会对技术的支配性作用。不过，正如沃尔蒂(Volti, R.) 所指出的，"一个理智的人不会否认技术是创造我们生活世界的

---

① REASON P. BRADBURY H. (eds.). The SAGE Handbook of Action Research: Participative inquiry and Practice [M]. 2nd ed. London: Sage Publications Ltd, 2008: 4.
② 郑中玉，何明升. "网络社会"的概念辨析 [J]. 社会学研究, 2004 (1): 19.

一种重要力量，但是我们也应注意到技术不能脱离它所处的社会而独立运行。"① 因此，我们相信技术与社会是共同发展的，单一的建构主义或纯粹的客观主义都是难以圆满解释技术的发展的。事实就是："技术与社会是相互塑造的。技术塑造了社会和文化，反过来，社会文化也要求与之相适应的技术，规范着技术可能的发展方向、方式和途径。"② 如今，信息网络技术渗入现代社会后便催生出了以"网络化生活"为基本特征的社会性世界。

社会性世界的诞生，首先带来的是"社会"本质的变化。这里的"社会"符合对称性原则，融科学技术于文化模式之中，强调社会主体（agency）的能动性，它更适合被理解为一种"历史质（historicity）"。其次，社会性世界改变了社会人的生存境遇。处于这一世界中的个体内在地被要求不断追寻和建构认同，这是社会意义的基本来源。一种新的人类尺度已出现，转化行动对此已经做出了有效的尝试和探索，它强调在社区的层面下行动，人类的社会性也将被重新塑造。③ 最后，社会性世界也全面挑战着传统的社会科学研究方法。新媒体（new media）的出现从内容、技术以及社会三个层面重构了社会，并进一步影响和改变着人的认知结构、思维逻辑和行为方式。由此，崭新的社会学知识标准也应运而生，它倡导在社会行动的过程中动态发现、理解、阐释和形成关于行动者本身的真切知识。正如图海纳（Touraine, A.）所倡导的"行动社会学"理论所指出的，参与社会行动，与行动者互动是获得真实有效的新兴社会认知途径之一。正是基于这样的诉求，以实践为导向且形式灵活多样的行动研究，在满足当代"网络社会"发展需求的过程中创生出一种新的形态：网络化行动研究。

（二）社会性世界哺育网络化行动研究

社会性世界中，人们的生活已然超越了倚赖自然世界的传统技术时代，追求自由的价值目标则依然引领人们不断地挑战自我，以便在新的文化仅指涉文化时代重新获得自主性。历史证明，过去为了生存而发展起来的理念本体论或自然本体论都硬生生地割裂了原本一体的人与自然，并使二者关系愈行愈疏，导致今日环境恶化、人类危机的悲剧频频发生。唯有找寻到意义源头方可帮助人类走出困境，难怪卡斯特会说："在财富、权力与意象全球流动

---

① VOLTI R. Society and technological change [M]. New York：Worth Publishers，2006：272.
② 张桂芳，陈凡. 技术与生活世界 [J]. 哲学研究，2010（3）：112.
③ 邱立军. 重塑人类的社会性 [J]. 世界博览，2010（9）：66-68.

的世界里，对于集体或个人、认定或建构之认同的追寻，变成社会意义的基本来源。"① 社会性世界生成了"网络化生活"的根本特质，置身其间寻求认同这种新型文化的需要与驱力，将人类的"文化自觉"推到了一个新的高度，它需要彰显与开发反思性实践能力，于是便哺育出了新兴网络化行动研究。

1. 网络化与网络化行动研究

"网络化行动研究"译自英文"network action research"，网络化"network"是其中的关键词。"network"包含三层意思，其一是作为名词，它不仅指大家一般所认为的互联网，还指网状物以及非正式联通起来的人群或组织；其二是作为及物动词，主要指的是连入网络或以网络的形式覆盖或联播；其三是作为不及物动词，表示的是正在网络化的过程。② "network"是一个组合词，由"net"和"work"组合而成。net 可指称一种新型网状结构，为我们描绘出一幅静态的社会文化图景；work 则指代"活动"，是内含人的感性的物质活动与理性的认识活动的"实践"。二者相互交织形成了当前社会性世界的根本特性，创生了动态的富有生命力的新社会文化景象。于是，"网络化"成为当代人生存的基本状态，它一方面要求人们被动地反映它，进而影响到当代人的文化心理结构；另一方面又常常被人们的主体意识所牵制和引导，不断创生出新的网络文化。站在生存论的视野上，"网络化"实质上成为当代文化的本体，它包含着两层基本含义，一是指与人的本质相联系的、体现人网络化的生命价值结构，即网络化存在；二是指人的精神、生命结构的外化和客观化的活动，即网络化行动。这样的一种文化存在为网络化行动研究奠定了本体论的基础。

人类被自愿或不自愿投放进了社会性世界之中，进而自觉或不自觉地开始了新的发展。回望漫长的人类历史，马克思（Marx，K.）早已发现和揭示了人发展的基本线索，这也成为马克思哲学思想发展的整个历史线索：异化的人—社会的人—文化的人。③ 这一线索反映在认识论中则表现为：经典科学认识论—交往认识论—文化认识论。基于文化认识论，"认识的本质是观念的反映与客观的表现的有机统一，也就是在人化活动基础上以主体为载体的客

---

① ［美］曼纽尔·卡斯特. 网络社会的崛起［M］. 夏铸九，王志弘，等译. 北京：社会科学文献出版社，2001：3.
② Network，Merriam - Webster online dictionary ［EB/OL］ http：//www.merriam - webster.com/dictionary/network. ［2021-05-06］.
③ 何萍. 文化哲学：认识与评价［M］. 武汉：武汉大学出版社，2010：20.

观性的反映与以客体为对象的主体性的表现的有机统一。"① 它包含了主体与客体互为载体的交互性"主体性表现"和"客观性反映"两层活动。因此，文化认识论视野上，为了实现并优化网络化生存，社会性世界中的人必须付诸网络化行动，而这一行动又必然包括实物操作层面的"网络化行动"以及思维运演层面的"网络化的行动研究"。前者包含了认识的生存要素，后者则更为注重认识的理智因素，二者融汇到"网络化行动研究"之中。显然，"网络化行动研究"从一开始就蕴含了两个层面的认识，其反映在社会性世界中则表现为网络化生活（实践）与网络化研究（认识）。

一方面，众所周知，符号的诞生曾经使人从自然实践走向文化认识，如今网络技术这一新型符号的发展，使得人几乎完全可以摆脱自然而走向纯粹的符号指代符号的生活世界，而这样的生活世界是在历史上都不曾出现过的。处在网络化社会转型时期的人们由于文化的历史惯性而尚未建构和形成网络化生存的意识，尚未充分做好网络化生存的准备。网络化生存不期而至的境遇需要在网络化行动的过程中逐步养成这种意识，并在参与行动的过程中不断改善这种生活。为了满足这一文化自主的需求，人们在网络化行动过程中不断实践、不断反思、不断改进，自发的网络化行动很快就上升为自觉的"网络化行动的研究"。

另一方面，作为一种特殊而具体的行动研究方法，"网络化行动研究"指的是将信息网络技术转变为社会行动工具而展开的网络化的行动研究。尽管技术导致的生态危机已是不争的事实，但那是被人滥用的后果，技术本身是具有社会与自然亲和性的。尤其是信息通信技术，它努力追求"更多的环境改造界面、更广的人际交往互动以及更好的用户中心开发，具有很强的实践取向"②。它促进人类的多元交往和社会互动，生活在网络社会中的人们已经把交往方式演变为"在线与离线""全球化与地方化"以及"集体式与网络式"交错并存，塑造出了新型的"交往生态（communicative ecology）"。③ 因此，传统的单一集体式人际交往模式被打破，社会与个体、政府与公民、集体与

---

① 吴家清. 从普通认识论到文化认识论：认识论视角的新转换 [J]. 现代哲学, 1999 (1): 29-30.
② HEARN G, ET AL. Action Research and New Media: Concepts, Methods and Cases [M]. Hampton Press, 2009: 117.
③ FOTH M, HEARN G. Networked Individualism of Urban Residents: Discovering the Communicative Ecology in inner-city apartment buildings [J]. Information, Communication & Society, 2007, 10 (5): 1.

个人之间的互动方式也开始发生变革。它在减少传统集体交往的同时又为增进个体的社群性（包括虚拟的与实在的）提供了新的契机。据此，传统的个人主义走向了既体现自我中心又建立起良好社会关系的网络化个人主义（networked individualism）。借助信息通信技术前所未有的强大实践性与社会支持性，"网络化行动研究"实现着在参与、行动、反思与改进的循环过程中不断向着元网络化（meta-network）深化，最终发展为促进网络化社会转向的重要途径和有效方法。

总之，网络化行动研究充分关照社会性世界中人的网络化生活，是一种特殊的文化认识活动，既涵指一种融"虚拟"和"实在"为一体的生存实践——网络化行动，又关涉对网络化生活的自觉反思——网络化行动的研究，同时还指涉以信息通信技术为工具的思维创造——网络化的行动研究。某种意义上对人来说，网络化行动研究既是一种新的生存方式，同时也是一种为了实现新的自由而在生存过程中不断参与、改进、理解和认识行动的研究方式。

2. 知识论的文化转向与网络化行动研究

深入知识论的层面考察网络化行动研究，不难发现知识论的文化转向为网络化行动研究铺垫了基石。传统的认识论把真理性的知识理解为主观认识与客观对象相符合的结果，却未深入追问知识何以可能的真实前提：真正的知识与人类的生存实践之间到底是什么关系呢？海德格尔的回答是，知识就是一种此在在世的样式；叔本华（Schopenhauer, A.）则直截了当地将知识的真理性标准与人的生存意志联系起来；而马克思则认为"社会生活在本质上是实践的"[①]。这就精辟地阐明了知识、理论与人类生活实践活动之间不可分割的内在联系，也深刻地揭示了认识的文化本性。基于知识论的文化转向，网络化行动研究形成了独特的知识论基础，它从新的视角回应了知识论的三大基本问题：网络化行动研究所认可的知识是什么？这样的知识是如何产生的？检验知识的真理性标准又是怎样的？

（1）"地方性知识"合法性地位的确立

随着传统认识论基础的瓦解，新的知识观正悄然兴起，"地方性知识（local knowledge）"作为当地知识，恰好是在这一变革过程中得以明晰和确立的。"地方性知识"最初起源于阐释人类学，如吉尔兹（Geertz, C.）在

[①] 中共中央马克思恩格斯列宁斯大林著编译局. 马克思恩格斯选集（第 1 卷）[M]. 北京：人民出版社，1995.60.

《地方性知识》中所分析的,它"旨在认知的具体性、穿透性和阐释性"①。很快地,在新实用主义、法兰克福学派和后结构主义对科学的政治批判中,为社会构造论等研究思潮所呼拥,地方性知识便发展为批判传统科学知识的普遍效用性及其"逻各斯中心主义"的有力武器。从库恩的"范式"到波兰尼(Polanyi, M.)"个人知识"的提出,再到科学知识社会学(sociology of scientific knowledge, SSK)的出现,这些都是地方性知识观念在科学哲学领域的正面探索。"地方性知识"十分强调知识总是在特定的情境中生成并得到辩护的,它关注知识生成的情境条件。因此,"知识在本质上不是一系列既成的、被证明为真的命题的集合,而是活动或实践过程的集合。在这里,我们应该把科学或知识理解为动词,即拉图尔(Latour, B.)所谓的'行动中的科学'。"②

当前,网络化生活已从最初的"全球化(globalization)"逐步走向了"全球地方化(glocalization)"。③ 而网络化行动研究正是立足于网络化生活,将研究对象定位于自然—社会之间,即一种自然的与社会的"杂交物(hybrids)",通过发展具备现代理性特征的社会行动工具——技术,来搭建沟通自然与人类之间的桥梁,以"社区"或"共同体"作为人类新的尺度来开展有效行动,进而发展地方性知识。

(2)"转译"与反思性实践

知识观念的更新悄然带来认识方式的转变。无论是哲学还是社会学,也无论是自然科学还是人文科学,对地方性知识的追求催生出了各种深具"实践"或"行动"特性的认识理论。当然,强调通过"实践"来认识、理解世界,进而获得知识的思想古已有之。从亚里士多德(Aristotle)到维科(Vico, G. B.)、尼采(Nietzsche, F. W.),再到马克思和杜威(Dewey,

---

① [美]克利福德·吉尔兹. 地方性知识——阐释人类学论文集 [M]. 王海龙,张家瑄,译. 北京:中央编译出版社,2000:55.
② 盛晓明. 地方性知识的构造 [J]. 哲学研究,2000(12):37.
③ 提出这一概念的代表人物有:罗伯逊(Robertson, R.),其代表作品是:ROBERTSON R. Glocalization: Time-space and homo geneity-heterogeneity, In FEATHERSTONE M LASH S, Robertson R. (Eds.), Global modernities, London: Sage, 1995. 此外还有,汉普顿(Hampton, K. N.),其代表作品是:HAMPTON K N, Living the wired life in the wired suburb: Netville, glocalization and civil society, Canada: University of Toronto, 2001. 威尔曼(Wellman, B.),代表作有:WELLMAN B, "Physical place and cyberplace: The rise of personalized networking", International Journal of Urban and Regional Research, 25 (2), 2001.

J.），等等，哲学家们早就意识到了，"如果不通过人们在互相的提问与回答中不断地合作，真理就不可能获得。因此，真理不像一种经验的对象，它必须被理解为是一种社会活动的产物。"① 近年来，拉图尔等人所提出的行动者网络理论，建构了"转译"这一概念，它成为寻求实践知识的认识论机制。从时间的维度来看，"转译"往往创建了时间上的前后不对称，因为任何事物都无法完整地被还原到它在前一时间点上的样子。从空间的角度来看，"转译一个客体就意味着我们将其变成了另一个东西。"② 本质上说，"转译"就是联系，就是普遍联系的真正含义。具体化到科学实践中，"转译"突破了决定论的因果关系论，实现了认识论的重构。传统的科学本质观在转译面前也开始瓦解，因为任何科学都是建构在转译长链基础之上的，科学跟随转译而行动。成功的转译兴趣是科学知识成功建构的重要前提，也就是通过转译，行动者才能与其他行动者相遇。换句话说，转译使得行动者运转起来，开始互动、流动、变化，进而连接成空间意义上的"网络"，而这一连接的过程就是时间意义上的"网络"。在这个意义上，"识知（knowing）"就是去追寻行动者之间的转译步骤。

此外，网络化行动研究也常常宣称它超越了传统的理论与实践的鸿沟。的确，"网络化行动研究"中包含的两个关键词——"行动"与"研究"，本身就显示了其努力超越"实践"与"理论"分离对立的旨趣。自柏拉图创构"理念世界"以来，"理性"思维就拥有了比"实践"更高的地位。此后，虽然经过无数哲人的努力，包括像康德的"哥白尼式革命"，理论与实践的等级关系已被打破，但二者之距离依然存在，直到实用主义的出现。杜威所提出的"反思性实践（reflective praxis）"从认知机制层面沟通了"理论"与"实践"，揭示了科学探究活动并非是脱离实际生活的。舍恩（Schön, D. A.）在杜威的基础上，基于对"技术理性"的批判，将"反思性实践"发展成为一种有效的学习理论，这也进一步从内在心理机制层面论证了网络化行动研究实现知识生产是何以可能的。

（3）实用主义真理观

当代西方哲学中的存在主义、生命哲学、语用学以及知识社会学等，共同的旨趣也都是把知识奠基于人类的生存实践活动之上。基于这样的认识，

---

① ［德］恩斯特·卡西尔. 人论［M］. 甘阳，译. 上海：上海译文出版社，1985：8.
② HARMAN G. The importance of bruno latour for philosophy ［J］. Cultural Studies Review, 2007, 13（1）：40.

网络化行动研究则直接面向"网络社会",将价值取向定位于"改善实践""创新知识"与"追求民主"。当然,即使网络化行动研究支持者宣称其根本价值在于改善实践和政治生活,但作为一种研究方法,它始终回避不了寻求知识的根据这一基本问题,而实用主义真理观则为其确立起了检验知识的标准。

在实用主义看来,知识是否为真,不在于认识与客观实在的符合,也并非简单地通过推理和证实即可,最根本的在于知识的"效用"。"基本上思想状态的真理意味着一种有价值的引导作用。当我们在任何种类的经验的一个瞬间,受到真的思想的启发时,这就意味着迟早我们会由于那种思想的指导而又重新投入经验的各种细节中,并且和它们发生了有利的联系。"① 实用主义整合了符合论与融贯论,将真理视为动态的、相对的、可变的过程,其通过直接或间接与经验联系来获得证明;同时,真理已不再是外在于生活实践的绝对永恒的东西,而成为帮助人们走向自由、幸福的工具。这样的话,网络化行动研究所孜孜追求的真理就在走向网络化的过程中不断接受检验。

3. 人、技术与网络化行动研究

作为文化认识的一种具体形式,网络化行动研究充分体现着文化的自觉性,具体表现在"主体自觉""方法自觉"和"价值自觉"的实践与意识等方面。

无论是作为实现网络化生活的途径,还是作为网络化社会研究的有效方法,网络化行动研究始终都围绕着人的网络化存在来展开。以人为本,追求实现文化主体的自主性是网络化行动研究的核心价值取向,这也是网络化行动研究的首要原则。一方面,面对网络社会生成,网络化行动研究重视主体参与,既强调个性化,更关注理解网络社群中的个体。所有行动研究者在网络化生活过程中实现着自我超越,通过反思性实践展开自我生存研究,文化自主性得以凸显,网络化个人主义开始诞生并发展。基于此,生活在网络社会中的人们在行动研究中努力寻求网络社区的认同,这也是新兴网络化生活的首要意义。另一方面,作为具体行动研究方法,网络化行动研究同样强调主体参与,坚持"以人为本"。② 所有的行动,包括技术的设计与应用都需要考虑到用户的基本需求,同时用户本人也以研究主体的身份参与到行动中来,

---

① [美] 詹姆士. 实用主义 [M]. 陈羽伦, 孙瑞禾, 译. 北京: 商务印书馆, 1979: 105.
② HEARN G, ET AL. Action Research and New Media: Concepts, Methods and Cases [M]. New York: Hampton Press, 2009: 117.

他们的意见能被听取甚至被适当采纳，自主性获得充分体现。以人为本是网络化行动研究的第一大基本原理。

以技术为基本手段，实现技术的社会化是网络化行动研究的第二大基本原理。基于信息通信技术的网络化行动研究，技术成为重要的研究工具。信息网络技术既能作为媒介工具，传播与创造着文化，又能作为社会行动工具，改造社会结构，完善网络化生活。由此可见，信息网络技术与社会生生相息，社会依托技术不断向前发展，而同时技术也依存社会并被不断形塑。网络化行动研究一方面强调提高技术的社会适应能力，发挥技术的积极效应，改善"网络化生活"，与此同时，它也必然需要通过"不断地改造、调适与整合技术"来改善"网络化技术"，二者相融相促，协变互惠，共同发展。不仅如此，我们还需认识到，无论是在虚拟社区还是现实社区生存的人，都是具有"可能生活"的现实的人。这意味着网络技术催生出节点与节点连接的网络化新型社会组织结构，每个个体成为多个网络社群中的一个节点，技术在网络化过程中也已不知不觉社会化了。

此外，网络化行动研究还努力追求行动质量，并重视提升理论与研究的能力。① 如果将网络社会生成视为一种新型文化，那么网络化行动研究可谓在努力实现一系列的文化欲求，它包含着多元的价值取向。在垂直意义上，网络化行动研究聚焦行动本身必然追求行动质量，而同时它又直接关怀着人的网络化生存，对各种生存与幸福欲求的满足则使得它的价值不再仅仅停留在行动质量上，还会关注知识的发现与理论的提升以满足精神文明的需要。在水平意义上，网络化行动研究将聚焦之光径直投照于生活在网络社会中的人，价值之波由此荡漾开去，各级各层的个体，包括技术人员、行动参与者、理论研究工作者、管理者等都将受惠而获得发展。因此，价值多元化成为网络化行动研究的第三大基本原理。

（三）网络化行动研究关照社会性世界

网络化行动研究直接关照社会性世界，在这样一个世界中，人与技术、文化与社会相互塑造，彼此融合，进而形成一个不可分割的共存整体。面向社会性世界，作为坚持以人为本、追求技术社会化并内涵多元价值取向的新兴方法论，网络化行动研究正在努力涵养整体主义的思维方式。这一整体主

---

① HEARN G, ET AL. Action Research and New Media: Concepts, Methods and Cases [M]. New York: Hampton Press, 2009: 117.

义的思维方式在文化知识论基础上,逐渐演绎出和建构起既强调网络化社会整体又重视网络化个人的网络化行动研究体系。这个新兴体系从社会出发,逐步形成从"展开"到"稳定"再到"创作"的螺旋式主题域①,同时也着眼社会中的个人活动,建构"流通""识知"和"多样"的动态化原则,并开发"子网切入""交流反馈"和"核心价值驱动"的有效性策略。

1. 螺旋式问题域

网络社会形态的转型亟待我们融入其中,采用将社会改造与社会认知相结合的方法,对社会性世界的"展开(deployment)""稳定(stabilization)"以及"创作(composition)"螺旋式主题进行深入的研究。目前,网络化行动研究在社会学、社会心理学以及信息技术的研究领域内得到广泛的应用。纵观已有的研究,其聚焦点主要集中在"描述网络社会的展开""促进网络社会的稳定"和"追求网络社会的创作"等主题上。

(1) 描述社会的展开

新型网络社会世界到底是怎样的,它需要我们通过追踪生活世界中的各种不确定性来予以展现。这一主题涵括了各种各样的子问题:网络社会组织是如何建构起来的?它具有哪些特征?网络中各种资源流(物质的、符号的、情感的)是怎样运转的?网络中各种联系的数量、方向、密度、力度如何?等等。这里的网络社会组织包括了基于网络技术而建构起来的虚拟社区以及虚拟社区与真实社区之间互动所产生的网络社会组织。国外已有研究者开展了有关研究,如卡罗尔(Carroll, J. M.)等人专门开展了社区网络的发展轨迹研究②;文卡特什(Venkatesh, M.)等人则提出了专门考察网络社区的理论框架:网络社区的生命周期——产生、固化和变动③;等等。

---

① 根据行动者网络理论中所提到的,社会科学应当实现的三个任务:"展开(deployment)",如何通过追踪生活世界中的各种不确定性来展现社会世界;"稳定(stabilization)",如何跟随行动者去解决由不确定性造成的争论,并将处理办法承继下来;"创作"(composition),如何将社会重组为一个共有世界(common world),这涉及社会学的政治相关性问题。具体可参阅吴莹、卢雨霞、陈家建、王一鸽等人发表在《社会学研究》2008 年第 2 期上的《跟随行动者重组社会:读拉图尔的〈重组社会:行动者网络理论〉》一文,也可参阅前文的部分内容。

② CARROLL J M, ROSSON M B. A Trajectory for Community Networks [J]. The Information Society, 2003, 19 (5): 381-393.

③ VENKATESH M. The Community Network Lifecycle: A Framework for Research and Action [J]. The Information Society, 2003, 19 (5): 339-347.

(2) 促进社会的稳定

基于实用主义真理观,网络化行动研究首要的目标就是改善社会实践,即借助新媒体去跟随行动者解决各种实际的问题,进而把这种处理方法继承下来并传播开去。这一主题也包括了许多子问题,如优化和提升网络社区质量的方法和策略有哪些?技术对于促进社区生活起到了哪些作用?等等。如福斯(Foth, M.)等人,从2002年末开始对澳大利亚一个中心城市内的一个住宅区展开长达大约4年的网络化行动研究,该研究旨在对城市内邻里居民之间的社会网络进行分析和理解,进而发现新媒体和信息通信技术,尤其是互联网等工具及其应用是如何改善邻里关系和住户之间的社会结构的。[1] 网络化行动研究一方面需要关注网络化这一行动会如何改善社会生活,与此同时,它也在参与社会行动的过程中完善技术,重构和优化网络化社会组织。

(3) 追求社会的创作

网络社会的转化过程必然会影响到文化与权力,信息与知识的流动将重构社会的权力结构。在此,权力也有了新的定义,它不再是专制,而是具有了生产性、积极性和策略性。权力是在我们与他人交流时得以行使的,它采用自上而下的路径进行分析。因此,从某种意义上可以说,权力就在行动之中。在福柯看来,权力不仅依存于关系之中,更与科学知识有着不可分割的联系。在网络化行动过程中,新媒体专家的知识与使用新媒体的社区成员或员工的知识都与权力内在相连,因而网络化行动研究倡导参与,赋予行动者创造和享用知识的权力。这一主题下包括的子问题主要有:知识在网络化行动过程中是如何扩散和增长的?它对网络化组织带来了哪些影响?网络社会组织的权力分享机制是怎样的?网络社会中如何实现民主?等等。

2. 动态化原则

作为文化认识的一种特殊形式,网络化行动研究直接关涉社会性世界中的生活实践,因而它富有灵活性与动态性,呈现网络化的结构特点,需要一定的措施予以保障;同时,网络化行动研究本身具有极大的文化包容性,因而它采用的具体方法与技术具有多元性;且由于知识与权力的关系,因而网络化行动研究过程必然就有政治性。基于以上特性,人们在开展网络化行动研究过程中提出和遵循以下动态化原则:

---

[1] HEARN G, ET AL. Action Research and New Media: Concepts, Methods and Cases [M]. New York: Hampton Press, 2009: 109.

(1) 保障流通渠道顺畅以实现网络化

在一般行动研究的基础上，网络化行动研究还需特别关注网络内各节点之间的互动和交流，这是保障行动质量的重要环节，也是实现网络化的关键。网络化行动研究中包含着各种资源流（物质的、符号的、情感的），唯有保证资源流流通渠道的畅通，节点与节点之间、子网与子网之间方可实现资源最优化，从而真正实现网络化。同时，网络化行动研究还特别提倡发展使各子网络行动研究彼此交流、互动，进而组合成行动研究网络群，继而建立起更大范围的元网络，元网络反过来又引导着所有子网络开展团体行动与反思。

(2) 综合采用多元化方法以追求知识

格林伍德（Greenwood, D. J.）和勒温曾提出行动研究应该"采用多方法的研究策略，只要这些方法是合乎情境的。"① 网络化行动研究也同样如此，只要能实现研究目标，帮助更好地描述、解释和优化社会性世界，所有量化研究方法，包括调查研究都允许采用；同样地，只要能帮助更好地理解网络社会，所有质性研究方法，包括深度访谈、个案分析等人类学资料也都需要应用。此外，网络化行动研究更强调充分利用信息网络技术，在原有研究方法的基础上发展出更为适切的网络研究方法，例如网络日志的收集与分析、网络数据的挖掘以及网络分析等新兴研究技术的运用等等。实际上，在网络化行动研究这儿，不存在哪一种方法会优于另一种方法，所有的方法，包括各种具体收集资料和解释资料的方法都服从于实现和优化网络化生活这一根本旨归。当然，同时采用多元方法以增进研究的信度，也是追求知识的根本性保障。

(3) 尊重参与主体的多样性以促进民主

与一般的行动研究一样，网络化行动研究也采用计划、行动、观察和反思的循环往复的活动程序。但与之根本不同的是，为了提高行动者的参与度，网络化行动研究者需要和组织中的所有成员接触和交往。为此，我们需要遵守下列基本原则：①尊重所有参与者的差异性；②承认所有参与者对研究过程都产生影响；③考虑到容易受忽视的女性以及边缘人士；等等。各种信息通过扁平式结构进行流通，但要采用匿名等方式保障边缘人士或反对派人士的积极参与。为了保证参与的民主性，网络化行动研究还要求参与者公开他们自己的日程安排，表达各自的价值观和观点，从而在相互理解、相互信任

---

① GREENWOOD D J, LEVIN M. Introduction to action research: Social research for social change [M]. 2nd ed. Thousand Oaks, CA: Sage, 2006: 98.

和开明的交往环境中建立起和谐的关系。而且,从批判反思到再行动的过程间,它关涉到决策问题,因而网络化行动研究提倡决策过程透明化,从而保障参与的民主化。

3. 有效性策略

与其他所有类型的研究一样,网络化行动研究渗透了人们的秩序性与有效性诉求,因而从一开始就在努力开发甚至创新使用各种方式、技术和工具,以保障自身顺利开展并取得一定成效,进而生成了一系列有效的实施策略,主要包括"恰当选择子网切入策略""及时反馈交流策略"和"核心价值驱动策略"等。

（1）恰当选择子网切入策略

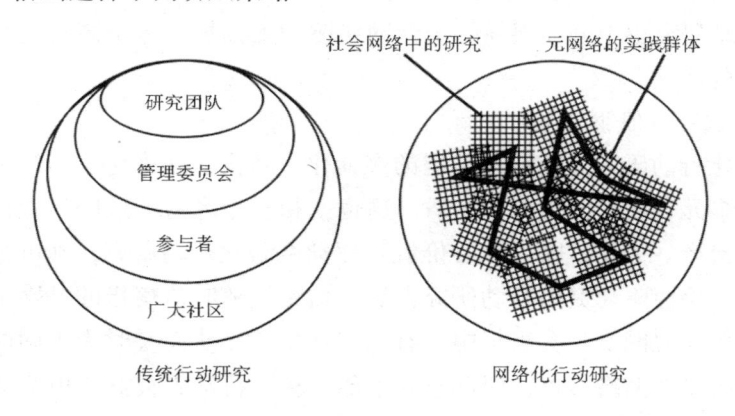

图 4.8 传统行动研究与网络化行动研究的交往生态圈比较[1]

"网络是一组内部连接的节点,而节点是曲线图形内部相交叉的点。网络是没有终点的,其包含的仅仅是节点。每个节点对于网络来说具有不同的关联性。"[2] 因此,网络化行动研究者的任务就是将每一个子网络,也就是节点的探究联结起来,形成一个更大范围的实践性网络群。研究者在承认网络的流动性、动态性、群聚性以及混合性的前提下,依然需要粗略规划和组织社会性世界中已存在的各种网络（包括正式的和非正式的）,从中选择子网络作为研究切入点。同时,网络化行动研究也鼓励所有参与者从某一个子项目开始多元化的行动研究,然后这些子项目又在一个更高的层面上,即元层面上

---

[1] HEARN G, ET AL. Action Research and New Media: Concepts, Methods and Cases [M]. New York: Hampton Press, 2009: 112.

[2] [美] 曼纽尔·卡斯特. 网络社会:跨文化的视角 [M]. 周凯,译. 北京:社会科学文献出版社:2009.3.

组成一个更大的行动研究项目。① 透过对比网络化行动研究与传统行动研究的生态交际圈，便可清晰地发现网络化行动研究的网络化特征（参见图4.8）。

因此，网络化行动研究特别强调选择合适的子网切入再展开研究，以免造成不必要的资源浪费和降低研究效果。

（2）及时反馈交流策略

前已述及，网络化行动研究十分重视行动者的参与度，因此它要求研究者领导能及时对每个行动研究参与者所做出的努力给予反馈，使参与者能真正意识到自己的反思与行动是改善自身生命实践的必要途径，而不是一种额外负担。同时，也要求各子项目的行动参与者能通过面对面或网络、聚餐等各种方式与研究者领导进行沟通，进而形成更为宽泛的研究网络。事实上，网络化行动研究也十分提倡在一个元网络驱动下开展团体协同行动与反思的不断循环的活动。

（3）核心价值驱动策略

网络化行动研究由于行动组织的多元化、结构的网络化，容易出现各子网的价值多元，甚至出现价值矛盾。这也就相应地容易导致网络化行动研究的失败与流产。为此，以"核心价值"驱动网络化行动研究，则可弥补这一局限。核心价值驱动提倡行动研究者随时监察。随时监察指的是网络化行动研究者需要监视网络社会组织中已有的交往生态，从而及时为不同的利益相关者添加必要的网络节点，即创建一个能让相关行动者彼此自由交流信息和交换经验的界面。因此，在网络化行动研究中，倡导通过沟通已有子网络与元网络之间的互动来促进信息交流，也提倡充分利用各种非正式的网络组织和交流形式来展开研究。

作为一种向着网络化、为了网络化生活而发展起来的新兴研究方法论，网络化行动研究在国外已获得认可，并行进在不断发展和完善的过程中。基于技术与社会共同发展观，它提倡在实现网络化过程中技术与社会互动，文化与权力交融，方法与目的融合。

二、从网络化行动研究到网络化学习行动研究

于瞬间被卷入网络社会中的人们，其根本的生存方式和状态凸显为"网

---

① HEARN G, ET AL. Action Research and New Media: Concepts, Methods and Cases [M]. New York: Hampton Press, 2009: 111.

络化学习"。这样一种崭新的生命存在及其发展呼唤全面而创新性的研究。可惜的是，由于惯性思维的作用，人们始终难以逃脱传统的研究方法论中量质之争的桎梏。所幸的是，基于行动者网络理论，旨在促进个体自主走向文化自主的网络化学习行动研究方法论正在悄然兴起，它以人的学习为本，超越二元对立思维模式，取消知识精英的霸权，更具开放性、包容性和互动性。

（一）网络化学习行动研究的生成

针对网络化学习研究中出现的问题与方法论的局限，勒维（Levy, P.）在第三届网络化学习国际会议上正式提出了"网络化学习行动研究"的方法论，这一方法论旨在沟通理论与实践，并坚持从"变化"的视角来展开网络化学习研究。[1] 作为一种新兴研究方法论，网络化学习行动研究实现了双重超越。

1. 超越个体自主走向文化自主

实际上，网络化学习行动研究的诞生与成长内蕴深层的人性发展基础。首先，网络化学习行动研究关照的是网络化学习。回望网络化学习形成与发展的历史便能发现，人、技术以及学习三者不断交织与缠绕、互动而互惠，共同推动着网络化学习的发展。从一开始，在互联网快速发展与应用背景中，个体学习时间的客观有限与教育要求的不断提高这一教育基本矛盾催生了网络化学习。借助网络化技术，个体学习的时间得到延伸，技术也就通过支持学习来促进人类的发展。然而，随着技术的飞速发展，网络化学习已渗入教育的方方面面，其爆炸性增长的知识和信息则又加剧了个体学习时间的有限与教育要求的提高之间的矛盾。当前，技术大有凌驾于学习之上的趋势，而作为一种文化的技术在不经意间开始重构人的主体意识，真正的文化主体则被推远而隐没于技术世界之后。此时此刻，网络化学习的主体意识亟待人们去唤醒，网络化学习行动研究正是因应这一文化需要而诞生的，它是走向教育人性化的根本途径之一。其次，按照复演论的观点，个体认知从混沌的纯粹经验到区分你我的经验再到知晓你我对立的反思性经验的发展复演了整个人类的心智进化史。由此可以推断到，研究方法的发展也将从单纯的"信仰与膜拜"到"形而上的思辨"，再从"科学实证"走向当代的"行动研究"的方法论。行动研究的根本性特征就是"反思性实践"，透过反思性实践，主

---

[1] LEVY P. A methodological framework for practice-based research in networked learning [J]. Instructional Science, 2003, 31 (1/2): 87-109.

体真正获得了在心智中将自我与世界互动变成客体的能力,由此自我得以解放,从而使米德(Mead, G. H.)于20世纪初所揭示的"人类让自我成为客体的能力"①,不再是一个秘密了。

事实上,"研究"本身就是人类的一种反思性存在的生活方式,一种走向解放的生命历程。基于这样的认识,凯米斯(Kemmis, S.)才会提出,或许行动研究不应再被看作是一种特殊的社会科学方法,它更是一种实践的、哲学的生活方式,一种我们可以在人类活动以及社会实践中展开集体学习的方式。② 这一集体的学习方式显然超越了孤独的个体学习生命,行动学习者凭借持续互动而实现着真正的文化的自主性。由此我们可以看到,网络化行动研究从人性发展的基点出发,通过反思性实践,来竭力唤醒和实现主体的文化自主性,回归真正的互动性人性,从而超越个体自主性。

(2) 超越二元对立走向整体主义

实质上,人以什么方式认识和理解世界,人就以什么方式存在着。因此,网络化学习行动研究作为一种新的认识方式,它标志着一种人类期盼的总体性生存方式。通过"行动"这一介质,"知识""生命""社会""价值"和"文化"等观念都被联系和统一起来了。在行动研究这里,"知识"被赋予了绝对的价值,即凡是知识就是有用的,凡是知识就是值得追求的。人类生命体天生所具有的"易逝"与"狭小"两大缺陷催生了知识。知识能"抓住"(grasping)正在流逝的生命而使其固着,同时,它又能通过"交流"(communication)来传播和扩大进而形成集合生命,即社会。正是在这种意义上,"知识"与"生命"统一起来了。知识为生命而存在,而生命又恰恰是透过知识来呈露与进化。随着知识的交流,社会得以形成,而伴随知识的积累,文化也自然生成,个体生命也得以放大与持存,从而获得永生。一言以蔽之,知识、生命、社会、价值、文化,"这五个在根本上不啻一件事。"③ 基于这样的认识,网络化学习行动研究将已有各种具体的有效研究方法都纳为己用。首次提出"网络化学习行动研究"概念的勒维,在自己的研究案例中就将质性方法与量化方法,网上在线数据收集和面对面数据收集进行了成功的整合。这样,网络化学习行动研究在方法论层面实现了对量化与质性之争的超越,

---

① [英]贝尔特. 二十世纪的社会理论[M]. 瞿铁鹏,译. 上海:上海译文出版社,2005:7.
② KEMMIS S. Action research as a practice-based practice [J]. Educational action research, 2009, 17 (3):463-474.
③ 张东荪. 知识与文化[M]. 上海:商务印书馆, 1946:40.

逐步走向整体主义。

借助技术，网络化学习这一崭新的文化学习形态得以凸显。生活在其中的文化主体，必然走向文化自主，而能通达这一理想世界的途径之一便是整合了实践与研究以及情感体验的一种特殊文化认识，它具体表征为或被命名为网络化学习行动研究。

（二）网络化学习行动研究的基本特征

虽然网络化学习及其研究的历史很短暂，与之相生的网络化学习行动研究也像新生儿一样刚刚呱呱坠地，但支持这一新生事物的行动研究方法论在社会科学领域却已经有了较长时间的积淀。行动研究方法，在引入网络化学习领域的过程中，经历了开发与创新相交织而起的剧变与成长，形成了网络化学习行动研究的独特性情，主要表现为"重视反思性日志""凭借媒介技术""开发多重对话"和"强调文化包容"。

1. 重视反思性日志

"反思"是网络化学习行动研究最核心的心理机制，因而反思性日志的撰写就成为研究过程中不可或缺的要素了。如今，借助信息通信技术，形式多样的日志得以产生，包括主体自觉撰写的研究性日志（research journal）或反思性日志（reflective journal），也包括网上博客（Blog）、推特（Twitter）以及计算机自动生成的网络日志（Weblog）等。丰富的反思性日志，既为网络化学习行动提供了有效的途径，又为旨在进一步反思与行动的网络化学习行动研究提供了必须的媒介与有效的数据。伴随着"研究"本身特有的强烈的意向性诉求，各种类型的引导型日志（guided journal）得以开发与应用，它们在秉承日志的反思性情的同时，增加了尝试性的问题导引。引导型日志充分体现了行动研究的超越性情，既可以使实证研究所带的绝对预成性桎梏得以解除，又可以使质性研究所致的自然生成性茫然得到预防，还可以让两者的传统得以转换而新生。

2. 凭借媒介技术

网络技术所具有的魅力不仅在于它促进了人与人之间的互动，还在于它帮助人们超越自身限制。曾经一闪而过无法留存的那些思维、行动如今都能凭借媒介技术来承载而永生，这就为行动者以及学习者突破一阶思维走向高阶思维空间奠定了必需的条件基础。如，已经广泛应用的互动式电子白板系统，可以将借以进行的课堂教学活动过程完全真实地记录下来，让行动者或学习者穿越异度时空而研究自身的活动。由加拿大威尼（Winne, P. H.）等

313

人开发的综合性网络学习工具 nStudy，则为研究网络化学习者的学习策略选择和认知加工过程创造了可能性。① 此外，各种在线互动分析工具、视觉文化研究工具也开始产生。可以说，无论是作为研究工具还是作为研究对象本身，媒介技术都是网络化学习行动研究必不可少的部分。

3. 开发网络化对话

基于知识分享的认识论假设，网络化学习行动研究尤为强调对话，强调理论者与实践者之间的网络化对话。在凯米斯看来，教育行动研究的旨趣实际上并不是要消解"理论与实践"的区别，而是要沟通理论者与实践者之间的空隙。基于这样的认识，凯米斯勾勒出了一幅在教育行动研究中理论者与实践者存在并需要对话的简洁关系（参见表4.2）。

表4.2　理论者与实践者的教育及其行动研究的理论与实践②

	理　论		实　践	
理论者	教育理论	行动研究理论	教育实践	行动研究实践
实践者	教育理论	行动研究理论	教育实践	行动研究实践

表4.2显示，理论者与实践者各自都不仅拥有不同的教育理论和不同的行动研究理论，而且拥有不同的教育实践和行动研究实践。在协作开展网络化学习行动研究过程中，理论者与实践者可以分别凭借各自不同的教育理论、行动研究理论、教育实践和行动研究实践，进行循序而交叉的"网络化"相互分享，从而让网络化对话得以实现。而这些对话就成为行动研究者实现"自我变革（self-transformation）"、改善实践、建构理论的多种有效途径。

4. 强调文化包容

文化具有宽阔胸襟而无所不包。网络化学习行动研究的文化包容性在这里含义很广。它涵摄了主体的全纳性，在网络化学习行动研究中以"共同体（community）"表征着；也涵指方法的整合，能基于实用主义的真理观将传统的研究方法、新兴的研究方法以及创新的研究方法统合起来；还意指研究

---

① BEAUDOIN L P, WINNE P H. nStudy: An Internet tool to support learning, collaboration and researching learning strategies [Z]. Paper presented at the 2009 Canadian E-learning Conference held in Vancouver, Canada, 2009.
② KEMMIS S. Action research as a practice-based practice [J]. Educational action research, 2009, 17 (3): 463-474.

领域的综合。例如，欧盟（European Union，EU）所发起的"网络化欧洲行动研究计划（e-Europe Action Plan）"以及移动学习计划（MOBIlearn），这些大型研究项目充分体现了网络化学习行动研究的包容性。最后，文化包容还指向价值的多元性。文化包容无疑是一种关系主义态度，它立足但不止步于多元价值，更在于辨析多元价值的情景适宜与共存互惠的关系特征。勒维所倡导的网络化学习行动研究在关注实践的基础上拓展到了知识或理论的建构，然而学习更是一种生命的体验，故我们更愿意将网络化学习行动研究理解并发展为关注实践、建构知识和提升精神境界的一种整体主义认识论。

（三）网络化学习行动研究的过程模式

作为一种整体主义方法论，网络化学习行动研究所具有的文化品性内在地规定了从文化哲学视野进行考察与关照的可能性。从文化哲学的视角出发，网络化学习行动研究则不再仅仅是一种抽象式的哲学理想，更是一种具体化的实践过程，包含一般与具体两种基本的模式。

1. 人、学习与技术的交融：一般模式分析

根植于时代背景与深厚历史文化中的网络化学习行动研究，尽管在实践中表现形态各异，但仍然具有一般化的实施模式。由于网络化学习行动研究实质上是沟通信息技术与人的学习生命存在的重要途径，因而从一开始它就沿着两条路向前进：一是在技术领域，研究如何发展技术和设计产品以满足学习需求；二是在教育领域，研究如何提升学习能力、改进学习方式以适应技术发展。现实中这二者相互交织、相互影响，甚至是融合在一起而无法完全区分的，最终统一于追求"互动"从而促进学生的学习与发展。基于此，网络化学习行动研究也形成了具有共同特质的两种基本模式：个人发展模式与技术设计模式。

（1）两种基本模式

个人发展模式以人为本，基于行动研究者的前经验和前假设，强调行动研究过程中的反思、对话和解释，达至"改善行动、理解行动、发展自身"的多重目标，以勒维所提出的"网络化学习行动研究"模型为代表（参见图4.9）。[1] 这一模式与之前的行动研究模式最大的不同在于，它承认了行动研究者在进入研究过程时已经持有了前经验和前假设，整个过程都十分重视行

---

[1] LEVY P. A methodological framework for practice-based research in networked learning [J]. Instructional Science, 2003, 31 (1/2): 87-109.

动研究者个体的经验，这可谓是从人文主义视角来重构行动研究。在正式开始行动研究前，首先需要通过问卷或其他方式来促进前经验或假设外显。然后，开发行动研究方法、调查研究对象及领域、设计相应的教学方案与技术模式；在行动过程中需要在参与的过程中进行监察、反思与记录，尤其倡导行动研究者与批判性协作研究者、利益相关者之间的对话；评价的过程则更进一步强调对话，让所有行动研究者借助日志等媒介，来重新解读自己的网络化学习经验，建构属于自己的研究意义；最后的理论化环节则十分重视"教育活理论（living theory）"，这样的理论是在研究过程中，从课程和教学两种模式来设计和促进专业发展时所不断创生出来的。

而技术设计模式则重视网络学习技术的开发与设计，基于需求而展开设计、测评与修订，追求设计满足个性化要求，进而促进技术开发与具体学习需求的完美结合，以班南-里特兰德（Bannan-Ritland, B.）所提出的整合式学习设计模式（integrative learning design，简称ILD）为代表（参见图4.9）。①

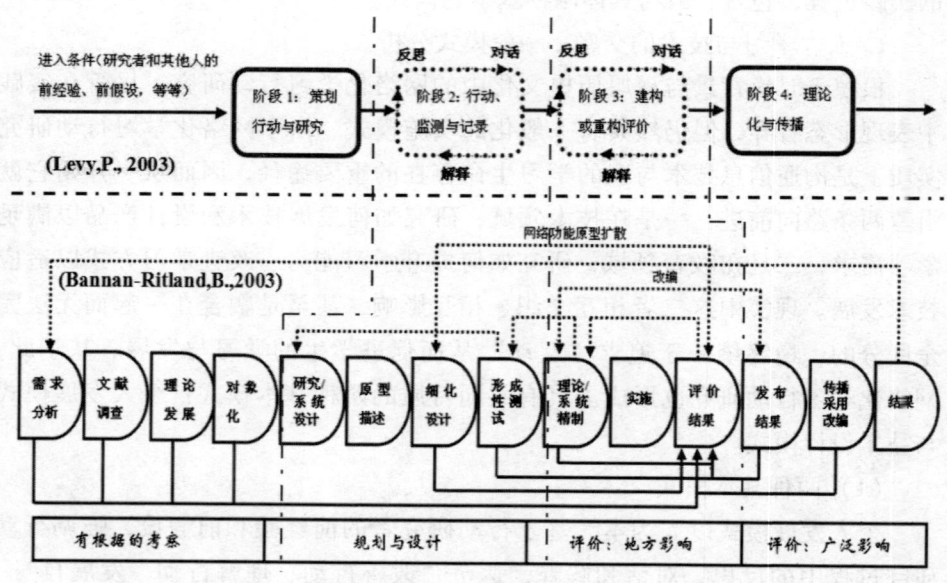

图4.9　网络化学习行动研究的个人发展模式与技术设计模式整合图

这一模式十分强调将创造性的社区设计与教育研究中标准的量化与质性

---

① BANNAN-RITLAND B. The Role of Design in Research: The Integrative Learning Design Framework [J]. Educational Researcher, 2003, 32 (1): 21-24.

研究进行整合，与个人发展模式不同的是，它是从科学实证的角度来重构行动研究的。整个设计过程包括四个基本阶段：有根据的考察、规划与设计、评价地方影响和评价广泛影响。有根据的考察阶段旨在辨识与满足目标用户的需求，它包括"需求分析活动"和"受众特征研究"两个重要环节。规划与设计则包含"初始干预设计""原型描述"与"后续发展的详细干预"三个部分。其中，借助网络将原型予以公示，并不断接受主动反馈而进行修订、调适的这样一个过程被称作"基于网络的模型传播（web-enabled prototype diffusion）"。评价地方影响主要分两个步骤，第一步是考察所设计的教育干预满足用户要求的程度如何。第二步则需反思这样的设计研究其生态效度问题，即考察能否在更广的背景下使用这样的设计。至于评价广泛影响则不仅聚焦于将研究成果进行发表，也重视设计研究成果的改编以适应更多的情境。

对比二者可以发现，虽然这两种模式由于认识论取向不同而导致具体的操作步骤有所不同，但它们的逻辑基础与整合性取向是完全一致的。二者都遵循着从计划、实施到反馈评价，最终归宿于理论化与产生广泛影响的价值目标上。基于建构主义的知识发展观，两种模式在研究过程中都十分强调对话，包括协作者与行动者之间、设计研究者与用户之间、个人的历史经验与当下体验之间，等等。同时，网络的作用与价值在这两种模式中也分别得到了重视，从而在各自不同的认识论基础上深化了已有的行动研究，发展为网络化行动研究。

（2）追求"互动"的终极价值

回望网络化学习的短暂历史，我们会发现里面的"互动性（interactivity）"的核心地位不可撼动。无论是从技术的角度还是从学习的角度出发，"互动"已逐渐复归本体的价值地位。网络化学习技术的发展从一开始就瞄准了"促进互动"的终极目标。不管是在线的或离线的，还是二者交叉的人人互动，抑或是点与点、点与线、点与面的人与资源的互动等，这一切都自然地促使网络化学习世界成为互动展现风采的大舞台，同时也打开了网络化学习互动研究的大门。如何促进和加强各个层面、各个方面、各种类型的互动已成为网络化学习领域凸显的重大课题。可以展望，以人为本的网络化学习行动研究必将在这方面作出自己的努力和贡献。基于加里森（Garrison, D. R.）所提出的研究性共同体理论模型，艾尔-德盖第（EL-Deghaidy, H.）等人相应地提出了网络化学习环境中的互动模型（参见图4.10）。

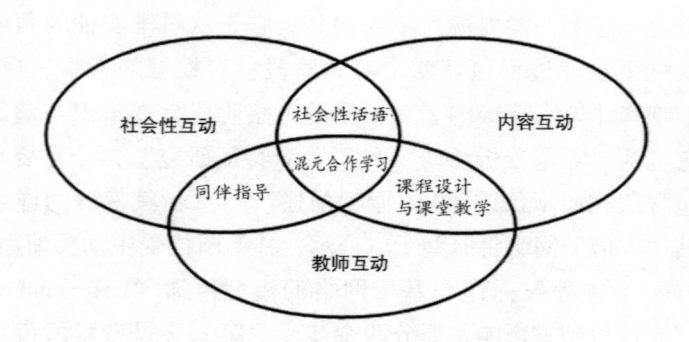

图 4.10　网络化合作学习中的互动类型①

纵览已有研究，大家比较一致地认可将网络化学习的互动分为自我互动、师生或生生互动、人与学习环境的互动等三种基本类型。再具体一点，从互动的媒介来看，可以分为音频互动、视频互动以及文本互动等；从互动的目的出发，可以分为管理的、内容的、社会的以及技术的互动等等。相应地，网络化学习行动研究在关注互动的同时也逐渐发展起互动分析的方法与技术。比较有代表性的方法有互动质性分析（interactive qualitative analysis），这种研究方法旨在达致现象的复杂性、综合性以及可解释性，依据严格和可重复原则来对某现象进行可视化描述。

2. 文化时空与生命力的律动：具体模式的分析

实际上，由于网络化学习行动研究其内部具有多样的视角、多元的价值取向以及多重的结构，因而形成了纷繁复杂的研究体系，孕育起了各色的具体模式。

（1）展开网络化学习的生命历程

网络化学习是一种动态的存在，如文卡特斯（Venkatesh，M.）将社区网络视为具有生命周期一样，网络化学习自身也是一种生命的自然展开，包括"起源（origin）""稳定（stabilization）"与"变革（transformation）"。②故而与网络化学习相生相伴的网络化学习行动研究也依次形成了"描述和展开""理解与提升"和"解放与创作"三个基本阶段。这三个阶段无论在宏观的还是微观的网络化学习行动研究中都是有迹可循的，且每个阶段都具有

---

① EL-DEGHAIDY H, NOUBY A. Effectiveness of a blended E-learning cooperative approach in an Egyptian teacher education programme [J]. Computers & Education, 2008, 51 (3)：988-1006.

② VENKATESH M. The Community Network Lifecycle: A Framework for Research and Action [J]. The Information Society, 2003, 19 (5)：339-347.

各自侧重的课题以及具体的方法（参见表4.3）。

表 4.3 网络化学习行动研究各阶段的目标、问题与方法

描述与展开阶段	理解与提升阶段	解放与创作阶段
\multicolumn{3}{c}{研究的主要目标}
通过描述网络化学习世界中的各种关系、各种不确定性来展现网络化学习世界	跟随行动者根据各种关系来解决由不确定性导致的问题，逐步理解网络化学习世界	上升到政治、社会层面来反思网络化学习行动研究，真正走向类主体的自我解放
\multicolumn{3}{c}{研究的引导性问题}
师生在网络化学习中的经验是怎样的？网络化学习的结果是怎样的？网络化学习中各要素之间的关系是怎样的？网络化学习中的整体社会关系结构是怎样的？网络化学习中知识结构是怎样的？各种资源（物质的、符号的、情感的）在网络化学习中是怎样流通的？等等	在已有情境和条件下，如何改变师生的学习经验？具体来说，包括如何展开课程设计、实施和评价？如何设计能提升学习结果的学习技术？如何变更网络化学习中的各要素？如何优化社会关系、知识结构？如何促进资源流通？等等	当下的网络化学习行动研究会关联到更大范围的组织吗？会关联到政治、经济、社会变革吗？这样的网络化学习行动研究会关联到人们的价值、观念和信念变化吗？等等
\multicolumn{3}{c}{可以采用的研究方法与技术}
☞ 现象描述分析学 ☞ 民俗方法学 ☞ 音像描述分析法 ☞ 调查法 ☞ 内容分析法 ☞ 观察法 ☞ 访谈法 ……	☞ 实验、准实验研究 ☞ 干预研究 ☞ 设计式研究 ☞ 案例研究 ☞ 形成性研究 ☞ 评价研究 ☞ ……	☞ 批判性研究 ☞ 历史比较研究 ☞ 思辨研究 ☞ 文化研究 ☞ 解释学研究 ☞ 文献分析法 ☞ ……

如表 4.3 所示，描述与展开阶段侧重于对网络化学习世界的自然性描述，因而像现象描述分析学、民俗方法学等非强制干预的具体方法是比较适合的。具体而言，基于现象描述分析学（phenomenography）而发展起来的变易学习理论为网络化学习内容的研究开辟了新路向。而常人方法学（ethnomethodology）

319

研究的对象是社会成员行动的方法。① 因此，它在检视网络化学习设计与学习过程、学习方法等方面展现了魅力。比较典型的案例就是马克贝斯（MacBeth, D.）在"私立大学项目（private university project）"中所成功地展开的关于科学概念教学的研究。音像描述分析法（video-audio-photography）则是一种综合性的媒体研究方法，它的基本假设是借助媒体所记录的事实能部分地反映客观实在或帮助行动者发现基于客观活动的主观感知与建构的实在。譬如，美国的普林斯（Prins, E.）教授发展的参与式摄影描述分析法也同样可适用于网络化学习的研究。② 这样一种具体的方法比较适合于探索网络化学习中主体所感知与建构的世界，即学生的学习主体意识的发掘。

理解与提升阶段的研究更多地侧重于改进网络化学习的实践，因此像实验、准实验研究以及设计式研究等带有较强干预性的具体方法更为常用。由于网络化学习中技术问题的凸显，因果关系的检验兴趣被淡化，取而代之的是对设计的青睐。设计式研究（design-based research）兴起于20世纪90年代初的美国，发展十分迅速。尽管国内有学者将其视为学习科学研究领域的新范式，抑或是将其发展为教育研究的新范式，但考察其起源便可发现，设计式研究的兴起与网络化学习的出现有着不可割裂的天然联系。设计式研究吸纳了工程学思想，视教育本质上是设计，从而走进网络化学习世界，面向真实情境中的问题而展开迭代的设计、评价与完善。可以说，它是理解网络化学习的真实发生、直接提升网络化学习质量的一种综合性方法。

解放与创作阶段已从网络化学习行动研究的实践场域内部逐渐走出来，而站到了更高、更广的场域来审视与考察已有的行动研究本身，因此哲学的、历史的、社会学的、文化的等各种思辨研究是最适合的。一方面，作为一种方法论，网络化学习行动研究本身需要接受哲学的审视与判定，从而促使自己逐步完善。另一方面，网络化学习行动研究内部所展开的任何一次具体的行动都与政治、经济、社会、文化、制度等有着或强或弱、或大或小的关联，因此也迫切需要从各个理论视角去予以观照。譬如，福克斯（Fox, S.）专门针对高等教育中的实践共同体这一概念展开了批判。他指出，网络化学习作为一场教育运动，它建构了学习的新模式，即虚拟社区。从政治的视角出发，

---

① GARFINKEL H, SACKS H. On formal structures of practical actions [M] // Garfinkel, H. Ethnomethodological Studies of Work. London: Routledge, 1986: 160-193.

② PRINS, E. Participatory photography: A tool for empowerment or surveillance? [J]. Action Research, 2010, 8 (4): 1-18.

这一虚拟社区可视为国家的原型共同体。于是，英语化的网络化学习可能带来的是一种英语母语国家的文化霸权。①

（2）凸显"网络化"的技术特色

当前，学习的"网络化"本性在技术的支持下得以凸显，这一特性被网络化学习行动研究所吸收。与传统研究方法相比，"网络化学习行动研究"借助技术既重构了已有的研究方法，又发展起全新的研究方法。

在网络技术的支持下，传统的问卷调查已演变成了在线问卷调查（online survey），日志分析则发展为在线日志分析（online journal analysis），等等。不仅如此，虚拟世界中的网络化学习中还自动生成了海量的数据供于研究，尤其是数码技术的繁荣，使得视觉文化研究（visual cultural studies）逐渐从研究的边缘走向中心。贝恩（Bayne, S.）指出，当下学习已发生了"数码转向（digital turn）"和"视觉转向（visual turn）"，然而已有网络化学习研究中对视觉性方法却并未重视。因此，贝恩就从批判的视角出发专门对英国国家博物馆的在线主题探究课程网页进行了视觉符号分析。研究发现，这一学习网站依然是以直线逻辑来主导设计，与纸质阅读学习无异。②

新近发展起的社会网络分析法（social network analysis, SNA）可谓是网络化学习行动研究的有力工具。"社会网络分析"首先兴起于社会学中社会网络的研究，建基于社会的网络结构观。它以一种量化与视觉化的效果将纷繁复杂的社会关系结构呈现在大家面前，开辟了一条崭新的社会关系的研究路径。利用社会网络分析法，我们能更好地跟踪和研究参与学习的主体及其之间的关系结构，也能更清晰地揭露虚拟世界中真实发生的学习过程。譬如，皮克斯利（Pixley, C.）在博士论文研究中，就专门采用了社会网络分析法来分析美国公立学校的教育技术资源教师（instructional technology resource teacher, ITRT）在就职学校中如何转换自我角色的过程。研究结果显示，能成功与学校意见领袖建立良好关系的教育技术资源教师会更好地发展为教育技术的专业开发者。③ 更多的研究者则喜欢用社会网络分析法来研究学生的网络学习过程。如威尔京（Willging, P. A.）采用社会网络分析法与可视化工

---

① FOX S. An actor-network critique of community in higher education: implications on networked learning [J]. Studies in Higher Education, 2005, 30 (1): 95–110.
② BAYNE S. Higher education as a visual practice: seeing through the virtual learning environment [J]. Teaching in Higher Education, 2008, 13 (4): 395–410.
③ PIXLEY C. A Social Network Analysis of the Role Negotiations of Instructional Technology Resource Teachers [D]. Virginia: George Mason University, 2008: xi.

具专门调查与研究一个网络在线班级的互动模型。① 展望未来，社会网络分析法将在网络化学习行动研究过程中发挥出更大的作用。

网络化学习行动研究，从根本上可以看成一种真正关怀人性发展，彰显人类本质并逐步迈向民主主义的新型教育研究方法论。它承诺并要求师生自觉地将教学过程发展为研究过程，实现真正的文化自主，从而凭借教学活动达至自身的彻底解放。因此，对网络化学习行动研究的探讨不能仅仅囿于具体的方法层面，更多的应该是方法背后所潜藏的价值。哈贝马斯（Habermas, J.）曾精辟指出，研究方法的范式不是"既得的知识"，而是"发现真理的人的具体生活"②。在这种意义上，网络化学习行动研究便是人在网络社会所创作的社会性世界里参与互动、走向自主从而实现自由的一种崭新的生活方式，更是促进知识民主化的重要途径。

---

① WILLGING P A. Analyzing Asynchronous Online Interactions through Social Network Analysis Techniques and Visualizations [D]. Illinois: Illinois University, 2005: iii-iv.
② [德] 尤尔根·哈贝马斯. 认识与兴趣 [M]. 郭官义, 李黎, 译. 上海: 学林出版社, 1999: 91.

结语

走向知识民主化的网络化学习

当德鲁克宣称"后资本主义社会"已来临时，当贝尔预测的"后工业社会"悄然出现时，"知识社会"便不再是一种想象，它确确实实地存在着并影响着我们的生活。当前，"知识社会概念有两种可能的解释，亦即知识经济和知识民主。"①

当知识成为唯一的生产要素时，人们所追求的是"知识经济"，而当知识与权力联姻时，人们所向往的则是"知识民主"。不可否认，"知识民主化"已凸显为时代的主题，但它并非新生事物。萨哈罗夫早就在其《进步、共存与知识自由》中指明，"知识自由乃人类社会的本质。"② 与其说"知识民主化"是时代精神，毋宁说它是人类社会的政治本色。

一、当代知识民主化诉求

回顾知识发展的历史，"知识民主化"的意向越来越明朗，也越来越深刻。最初，保障人人都能获取知识的自由和平等是"知识民主化"的基本含义，它反映在学习上体现为学习主体的普遍化。当我们继续深入知识的世界时，知识创造，也就是知识生产的权力之平等则成为知识民主化在更高一级水平上的涵义。哪些人才具有生产知识的权力和机会呢？这一问题成为推动知识民主化深入发展的重要动力。换言之，知识生产的去霸权将成为"知识民主化"的第二重含义。当下，生态哲学思潮的涌现忽然触动并瓦解了传统知识论的基础，拉图尔所奠基和发展的行动者网络理论将长期被遮蔽的"非人类"重新拉回了本体论的视域，这将促使知识民主化回归到人与自然分裂

---

① BIESTA G. Towards the knowledge democracy? Knowledge production and the civic role of the university [J]. Studies in Philosophy and Education, 2007, 26 (5): 469.
② [美] 丹尼尔·贝尔. 后工业社会 [M]. 彭强, 编译. 北京: 科学普及出版社, 1985: 124.

的哲学基点处，消解社会与自然、人与非人的二元对立，是为终极意义上的知识民主化。

二、网络化学习中的知识民主化愿景

孕育并生长于这个以知识与网络为基本特质的社会中的网络化学习，在知识内在的民主化诉求愈来愈强烈时，它必然做出回应，努力推动知识的民主化进程。首先，借助网络技术的迅速发展，网络化学习将首先促进传播层面的知识民主化。其次，通过超越认识论，更新知识观，解放知识主体，网络化学习则更深入地推动生产过程中的知识民主化。最后，基于网络本体论，变革世界观，发展后人类学习，网络化学习则在最深层处实现终极意义上的知识民主化。基于此，网络化学习是通达"知识民主化"的必然途径之一。相对地，网络化学习本身也将在"知识民主化"这一终极价值目标的引领下不断发展。

（一）网络技术与传播层面上的知识民主化

知识社会史的考察揭示，公开知识这个理想的兴趣，在近代早期历历可见。本质上，此处所谓的公开知识就是知识民主化这一根本价值追求的外在表征，因为在过去，知识只是王公贵族的奢侈品。正是基于这样的历史背景，知识民主化在传播层面上产生了它的基本含义：跨越文化与社会边界自由而平等地获得知识。时下，网络技术的迅猛发展革新了社会结构，也为传播层面上的知识民主化创造了现实可能性。尤其是"网络交往的蔓延，为互动、无政府和非阶层结构提供了可能性，且人人都望成为作家、出版者和无限知识容量的接受者"①，在这个层面上，知识民主化至少蕴含着三层相互关联的意义：首先，对世界的认识从二元论解释转向多元化、共生的认识论；其次，知识创造、传播与使用的社会模式从学科教学边界内转向网络化的"无边界大学"；最后，从过去于有限的时间表和规定的课程中公共获取知识转向了个体自主跨越全世界不同的社会共同体来创造和共享知识。② 事实是，在当今时代乃至未来相当长的一段时间，所有需要知识的人们都能通过转换（transfor-

---

① PENFOLD C. Global technology meets local environment: state attempts to control internet content [M] // Ho, K.C., KLUVER R., YANG K.C. (Eds.). Asia.Com: Asia Encounters the Internet. New York: Routledge Curzon, 2003: 83.
② RAZA A, MURAD H. S. Knowledge democracy and the implications to information access [J]. Multicultural Education & Technology Journal, 2008, 2 (1): 40.

mation）而获得接近知识和拥有知识的权力。唯有如此，知识才会对任何人都保持开放，进而深入推动社会的民主化。

（二）网络识知与生产过程中的知识民主化

随着对知识研究的深入，知识民主化也不能再满足于传播的民主了，它开始超越基础的传播层面，迈向了追求创造权力自由与平等的更高层面。在这个意义上，知识民主化的基本问题有两个：第一，谁创造的知识最有价值？第二，谁真正拥有创造知识的权力？本质上，第一个问题与"什么知识最有价值"的问题是一致的，因为在"什么知识"的背后必然隐含着"谁创造的知识"这一根本问题。

基于行动者网络理论，本论文所重构的"网络化学习"坚持认识论的同等效力原理，提出"网络化学习时空论"，阐明"学习即知识创造"这一隐喻，这沟通了"网络化学习"作为实现生产过程中知识民主化的重要途径之认识论机制。

当我们进一步追问"谁真正拥有创造知识的权力"时，直接生产知识的研究领域必然要做出回应。过去，因追求绝对、不变的确定性知识，滋生出了认识比行动更有价值、思辨比实践地位更高的传统。如今，当科学世界与日常生活世界走向融合时，研究领域的结构也开始动摇、变化。创造知识的权力不再是极少数知识精英的特权了，一种真正的参与式民主正在研究领域悄然兴起。政治学研究揭示，参与是实现个人平等的基本方式，因而，唯有让个人参与到研究中，知识才能真正开放，真正走向民主化。基于行动者网络理论，本书倡导解放作为知识主体的教师和学生，教师在参与网络化学习的过程中还是教育学知识的开发者，学生则完全可以成为研究者，成为表达的主体。当然，知识主体的解放最终依赖于方法的创新与开发。基于方法层面上的行动者网络理论，本论文在行动研究以及国外新兴的网络化行动基础上，提出并建构起了网络化学习行动研究这一以"参与"为创生点的新方法论，它打破了"学习"与"研究"之鸿沟，使二者融合为实现知识创新的有效方法，以追求知识民主化。

（三）网络本体与终极意义上的知识民主化

沿着知识生产的路径向更深处探寻，回到知识产生的原点处时，人们猛然发现，不平等依然那么根深蒂固地存在着。原来，康德（Kant, I.）虽实现了从世界到通达世界条件的批判哲学转向，却遗留下了"人与世界的唯一相关性"的后患，形成了人类意识与外部世界之间的断裂。正因为如此，人类与非人类在知识创造的层面上总是难以达致平等，所谓的知识民主化遭遇了新的挑战。幸运的是，行动者网络理论借助符号学思想，重新赋予了自然及人工物以行动者身份，由此便在更深层次的本体论上化解了自然与人文、科学与社会的矛盾，这为知识的彻底民主化奠定了新哲学基础。网络化学习在行动者网络理论的启示下，跳出传统认识论的思维框架，进一步反思和重构其存在的本体。行动者（actor）的出场打破了人类中心主义的幻象，使行动者在场的网络化关系瓦解了实体本体论的极权，这一切都指向于回归"人性"的本真，重新拷问其本体论与认识论基础，从根本上实现存在观的变革。基于此，网络化学习将不再仅仅是作为认识主体的个体面对认识对象（客体）所产生的认知加工过程，也不再仅仅是位于边缘的学习者参与实践共同体活动的合法建构过程，而是诸多异质的行动者（人与非人的）共同形成网络的过程。在此意义上，人与非人构成了完全平等的共同体。

至此，一幅融合了学习与技术、学习与知识、学习与研究的新兴网络化学习美好文化图景清晰地呈现在诸位面前。它紧紧地围绕着"知识民主化"这一终极价值追求，开启了通往知识传播民主化的网络技术之途，开辟了通达知识生产民主化的网络识知之道，开创了实现彻底知识民主化的网络本体之径。展望未来，新兴的网络化学习向内还将敞开与政治的对话空间，开启建构"学习政治认识论"的征途；向外，它则会勇敢地承担起公共角色的职责，通过自我的民主化而引领和促逼未来全人类社会的知识民主化，谱写人类文化历史的新篇章。

参考文献

中文著作类

［1］［奥地利］伊万·伊利奇. 非学校化社会［M］. 吴康宁，译. 台北：桂冠图书股份有限公司，1992.

［2］［澳］W. F. 康内尔. 二十世纪世界教育史［M］. 孟湘砥，胡若愚，主译，固定之，张方庭，校. 长沙：湖南教育出版社，1991.

［3］［德］恩斯特·卡西尔. 人论［M］. 甘阳，译. 上海：上海译文出版社，1985.

［4］［德］斐迪南·滕尼斯. 共同体与社会——纯粹社会学的基本概念［M］. 林荣远，译. 北京：商务印书馆，1999.

［5］［德］海德格尔. 技术的追问［M］// 孙周兴. 海德格尔选集（下）. 北京：生活·读书·新知三联书店，1996.

［6］［德］海德格尔. 物［M］// 孙周兴. 海德格尔选集（下）. 北京：生活·读书·新知三联书店，1996.

［7］［德］海德格尔. 存在与时间［M］. 陈嘉映，王庆节，译. 北京：生活·读书·新知三联书店，2006.

［8］［德］黑格尔. 哲学史讲演录（第1卷）［M］. 北京：生活·读书·新知三联书店，1956.

［9］［德］黑格尔. 小逻辑［M］. 贺麟，译. 北京：商务印书馆，1980.

［10］［德］康德. 历史理性批判文集［M］. 何兆武，译. 北京：商务印书馆，1990.

［11］［德］康德. 纯粹理性批判［M］. 蓝公武，译. 北京：商务印书馆，2009.

［12］［德］马克思. 关于费尔巴哈的提纲［M］//马克思恩格斯选集（1）（第2版）. 北京：人民出版社，1995.

［13］［德］马克斯·韦伯. 社会科学方法论［M］. 韩水法，莫茜，译.

北京：中央编译出版社，1999.

　　[14] [德] 尼采. 悲剧的诞生：尼采美学文选 [M]. 周国平，译. 北京：生活·读书·新知三联书店，1986.

　　[15] [德] 尤尔根·哈贝马斯. 认识与兴趣 [M]. 郭官义，李黎，译. 上海：学林出版社，1999.

　　[16] [法] 埃德加·莫兰. 复杂思想：自觉的科学 [M]. 陈一壮，译. 北京：北京大学出版社，2001.

　　[17] [法] 保罗·利科尔. 解释学与人文科学 [M]. 陶远华，袁耀东，冯俊，等译. 石家庄：河北人民出版社，1987.

　　[18] [法] 贝尔纳·斯蒂格勒. 技术与时间：艾比米修斯的过失 [M]. 裴程，译. 南京：译林出版社，1999.

　　[19] [法] 布鲁诺·拉图尔. 我们从未现代过 [M]. 刘鹏，安涅思，译. 苏州：苏州大学出版社，2010.

　　[20] [法] 布鲁诺·拉图尔. 科学在行动：怎样在社会中跟随科学家和工程师 [M]. 刘文旋，郑开，译. 北京：东方出版社，2005.

　　[21] [法] 福柯. 福柯的附语：主体与权力 [M] // [美] L·德赖弗斯，保罗·拉比诺. 超越结构主义与解释学. 张建超，张静，译. 北京：光明日报出版社，1992.

　　[22] [法] 让-弗朗索瓦·利奥塔尔. 后现代状态：关于知识的报告 [M]. 车槿山，译. 北京：生活·读书·新知三联书店，1997.

　　[23] [古希腊] 柏拉图. 理想国 [M]. 郭斌和，张竹明，译. 北京：商务印书馆，1986.

　　[24] [古希腊] 亚里士多德. 形而上学 [M]. 李真，译. 上海：上海世纪出版集团，2005.

　　[25] [古希腊] 亚里士多德. 形而上学 [M]. 苗力田，译. 北京：中国人民大学出版社，2003.

　　[26] [古希腊] 亚里士多德. 形而上学 [M]. 吴寿彭，译. 北京：商务印书馆，1980.

　　[27] [英] 李约瑟. 中国科学技术史（第二卷）：科学思想史 [M]. 北京：科学出版社，1990.

　　[28] [英] 尼古拉斯·布宁，涂纪元. 西方哲学英汉对照辞典 [K]. 北京：人民出版社，2001.

　　[29] [汉] 许慎. 说文解字注 [K]. [清] 段玉裁，注. 上海：上海古籍出版社，1981.

　　[30] [加] G. 西蒙斯. 网络时代的知识和学习——走向联通 [M]. 詹

青龙, 译. 上海: 华东师范大学出版社, 2009.

[31] [加] 马克斯·范梅南. 教学机智——教育智慧的意蕴 [M]. 李树英, 译. 北京: 教育科学出版社, 2001.

[32] [捷克] 夸美纽斯. 大教学论 [M]. 第2版. 傅任敢, 译. 北京: 人民教育出版社, 1984.

[33] [美] J. 莱夫, E. 温格. 情景学习: 合法的边缘性参与 [M]. 王文静, 译. 上海: 华东师范大学出版社, 1991.

[34] [美] 埃瑟·戴森: 2.0版: 数字化时代的生活设计 [M]. 胡泳, 范海燕, 译. 海口: 海南出版社, 1998.

[35] [美] 安德鲁·皮克林. 实践的冲撞——时间、力量与科学 [M]. 邢冬梅, 译. 南京: 南京大学出版社, 2004.

[36] [美] 保罗·法伊尔阿本德. 反对方法: 无政府主义知识论纲要 [M]. 周昌忠, 译. 上海: 上海译文出版社, 2007.

[37] [美] 彼得·德鲁克. 后资本主义社会 [M]. 张星岩, 译. 上海: 上海译文出版社, 1998.

[38] [美] 丹尼尔·贝尔. 后工业社会 [M]. 彭强编, 译. 北京: 科学普及出版社, 1985.

[39] [美] 丹尼尔·贝尔. 后工业社会的来临: 对社会预测的一项探索 [M]. 高铦, 王宏周, 魏章玲, 译. 北京: 新华出版社, 1997.

[40] [美] 弗里乔夫·卡普拉. 转折点——科学、社会和正在兴起的文化 [M]. 卫飒英, 李四南, 译. 成都: 四川科学技术出版社, 1988.

[41] [美] 葛洛蒂, [中] 张国治. 数字化世界——21世纪的社会生活定律 [M]. 北京: 电子工业出版社, 1999.

[42] [美] 克拉克·威斯勒. 人与文化 [M]. 钱岗南, 傅志强, 译. 北京: 商务印书馆, 2004.

[43] [美] 克里斯·哈布尔斯·格雷. 张立英, 译. 后人类的可能性 [M] // 曹荣湘. 后人类文化 [M]. 北京: 生活·读书·新知三联书店, 2004.

[44] [美] 克利福德·吉尔兹. 地方性知识——阐释人类学论文集 [M]. 王海龙, 张家瑄, 译. 北京: 中央编译出版社, 2000.

[45] [美] 雷可夫, 詹森. 我们赖以生存的譬喻 [M]. 周世箴, 译注. 台北: 联经出版事业有限公司, 2006.

[46] [美] 曼纽尔·卡斯特. 网络社会的崛起 [M]. 夏铸九, 等译. 北京: 社会科学文献出版社, 2001.

[47] [美] 曼纽尔·卡斯特. 网络社会: 跨文化的视角 [M]. 周凯, 译.

北京：社会科学文献出版社，2009.

[48] [美] 尼尔·波兹曼. 娱乐至死·童年的消逝 [M]. 章艳, 吴燕莛, 译. 桂林：广西师范大学出版社, 2009.

[49] [美] 萨顿. 科学的历史研究 [M]. 刘兵, 等译. 北京：科学出版社, 1990.

[50] [美] 索尔蒂斯. 教育与知识的概念 [C] // 瞿葆奎. 教育学文集（智育）. 唐晓杰, 译. 北京：人民教育出版社, 1993.

[51] [美] 托夫勒. 未来的冲击 [M]. 蔡伸章, 译. 北京：中信出版社, 2006.

[52] [美] 维娜·艾莉. 知识的进化 [M]. 刘民慧, 译. 珠海：珠海出版社, 1998.

[53] [美] 约翰·杜威. 民主主义与教育 [M]. 王承绪, 译. 北京：人民教育出版社, 1990.

[54] [美] 约翰·奈斯比特. 大趋势：改变我们生活的十个新方向 [M]. 北京：科学普及出版社, 1985.

[55] [美] 约瑟夫·劳斯. 知识与权力——走向科学的政治哲学 [M]. 盛晓明, 邱慧, 孟强, 译. 北京：北京大学出版社, 2004.

[56] [美] 詹姆士. 实用主义 [M]. 陈羽伦, 孙瑞禾, 译. 北京：商务印书馆, 1979.

[57] [日] 野中郁次郎, 竹内弘高. 创造知识的企业：日美企业持续创新的动力 [M]. 李萌, 高飞, 译. 北京：知识产权出版社, 2006.

[58] [英] 波普尔. 客观知识——一个进化论的研究 [M]. 舒炜光, 等译. 上海：上海译文出版社, 1987.

[59] [英] P. 切克兰德. 系统论的思想与实践 [M]. 左晓斯, 史然, 译. 北京：华夏出版社, 1990.

[60] [英] 安东尼·吉登斯. 现代性与自我认同 [M]. 赵旭东, 方文, 译. 北京：生活·读书·新知三联书店, 1998.

[61] [英] 安东尼·吉登斯. 历史唯物主义的当代批判：权力、财产与国家 [M]. 上海：上海译文出版社, 2010.

[62] [英] 巴里·巴恩斯. 科学知识与社会学理论 [M]. 鲁旭东, 译. 北京：东方出版社, 2001.

[63] [英] 贝尔特. 二十世纪的社会理论 [M]. 瞿铁鹏, 译. 上海：上海译文出版社, 2005.

[64] [英] 彼得·柏克. 知识社会史：从古藤堡到狄德罗 [M]. 贾士蘅, 译. 台北：麦田出版社, 2003.

[65] [英] 霍恩比. 牛津高阶英汉双解词典（第6版）[K]. 石孝殊, 赵翠莲, 王玉章, 等译. 北京: 商务印书馆, 2005.

[66] [英] 吉尔德·德兰逖. 社会科学: 超越建构论和实在论 [M]. 张茂元, 译. 长春: 吉林人民出版社, 2005.

[67] [英] 卡尔·波普尔. 通过知识获得解放 [M]. 范景中, 李本正, 译. 北京: 中国美术学院出版社, 1996.

[68] [英] 迈克尔·波兰尼. 个人知识——迈向后批判哲学 [M]. 许泽民, 译. 贵阳: 贵州人民出版社, 2000.

[69] [英] 休谟. 人性论（上）[M]. 关文运, 译. 北京: 商务印书馆, 2010.

[70] [英] 约翰·亨利·纽曼. 大学的理念 [M]. 高师宁, 等译. 贵阳: 贵州教育出版社, 2003.

[71] [英] 约翰·诺顿. 互联网: 从神话到现实 [M]. 朱萍, 茅应征, 张雅珍, 译. 南京: 江苏人民出版社, 2001.

[72] 北京大学哲学系外国教育史教研室. 古希腊罗马哲学 [M]. 北京: 商务印书馆, 1982.

[73] 后人类文化 [M]. 北京: 生活·读书·新知三联书店, 2004.

[74] 质的研究方法和社会科学研究 [M]. 北京: 教育科学出版社, 1999.

[75] 网络社会: 点与线的生存 [M]. 北京: 科学普及出版社, 1999.

[76] 心理与教育研究方法 [M]. 北京: 北京师范大学出版社, 2004.

[77] 伸延的世界: 网络化及其限制 [M]. 北京: 北京出版社, 1999.

[78] 哲学大辞典（分类修订本）[K]. 上海: 上海辞书出版社, 2007.

[79] 人就是"人" [M]. 沈阳: 辽宁人民出版社, 2001.

[80] 从个体知识到社会知识——罗蒂的知识论研究 [M]. 上海: 上海人民出版社, 2010.

[81] 网络创世纪: 从阿帕网到互联网 [M]. 北京: 中国人民大学出版社, 1998.

[82] 文化哲学: 认识与评价 [M]. 武汉: 武汉大学出版社, 2010.

[83] 华东师大教育系, 杭州大学教育系. 现代西方资产阶级教育思想流派论著选 [M]. 北京: 人民教育出版社, 1980.

[84] 现代课程与教学论 [M]. 第2版. 北京: 人民教育出版社, 2011.

[85] 黄少华, 翟本瑞. 网络社会学: 学科定位与议题 [M]. 北京: 中国社会科学出版社, 2006.

[86] 西方政治认识论演变 [M]. 上海: 上海人民出版社, 2008.

[87] 与真理为友 [M]. 上海：上海科技教育出版社, 2002.

[88] 李克东, 何克抗. 计算机教育应用与教育改革：97 全球华人计算机教育应用大会论文集 [C]. 北京：北京师范大学出版社, 1997.

[89] 毛怡红, 宋继杰, 罗嘉昌 主编. 场与有——中外哲学的比较与融通（三）[M]. 北京：中国社会科学出版社, 1996.

[90] 哲学研究方法论 [M]. 武汉：武汉大学出版社, 1998.

[91] 社会认识论导论 [M]. 北京：中国社会科学出版社, 2010.

[92] 上海市教科院智力开发研究所. 美国教育部教育技术白皮书 [M]. 上海：上海教育出版社, 2001.

[93] 司马云杰. 文化主体论 [M]. 济南：山东人民出版社, 1992.

[94] 孙周兴 选编. 海德格尔选集（下）[M]. 北京：生活·读书·新知三联书店, 1996.

[95] 自由人的自由联合：汪丁丁论网络经济 [M]. 厦门：鹭江出版社, 2000.

[96] 教学论稿 [M]. 北京：人民教育出版社, 1985.

[97] 现代西方哲学 [M]. 上海：上海人民出版社, 2009.

[98] 文化哲学：理论理性和实践理性交汇处的文化批判 [M]. 2 版. 昆明：云南人民出版社, 2005.

[99] 追寻诗意的栖居：现代性与审美教育 [M]. 北京：人民出版社, 2009.

[100] 时空论 [M] // 曾霄容. 超现实存在论：形上学基础论（第一部）. 台北：青文出版社, 1972.

[101] 知识与文化 [M]. 北京：商务印书馆, 1946.

[102] 生存哲学 [M]. 昆明：云南人民出版社, 2001.

[103] 张盈堃. 儿童/童年研究的理论与实务 [M]. 台北：学富文化事业有限公司, 2009.

[104] 论知识网络的结构 [M] //《图书情报工作》杂志社. 信息、知识与网络. 北京：海洋出版社, 2009.

[105] 科学的社会建构：科学知识社会学的理论与实践 [M]. 天津：天津人民出版社, 2002.

[106] 中国大百科全书总编辑委员会《哲学》编辑委员会. 中国大百科全书·哲学 II [K]. 北京：中国大百科全书出版社, 1987.

[107] 中国社会科学院语言研究所词典编辑室. 现代汉语词典 [K]. 5 版. 北京：商务印书馆, 2005.

[108] 马克思恩格斯全集（第 46 卷）（上）[M]. 北京：人民出版

社，1979.

［109］马克思恩格斯选集（第1卷）［M］.北京：人民出版社，1995.

论文

［1］董玉琦.信息教育课程设计原理：要因与取向［D］.长春：东北师范大学，2003.

［2］行动者网络理论——布鲁诺·拉图尔科学哲学研究［D］.上海：复旦大学，2008.

［3］网络教育本质论［D］.长春：东北师范大学，2003.

［4］网络时代的教育［D］.天津：南开大学，2008.

［5］网络化学习的复杂性及其研究的复杂范式［D］.桂林：广西师范大学，2010.

［6］文化学习引论——学习文化的哲学考察与建构［D］.广州：华南师范大学，2007.

［7］可选择的技术：关于技术的解释学研究［D］.太原：山西大学，2004.

中文期刊及报纸

［1］［加］M.邦格.技术的哲学输入和哲学输出［J］.张立中，译.罗慧生，校.自然科学哲学问题丛刊，1984（1）.

［2］［墨西哥］M·P.劳拉.概念变化的语义学：解放概念的出现［J］.高静宇，译.世界哲学，2011（6）.

［3］［日］岩崎允胤.技术论［J］.金路，卢宏，译.自然科学哲学问题丛刊，1984（2）.

［4］论技术的本质与要素［J］.自然辩证法研究，1988，（1）.

［5］"制度化教育"评议［J］.上海教育科研，2000，146（2）.

［6］当代知识论：概念、背景与现状［J］.哲学研究，2003（5）.

［7］拉图尔的科学哲学观——在巴黎对拉图尔的专访［J］.哲学动态，2006（9）.

［8］邓胜利，胡吉明.Web2.0环境下基于群体交互学习的知识创新研究［J］.情报理论与实践，2010，33（2）.

［9］从因果性看还原论与整体论之争［J］.自然辩证法研究，2010，26（10）.

［10］藩莉，林孟光.谈谈计算机辅助教学［J］.现代远距离教育，1988（6）.

[11] 你还能全神贯注于一本书吗？——人类的思维方式正在被网络重塑 [N]. 科技日报, 2010-08-08 (2).

[12] 关于技术本质的哲学释读 [J]. 自然辩证法研究, 2001, 17 (12).

[13] 论教学论的实践转向 [J]. 南京师范大学学报（社会科学版），2002 (2).

[14] 对"学习"本质的哲学思考 [J]. 河南科技大学学报（社会科学版），2004, 22 (3).

[15] E-learning 与高校教学的深化改革（上）[J]. 中国电化教育，2002 (2).

[16] 黄甫全, 曾文婕, 陈冬梅, 等. 网络环境下合作活动学习的行动研究——以"课程与教学论"的教学改革试验为例 [J]. 电化教育研究, 2007 (8).

[17] 黄甫全, 左璜. 当代行动研究的自由转身: 走向整体主义 [J]. 教育学报, 2012 (1).

[18] 开发实验课程与教学：教师教育改革的新路向 [J]. 教育发展研究，2009 (18).

[19] 论实验型教学专业课程体系建构的三大策略 [J]. 课程·教材·教法，2010 (2).

[20] 师生主体、知识价值与整体方法——文化教学认识论纲 [J]. 教育发展研究，2010 (22).

[21] 试论信息技术与课程整合的实质及其基本原理 [J]. 教育研究，2002 (10).

[22] 黄颂杰, 宋宽锋. 对知识的追求和辩护——西方认识论和知识论的历史反思 [J]. 复旦学报（社会科学版），1997 (4).

[23] 当前教学论研究: 热点与沉思 [J]. 教育研究, 2007 (12).

[24] 李雪垠, 刘鹏. 从空间之网到时间之网——拉图尔本体论思想的内在转变 [J]. 自然辩证法研究, 2009, 25 (7).

[25] 知识论的政治意识形态本性及其批判 [J]. 哲学研究, 2005 (4).

[26] 网人合一·类像世界·体验经济——从 Web1.0 到 Web3.0 的启示 [J]. 云南社会科学, 2007 (2).

[27] 还原论的两种形相及其思维实质 [J]. 自然辩证法通信, 2007 (6).

[28] 刘啸霆, 张仲孚, 吴卫东. 个体认识论视野中的教育和教改 [J]. 高等师范教育研究, 2000, 12 (1).

[29] 刘仲蓓, 颜亮, 陈明亮. 数字化生存的人文价值与后人类中心主义

[J]．自然辩证法研究，2003，19（4）．

[30] 技术"遮蔽"了什么？[J]．哲学研究，2010（7）．

[31] 欧阳康，斯蒂夫·富勒．关于社会认识论的对话（上）[J]．哲学动态，1992（4）．

[32] 社会认识论刍议[J]．中国人民大学学报，1988（4）．

[33] 论尼古拉·哈特曼的新存在学认识论[J]．哲学研究，2007（5）．

[34] 重塑人类的社会性[J]．世界博览，2010（9）．

[35] 学习究竟是什么——多学科视野中的学习研究论纲[J]．开放教育研究，2005，11（1）．

[36] 技术：从控制自然手段到被控制对象[J]．科技导报，2006，24（7）．

[37] 地方性知识的构造[J]．哲学研究，2000（12）．

[38] 石之瑜，李圭之，曾倚萃．日本近代中国学：知识可否解放身份[J]．中国社会科学，2007（1）．

[39] e-学习的理论内涵与实践价值[J]．比较教育研究，2005（4）．

[40] 论网络学习[J]．教育研究，2000（3）．

[41] 从普通认识论到文化认识论：认识论视角的新转换[J]．现代哲学，1999（1）．

[42] 当代知识论与社会科学哲学[J]．自然辩证法研究，2007，23（11）．

[43] 吴莹，等．跟随行动者重组社会：读拉图尔的《重组社会：行动者网络理论》[J]．社会学研究，2008（2）．

[44] 徐璐，等．Web2.0技术应用及Web3.0发展趋势[J]．中国传媒科技，2008（5）．

[45] 徐献军，丛杭青．知识可以传递吗？[J]．自然辩证法研究，2005（4）．

[46] 杨红颖，王向阳．基于建构主义学习理论的多媒体网络教学系统研究[J]．现代远距离教育，2004，94（4）．

[47] 对学习概念的新认识[J]．韩山师范学院学报，1995（4）．

[48] 技术的本质与时代的命运——海德格尔《技术的追问》的解读[J]．世界哲学，2009（5）．

[49] 张桂芳，陈凡．技术与生活世界[J]．哲学研究，2010（3）．

[50] 在兼容与超越还原论的研究纲领——理清近年来有关还原论的哲学争论[J]．哲学研究，2005（7）．

[51] 网络学习之本质属性探究[J]．现代远程教育研究，2010，108

(6).

[52] 教师的权威者角色在网络教育中的变化及其社会学原因 [J]. 湖南师范大学教育科学学报, 2010, 9 (5).

[53] 深化启蒙: 从方法论的个人主义到方法论的关系主义 [J]. 哲学研究, 2011 (1).

[54] 知识, 命运和幸福 [J]. 哲学研究, 2001 (8).

[55] 郑中玉, 何明升. "网络社会" 概念辨析 [J]. 社会学研究, 2004 (1).

[56] 左璜, 黄甫全. 课堂互动研究的主题、方法与趋势 [J]. 外国教育研究, 2011, 38 (5).

[57] 左璜, 黄甫全. 试论同伴互助学习的涵义及研究的主要课题 [J]. 课程·教材·教法, 2008, 28 (9).

英文著作类

[1] ANDREWS R, HAYTHORNTHWAITE C. The SAGE Handbook of E-learning Research [M]. London: SAGE Publications Ltd., 2007.

[2] ARCHER M S. Being Human: The Problem of Agency [M]. Cambridge: Cambridge University Press, 2000.

[3] ARIèS, P. Centuries of Childhood: A Social History of Family Life [M]. BALDICK R, trans. New York: Alfred A. Knopf, 1962.

[4] BATES A W. Managing Technological Change: Strategies for Colleges and University Leaders [M]. San Fransisco: Jossey-Bass Publishers, 1999.

[5] BEREITER C. Education and mind in the knowledge age [M]. Hillsdale, NJ.: Lawrence Erlbaum, 2002.

[6] BIESTA G J J. Beyond Learning: Democratic Education for a Human Future [M]. Boulder, CO: Paradigm, 2006.

[7] BIJKER W, LAW J. (eds.). Shaping Technology/Building Society: Studies in Socio-technical Change [M]. Cambridge, MA: MIT Press, 1992.

[8] BILLETT S. Learning through practice: models, traditions, orientations and approaches [M]. London: Springer, 2010.

[9] BOGHOSSIAN P. Fear of Knowledge: Against Relativism and Constructivism [M]. Oxford: Oxford University Press, 2006.

[10] BOYDSTON J A. (Ed.). John Dewey. The later works (1925–1953) (Vol. 4) [M]. Carbondale: Southern Illinois University Press, 1929.

[11] BOYER E L. Scholarship Reconsidered: Priorities of the Professorate

[R]. Princeton, NJ.: The Carnegie Foundation for the Advancement of Teaching, 1990.

[12] BRUCE C, RUSSELL A L. Transforming tomorrow today: proceedings of the second world congress on action learning: reflecting the philosophy of collaborative change in government, industry, education and the community [C]. Brisbane: ALARPM, 1992.

[13] CAMPBELL A, GROUNDWATER-SMITH S. An ethical approach to practitioner research: dealing with issues and dilemmas in action research [M]. Oxon, Abingdon: Routledge, 2007.

[14] CASTELLS M. The rise of the network society [M]. 2nd ed. Oxford; Malden, MA: Blackwell Publishers, 2000.

[15] CASTELLS M, FLECHA R, FREIRE P, GIROUX H, MACEDO D, WILLIS P. (eds). Critical Education in the New Information Age. Lanham, MD: Rowman and Littlefield, 1999.

[16] CHRISTENSEN P, JAMES A. (Eds). Research with Children: Perspectives and Practices [M]. 2nd ed. London: Routledge, 2008.

[17] COHEN L, MANION L, MORRISON K. Research methods in education [M]. 5th ed. London: Routledge Falmer, 2000.

[18] CONOLE G, OLIVER M. Contemporary perspectives in E-learning Research: themes, methods and impact on practice [M]. London and New York: Routledge, 2007.

[19] COOK I. Empowerment Through Journal Writing? Border Pedagogy at Work [M]. University of Sussex Research Papers in Geography No. 26. London: The Falmer Press, 1996.

[20] DAVENPORT T, PRUSAK L. Working Knowledge: How Organizations Manage What They Know [M]. Boston, MA.: Harvard Business School Press, 2000.

[21] Department of Education. Student Voice: A historical perspective and new directions [R]. Melbourne: State of Victoria, Paper NO: 10, April 2007.

[22] DEWEY J. Democracy and Education: An Introduction to the Philosophy of Education [M]. New York: The Macmillan Company, 1930.

[23] DEWEY J. The Public and Its Problem [M]. Chicago: Gateway Books, 1946.

[24] DEWEY J. Experience and Education [M]. New York: Simon & Schuster, 1997.

[25] DIRCKINCK-HOLMFELD L. et al. Proceedings of the 7th international Conference on Networked Learning 2010 [C]. Denmark: Aalborg, 2010.

[26] DUNKIN M J. (Ed.). The International Encyclopedia of Teaching and Teacher Education [M]. Oxford: Pergamon, 1987.

[27] ELLIOTT J. Action Research f or Educational Change [M]. Philadelphia: Open University Press, 1991.

[28] ELLUL J. The Technological Society [M]. New York: Random House, 1964.

[29] Engeström Y. Learning by Expanding [M]. Helsinki: Orienta-Konsultit Oy: 1987.

[30] Engeström Y., Miettinen, R., Punamäki, R. -L. (Eds.). Perspectives on activity theory [M]. Cambridge, UK: Cambridge University Press, 1999.

[31] Farías, I, Bender T. (eds.). Urban Assemblages: How Actor-Network Theory Changes Urban Studies [M]. London: Routledge, 2010.

[32] FENWICK T, EDWARDS R. Actor-Network Theory In Education [M]. Oxen: Routledge, 2010.

[33] FOUCAULT M. Power/Knowledge [M]. New York: Pantheon, 1980.

[34] FOUCAULT M. The Order of Things [M]. London: Routledge, 2002.

[35] FRAENKEL J R., Wallen, N. E. How to design & Evaluate research in education [M]. 4th ed. Boston: McGraw-Hill, 2000.

[36] GARFINKEL H. Ethnomethodological Studies of Work [M]. London: Routledge, 1986.

[37] GEE J P. What Video Games Have to Teach Us About Learning and Literacy [M]. New York: Palgrave Macmillan, 2003.

[38] GIDDENS A. Runaway World: How Globalization is Reshaping Our Lives [M]. London: Profile, 1999.

[39] GOLDMAN A I. Epistemology and Cognition [M]. Cambridge, MA.: Harvard University Press, 1986.

[40] GOLDMAN A I. Knowledge in a social world [M]. Oxford, UK: Clarendon Press, 1999.

[41] GOODYEAR P. ETAL. Advances in Research on Networked Learning [M]. Norwell: Kluwer Academic Publishers, 2004.

[42] GOODYEAR R, BANKS S, HODGSON V, MCCONNELL D. Proceedings of the 3rd international Conference on Networked Learning [C]. Sheffield: Sheffield University, 2002.

[43] GOVE P B. & THE MERRIAM – WEBSTER EDITORIAL STAFF. Webster's Third New International Dictionary of the English Language Unabridged [K]. Springfield: Merriam-Webster Inc., 1986.

[44] GREENWOOD D J, LEVIN M. Introduction to action research: Social research for social change [M]. 2nd ed. Thousand Oaks, CA: Sage, 2006.

[45] GRINT K, WOOLGAR S. The Machine at Work [M]. Cambridge: Polity Press, 1997.

[46] HAAS C. Writing Technology: Studies in the Materiality of Literacy [M]. Hillsdale, NJ: Lawrence Erlbaum, 1996.

[47] HAKKARAINEN K, PALONEN T, PAAVOLA S, LEHTINEN E. Communities of Networked Expertise: Professional and Educational Perspectives [M]. Amsterdam: Elsevier, 2004.

[48] HARASIM L, HILTZ S, TELES L, TUROFF, M. Learning Networks: A Field Guide to Teaching and Learning Online [M]. Cambridge, MA: MIT Press, 1995.

[49] HARAWAY D. Primate Visions [M]. London: Routledge, 1989.

[50] HARAWAY D. (ed.). Simians, Cyborgs and Women: The Reinvention of Nature [M]. New York: Routledge: 1991.

[51] HARMAN G. Prince of Networks: Bruno Latour and Metaphysics [M]. Melbourne: Re-press, 2009.

[52] HARWOOD P G, ASAL V. Educating the first digital generation [M]. Westport: Praeger Publisher, 2007.

[53] HAYLES N K. How We Became Posthuman: Virtual Bodies in Cybernetics, Literature and Informatics [M]. Chicago: The University of Chicago, 1999.

[54] HEARN G, ET AL. Action Research and New Media: Concepts, Methods and Cases [M]. New York: Hampton Press, 2009.

[55] Higher Education Funding Council for England. HEFCE Strategy for E-learning [M]. Bristol: HEFCE, 2005.

[56] HINE C. Virtual Ethnography [M]. London: Sage Publication Ltd., 2000.

[57] HO KC, KLUVER R, YANG KC. (Eds.). Asia. Com: Asia Encounters the Internet [M]. New York: Routledge Curzon, 2003.

[58] HOFER B K, PINTRICH P R. (Eds.). Personal epistemology: The psychology of beliefs about knowledge and knowing [M]. Mahwah, NJ: Lawrence Erlbaum, 2002.

[59] HORKHEIMER M. Eclipse of Reason [M]. New York: Oxford University Press, 1947.

[60] JACOBS M D, Hanrahan N W. The Blackwell Companion To The Sociology Of Culture [M]. Malden, MA: Blackwell Pub., 2005.

[61] JAMES A, JAMES A L. Constructing Childhood: Theory, Policy and Social Practice [M]. New York: Palgrave Macmillan, 2004.

[62] JAMES A, PROUT A. Constructing and Reconstructing Childhood [M]. 2nd ed. Basingstoke: Falmer Press, 1997.

[63] JASHAPARA A. Knowledge Management: An Integrated Approach [M]. Harlow: FT Prentice-Hall, 2004.

[64] JONASSEN D H. Handbook of Research for Educational Communications and Technology: a project of the Association for Educational Communications and Technology [M]. New York: Macmillan Library Reference USA, 1996.

[65] JONASSEN D H. (Ed.). Handbook of research for educational communications and technology [M]. 2nd ed. Mahwah, NJ: Lawrence Erlbaum Associates Inc., 2004.

[66] KNORR K D, MULKAY M. (Eds.). Science observed [M]. London: Sage, 1983.

[67] KNORR-CETINA K, CICOUREL A. (Eds.). Advances in Social Theory and Methodology: Towards an Integration of Micro and Macro Sociologies [M]. London: Routledge and Kegan Paul, 1981.

[68] KONDO D. Crafting Selves [M]. Chicago: University of Chicago Press, 1990.

[69] KOSKI J T, MARTTILA S. (Eds). Conference on Knowledge and Innovation [C]. Helsinki, Finland: Helsinki School of Economics and Business Administration, 2000.

[70] LASSWELL H D. Democracy through Public Opinion [M]. Menasha, WI: George Banta Publishing Company, 1941.

[71] LATOUR B. The Pasteurization of France [M]. London: Havard University Press, 1988.

[72] LATOUR B. We have never been modern [M]. New York: Harvester Wheatsheaf, 1993.

[73] LATOUR B. Pandora's Hope: Essays on the Reality of Science Studies [M]. Cambridge: Harvard University Press, 1999.

[74] LATOUR B. Politics of Nature: How to Bring the Sciences into Democra-

cy [M]. Cambridge, Massachusetts: Harvard University Press, 2004.

[75] LATOUR B. Reassembling the Social: An Introduction to Actor-Network Theory [M]. NY: Oxford University Press, 2005.

[76] LAW J. After method: mess in social science research [M]. London: Routledge, 2004.

[77] LAW J. (Ed.). Power, Action and Belief: a new Sociology of Knowledge? Sociological Review Monograph [M]. London: Routledge & Kegan Paul, 1986.

[78] LAW J, HASSARD J. (eds.). Actor Network Theory and After [M]. Malden, MA: Blackwell, 1999.

[79] LEWIS V, KELLETT M, ROBINSON C, et al. The reality of research with children and young people [M]. London: Sage, 2004.

[80] LIU E Z F, CHENG S S. Proceedings of the 6th WSEAS International Conference on E-ACTIVITIES [C]. Spain: Tenerife, 2007.

[81] MASON J L. Net/work: Composing the Posthuman Self [D]. Tampa, Florida: University of South Florida, 2008.

[82] MCCLELLAND V A, VARMA V P. (eds.). Advances in Teacher Education [M]. London: Routledge, 1989.

[83] MCCONNELL M, HODGSON V, FOSTER J, ARSENIO M. Proceedings of the second International Conference of Networked Learning: Innovative Approaches to Lifelong Learning and Higher Education Through the Internet [C]. City of Lancaster: Lancaster University, 2000.

[84] MCMULLIN E. (ed.). The Social Dimensions of Science [M]. Norte Dame: Notre Dame University Press, 1992.

[85] MILLER D. (ed.). Materiality [M]. Durham, NC: Duke University Press, 2005.

[86] MISCHE M A. Strategic Renewal, Organizational Change for Competitive Advantage [M]. Upper Saddle River, NJ.: Prentice-Hall, 2000.

[87] MOORE M G, ANDERSON W. G. (Eds.). Handbook of distance education [M]. Mahwah, NJ: Lawrence Erlbaum Associates Inc., 2003.

[88] MUFFOLETTO R, KNUPFER N. (eds.). Computers in Education: Social, Political, and Historical Perspectives. Cresskill: Hampton Press, 1993.

[89] MUMFORD L. Technics and Society [M]. San Diego: Harcourt Brace & Co, 1934.

[90] MURPHY R. Sociology and Nature: Social Action in Context [M].

341

Boulder, CO: Westview Press, 1997.

[91] NANAKA I, TAKEUCHI H. The Knowledge-Creating Company: How Japanese Companies Create the Dynamics of Innovation [M]. Oxford: Oxford University Press, 1995.

[92] NESPOR J. Knowledge in Motion: Space, Time and Curriculum in Undergraduate Physics and Management [M]. London: The Falmer Press, 1994.

[93] NETZ R. The Shaping of Deduction in Greek Mathematics: A Study in Cognitive History [M]. Cambridge: Cambridge University Press, 2003.

[94] NIXON C. 14th Annual Computers in Libraries Proceedings [C]. Medford, N. J.: Information Today, 1999.

[95] NUNES J M B, MCPHERSON M, RICO M. Proceedings of 13th ED-MEDIA 2001 World Conference on Educational Multimedia, Hypermedia & Telecommunications [C]. Finland: Tampere: 2001.

[96] OECD. The Knowledge-Based Economy [R]. Paris: OECD, 1996.

[97] OECD. Innovating to Learn, Learning to Innovate [R]. Paris: OECD, 2008.

[98] OUTHWAITE W, Turner, S. P. (eds). The Sage Handbook of Social Science Methodology [M]. London and Beverly Hills: Sage, 2007.

[99] Oxford Latin Dictionary [K]. London: Oxford University Press, 1968.

[100] PINAR W F, GRUMET M R. Toward a Poor Curriculum [M]. Dubuque, LA: Kendall/Hunt Publishing, 1976.

[101] PINAR W F. The Synoptic Text Today and Other Essays: Curriculum Development after the Reconceptuali- zation [M]. New York: Peter Lang, 2006.

[102] PIXLEY C. A Social Network Analysis of the Role Negotiations of Instructional Technology Resource Teachers [D]. Virginia: George Mason University, 2008.

[103] POLLOCK M S, RAINWATER C. (Eds.). Figuring animals: Essays on Animal Images in Art, Literature, Philosophy and Popular Culture [M]. New York: Palgrave Macmillan, 2005.

[104] REASON P. BRADBURY, H. (eds.). The SAGE Handbook of Action Research: Participative inquiry and Practice [M]. 2nd ed. London: Sage Publications Ltd, 2008.

[105] REIGELUTH C M. Instructional-design theories and models: A new paradigm of instructional theories (Vol. 2) [M]. Mahwah, NJ: Lawrence Erlbaum Associates Inc., 1999.

[106] RHEINBERGER H-J. Toward a History of Epistemic Things [M]. Stanford: Stanford University Press, 1997.

[107] RORTY R. Philosophy and the Mirror of Nature [M]. Princeton, NJ: Princeton University Press, 1979.

[108] RYLE G. The Concept of Mind (60th anniversary edition) [M]. Oxon: Routledge, 2009.

[109] SHAPIN S, SCHAFFER S. Leviathan and the Air-Pump: Hobbes, Boyle and the Experimental Life [M]. Princeton, NJ: Princeton University Press, 1985.

[110] SIMON B. Does Education Matter? [M]. London: Lawrence and Wishart, 1985.

[111] SMITH P. Cultural Theory: An Introduction [M]. Oxford: Blackwell, 2001.

[112] SMITH R, WEXLER P. (Eds.). After Postmodernism: Education, Politics and Identity [M]. London: The Falmer Press, 1995.

[113] SPECTOR J M. ET AL. Learning and Instruction in the Digital Age [M]. New York: Springer, 2010.

[114] STEEPLES C, JONES C. (eds.). Networked Learning: Perspectives and Issues [M]. London: Springer Verlag, 2002.

[115] STEINBERG S R, KINCHELOE J L. Students as Researchers: Creating Classrooms that Matter [M]. London: the Falmer Press, 1998.

[116] STENHOUSE L. An Introduction to Curriculum Research and Development [M]. London: Heinemann, 1975.

[117] STONES E. Psychopedagogy: Psychological Theory and the Practice of Teaching [M]. London: Methuen, 1979.

[118] TAYLOR M C. The Moment of Complexity: Emerging Network Culture [M]. Chicago: The University of Chicago Press: 2003.

[119] TRENTIN G. Networked Collaborative Learning: Social interaction and active learning [M]. Oxfordshire: Chandos Publishing, 2010.

[120] TRUSTER J. An Introduction to the Philosophy of Knowledge [M]. 2nd ed. London: MacMillan Press Ltd., 1997.

[121] TURNER B S. (EP.). The New Blackwell Companion to Social Theory [M]. Chichester: Wiley-Blackwell, 2009.

[122] TYLOR M C. & SAARINEN E. Imagologies: Media Philosophy [M]. New York: Routledge, 1994.

[123] VOLTI R. Society and technological change [M]. New York: Worth Publishers, 2006.

[124] VON KROGH G, NONAKA I, NISHIGUCHI T. (Eds). Knowledge Creation, A Source of Value [M]. London: Macmillan Press, 2000.

[125] Webster's Third New International Dictionary of the English Language Unabridged [K]. Springfield: Merriam-Webster Inc., 1986.

[126] WILLGING P A. Analyzing Asynchronous Online Interactions through Social Network Analysis Techniques and Visualizations [D]. Illinois University, 2005.

[127] WOODHEAD M, FAULKNER D, LITTLETON K. (Eds), Making sense of social development [M]. London: Routledge in association with The Open University, 1999.

英文期刊及其他资料类

[1] ALEXANDER P A, SCHALLERT D L, REYNOLDS R E. What is learning anyway? A Topographical Perspective Considered [J]. Educational Psychologist, 2009, 44 (3).

[2] ANDERSON JR, GREENO J G, REDER L M, ET AL. Perspectives on Learning, Thinking, and Activity [J]. Educational Researcher, 2000, 29 (4).

[3] ANDERSON T. Socially shared cognition in distance education: An exploration of learning in an audio teleconferencing context [J]. Dissertation Abstracts International (Section A: Humanities and Social Sciences), 1995, 56 (1-A).

[4] ANDERSON T, WHITELOCK D. The Educational Semantic Web: Visioning and Practicing the Future of Education [J]. Journal of Interactive Media in Education, 2004, (1).

[5] ANDRADE A D, URQUHART C. The Affordances of Actor Network Theory in ICT for Development Research [J]. Information Technology & People, 2010, 23 (4).

[6] ANGUS T, COOK I, EVANS J. A Manifesto for Cyborg Pedagogy? [J]. International Research in Geographical and Environmental Education, 2001, 10 (2).

[7] ARNABOLDI M, SPILLER N. Actor-network theory and stakeholder collaboration: The case of Cultural Districts [J]. Tourism Management, 2011, 32 (3).

[8] BANNAN-RITLAND B. The Role of Design in Research: The Integrative

Learning Design Framework [J]. Educational Researcher, 2003, 32 (1).

[9] BARAB S, SQUIRE K. Design-based Research: Putting a Stake in the Ground [J]. Journal of the Learning Sciences, 2004, 13 (1).

[10] BARAD K. Posthumanist performativity: Toward an understanding of how matter comes to matter [J]. Signs: Journal of Women in Culture and Society, 2003, 28 (3).

[11] BAYNE S. Higher education as a visual practice: seeing through the virtual learning environment [J]. Teaching in Higher Education, 2008, 13 (4).

[12] BEAUDOIN L P, WINNE P H. nStudy: An Internet tool to support learning, collaboration and researching learning strategies [Z]. Paper presented at the 2009 Canadian E-learning Conference held in Vancouver, Canada, 2009.

[13] BENSON R, BRACK C. Developing the Scholarship of Teaching: what is the role of e-teaching and learning? [J]. Teaching in Higher Education, 2009, 14 (1).

[14] BIESTA G J J. Pedagogy without humanism: Foucault and the Subject of Education [J]. Interchange, 1998, 29 (1).

[15] BIESTA G. Towards the knowledge democracy? Knowledge production and the civic role of the university [J]. Studies in Philosophy and Education, 2007, 26 (5).

[16] BIRCHALL D W. Third Generation Distance Learning [J]. Journal of European Industrial Training, 1990, 14 (7).

[17] BLOOR D. Anti-Latour [J]. Studies in History and Philosophy of Science, 1999, 30 (1).

[18] BONDY E, ET AL. Personal Epistemologies and Learning to Teach [J]. Teacher Education and Special Education, 2007, 30 (2).

[19] BOVILL C, COOK-SATHER A, FELTEN P. Students as co-creators of teaching approaches, course design, and curricula: implications for academic developers [J]. International Journal for Academic Development, 2011, 16 (2).

[20] BRIGGLE A, MITCHAM C. From the Philosophy of Information to the Philosophy of Information Culture [J]. The Information Society, 2009, 25 (3).

[21] BROGDEN L M, COUROS A. Toward a Philosophy of Technology and Education [J]. Delta Kappa Gamma Bulletin, 2007, 73 (2).

[22] BROWN J S, DUGUID P. Organizational Learning and Communities-of-practice: Toward a Unified View of Working, Learning and Innovation [J]. Organization Science, 1991, 2 (1).

[23] CANTONI V, CELLARIO M, PORTA M. Perspectives and challenges in E-learning: towards natural interaction paradigms [J]. Journal of visual languages and computing, 2004, 15 (5).

[24] CARROLL J M, ROSSON M B. A Trajectory for Community Networks [J]. The Information Society, 2003, 19 (5).

[25] CHAN T W, ET AL. Four spaces of network learning models [J]. Computers & Education, 2001, 37 (2).

[26] CHARLES R G, YVONNE M. G. Cyborg Pedagogy: Performing Resistance in the Digital Age [J]. Studies in Art Education, 2001, 42 (4).

[27] CHEUNG C M K, ET AL. Online social networks: Why do students use facebook? [J]. Computers in Human Behavior, 2011, 27 (4).

[28] CHRISTENSEN P, PROUT A. Working with Ethical Symmetry in Social Research with Children [J]. Childhood, 2002, 9 (4).

[29] CLéMENT F. To trust or not to trust? Children's social epistemology [J]. Review of Philosophy and Psychology, 2010, 1 (4).

[30] CLEMENTS W A, PERNER J. Implicit understanding of belief [J]. Cognitive Development, 1994, 9 (4).

[31] COGHLAN D, COUGHLAN P, BRENNAN L. Organizing for Research and Action: Implementing Action Researcher Networks [J]. Systemic Practice and Action Research, 2004, 17 (1).

[32] COKER L S. The Educational Potential of e-Portfolios: Supporting Personal Development and Reflective Learning [J]. Technical Communication, 2008, 55 (3).

[33] COOK I. Nothing can ever be the case of "us" and "them" again: Exploring the politics of difference through journal writing [J]. Journal of Geography in Higher Education, 2000, 24 (1).

[34] CRAMER S R. Update Your Classroom with Learning Objects and Twenty-First-Century Skills [J]. Clearing House, 2007, 80 (3).

[35] CRAWFORD V M. Creating a Powerful Learning Environment with Networked Mobile Learning Devices [J]. The Magazine for Managers of Change in Education, 2007, 47 (3).

[36] CRESSWELL K, WORTH A, SHEIKH A. Implementing and Adopting Electronic Health Record Systems: how Actor – Network Theory can support evaluation [J]. Clinical Governance: An International Journal, 2011, 16 (4).

[37] DE LAAT, M, LALLY V, ET AL. Investigating patterns of interaction in

networked learning and computer-supported collaborative learning: A role for Social Network Analysis [J]. International Journal of Computer-Supported Collaborativ e Learning, 2007, 2 (1).

[38] DE LAAT M LALLY V, LIPPONEN L, SIMONS R. J. Online Teaching in Networked Learning Communities: A Multi-Method Approach to Studying the Role of the Teacher [J]. Instructional Science: An International Journal of the Learning Sciences, 2007, 35 (3).

[39] DE LAAT M, LALLY V, SIMONS R-J, WENGER E. A selective analysis of empirical findings in networked learning research in higher education: Questing for coherence [J]. Educational Research Review, 2006, 1 (2).

[40] DESIGN-BASED Research Collective. Design-based Research: An Emerging Paradigm for Educational Inquiry [J]. Educational Researcher, 2003, 32 (1).

[41] DíAZ, P G. Object-oriented philosophy and the comprehension of scientific realities Essay Review [J]. Athenea Digital, 2011, 11 (1).

[42] EARL L, KATZ S. Leadership in Networked Learning Communities: Defining the Terrain [J]. School Leadership & Management, 2007, 27 (3).

[43] EISNER E. The Primacy of Experience and the Politics of method [J]. Educational Researcher, 1978, 17 (5).

[44] ELBY A. Defining Personal Epistemology: A Response to Hofer & Pintrich (1997) and Sandoval (2005) [J]. The Journal of the Learning Sciences, 2009, 18 (1).

[45] EL-DEGHAIDY H, NOUBY A. Effectiveness of a blended E-learning cooperative approach in an Egyptian teacher education programme [J]. Computers & Education, 2008, 51 (3).

[46] ELDER-VASS D. Searching for realism, structure and agency in Actor Network Theory [J]. The British Journal of Sociology, 2008, 59 (3).

[47] ENGESTRöM Y. Expansive learning at work: Toward activity-theoretical reconceptualization [J]. Journal of Education and Work, 2001, 14 (1).

[48] ENRIQUEZ, JG. Translating Networked Learning: Un-Tying Relational Ties [J]. Journal of Computer Assisted Learning, 2008, 24 (2).

[49] ERNEST P. Reflections on Theories of Learning [J]. Zentralblatt für Didaktik der Mathematik, 2006, 38 (1).

[50] FAHEY L, PRUSAK L. The Eleven Deadliest Sins of Knowledge Management [J]. California Management Review, 1998, 40 (3).

[51] FENWICK T, EDWARDS R. Introduction: Reclaiming and Renewing Actor Network Theory for Educational Research [J]. Educational Philosophy and Theory, 2011, 43 (1).

[52] FENWICK T J. (un) Doing standards in education with actor-network theory [J]. Journal of Education Policy, 2010, 25 (2).

[53] FENWICK T. Managing space, energy, and self: beyond classroom management with junior high school teachers [J]. Teachers and Teacher Education, 1998, 14 (6).

[54] FENWICK T. Reading Educational Reform with Actor Network Theory: Fluid spaces, otherings, and ambivalences [J]. Educational Philosophy and Theory, 2011, 43 (Suppl 1).

[55] FIELDING M. Students as Radical Agents of Change [J]. Journal of Educational Change, 2001, 2 (2).

[56] FOTH M, HEARN G. Networked Individualism of Urban Residents: Discovering the Communica- tive Ecology in inner-city apartment buildings [J]. Information, Communication & Society, 2007, 10 (5).

[57] FOX A, HADDOCK J, SMITH T. A Network Biography: Reflecting on a Journal from Birth to Maturity of a Networked Learning Community [J]. Curriculum Journal, 2007, 18 (3).

[58] FOX S. An actor-network critique of community in higher education: implications for networked learning [J]. Studies in Higher Education, 2005, 30 (1).

[59] GHAOUI C, TAYLOR M J. Support for Flexible E-learning on the WWW: A Special Issue [J]. Journal of Network and Computer Applications, 2000, 23 (4).

[60] GOODYEAR P, JONES C, ASENSIO M, HODGSON V, STEEPLES C. Networked Learning in Higher Education: Students' Expectations and Experiences [J]. Higher Education: The International Journal of Higher Education and Educational Planning, 2005, 50 (3).

[61] GOUGH N. RhizomANTically Becoming-Cyborg: Performing Posthuman Pedagogies [J]. Educational Philosophy and Theory, 2004, 36 (3).

[62] GRAHAM G. E-learning: A Philosophical Enquiry [J]. Education + Training, 2004, 46 (6/7).

[63] HAKKARAINEN K, SINTONEN M. The Interrogative Model of Inquiry and Computer-Supported Collaborative Learning [J]. Science Education, 2002, 11 (1).

[64] HAMMERSLEY M. Action research: a contradiction in terms? [J]. Oxford Review of Education, 2004, 30 (2).

[65] HARMAN G. The importance of bruno latour for philosophy [J]. Cultural Studies Review, 2007, 13 (1).

[66] HATCH T. The Scholarship of teaching and web-based representations of teaching in the United States: definitions, histories, and new directions [J]. Educational Action Research, 2009, 17 (1).

[67] HILDRUM J M. Sharing Tacit Knowledge Online: A Case Study of E-learning in Cisco's Network of System Integrator Partner Firms: Research Paper [J]. Industry and Innovation, 2009, 16 (2).

[68] HIRO S. Actor-network theory of cosmopolitan education [J]. Journal of Curriculum Studies, 2010, 42 (3).

[69] HIRO S. An Actor-Network Theory of Cosmopolitanism [J]. Sociological Theory, 2011, 29 (2).

[70] HONG X. Study on QQ-medium-oriented Ideological and Political Education of College Students [J]. AthletesNOW, 2009, 5 (12).

[71] HOWARD P. Network Ethnography and the Hypermedia Organizations: New Media, New Organizations, New Methods [J]. New Media and Society, 2002, 4 (4).

[72] HUNTER S, SWAN E. Oscillating politics and shifting agencies: equalities and diversity work and actor network theory [J]. Equal Opportunities International, 2007, 26 (5).

[73] HUTCHINGS P. The Scholarship of Teaching and Learning: From Idea to Integration [J]. New Directions for Teaching and Learning, 2010, 2010 (123).

[74] JAKUBIK M. Exploring the Knowledge Landscape: Four Emerging Views of Knowledge [J]. Journal of Knowledge Management, 2007, 11 (4).

[75] JERMAN M. Promising Developments in Computer-Assisted Instruction [J]. Journal of the American Society for Information Science, 1970, 21 (4).

[76] JONASSEN D H. Objectivism versus Constructivism: Do we need a new philosophical paradigm? [J]. Educational Technology Research and Development, 1991, 39 (3).

[77] JUSTESEN L, MOURITSEN J. Effects of actor-network theory in account research [J]. Accounting, Auditing & Accountability Journal, 2011, 24 (2).

[78] KELLETT M. Children as researchers: what we can learn from them

about the impact of poverty on literacy opportunities? [J]. International Journal of Inclusive Education, 2009, 13 (4).

[79] KELLETT M. Empowering Children and Young People as Researchers: Overcoming Barriers and Building Capacity [J]. Child Indicators Research, 2011, 4 (2).

[80] KELLETT M, FORREST R. (aged ten), Dent, N. (aged ten), et al. 'Just teach us the skills please, we'll do the rest': empowering ten-year-olds as active researchers [J]. Children and Society, 2004, 18 (5).

[81] KEMMIS S. Action research as a practice-based practice [J]. Educational action research, 2009, 17 (3).

[82] KENNEDY D. Knowledge and the Political: Bruno Latour's Political Epistemology [J]. Cultural Critique, 2010, (74).

[83] KIESLINGER B, PATA K, FABIAN C M. A Participatory Design Approach for the Support of Collaborative Learning and Knowledge Building in Networked Organizations [J]. International Journal of Advanced Corporate Learning, 2009, 2 (3).

[84] KIRKWOOD A. Getting Networked Learning in Context: Are On-Line Students' Technical and Information Literacy Skills Adequate and Appropriate? [J]. Learning, Media & Technology, 2006, 31 (2).

[85] KNORR-CETINA K. Culture in global knowledge societies: knowledge cultures and epistemic cultures [J]. Interdisciplinary science reviews, 2007, 32 (4).

[86] KOCK N. The three threats of action research: a discussion of methodological antidotes in the context of an information systems study [J]. Decision Support System, 2004, 37 (2).

[87] KULIK C, KULIK J A. Effectiveness of Computer-Based Instruction: An Updated Analysis [J]. Computers in Human Behavior, 1991, 7 (1/2).

[88] KULIK J A. Effectiveness of computer-based education in elementary schools [J]. Computers in Human Behavior, 1985, 1 (1).

[89] KULIK J A. Effects of computer-assisted education in secondary school students [J]. Journal of Educational Psychology, 1983, 75 (1).

[90] LAM A. Tacit knowledge, organizational learning and societal institutions: an integrated framework [J]. Organizational Studies, 2000, 21 (3).

[91] LASSILA O, HENDLER J. Embracing "Web 3.0" [J]. Internet Computing, 2007, 11 (3).

[92] LATOUR B. Postmodern? No, Simply Amodern! Steps Toward an Anthropology of Science [J]. Studies in History and Philosophy of Science, 1990, 21 (1).

[93] LATOUR B. From the world of science to the world of research [J]. Science, 1998, 280 (5361).

[94] LATOUR B. Review Essay: The Netz-Works of Greek Deductions [J]. Social Studies of Science, 2008, 38 (3).

[95] LATOUR B. Coming Out as a Philosopher [J]. Social Studies of Science (Sage), 2010, 40 (4).

[96] LEONARD D, SENSIPER S. The role of tacit knowledge in group innovation [J]. California Management Review, 1998, 40 (3).

[97] LEVIN J R, O'DONNELL A M. What to do about educational research's credibility gaps? [J]. Issues in Education, 1999, 5 (2).

[98] LEVY P. A methodological framework for practice-based research in networked learning [J]. Instructional Science, 2003, 31 (1/2).

[99] LEVY P. "Learning a Different Form of Communication": Experiences of Networked Learning and Reflections on practice [J]. Studies in Continuing Education, 2006, 28 (3).

[100] LIBER O. Cybernetics, E-learning and the education system [J]. International Journal of Learning Technology, 2004, 1 (1).

[101] LINDA M G, GEORGE D. Dignity and Agential Realism: Human, Posthuman, and Nonhuman [J]. The American Journal of Bioethics, 2010, 10 (7).

[102] LUNDVALL B-A, JOHNSON B. The Learning Economy [J]. Journal of Industry Studies, 1994, 1 (2).

[103] MCCONNELL M, HODGSON V, FOSTER J, ARSENIO M. Proceedings of the second International Conference of Networked Learning: Innovative Approaches to Lifelong Learning and Higher Education Through the Internet [M]. City of Lancaster: Lancaster University, 2000.

[104] MCDONOUGH T. The Net and Norms: The Advantages and Disadvantages of Online Pedagogies [Z]. Presented at the Annual Conference of the American Educational Studies Association. Pittsburgh, Pennsylvania, 2002.

[105] MCGREGOR J. Spatiality and the place of the material in schools [J]. Pedagogy, Culture and Society, 2004, 12 (3).

[106] MCISAAC M S. Speaking personally——with Alan Tait [J]. American

Journal of Distance Education, 1994, 8 (3).

[107] MCNAMARA D. Vernacular Pedagogy [J]. British Journal of Educational Studies, 1991, 39 (3).

[108] MICHALOS A C. Education, Happiness and Wellbeing [Z]. The International Conference on "Is happiness measurable and what do those measures mean for public policy?", Rome: University of Rome, 2007.

[109] MIHALCA L, MICLEA M. Current Trends in Educational Technology Research [J]. Cognition, Brain, Behavior, 2007, 11 (1).

[110] MIKROPOULOS T A, NATSIS A. Educational virtual environments: A ten-year review of empirical research (1999-2009) [J]. Computers & Education, 2011, 56 (3).

[111] MITRA D L. The Significance of Students: Can Increasing Student Voice in Schools Lead to Gains in Youth Development? [J]. Teachers College Record, 2004, 106 (4).

[112] MLITWA N B W. Technology for teaching and learning in higher education contexts: Activity theory and actor network theory analytical perspectives [J]. International Journal of Education and Development using information and Communication Technology, 2007, 3 (4).

[113] MUKAWA E. Strategizing computer-supported collaborative learning toward knowledge building [J]. International Journal of Educational Research, 2010, 49 (1).

[114] MULCAHY D, PERILLO S. Thinking Management and Leadership within Colleges and Schools Somewhat Differently: A Practice – based, Actor – Network Theory Perspective [J]. Educational Management Administration & Leadership, 2011, 39 (1).

[115] MURDY W H. Anthropocentrism: A Modern Version [J]. Science, 1975, 187 (4182).

[116] NAMVAR Y, NADERI E, SHARIATMADARI A, ET AL. Studying the Impact of Web – Based Learning (Weblog) With a Problem Solving Approach on Student's Reflective Thinking [J]. International Journal of Emerging Technologies in Learning (iJET), 2009, 4 (2).

[117] ONVU S, CAKIR H. Research in online learning environments: Priorities and methodologies [J]. Computers & Education, 2011, 57 (1).

[118] Özdemir S. E-learning's effect on knowledge: can you download tacit knowledge? [J]. British Journal of Educational Technology, 2008, 39 (3).

[119] PAAVOLA A, HAKKARAINEN K. The Knowledge Creation Metaphor: An Emergent Epistemological Approach to Learning [J]. Science & Education, 2005, 14 (6).

[120] PAAVOLA S, LIPPONEN L, HAKKARAINEN K. Models of Innovative Knowledge Communities and Three Metaphors of Learning [J]. Review of Educational Research, 2004, 74 (4).

[121] PAHL C. Content-driven Design and Architecture of E-learning Applications [J]. Advanced Technology for Learning, 2008, 5 (1).

[122] PAPADOPOULOS T, KANELLIS P. Understanding the role of stakeholders during business intelligence implementations: an actor-network theory perspective [J]. International Journal of Information and Decision Sciences, 2011, 3 (1).

[123] PEDERSEN H. Is "the Posthuman" educable? On the Convergence of Educational Philosophy, Animal Studies, and Posthumanist Theory? [J]. Discourse: Studies in the Cultural Politics of Education, 2010, 31 (2).

[124] PETROPOULOU O, ET AL. Building a Tool to Help Teachers Analyse Learners' Interactions in a Networked Learning Environment [J]. Educational Media International, 2010, 47 (3).

[125] PICKETT B L. Foucault and the Politics of Resistance [J]. Polity, 1996, 28 (4).

[126] PIERCE C. Designing Intelligent Knowledge: Epistemological Faith and the Democratization of Science [J]. Educational Theory, 2007, 57 (2).

[127] PINCH T, BIJKER W. The Social Construction of Facts and Artefacts: Or, How the Sociology of Science and the Sociology of Technology Might Benefit Each Other [J]. Social Studies of Science, 1984, 14 (3).

[128] PRED A. The Choreography of Existence: Comments on Hägerstrand's Time-Geography and Its Usefulness [J]. Economic Geography, 1977, 53 (2).

[129] PRICE L. Social Epistemology and its politically correct words: avoiding absolutism, relativism, consensualism, and vulgar pragmatism [J]. Canadian Journal of Environmental Education, 2005 (10).

[130] PRINS E. Participatory photography: A tool for empowerment or surveillance? [J]. Action Research, 2010, 8 (4).

[131] PROUT A. Representing children: Reflections on children 5-16 programme [J]. Children and Society, 2001, 15 (3).

[132] RANSON S. Recognizing the Pedagogy of Voice in a Learning Commu-

nity [J]. Educational Management and Administration, 2000, 28 (3).

[133] RAZA A, MURAD H S. Knowledge democracy and the implications to information access [J]. Multicultural Education & Technology Journal, 2008, 2 (1).

[134] REBER A S. Implicit learning and tacit knowledge [J]. Journal of Experimental Psychology: General, 1989, 118 (3).

[135] RICE-LIVELY ML. Wired Warp and Woof: An Ethnographic Study of a Networking Class [J]. Internet Research, 1994, 4 (4).

[136] RIFE M C. Cross-Cultural Collisions in Cyberspace: Case Studies of International Legal Issues for Educators Working in Globally Networked Learning Environments [J]. E-learning and Digital Media, 2010, 7 (2).

[137] SALE J E M, LOHFELD L H, BRAZIL K. Revisiting the Quantitative-Qualitative Debate: Implications for Mixed-Methods Research [J]. Quality and Quantity, 2002, 36 (1).

[138] SAMSON O G, IAN W R. The Prospects for E-learning Revolution in Education: A philosophical analysis [J]. Educational Philosophy and Theory, 2008, 40 (2).

[139] SCHOLLON R. The Dialogist in a positivist world: theory in the social sciences and the humanities at the end of the twentieth century [J]. Social semiotics, 2003, 13 (1).

[140] SECHREST L, SIDANI S. Quantitative and qualitative methods: Is There an Alternative? [J]. Evaluation and Program Planning, 1995, 18 (1).

[141] SFARD A. On Two Metaphors for Learning and the Dangers of Choosing Just One [J]. Educational Researcher, 1998, 27 (2).

[142] SHEEHAN R. Actor-network theory as a reflexive tool: (inter) personal relations and relationships in the research process [J]. Area, 2011, 43 (3).

[143] SHULMAN L S. Those who understand: knowledge growth in teaching [J]. Educational Researcher, 1986, 15 (2).

[144] SPENDER J C. Making knowledge the basis of a dynamic theory of the firm [J]. Strategic Management Journal, 1996, 17 (10).

[145] STEEN J. Actor-network theory and the dilemma of the resource concept in strategic management [J]. Scandinavian Journal of Management, 2010, 26 (3).

[146] Strømsø, H I, Bråten I. The role of personal epistemology in the self-

regulation of internet-based learning [J]. Metacognition Learning, 2010, 5 (1).

[147] TAN Y L, MACAULAY L A. The impact of Group Intelligence software on enquiry - based learning [J]. International Journal of Learning Technology, 2011, 6 (1).

[148] TATNALL A D. Using actor-network theory to understand the process of information systems curriculum innovation [J]. Education and Information Technologies, 2010, 15 (4).

[149] TELES A, JOIA L A. Assessment of digital inclusion via the actor-network theory: The case of the Brazilian municipality of Piraí [J]. Telematics and Informatics, 2011, 28 (3).

[150] THOMAS R, SUPORN K, PCTCH P. Conditions for Productive Learning in Networked Learning Environments: A Case Study from the VO@ NET Project [J]. Studies in Continuing Education, 2006, 28 (2).

[151] TONELLI D F, DE BRITO M J, ZAMBALDE A L. Entrepreneurship from the actor-network theory perspective: exploring alternatives beyond the subjectivism and objectivism [J]. Cadernos EBAPE. BR, 2011, 9 (Special 1).

[152] VENKATESH M. The Community Network Lifecycle: A Framework for Research and Action [J]. The Information Society, 2003, 19 (5).

[153] VRASIDAS C. Constructivism versus Objectivism: Implications for Interaction, Course Design, and Evaluation in Distance Education [J]. International Journal of Educational Telecommunications, 2000, 6 (4).

[154] WALTZ S B. Giving Artifacts a Voice? Bringing into Account Technology in Educational Analysis [J]. Educational Theory, 2004, 54 (2).

[155] WALTZ S B. Nonhumans unbound: actor-network theory and the reconsideration of "things" in educational foundations [J]. Journal of Educational Foundations, 2006, 20 (3/4).

[156] WELLMAN B. Computer networks as social networks [J]. Science, 2001 (293).

[157] WEST L. The Learner's Voice Making Space? Challenging Space? [Z]. From the Keynote Address, Canterbury Action Research Network (CANTARNET) Conference, 2004.

[158] WHITWORTH A. The politics of virtual learning environments: environmental change, conflict, and E-learning [J]. British Journal of Educational Technology, 2005, 36 (4).

[159] WICKRAMASINGHE N, ET AL. Using Actor Network Theory ANT as

an analytic tool in order to effect superior PACS implementation [J]. International Journal of Networking and Virtual Organisations, 2007, 4 (3).

[160] WRIGHT S, PARCHOMA G. Technologies for learning? An actor-network theory critique of 'affordances' in research on mobile learning [J]. Research in Learning Technology, 2011, 19 (3).

[161] YOUNG D, BORLAND R, COGHILL K. An Actor-Network Theory Analysis of Policy Innovation for Smoke-Free Places: Understanding Change in Complex Systems [J]. American Journal of Public Health, 2010, 100 (7).

[162] ZENIOS M, GOODYEAR P, JONES C. Researching the Impact of th, e Networked Information Environment on Learning and Teaching [J]. Computers & Education, 2004, 43 (1/2).

[163] ZHU C. E-learning, Constructivism, and Knowledge Building [J]. Educational Technology, 2008, 48 (6).

后　记

　　当这一初始之物落笔成形时，其茂之盛让人暗自窃喜，然则其形也丑，是为大方之家可以稽之文字、验以楮墨之物。此事物（thing）虽未至善尽美，却将无数的人与思、事与物、爱与情转译入其中。显然，它不只是呈现在诸君面前的文字与卷本，而是一个复杂的"行动者网络"。

　　这一网络凝聚了恩师黄甫全先生独到的学术眼光与精深的学术思想，本书从选题、立意、成文无不凝结着先生的心血。此事物育于广东省立勤勤大学学园，它与在此辛勤耕耘的诸位教授以及他们的深厚学识、宽容情怀紧紧联系在一起。率直的高凌飚教授，联结了它与"学习心理"；儒雅的冯生尧教授，联结了它与"研究性学习"；朴实的李志厚教授，联结了它与"学习论"；浪漫的刘朝晖教授，联结了它与"学习生命"；风趣的扈中平教授，联结了它与"学习研究限度"；和善的张广君教授，联结了它与"学习哲学沉思"……

　　以"学"为聚，此事物也凝聚了莘莘学子以及我们之间的淳朴情谊。它链接了尹睿、曾文婕、王文岚、霍海洪、戴双翔、孙福海等老师如兄姐般的"指导"与"关爱"，链接了蔡泽俊、方杰、宫盛花、余中根、欧小军、李董平、任英杰等同窗好友的"支持"与"鼓励"，也链接了方佳、甘平平、李方红、潘蕾琼、肖雅岱、余璐等同门如亲弟妹似的"关心"与"帮助"，也链接了我的学生吴丹颖、王萍萍、李娟娟、张廷芳、樊蓉、李嘉嘉的"校阅"，均被转译入了这一"网络"之中……

　　它穿越广阔的时空，链接了远在湘水之畔的血脉至亲。爱人的鼎力支持与宽容理解，父亲母亲那无微不至的关怀与爱转译在那呼啸南下的列车上。不曾忘记，身体欠佳的父亲与母亲冒着酷暑陪伴我苦作；不曾忘记，姐与哥的慷慨帮助；不曾忘记，弟与妹的声声关切……亲人们的爱永远伴随我成长，同时也浇注并促成了此事物的生长。

　　无奈，因"它"而聚合在一起的"人""事""物""情"，根本无法在这里完整表达，遗憾之余唯有"感恩"，感谢滋润"它"成长的所有老师、同学、朋友和亲人们！

事实上，以"此事物"为强制轨道点而建构起来的这样一个"行动者网络"，它还转译了无数哲人与学者的兴趣。令人尖锐的拉图尔，使人清晰的哈曼以及让人感动的教育研究者芬威克与爱德华兹……他们对网络本体论的激进追求，对民主认识论的热烈渴望以及对行动者网络理论的热情接受，纷纷被征募进了此网络之中。他们作为节点，必将继续动员和转译更多的行动者成为我们的同盟者，从而使"它"更加强大与真实。

与此同时，它还转译了这样一种理想与目标："出一把力，创造出一个地方，能让被抛弃的和受藐视的人敢于说话，对研究文化的学者来说，没有什么任务比此更为荣耀。"伊格尔顿（Eagleton, T.）所言极是！这也正是诸多从事文化研究的学者们想要做的。

我们始终坚信赵汀阳先生之语："如果改变不了世界，就先改变世界观，而世界将因此改变。"

转译在某处消逝，它又在某处重来，一切都凝结在瞬间的抗争、磋商以及温情的网络之中。这个"网络"永远在行动中……

左明
2021 年 4 月 25 日